低利率时代

重新定义泡沫经济

[日] 樱川昌哉 著

鞠佳颖 译

中国科学技术出版社
·北京·

BUBBLE NO KEIZAI RIRON TEIKINRI, CHOKITEITAI, KINYUREKKA written by
Masaya Sakuragawa
Copyright © 2021 by Masaya Sakuragawa
All rights reserved.
Originally published in Japan by Nikkei Business Publications, Inc.
Simplified Chinese translation rights arranged with Nikkei Business Publications, Inc.
through Shanghai To-Asia Culture Co., Ltd.
北京市版权局著作权合同登记　图字：01-2022-1378

图书在版编目（CIP）数据

低利率时代：重新定义泡沫经济 /（日）樱川昌哉著；鞠佳颖译 . -- 北京：中国科学技术出版社，2024.9（2025.7 重印）.
-- ISBN 978-7-5236-0957-6
Ⅰ . F113.7
中国国家版本馆 CIP 数据核字第 2024RS6203 号

策划编辑	申永刚　何英娇	责任编辑	何英娇
封面设计	仙境设计	版式设计	蚂蚁设计
责任校对	邓雪梅	责任印制	李晓霖

出　　版	中国科学技术出版社
发　　行	中国科学技术出版社有限公司
地　　址	北京市海淀区中关村南大街 16 号
邮　　编	100081
发行电话	010-62173865
传　　真	010-62173081
网　　址	http://www.cspbooks.com.cn

开　　本	710mm×1000mm　1/16
字　　数	400 千字
印　　张	26.5
版　　次	2024 年 9 月第 1 版
印　　次	2025 年 7 月第 4 次印刷
印　　刷	北京盛通印刷股份有限公司
书　　号	ISBN 978-7-5236-0957-6 / F・1293
定　　价	99.00 元

（凡购买本社图书，如有缺页、倒页、脱页者，本社销售中心负责调换）

译者序

泡沫，是虚无缥缈、一触即破的，"泡沫经济"也具有如此特性。在阅读本书前，首先需要明确两个概念——"经济泡沫"与"泡沫经济"。"经济泡沫"是指"一种或一系列资产的市场价格偏离其内在价值"，这些资产被称为泡沫资产，"经济泡沫"所带来的影响是局部性的。而"泡沫经济"是指，在"经济泡沫"不断发展后刺激有效需求而产生的经济虚假繁荣现象，是"经济泡沫"在局部发展后产生的全局性影响。从上述定义来看，20世纪80年代日本的经济早期呈现出"经济泡沫"的特征，而到后期已发展成"泡沫经济"。

日本曾有经济学家说过："在经济增长的时期，总是有泡沫的，实体经济增长就是筑泡沫。"弗里德曼把产生"泡沫经济"的原因归结为货币超发；米赛思把原因归结为投资过剩；而熊彼特认为是重要发明产生了，淘汰的就是泡沫。关于日本"泡沫经济"及其崩溃后的长期萧条，部分学者认为其原因是日本央行采取的过度和缓的货币政策、民间金融机构过度的信用供给和海外游资的涌入，也有部分学者认为是过剩资本的冲击、货币政策不当和金融管制放松，还有部分学者认为日本产业升级的失败导致日本失去了产业投资渠道，经济发展动力缺乏持续性，大量资金最终必然流向房地产和股票市场。

然而，在日本庆应义塾大学樱川昌哉教授看来，这些普遍看法均未触及"泡沫经济"的本质。"泡沫经济"究竟是什么，影响"泡沫经济"的核心变量是什么，它呈现出怎样的轮廓和走向，具有什么样的普遍性特征和规律，这些问题都需要用批判的、另类的视角进行全面、深入地反思。因为泡沫经济是如此复杂多元，任何单一的因果解释框架都无法涵盖泡沫经济的微观内生机理、宏观助推机理以及国际因素影响机理等所有形成机理，我们需要对

"泡沫经济"进行一番不同于以往的审视。

当前，许多国家纷纷进入低利率时代。低利率环境对经济增长起到了推动作用的同时，也产生了制约。一方面，低利率环境下，银行、保险公司等金融机构的赢利能力受到影响，对经济金融稳定构成一定威胁；另一方面，低利率长期存在可能会导致资产泡沫的形成，进而引发金融风险。樱川昌哉正是通过追溯过去 40 年间世界各地发生的主要泡沫事件发现，泡沫经济时期的利率通常较低，且实际利率低于经济增长率。樱川昌哉指出，宏观经济理论中最重要的两个变量——实际利率和经济增长率，对"泡沫经济"的分析研究起着至关重要的作用，并由此提出"当利率低于经济增长率时将出现泡沫"的基本命题。通过引入"泡沫经济"这一概念，樱川昌哉试图重新思考低利率环境下的宏观经济学，造成低利率的原因有多种可能性，包括金融发展停滞不前、全球性过度储蓄、不依赖外部资金的信息通信产业的崛起，以及因无形资本的扩张而引发的技术与金融错配等。只要这些因素长期存在，低利率也将会持续下去。如果这样的时代一直持续，那么以实际利率高于经济增长率为前提建立起来的主流宏观经济理论将被迫大幅改写。

为解释资产泡沫频繁发生、长期通缩和流动性陷阱、财政扩张和国债收益率低等主流经济学无法解决的问题，樱川昌哉构建了一个关于泡沫频发的经济学分析框架。为避免以偏概全、过分追求普遍性，樱川昌哉还从不同角度对比小型经济体与大型经济体、经常收支盈余国与经常收支赤字国、发达国家与新兴国家、20 世纪的"泡沫"和 21 世纪的"泡沫"，以更全面地理解现实中的实际情况。本书中既有宏观经济理论分析，又有对日美等国的案例分析，还涉及 21 世纪以来的长期经济停滞论，集中体现了樱川昌哉严谨的治学精神，强调运用经济学思维去更清晰地洞察泡沫经济现象背后的本质规律。作者以其犀利深刻的观察、分析得出的结论耐人回味，发人深省，堪称近年来"泡沫经济"研究中独树一帜的代表性著作。

此外，樱川昌哉还提出了一种新的抑制"泡沫"政策，即通过鼓励不动产、股票和国债等资产之间的相互代替，以减少"泡沫"的整体风险。如果增加金融危机风险的最大因素是房地产泡沫，那么可以积极考虑用股市泡沫替代的政策。虽然目前中国经济仍保持相对较高的增速，但面临下行压力，中国未来进入低利率时代的可能性是存在的。因此，在当前这一重要的时间节点，我们的确十分有必要借鉴总结、思考砥行，思考如何在风云变幻的经济形势中自处，以更好地发展自己、造福世界。樱川昌哉关于"泡沫经济"的许多思维框架可以为我所用，为我们开拓、调整新时代经济布局提供启示。

由于语言和专业水平的局限性，译作疏漏及差错之处在所难免，这些责任均由译者承担，敬祈读者不吝赐教。

中国社会科学院大学　鞠佳颖
2023 年 12 月 15 日

绪 论

基于"低利率经济学"视角的分析

泡沫会让人们陷入兴奋与狂热,但这种心情并不能持续很久。一旦泡沫消失(或破灭),人们的心情也会随之跌入无底深渊。很多人认为,通过辛苦劳动赚取的微薄收入才是合理的,一旦当这些人开始轻易获利、不劳而获时,他们就会沉溺其中。那些围绕泡沫所发生的起起伏伏的事件,体现了人性的弱点与愚昧。

本书以泡沫经济为主题,执笔起因是美国的雷曼事件[①]。正在苦于不知如何理解日本的泡沫及其崩溃后的长期萧条停滞之时,笔者从美国的金融危机中得到启发。在经济学中,日本的经历一直被视为因某些错误、失败而引发的特殊事件。然而,美国作为世界上最大的经济体,尽管具备最先进的金融体系,却仍发生了泡沫破裂的现象。由此笔者认为,日本的泡沫破裂并非由某些失败而引发的特殊现象,而是一个普遍现象,于是笔者开始思考应当如何理解经济大国的泡沫及其崩溃。上述即笔者的写作初衷。

研究日本和美国的泡沫时,笔者发现了一个有趣的现象,即泡沫经济时期的利率较低,这一点相信大家都较为熟悉。但是细看数据就会发现,实际利率低于经济增长率。实际上,这一事实对经济学家而言,是相当沉重的。在我们所习得的经济学中,实际利率应高于经济增长率2%左右。在这个"高利率经济学"时代,人们认为利率不可能在一定时期内持续低于经济增长率。然而,这种不可能的事情在泡沫经济时期发生了。

---

① 雷曼事件,美国投资银行雷曼兄弟由于投资失利,在谈判失败后宣布申请破产保护,引发全球金融海啸。——编者注

对此，笔者产生了一个疑问：如果存在"低利率经济学"，那么我们应该如何去思考它？自雷曼事件以来，日本的实际利率低于经济增长率已然是常态。截至2020年，世界国内生产总值（GDP）排名靠前的几个国家中，有的国家的实际利率也低于经济增长率。目前，谁也无法断定该情况是否只是历史的一个偶然，抑或是一个新的趋势。但可以肯定的是，如果不认真思考"低利率经济学"，我们将难以应对一个可能即将到来的未知世界。

所谓"泡沫"，是一种经济失衡现象，泡沫的出现是基于人们对资产价格的预期。自亚当·斯密首次提出全面系统的经济学说以来，经济学界普遍认为这是一个"等价交换"的世界，即价值的同等交换。工人通过劳动获得报酬，生产者以买方预估的价格出售商品。另外，处于泡沫经济中的买方，用有固定价值的资产换取泡沫资产。对认可该资产价值的人而言，这是一种自愿交换行为；而在不认可该资产价值的人看来，这属于不等价交换。不论当事人的想法如何，从资产流动的角度来看，有固定价值的资产与泡沫资产的转换仅能被视为资产的单向流动，即赠与。泡沫经济的本质是，在以等价交换为前提的市场经济中，进行了不等价交换。令人感到矛盾的是，在真正意义上的市场经济中，泡沫是一种不被认可的现象，但它有时却在经济理论中扮演着重要角色，而经济理论是建立在以市场交易为主导的经济假设之上的。

一旦接受了"低利率经济学"的设定，你就会开始注意曾经无法注意到的现象，即当前经济正被泡沫包围。且不说频发的资产泡沫，政府强迫部分国民持有的货币和国债就已然是泡沫资产。在国债和货币这两种资产泡沫中，资产的流动均是单向的，而支撑其资产价值的正是预期。上述两种资产泡沫的区别在于其信用是基于政府还是市场。因此，本书内容不仅涉及资产泡沫，而且还延伸至金融政策和财政政策，通过引入"泡沫"这一概念，笔者试图重新思考低利率环境下的宏观经济学。

在本书的写作方面，研究方法是亟须解决的课题之一。《安娜·卡列尼娜》中有这样一句话：幸福的家庭都是相似的，而不幸的家庭则各有各的不

绪　论

幸。从泡沫产生到泡沫破裂乃至出现金融危机，各国危机的演变路径各不相同。谈到日本的土地价格泡沫，不能不提及"土地神话"。证券化是美国具有代表性的现象，因为美国拥有独特、发达的金融市场，而日本的金融市场绝不会出现证券化。泡沫可以发生在任何资产中，从这一点来看，是符合经济理论的。然而，如果仅停留于此，研究"泡沫"的意义就显得有些苍白了。日本发生的土地价格泡沫、证券化使美国的泡沫复杂化，若想分析这些现象，就不能脱离历史，需要从各国的金融史着手进行分析。

本书观点基于"宏观经济学既存在超越国界的部分，也存在无法超越国界的部分"这一立场而成立。经济学家普遍认为，社会现象和自然现象一样，是会反复出现的，可以用单一的模型来解释其普遍性。经济学界通常会提出一个具有普遍性的理论，该理论适用于任何国家，而非某一特定国家。但与此同时，这也割裂了驱动经济运行机制背后各国所独有的国家历史、社会规范和文化因素。但从另一个角度来说，每个事件都是独一无二的存在，我们从历史学家对每个事件追根溯源的分析方法中可以学到很多东西。经济学和历史学，这两种研究方法均各有其依据，不论舍弃哪一种，都极为可惜。由此，本书试图平衡这两种方法，并灵活运用这两种方法进行分析，既不倚重于经济理论，也不偏重于历史。

本书篇章结构如下。第 1 章回顾了经济历史学家查尔斯·P. 金德尔伯格（Charles P.Kindleberger）对泡沫经济的理解。在他 1978 年的著作《疯狂、惊恐和崩溃：金融危机史》（*Manias, Panics, and Crashes*：*A History of Financial Crises*）中，有几处记载了他预测到雷曼事件期间实际发生的事情，这令人极为震惊。但读过这本书之后就会发现，它其实并无新意。这不禁让人思考：在这期间，经济学家们究竟在做什么？

令人遗憾的是，金德尔伯格敏锐的眼光似乎未在经济学中发挥作用。在主流宏观经济学派所设想的理性预期假说和有效市场假说中，以市场为导向的经济正常运行，不会产生泡沫。主流经济理论将经济理性作为消灭泡沫的武器。忽视泡沫、金融危机的经济学究竟是否能够反映出真正意义上的经济形态？本书试图重点阐释泡沫频发的经济学分析框架。

第2章与第3章回顾了经济学界迄今为止对于泡沫经济的解读。第2章是讲述泡沫经济理论的微观经济学部分，如果有效市场假说理论是正确的，那么泡沫就不会产生。但现实世界与有效市场假说所认定的世界相去甚远，人并非完全理性，因此市场也不会完美运行。非理性的投资者易于陷入兴奋和狂热，会盲目购入价格过高的资产，而这些资产的价格又远远高于其实际价值。然而，此类泡沫并不会持续很久。即使人是理性的，但如果存在不完全市场，也会产生泡沫，即"理性泡沫"。这种类型的泡沫因其具有持久性，通常会在一定时期内长期持续下去，所以这期间也会发生一些戏剧性事件。但为什么理性的人也会继续持有价格高于其价值的资产？深入思考这一问题有助于加深我们对泡沫的理解。实际上，人人都在使用的货币就是典型的理性泡沫。

第3章是讲述泡沫经济理论的宏观经济学部分。从宏观经济学视角考察理性泡沫，可加深对泡沫的一般均衡分析。宏观经济理论中最重要的两个变量实际利率和经济增长率，对泡沫经济理论起着至关重要的作用。若先说结论，即当实际利率低于经济增长率时，就会出现理性泡沫。如果将以实际利率超过经济增长率为前提的主流学派经济学视为"高利率经济学"，那么从宏观层面可将泡沫经济定位为"低利率经济学"。"泡沫"的产生与金融市场不完善密切相关。基于市场的不完备性而赖以生存的银行，助长了贷款、破坏了经济稳定。其结果就是，本应坚定而审慎放贷的银行却在幕后推动信用扩张和不动产价格飙升。

第4章至第6章讲述了过去40年间世界各地发生的主要经济泡沫事件。第4章叙述了20世纪80年代发生于日本的土地价格泡沫以及泡沫破裂后的长期经济停滞现象。该泡沫发生的规模空前巨大，本文试图阐述如此大规模泡沫的发生原委。"巨大泡沫"给日本经济留下了严重"后遗症"。如果按照"泡沫"的字面含义，它应当消失后不留下任何痕迹，但事实并非如此。泡沫破裂后，日本经济陷入长期停滞。随着不良债权问题日益突出，在泡沫中起主导作用的银行也随之进入下行期。在那之后的30年里，企业对银行贷款等外部资金的依赖性持续下降，"金融恶化"不断持续，日本也成为世界首个在低利率环境下经济陷入长期不景气的国家。

继日本之后，美国也出现了巨大的经济泡沫。为何如此高效、具有创新的金融体系会引发并刺破房地产泡沫？第5章回顾了房地产泡沫如何导致证券化商品的大规模生产，以及证券市场的崩溃导致金融危机的具体原因。在美国经济泡沫事件中，尤其引人注目的是两个泡沫重合发生的现象。以房地产泡沫作为担保导致了商品证券化，而商品证券化本身也是泡沫。正是这双重泡沫加剧了雷曼事件。为何民营金融机构会寻求提供证券化商品，提供试图取代国债的安全资产的机会？这要追溯到长期不设立中央银行的美国的金融史。

第4章和第5章主要涉及经济大国——日本和美国的泡沫经济。日美两国的泡沫均是以本国为中心落下帷幕。第6章以20世纪80年代初期南美国家智利的经济危机、20世纪80年代北欧三国的房地产泡沫、20世纪90年代的亚洲金融危机为例，描绘了受全球经济摆布的国家的状况。

通过考察日本泡沫、20世纪80年代北欧各国泡沫、亚洲金融危机、欧美的房地产泡沫、雷曼事件等事件，你会发现每一地区都有其特有的泡沫事件。日本发生房地产泡沫，美国出现商品证券化。从某种意义来说，每个国家或地区发生的重大经济事件都带有其特定的历史、社会规范和文化因素。但从这些事件是否也可以推断这些泡沫事件可能存在普遍的共性？

第7章试图从上述泡沫事件中找寻具有普遍性意义的特征。它们的共同之处在于银行贷款、资产价格、经济增长、经常收支、汇率等经济变量都基于某些规律而相互发生作用。但若想从这些普遍现象中提炼出单一经济模型，又无法对其进行详细解释。如果从多种不同的角度将经常收支盈余的国家与赤字的国家、发达国家与新兴国家、20世纪的泡沫与21世纪的泡沫等进行对比，便能够多层次理解其实际情况。关于因"泡沫"破裂所造成的国内生产总值损失，经常收支赤字的国家大于收支盈余的国家、新兴国家大于发达国家。倘若按照这一标准来衡量，日本的损失竟并不算大。全球化的泡沫与日本人对泡沫的印象相去甚远。日本是否是一个特别的存在呢？

每个国家或地区所出现的泡沫都并非一个独立的经济现象。自20世纪80年代以来，随着经济全球化不断推进，国际金融市场一体化程度加深。这意味着泡沫也与国际资金的流入、流出密切相关。21世纪上半叶发生的全球经济失衡可以说是一个标志性事件。第8章论述了表现出国际收支不均衡的全球失衡、房地产泡沫和全球金融危机背后的发生原委。据说，它始于新兴国家和资源出口国的过度储蓄，但事实并非如此简单。亚洲金融危机与雷曼事件之间存在深刻联系。

雷曼事件已过去了十余年。在此期间发生的事情既在意料之中又在意料之外。第9章叙述了发生危机后的全球经济形势。随着全球范围内泡沫破裂和需求短缺，实际利率下降，日本、美国和欧洲的超宽松货币政策和发达国家的超额债务被议论纷纷。出于对危机未来走向的担忧，长期停滞论诞生。出乎意料的是，尽管各国已从危机中复苏，但历史性的低利率却仍在继续。本文讨论了导致长期低利率的各种可能原因，包括金融发展的停滞、全球储蓄过剩、不依赖外部资金的信息和通信产业的崛起，以及由于无形资本的扩张导致的技术和金融错配等。本文试图分析长期低利率这一现象是历史的偶然，还是全球化和技术进步带来的新趋势。

第10章论述了通过经济政策抑制泡沫发生的可能性。如果"泡沫只有在破裂时才能被辨别出来"，那么一旦泡沫出现，就只有在它破裂之后才能处理。事实上，如果注意到房地产贷款扩张等信贷扩张的动向，也能够发现泡沫出现的明显迹象。金融监管和货币政策可在泡沫发生之前有效防止泡沫。然而，一旦泡沫开始加速膨胀，实施这两种政策不但对抑制泡沫发展没有效果，甚至还会推动泡沫的加速膨胀。货币政策在泡沫经济的早期阶段有效，但一旦泡沫盛行，提高利率可能会加速泡沫的膨胀。本章论述了一种新的抑制泡沫政策，鼓励房地产、股票、国债等资产之间相互代替，以降低泡沫的整体风险。

理性泡沫在资产泡沫、货币和国债方面具有相似的理论结构。第 11 章至 13 章，笔者试图从"低利率经济学"的视角重新对货币政策和财政政策进行分析。日本零利率政策已实施 20 多年，货币政策误入歧途且深陷困境，究竟应该何去何从。

第 11 章对流动性陷阱和通货紧缩进行了阐述。如果把对货币资产的需求，即对银行存款的需求视为对泡沫资产的需求，那么持续零利率的状态可理解为通货紧缩与长期经济停滞并存的泡沫经济。在零利率状态下，货币和国债实际上是同一种资产，具有经济意义的货币总量是"政府净债务"，表示货币与国债之和。令人惊讶的是，无论是增加基础货币发行的再通胀论，还是提高利率的新费雪主义观点，这些政策在本质上都是相同的，即政府净债务的增加会导致通货膨胀。从凯恩斯主义经济学的视角来看，降息路径似乎是一种经济刺激措施；但从泡沫经济的视角来看，日本经济的一般均衡则完全不同。恰恰是提高利率的政策将日本经济从对货币和国债的需求中解放了出来，通过下调实际利率来恢复经济并促进增长。

当前，财政是否健康及长期经济停滞均为宏观经济学研究中的重要问题。如果主流经济学所倡导的"高利率经济学"是正确的，那么政府债务余额超过国内生产总值 260% 的日本财政应该早就崩溃了。然而，日本财政不仅没有崩溃，而且通货膨胀稳定，政府债券收益率极低。第 12 章运用"低利率经济学"考察财政稳定性的思想演变轨迹。财政的相关讨论对于泡沫理论具有较强的解释力，它揭示了实际利率和经济增长率之间的关系对财政稳健运行具有较大影响。在"实际利率大于经济增长率"的经济环境下，正是未来财政盈余的"合格抵押品"维系着国债的价值。另外，在"实际利率小于经济增长率"的环境下，通过经济调整，可以实现"实际利率等于经济增长率"，即使不依靠财政盈余，政府也可通过反复为政府债券再融资来防止财政恶化。再融资债券的价值，是基于新的再融资债券可以抵偿现有政府债券赎回成本的预期，这种预期链的机制与理性泡沫基本相同。但是，预算赤字不能长期持续扩大，需均衡财政。

在第 12 章的基础上，第 13 章考察了日本财政的可持续性。根据本书的推算，维持未来财政稳健所需的消费税率因实际利率与经济增长率之间的大小关系而存在较大差异。例如，如果实际利率与经济增长率之间的差额增加 1%，则所需的消费税率将增加 6%。如果实际利率继续低于经济增长率，那么日本的财政在数字上将不会如此悲观。只要能在短时间内得到控制，新冠疫情冲击导致的财政扩张将不会对财政稳健造成致命损害。这是因为持续的"金融恶化"抑制了投资，所以提供储蓄国债以阻止实际利率上升。然而，稳健和增长则另当别论。国债余额的单线增长阻碍了国内资本存量的形成，压低了长期经济增长率。虽然资本存量的形成会导致长期增长，但购买国债、现金等泡沫资产仅仅是基于政府信用的单向商品提供，即赠与，它并不会促进经济增长。只要财政继续扩张，增长基金就会捉襟见肘，经济的赠与化盛行，摆脱长期停滞之路便愈发艰难。

最后一章是对全书的总结。希望你能够带着期待读到最后，泡沫经济探讨之旅由此开启。

目录

第 1 章
金德尔伯格的敏锐洞察力 001

非理性预期	002
信用具有不稳定性	005
解析货币政策	008
信用与"合格抵押品"	010
21 世纪的流通票据	010
我们从中能够学到什么	013

第 2 章
泡沫经济理论中的微观经济学 017

历史上产生的三大泡沫资产	018
货币本身即泡沫	020
信者得救	021
未来价值与当前价值	022
资产定价理论	023
泡沫存在性检验	026
有效市场假说	029
无法从市场中吸取教训的投资者	031
利用泡沫	032
避免泡沫产生的条件	034

	实验经济学视角下的泡沫	036
	"负泡沫"	038

第 3 章
"低利率"之宏观经济学解读
041

前人对经济不稳定性的分析		042
新古典主义经济学		045
实际利率与经济增长率		049
泡沫和赠与经济		053
理论与现实		058
金融市场的不完善性		063
关于信用与投机		067
泡沫的资本周期		071
泡沫更迭		075
宏观理论将何去何从		078

第 4 章
日本土地价格泡沫
081

人们深信"土地神话"		082
泡沫发生前夕		086
为何会出现巨大的泡沫		088
政策的国际协调与金融政策		092
不动产泡沫成因		094
泡沫大小的测度		095
从推迟解决不良债权到发生金融危机		098
关于泡沫破裂后的较长调整期		100
"金融恶化"重创日本经济		104
我们究竟失去了什么		111

目 录

第 5 章
房地产泡沫与美国商品证券化
125

房价神话	126
信用扩张与次级抵押贷款	128
未设立中央银行的美国	130
摩根时代	134
"股票热"	137
从股市暴跌到大萧条	138
从金融监管到放松管制	142
对分散风险的过度自信	146
商业银行的转型	153
金融危机爆发	156

第 6 章
小型经济体的泡沫经济
161

金融自由化与北欧国家的金融危机	162
从金融自由化到金融危机	164
亚洲金融危机	167

第 7 章
泡沫经济周期的一般性理论
171

泡沫经济周期的一般性理论	173
基于对立视角的分析	183
"20 世纪型泡沫"与"21 世纪型泡沫"	183
"小型经济体泡沫"与"大型经济体泡沫"	185
"赤字国泡沫"与"盈余国泡沫"	188
"新兴国家泡沫"与"发达国家泡沫"	190
作为特例的日本	193

第 8 章
与全球经济失衡息息相关的两次金融危机
199

国际货币体系的演变	200
美国的经常账户赤字	204
全球失衡机制	206
资本逆流	208
新兴国家储蓄率之谜	210
金融发展不平衡	213
为何危机对发达国家的影响如此之大	215
泡沫经济的演变	220

第 9 章
从"雷曼事件"到"新冠危机"
225

美元并未暴跌	226
欧元区的财政危机	227
长期停滞论	232
历史性低利率	235
安全资产短缺与美元霸权	243
新冠疫情的冲击	246

第 10 章
泡沫是否可控
251

金融监管是否万能	252
加息是否有效	254
日美中央银行的经验	257
利用泡沫更迭	263

第 11 章
通货紧缩与流动性陷阱
267

流动性偏好与货币需求	268
"益"零利率与"弊"零利率	270
流动性陷阱	272
伯南克的挑战	277
量化质化宽松货币政策	281
实行负利率	285
操纵长期利率	287
通货紧缩是实体经济现象吗	288
实体经济与货币总量	291
货币政策是否已走到穷途末路	294
流动性陷阱的应对之策	296
货币政策、财政政策、通货政策三位一体	304

第 12 章
国债是泡沫吗
309

国债的"可靠的担保"	310
关于财政稳定性的验证	312
日本国债收益率之谜	316
安全资产的匮乏	321
物价水平的财政理论	324
国债泡沫说	327

第 13 章
赠与经济的黄昏
333

日本国债的可持续性分析	334
新冠疫情冲击与财政扩张	341
国债发行量应增加多少	347
反复撤退失败的历史	354
大量国债发行与泡沫经济	359

第 14 章
泡沫在流转
367

反复转移的泡沫经济重心	368
泡沫具有"联动性"	369
"金融恶化"带来的"经济赠与化"	370
解决金融与技术错配问题至关重要	371

后　记	**373**
致　谢	**383**
参考文献	**387**

第 1 章

金德尔伯格的敏锐洞察力

当被问及经济原理在2008—2009年金融危机期间是否真正发挥了作用时，一位著名的宏观经济学家答道："能够最为有效地理解金融危机的是查尔斯·P. 金德尔伯格，而非将希腊字母排列组合成数学模型的主流经济学者。"

金融史学家金德尔伯格在其名著《疯狂、惊恐和崩溃：金融危机史》一书中，对大量历史事实进行了解读，并论述了泡沫的狂热最终将导致金融危机发生。从遥远的"郁金香泡沫""密西西比泡沫""南海泡沫"，到20世纪80年代日本和北欧三国的泡沫以及20世纪90年代的亚洲金融危机，历史反复上演着以狂热和乐观开始、以悲观和绝望结束的泡沫经济事件。而讽刺的是，金德尔伯格在2003年去世，不久，这一预言就在美国被证实了。商品过度证券化，导致美国的房地产泡沫发展为金融危机。

非理性预期

正如《疯狂、惊恐和崩溃：金融危机史》书名中的"疯狂"（manias）一词所表示的，金德尔伯格指出，人有时会采取非理性行为，他对"市场理性"的看法如下。

作为一个普遍意义上的假设，我们应当如何看待市场理性？它意味着大多数市场都在理性运行，还是所有市场在大部分时间内理性运行，又或者所有市场在任何时间都在理性运行？对含义的理解不同，其结果也会存在偏差。相比假设所有市场在任何时间都理性运行，大多数市场在大部分时间内理性运行的假设更容易得到认同。[查尔斯·P. 金德尔伯格，《疯狂、惊恐和崩溃：金融危机史》，1978年，第25页，笔者译]

第 1 章
金德尔伯格的敏锐洞察力

换言之，金德尔伯格并不认同当时经济学界的主流观点，如"理性预期假说"，以及基于理性预期的市场观"有效市场假说"。主流经济学派的代表性人物米尔顿·弗里德曼（Milton Friedman）认为，市场将会通过"优胜劣汰"机制进行"自然选择"，破坏市场稳定的投机行为将不会持续发生。投机者在资产价格高时买入，在价格低时卖出，被迫"高买低卖"，最终将因亏损而退出市场。

另外，金德尔伯格认为，市场将在相当长的一段时间内处于异常状态。他对弗里德曼的观点予以批评：表示如果市场是理性的，那么该如何解释历史上不胜枚举的投机案例？

即使人们广泛阅读经济史相关的书籍，也很难证明理性市场的先验假设及其对出现破坏性投机行为的否定。翻开历史，人们只能将其解释为：有时会出现非理性的市场和破坏性投机，尽管并非总是如此。诸如下述的语言充斥着整个金融史：狂热……荒唐的房地产投机行为……无尽的欲望……信用扩张……疯狂……狂热的投机……暴富的幻想……充满希望的预期……欣喜若狂的投资者……视而不见……逃避现实的人、梦想着桃花源的投资者……廉价的担保……过度自信……过度投机……过度交易……[查尔斯·P. 金德尔伯格，《疯狂、惊恐和崩溃：金融危机史》，1978 年，第 27 页，笔者译]

金德尔伯格对于"市场将会通过'优胜劣汰'机制进行'自然选择'，破坏市场稳定的投机行为将不会持续发生"这一乐观的市场预期予以批判。他认为，现实市场并不总是满足理性市场形成所需的必要条件。尤其令人存疑的是，这一假设的前提是市场参与者需要共享市场信息。在现实中，由于大型证券公司与普通投资者之间存在明显的数字鸿沟，证券公司往往能够通过操纵股票价格获利。

20 世纪 20 年代的美国，证券经纪人（现在的"证券公司"）经常通过让知名经济记者撰写热点文章来操纵股票价格。那个时代股市的繁荣催生了一些传奇投资者。威廉·杜兰特（William Durant）是极为成功的股票投资者之一，他与其富有的朋友成立了投机集团（现称"投资基金"）来管理巨额资金。由于市场密切关注他的动向，普通投资者争相买入杜兰特买入的股票，该投机集团正是利用这一点，通过适当地传播信息并在普通投资者购买股票时出售其持有的股票，从而获利。

投机行为并不能推动经济发展。由于普通投资者的损失将直接转化为投机群体的收益，所以如果将两者的收益加在一起，则整个市场的总收益为零。但即使整体收益为零，只要投机集团能够将其损失强加给普通投资者，投机行为就会频繁发生。金德尔伯格表示，在"逆向选择"而非自然选择的市场中，不良投资者为生存而破坏市场稳定性的投机行为可能将持续存在。

根据弗里德曼的自由选择论，如果市场中不存在投机者，就会形成一个稳定的市场，但现实市场并非如此简单。在通常情况下，进行投机的是处于边缘而非市场中心的投资者。当房地产市场出现投机行为时，往往是外来的房地产经纪人通过反复转售来推高价格，而非该地区的传统房地产经营者。换言之，在市场"自由选择"中幸存下来的不是传统的工商业者，而是新手投资者。

日本泡沫时期也出现了一些传奇的房地产经纪人。许永中就是其中的代表性人物之一。当地的经纪人彼此熟悉，如果他们哄抬价格后再抛售，会损害其声誉；而外来的经纪人在该地区的人际关系薄弱，也不存在任何损失，所以他们希望在市场繁荣的环境下通过投机获取高额收益。弗里德曼正是忽略了新的参与者将不断进入市场的这一事实。

然而，金德尔伯格并不认为人总是非理性的。他认为，当缺乏理性的狂热与群众心理同时产生时，人就会发生非理性行为。新繁荣时代的到来令人振奋，过度自信和普遍的乐观主义消除了人们对"过度投资"的担忧，人们越来越相信与事实和理论不符的事情。这是另一种"金融综合征"的开始。

20世纪20年代的美国，第一次世界大战结束后的稳定转瞬即逝，人们进入大规模生产和大规模消费的时代。随着普通家庭中汽车、电话和收音机的普及，新时代来临的兴奋之情激起了股市浪潮。20 世纪 80 年代的日本，在与美国的贸易顺差和日元强势的背景下，人们逐渐认为日本比欧美国家更富有。傅高义（Ezra Feivel Vogel）在《日本第一》（Japan As Number One: Lessons for America）一书中赞扬了日本独特的社会制度和经济体制，这进一步增强了日本人的过度自信心理。而这种过度自信和高昂情绪与股市、房地产市场泡沫的狂热密切相关。20 世纪 90 年代的美国，以计算机和互联网为代表的信息技术革命改变了社会，从而激发了美国人的高昂情绪，这种心态成为导致互联网泡沫[①]和随后房地产泡沫出现的原因之一。

信用具有不稳定性

金德尔伯格强调，基于市场预期的投机行为背后是信用扩张。

投机热潮随着通货膨胀和信用扩张而升温，而通货膨胀和信用扩张也会引发投机热潮。[查尔斯·P. 金德尔伯格，《疯狂、惊恐和崩溃：金融危机史》，1978 年，第 52 页，笔者译]

在论及信用不稳定将引发经济周期性波动时，他依据的是美国经济学家海曼·明斯基（Hyman Minsky）的理论。明斯基是较早关注到银行信用在房地产泡沫演变为金融危机过程中所发挥的作用的经济学家之一。他认为，市场异常引发经济扩张，"沉迷兴奋"导致信用扩张，从而使经济过热、资产价格飙升。当达到供应能力上限时，有效需求增加对收入和投资的正反馈最终会对资产价格产生上行压力。这一点即凯恩斯模型中的均衡点，也是沉迷期、泡沫经济的起始点。由于经济过热而变得贪婪的人们过度追求收益，相

---

① 指 1995—2001 年的投机泡沫，即在欧美及亚洲多个国家和地区的股票市场中，许多科技及互联网企业股价高涨的事件。——编者注

比分红收入增加，他们更期待资产价格上涨。金融机构也开始通过信用扩张寻求超额利润。

金德尔伯格认为，投机行为和信用不稳定加速了经济周期的转变，但他对信用的解释比明斯基更为广泛。他不仅关注银行信用，还关注商业交易中内生的"流动性"。他尤其重视支票和汇票等个人信用。汇票是商品的卖方要求买方即期或定期或在可以确定的将来时间，向卖方支付一定金额的书面证明文件，用于弥补货币供应不足。商品的买方可持有汇票于到期日或到期日前到银行承兑汇票贴现，也可以直接将汇票转入自己的储蓄账户。此外，该票据可用于支付其他款项，只要参与交易的商人可靠，票据就等同于货币。

只要票据具有货币属性，它就可以在市场流通，但过度使用有时会导致信用扩张。

当处于投资沉迷期时，一旦债务人的债务份额过高，就会出现问题。票据是链式提取的，具有蝴蝶效应。正如亚当·斯密在提及一般性商业行为规范时所说："票据过剩容易导致市场出现问题。" A将票据给B，B给C，C再给D，以此类推，导致信用总量增加。根据拉尔夫·霍特里（Ralph Hawtrey）的观点，流通票据的缺点在于："当投资市场缺乏真正的长期资金时，该类型票据就会被用于固定资产。"［查尔斯·P. 金德尔伯格，《疯狂、惊恐和崩溃：金融危机史》，1978年，第62页，笔者译］

所谓汇票，是商品的卖方拥有要求买方在可以确定的将来时间支付款项的债权，如果每次出售商品时提取的金额与交易量完全对应，那么就会获取信用凭证，但现实并非总是如此。在具有长期客户关系的买卖双方之间，有时以买方的信用和不动产等资产作为抵押，市场信用逐渐与特定交易的信用分离。由此，没有"合格抵押品"做担保的票据就被称为"流通票据"。而在投资沉迷期，如果流通票据数量激增，就会造成信用扩张。

第 1 章
金德尔伯格的敏锐洞察力

根据所谓的"真实票据理论"可知,只要汇票是以商品为抵押物开出的,其所提供的信用额度将由交易规模决定,信用扩张将不会超过经济活动水平。另外,土地、住房等不动产价格在相当长一段时间内往往会偏离经济的实际情况,以不动产为担保的信用扩张将导致资产价格呈螺旋式上升。

但是,信用扩张和资产价格的螺旋上升趋势不会永远持续。最终,资产价格增长将会放缓。投资者在资产价格膨胀的情况下不断累积债务,一旦当他们连债务利息都无法偿还时,就会陷入资金困境。下一刻,他们就会对未来感到极为焦虑,这些从沉迷投资中醒过来的人,将清醒地意识到自己的债务远远大于收入。当投资者意识到自身存在债务过剩的问题,他们的投资预期就会发生180度大转变,从乐观预期到悲观预期,随之而来的就是经济恐慌。

流动性不足的本质是投资者对金融体系丧失信心。经济将走向何方?是经济过热产生的各种问题得到解决、投资者恢复信心,还是会出现价格暴跌、银行挤兑、恐慌性抛售资产?[查尔斯·P. 金德尔伯格,《疯狂、惊恐和崩溃:金融危机史》,2000年第4版,第84页,笔者译]

金德尔伯格认为,当对流动性不足的担忧与恐慌心理同时出现时,信用体系可能会崩溃,而信用体系崩溃将导致原本正常经营的银行倒闭。当人们陷入恐慌心理时,由于害怕其他人提取存款,部分存款人就会率先提取自己的存款。如此一来,原本正常经营的银行就会因资金流动性不足而倒闭。

经济危机始于信任崩塌。当资金周转困难,人们就会急于出售资产,从而导致资产价格下跌。人们因苦于资金周转便向银行申请贷款,但由于抵押资产价值减少,银行不予发放新的贷款。而银行又急于收回贷款,这就进一步导致资金周转困难的投资者出售更多的证券,造成资产价格进一步下跌。为对冲商品价格下跌,贸易公司和企业争相抛售商品,造成物价进一步下跌。一旦悲观情绪蔓延,人们就会急于抛售资产,市场将成为一个倾销场所。

由于多家企业被强制破产，大量不良债权产生，银行也因此处于倒闭的边缘。银行倒闭的传闻导致存款人相继提取存款，资金短缺的银行试图进一步收回更多的贷款，贷款全面收缩。由流动性不足引发的资产价格下跌和信用收缩之间的正反馈将一直持续，经济从繁荣转为萧条。

解析货币政策

人们普遍认为，如果中央银行及早实施紧缩性货币政策，就能够防止信用扩张。那么，金德尔伯格是如何看待货币政策抑制信用扩张的有效性呢？从金德尔伯格对流通票据问题的关注度上不难想象，他对于投资沉迷期货币政策的有效性持悲观态度。金德尔伯格对信用扩张后中央银行能够有效抑制信用扩张持怀疑态度。

在银行体系健全前后，由于个人信用可以无限提升，于是市场上出现了助长投机热潮的额外支付手段。对某一时间节点上某一银行体系而言，货币支付手段不仅可以在既有的银行体系内扩张，还可以通过成立新的银行、发明新的信用工具及银行以外的个人信用扩张来扩大。［查尔斯·P. 金德尔伯格，《疯狂、惊恐和崩溃：金融危机史》，1978 年，第 16 页，笔者译］

金德尔伯格的疑问使我们陷入如何定义货币的迷茫。用沃尔特·白芝浩（Walter Bagehot）的话来说，"所谓货币，就是即使你知道如何计算，但你不知道计算什么。"当经济处于过热状态时，就会出现更多的货币和个人信用扩张问题。如果将货币理解为："现金加上可满足存款人要求提取的活期存款的价值"，那么在经济过热时期，货币供给则超出了定义。

由于按原有定义中的货币量保持不变，名义上的国内生产总值除以货币量得出的货币流通速度将加快，决策者要准确把握流通速度加快背后的金融市场情况，但在经济过热的情况下这一动向极难预测。金德尔伯格对此持悲观态度，认为决策当局无法抑制泡沫。

在这一点上，金德尔伯格的观点不同于凯恩斯主义者和货币主义者的看法，在他看来，在暗含了信用稳定的乐观前景这一假设下，凯恩斯主义者认为的通过微调利率可实现总需求管理的理论，与货币主义者认为的通过控制一个国家的货币量可控制物价水平的理论本质上是相同的。

通过回顾与货币主义者在经济大萧条问题上的争论，可以清楚地理解金德尔伯格的宏观经济学观点。货币主义者的观点可参见弗里德曼与安娜·施瓦茨（Anna Schwartz）的著作①。他们严厉批判了美国联邦储备委员会（Federal Reserve Board，简写为FRB）的货币政策失误，认为20世纪30年代初期，美国经济陷入大萧条是由于基础货币减少了。该观点在此后产生了深远影响。

相比基础货币，金德尔伯格更关注银行信用等货币供给的变动情况。他认为，仅凭基础货币的变化无法解释股市暴跌前后矿业和工业生产速度放缓的现象。金德尔伯格重点关注各银行间短期融资的同业拆借市场动向，并注意到1928年至次年同业拆借市场的扩张以及市场大跌后的收缩。证券经纪人作为股票交易的中介，在当时股票市场的资金流通中发挥着核心作用。商业银行和信托银行将大量资金贷款给证券经纪人，证券经纪人又将资金贷款给股票投资者。当时，给证券经纪人贷款的利率高于给公司的贷款利率，因此银行也更倾向于贷款给予证券经纪人。正是信用扩张造成投资者对股市的热情高涨。一旦股市出现暴跌，信用体系将迅速失灵，信用将随即收缩。

金德尔伯格的理论后来被本·伯南克（Ben Bernanke）关于经济大萧条的研究证实。伯南克通过数据研究，验证了在紧随经济大萧条之后的经济衰退中，起重要作用的不仅是货币供应量的减少，银行信用收缩也在其中起了重要作用。

---

① 指《美国货币史》（*A monetary history of the United States*）。——编者注

信用与"合格抵押品"

金德尔伯格反复强调,信用稳定是金融稳定的基础,更确切地说,金融稳定的基础是维护信用的"合格抵押品"。换言之,当贷款抵押品不合格时,信用扩张和资产价格高涨会破坏金融稳定。

以抵押品作为信用担保,是金融界的传统观念。19世纪,英国围绕"货币主义"与"银行主义"的争论就是一个很好的例子。银行主义者认为,如果汇票是以商品为抵押,那么信用供给量就与交易规模相等,就不需要控制货币量。而货币主义者认为,除非票据供给有合格的抵押品做担保,否则经济就会存在信用扩张的风险。因此,中央银行应控制货币量。

货币主义主张"真实票据理论",认为银行贴现应限于以商品为抵押的汇票,抑制票据流通。换言之,货币主义和银行主义观点的区别就在于,是否承认无抵押担保的流通票据。这一重大争议在1844年的《皮尔条例》中得到解决。该条例允许英格兰银行作为中央银行垄断纸币发行权,限制其他银行发行纸币。这意味着认为中央银行应控制货币量的货币主义在这场争论中获胜。

沃尔特·白芝浩在其著作《朗伯德街》(*Lombard Street*)中提及中央银行作为最后贷款人应遵循的规则,并指出了"完善担保机制"的重要性。白芝浩表示,应向金融危机中拥有合格抵押品的金融机构提供无上限的高利率贷款。白芝浩认为,即使是处于经济危机之中,也不应无限供给流通货币,而是应当根据"合格抵押品"严格区分值得救助的银行和不值得救助的银行。

21世纪的流通票据

20世纪70年代,金德尔伯格的著作《疯狂、惊恐和崩溃:金融危机史》问世,这一时期是各国银行体系在政府监管和保护下保持稳定的时期。发达国家的经济在一个真正不受金融危机影响的世界中稳步增长,因此这本书出版时，很少有人把这本以经济大萧条和随后的经济大衰退为背景的书看作同时代经济的一面镜子。

20世纪80年代初期，当自由化的浪潮席卷了整个金融市场时，转机开始出现。投资银行所罗门兄弟（Salomon Brothers）公司将从金融机构购买的大量住房抵押贷款债权根据风险等级进行分割，并出售以住房抵押贷款为抵押的金融商品，即抵押贷款支持证券（MBS）。由此资产证券化浪潮开启。随着金融技术的发展和金融管制的放松，美国金融业也随之得到强劲发展。

1999年通过了《格雷姆–里奇–比利雷法案》（Gramm-Leach-Bliley Act，简写为GLBA），废止了《格拉斯–斯蒂格尔法案》（Glass-Steagall Act）以及其他一些相关的法律中有关限制商业银行和投资银行跨界经营的条款，自此放松管制达到高潮。商业银行可设立具有投资功能的子公司，为其进一步发展成为巨型银行铺平道路。由此，银行成功得到了他们最想要的东西。

当时，银行正在找寻除贷款以外的新的收益机会，寻求存款以外的资金来源，于是发行了资产支持商业票据（ABCP）。ABCP是一种类似于存款的债务工具，但期限较短，平均期限为一个月，不受存款保险保障，具有一定风险。换言之，它是以贷还贷的短期借据。如果ABCP是以"合格抵押品"为担保的真正票据，就不会出现任何问题，但当时作为抵押的是"安全神话"背景下的资产证券化商品。于是，通过ABCP筹集的资金随后被用来购买更多的证券化商品。

"安全神话"的背后是欺骗性交易。证券化商品极易获得评级机构的高评级。据说，如果国际评级机构穆迪（投资者服务公司，简称穆迪）拒绝给金融机构的证券化商品评定3A信用评级，他们就会威胁穆迪说，"好吧，那我就去找标普[①]"，于是该机构就能轻松获得3A评级。如此一来，被标记为"安全资产"的风险资产在全球范围内大量流通，并大量发行了没有"合格抵押品"做担保的ABCP。

[①] 指国际评级机构标准普尔公司。——编者注

2008年9月，最终还是迎来了命中注定般的危机。储备基金是货币市场基金（MMF）的种类之一，持有该基金资产规模排名第四的投资银行雷曼兄弟公司发行的大量ABCP，其基准价格已跌至面值以下。货币市场基金是投资美国国债和商业票据（CP）等具有流动性和安全性高的资产并进行管理的一种投资信托基金。这导致雷曼兄弟公司倒闭，并迅速演变成为一场金融危机。

货币市场基金的投资者完全没有意识到本金会有损失的风险，因而对本金的突然损失感到恐慌。货币市场基金投资者拒绝向银行发行的ABCP提供贷款，并撤回资金。因此无法通过ABCP筹集资金的金融机构为弥补资金不足而出售证券化商品，这导致证券化商品的市场价格下跌。其他以证券化商品为抵押发行ABCP的金融机构也被拒绝提供贷款，所以也会出售证券化商品。这就导致证券化商品的市场价格进一步下跌，信用不稳定的状况就像多米诺骨牌效应，影响了所有金融机构。这些金融机构几乎瞬间破产。

人们普遍认为，银行挤兑风波仅会发生在没有存款保险的过去，不曾想21世纪也会发生银行挤兑风波。在传统的银行挤兑现象中，遭受挤兑损失的是存款银行，挤兑目标是银行存款，这是所有银行挤兑现象的共有形态。但这一次，情况有所不同。没有人知道哪些金融机构是银行，无论是证券公司还是银行，不明实体都在扮演银行的角色，并提供没有明确抵押品做担保的债务资金。此外，没有人能够确定哪种类型的债务或金融资产是货币。现在回过头来看，Repo（利用国债逆回购的短期贷款）和ABCP实际上发挥了现实货币的作用，但当时大家都未察觉到这一点。在政府、金融当局、市场、经济学家都不知道什么是真正的货币，不知道哪些金融机构是真正银行的混乱局面下，一旦出现问题，整个金融市场就会崩溃。

事实上，这也并非什么新鲜事物。如果我们把ABCP理解为一种灵活的流通票据，那么这场金融危机正符合金德尔伯格的论点。在21世纪，我们对经济、金融的理解和认识本应比19世纪更为深刻，但没有抵押做担保的流通票据反而极为猖獗。这到底是因为人们对金融进程过度自信，还是因为巨型银行的傲慢，又或是来自政府认为金融政策无所不能的自豪感？事实上，只是人们忘记了信用的基础是"合格抵押品"这一金融中的基本命题。

我们从中能够学到什么

让我们回到最开始的话题：经济原理在金融危机期间究竟发挥了什么作用呢？遗憾的是，金德尔伯格敏锐的洞察力并未被应用于经济学。主张理性预期假说和有效市场假说的主流宏观经济学取得了显著进展。假定如果人是理性的，那么以市场为导向的经济就能够正常运作，市场价格便可准确反映商品和资产的价值，就不会发生泡沫。主流经济学派以经济理性为武器，抹除了泡沫发生的可能性。

这种经济战略带来了不可估量的"功"。它建立了一个不存在泡沫的简单模型，这奠定了经济学发展的基础。但同时也有"过"，理论模型的可怕之处在于，它们会对经济学家的思维模式进行"洗脑"。这导致经济学家不知不觉间开始忽视那些无法被合理解释的现象。

一个理性的经济学家是无法理解那些被视为非理性的行为的。他认为，如果理性行事，就不会发生如此荒谬的事情，便能够防止泡沫发生。关于经济政策的争论充其量只是应对泡沫破裂后出现的危机的一次尝试。格林斯潘的一番言论"泡沫只有在破裂后才知道这是泡沫"，不仅没有受到经济学家的批评，反而引起了共鸣。

拥有最发达金融体系的世界第一经济大国发生了金融危机，这一事实具有重大意义。它太严重了，以至于不能把它当作一个失误来掩盖。不正视泡沫和金融危机的经济学究竟能否反映经济的真实状况呢？泡沫频发的现实世界与有效市场假说所设想的世界相去甚远，人并非完全理性，市场也无法完全发挥作用。因此，构建一个泡沫频发的分析框架，并以此来思考经济学，具有重要的价值与意义。

◎ 宏观经济学与边界

由于历史叙述是以故事的形式展开的，因此有人会说历史是由历史学家创造的。如果将英文单词"历史"，即"history"中的"h"和"i"去掉，就变成了"story"，即故事，两者词源相同。

那么，经济也是经济学家创造出来的故事吗？经济学家认为，社会现象和自然现象一样，是反复出现的，具有普遍性特征，可以用单一模型来解释。经济学采取的策略是建立一个具有普遍性意义的理论，它可以适用于任何国家，而非特定某个国家。但同时，这也割裂了驱动经济运行机制背后各国特有的国家历史、社会规范及文化因素。

从泡沫产生到崩溃乃至爆发金融危机，各国危机的演变路径各不相同。说起日本的土地价格泡沫，不能不提到"土地神话"。证券化是美国特有的现象，因为美国拥有独特、发达的金融市场，而日本的金融市场绝不会出现证券化。泡沫可以发生在任何资产中，有人可能会认为这种差异并非本质性问题。但是，日本发生的土地价格泡沫与使美国泡沫变得更加复杂的证券化现象，都是极为严重的。若想分析这些现象，需要从其各自的金融史着手进行分析。

本书认同"宏观经济学既存在超越国界的部分，也存在无法超越国界的部分"这一观点，强调普遍性的经济学有时应舍弃千篇一律的研究模式。每个事件都是独一无二的存在，我们从历史学家试图仔细追踪每个事件的方法中可以学到很多东西。经济学方法和历史学方法，这两种研究方法都各有其依据，不论舍弃哪一种，都极为可惜。

本书基于每个国家都是核心、不存在边缘国家这一立场，美国、日本以及迅速崛起的亚洲其他国家均是研究的重点。笔者之所以这样想，是因为笔者认为宏观经济学的扭曲与雷曼事件的发生相关。

在经济学界，有一种观点是，市场经济发达的美国经济是最理想的。这种倾向在宏观经济学中尤为明显。事实上，毫不夸张地说，宏观经济学就是为了解释美国的现实而诞生的。于是，将以发达市场经济为前提的美式经济理论运用到一个与美国有着不同历史背景的国家，完全不考虑该国的经济发展状况、历史和社会规范，难免会产生偏离。这就意味着，经济学的一些观点不可避免地有利于美国，而对与欧美国家有着不同经济发展轨迹的亚洲国家往往过于严苛。

美国中心主义的弊端使得经济学界难以从美国以外的国家的危机中汲取经验。对于30年前日本发生的泡沫及其破裂，经济学界本应有充分的机会从中学习，但遗憾的是，主流经济学派并未认真尝试从日本发生的泡沫中吸取教训。如果历史有"如果"，经济学界能够认真审视日本发生的泡沫，那么从证券化发展为雷曼事件的历史可能会被改写。

本书通过金融史学家金德尔伯格于1978年撰写的《疯狂、惊恐和崩溃：金融危机史》一书，回顾了他关于泡沫的观点。

第 2 章

泡沫经济理论中的微观经济学

当原本不具有价值的资产产生价值时，支持其价值的是人们的信念与预期，而预期与资产本身的使用价值无关，我们将这类资产统称为"泡沫资产"。本章将对泡沫资产的本质进行分析。按照有效市场假说的观点，市场上的每个人都是理性的行为体，且市场机制将充分发挥作用，在此前提下就不会产生泡沫资产。但即使人是理性的行为体，若市场机制不完善，也会出现泡沫资产，即"理性泡沫资产"。理性泡沫资产的特点是在某一段时期内持续产生。为何本应理性的人会继续持有价格高于其原有价值的资产？本章将对这一问题进行分析，并深入思考泡沫资产。理性泡沫资产的一个典型案例就是"货币"，本章开始对泡沫资产进行探索。

历史上产生的三大泡沫资产

泡沫资产有多种类型，包括因市场狂热而价值飙升的住房、土地等不动产和股票，以及黄金和珠宝等。在历史上，各种各样的商品均可以成为泡沫资产的载体，股票、国债、黄金、白银、棉花、小麦等，数不胜数。那么，就从历史上发生于欧洲的三大泡沫资产事件开始说起吧！

世界上第一次泡沫资产事件发生于17世纪蓬勃发展的荷兰金融中心。价格飙升异常的不是不动产、股票或以伦勃朗和维米尔为代表的荷兰绘画，而是郁金香球茎。据传，郁金香原产于土耳其安纳托利亚地区，于16世纪被引种至荷兰。郁金香品种繁多、造型美观，作为观赏品广受欢迎，但由于爱好者们难以获得稀有品种的郁金香球茎，导致其价格高昂。17世纪30年代，珍贵品种的稀有性导致其价格被抬高，而高昂的价格进一步增加了郁金香的吸引力。荷兰人创造了低地开垦项目和高效的金融市场，他们本应理性，却在投机行为中迷失了自我。由于投机者以低价买入、高价卖出为目的,反复转卖,导致郁金香球茎价格飙升,尤其是稀有品种的郁金香球茎,其价格峰值甚至达到一栋房子的价格。然而,1637年2月,由于没人能找到买家,卖方大量抛售郁金香球茎,价格暴跌,公众开始陷入恐慌。于是,用房屋抵押贷款购买郁金香球茎的人破产了,他们一夜之间变得身无分文。尽管金融危机导致经济长期衰退,但郁金香的种植仍在继续,如今提起荷兰,风车和郁金香已成为荷兰的标志性风景。

世界上第一次股市泡沫是发生于英国的"南海泡沫"。18世纪初,英国政府成立了"南海公司"（South Sea Company）,授予其在南美洲和南太平洋地区的贸易垄断权。基于对南海公司会从垄断中获得巨大利润的乐观预期,投资者趋之若鹜,其股票迅速升温。然而,1720年8月,由于高层领导对南海公司过高的股票价格感到担忧,开始抛售其股份,导致其股票价格暴跌。人们可能会认为这是因为人们对股市的无知使人疯狂,但著名科学家牛顿也买入了南海公司的股票,并严重亏损。

大约同一时间,法国也出现了股市泡沫。17世纪下半叶,为重建遭受金融危机重创的法国财政,约翰·劳（John Law）首先设立了一家私人银行——通用银行（Bangue Genarale）。新的货币体系走上正轨后,1717年劳又成立了密西西比公司,目的是开发法属路易斯安那州和密西西比[①]的金矿,并发行新股。尽管密西西比公司没有实体产业,但劳由于货币改革成功而获得了巨大人气,人们竞相购买密西西比公司的股票,股票价格飙升。然而,当人们发现任何地方都没有金银矿藏,并且股权转让金被用来支付法国政府的债务时,法国的股票价格从1720年开始暴跌直至次年。这一事件给法国经济带来了巨大的创伤,可以说18世纪法国的金融市场几乎没有任何发展。

[①] 密西西比河流域。——编者注

货币本身即泡沫

当提及泡沫时，我们首先想到的是股市泡沫、土地和房产等不动产泡沫。然而，事实上，最能表达泡沫本质的金融资产就在我们身边，那就是"货币"。日本银行发行的纸币——印有福泽谕吉肖像的1万日元纸币正是典型的泡沫。如果你对此依旧感到疑惑的话，那可能是因为你从未经历过货币失去信誉后的混乱局面。如果货币是泡沫，就意味着货币也会崩溃。正如1923年的德国，物价上涨至天文数字，人们不得不带着满满一兜子纸币去购买日用品[①]。货币逐渐丧失了其作为流通手段的意义。恶性通货膨胀正意味着货币泡沫的崩溃。

当我们把某种资产称为"货币"时，它具备了下述三种职能。第一是"价值尺度"的职能，将商品的价值用统一的单位进行衡量。在日本，商品交易以日元进行结算。这意味着日本银行发行的纸币作为价值尺度，发挥了货币的职能。第二是顺利进行商品交换的"流通手段"职能。当双方试图在货物之间进行易货交易时，只有当双方都有对方想要的商品，即"欲望双重一致"时，才会发生交换。如果有了货币，即使双方不存在"欲望双重一致"，交易也会顺利进行，因为商品和货币可以进行交换。日本银行的纸币扮演着万能的角色，可以与任何商品进行交换。第三，货币还有"贮藏手段"的职能，可储藏安全且具流动性资产的价值。如果用日本银行的纸币进行存款，只要不出现严重的通货膨胀，就能够储存价值。

日本银行发行的1万日元纸币无疑具有以上3种职能，是真正的货币。那么，为什么人们认为一张1万日元的钞票价值1万日元呢？倘若要问1万日元纸币本身有多少使用价值，那么它本身几乎没有任何价值。即使用纸币代替纸巾擤鼻涕、代替手帕擦手，其使用感也极差。但实际上，一张1万日

---

① 具体参见：《当货币死亡》，[美]亚当·弗格森著，梁金柱译，中国科学技术出版社2022年出版。——编者注

元的纸币可以在日本的任何地方兑换价值1万日元的商品。这是为什么呢？这是因为人们认为印有福泽谕吉肖像的1万日元纸币价值1万日元。

众所周知，1万日元的纸币只是一张纸而已，但同时，人们也认为它价值1万日元。假设你想在东京银座的一家百货公司买一瓶价格为1万日元的波尔多葡萄酒，如果你用这张1万日元的纸币付款，店员会很乐意接受这张"纸"。那么，为什么百货公司的店员乐于接受一张"纸"呢？那是因为百货公司认为，大家都知道1万日元纸币本身没有任何使用价值，但确信凭借这张"纸"，可以获得价值1万日元的商品。如此一来，一张本身使用价值可能为5日元或10日元的纸，拥有了1万日元的价值。

尽管物品本身的使用价值较低，但人们却用其进行高价交易，这种现象被称为"泡沫"。假设一张1万日元纸币的使用价值按货币价值计算约为10日元，但它以1万日元的价格流通，那么，9990日元的差价就是泡沫。也就是说，当一种货币本身的使用价值与世界上实际流通的价值不同时，其差价就是泡沫。

信者得救

实际上，我们生活于泡沫中。只要坚信1万日元纸币的价值，它就可以说是一个价值稳定的泡沫。那么，这种对1万日元纸币价值的信任从何而来？这是因为它是由日本银行发行的纸币。换言之，发行1万日元纸币的主体是日本的国家银行——日本银行，因其是国家发行的，所以才为人们所信赖。

那么，为什么由国家银行发行的纸币就会被人们所信赖呢？虽然我们通常不会意识到这一点，但事实上我们对国家主权有一种坚定的信任。如果我在自己的名片上写上1万日元，与他人进行商品交换，我想没有人会接受。这是因为我不如日本的国家主权那样具有公信力。也就是说，1万日元纸币是基于日本国家的信用而发行的证券。

观察新兴国家和发展中国家，对这种现象便可一目了然。就像日本的法定货币是日元一样，在中国有人民币，在印度尼西亚有印度尼西亚卢比，这些货币在其国内作为法定货币流通。但在很多国家进行支付结算时，相比其国家的法定货币，该国有时更乐于接受美元。在印度尼西亚巴厘岛的酒店付款时，也并非一定要用印度尼西亚卢比，可以选择用美元结算。在经历金融危机等动荡后，印度尼西亚近来发展迅速，但尚未被视为新兴国家中的优等生。在柬埔寨吴哥窟的酒店，所有费用均可以美元支付。即使外出就餐或购物，基本也都是以美元支付。

未来价值与当前价值

弗里德曼曾贴切地指出，"它是货币，是因为人们认为它是货币"。接下来让我们一同分析这背后所反映的人们的心理活动。

人们认为一张1万日元的纸币之所以价值1万日元，是因为它截至昨天价值1万日元，还是因为人们认为它明天会价值1万日元？昨天的经历与对明天的期待密不可分，两者似乎都是必要的。人们很自然地认为，正因为截至昨天1万日元的纸币可交换价值1万日元的商品，人们才会认为1万日元的纸币明天会保持其价值。然而，其实也可以把两者分开考虑。

先说笔者的结论，未来价值决定当前价值。过去的价值并不能决定现在的价值。重要的是，人们认为不仅现在，而且明天、一年后、两年后它还会继续保持其价值。如果我们支付1万日元，那么收到1万日元的人将给我们价值1万日元的商品；而收到1万日元的人将在未来某一时间点花掉这1万日元，可能是一个星期后，也可能是半年后。如果人们不相信它现在以及未来都将继续保有价值，那么它就不会继续价值1万日元。

通过下述思想实验可以更好地理解这一现象。例如，如果知道明天地球会被毁灭，我们会怎么办呢？一个苹果的价值由它现在好吃与否来决定，而与其未来价值无关。但是，就货币而言，它的未来价值是其当前价值的基础。一旦人们认为它在未来将一文不值，那么其当前的价值也会随之消失。相比一张明天不能使用的1万日元纸币，人们更愿意拥有价值1万日元的品牌牛肉和高端红酒。当未来没有希望时，货币就失去了价值，回归到以物易物的经济形态。换言之，在货币失去其未来价值的那一刻，它也失去了当前价值。这就是货币以及泡沫的本质。现在我们对泡沫有了一些清晰的认知，接下来进一步对股票和不动产等资产价格的泡沫进行分析。

资产定价理论

◎ 股票套利定价公式

当我们购买一只股票时，我们对它的期望是什么？是分配红利（以下简称"分红"），还是股票价格上涨所带来的收益，抑或是两者兼而有之？首先，让我们分析一下资产价格是如何被确定的。

确定股票价格的基本公式被称为"套利公式"。每股股票的购买成本等于收益。也就是说，套利公式所表达的是投资者无法再通过价格差来获利的情况。其中，成本表示为机会成本，是指购买其他资产（如国债）而非购买股票时获得的收益。具体而言，它等于本期股票价格乘以（1+ 国债收益率）所得的值。另一方面，收益是指持有股票一年所获得的收益，所以它是分红加下期股票价格（即募资额）。用公式表示为：

$$本期股票价格 \times (1+ 国债收益率) = 分红 + 下期股票价格$$

这意味着投资者既期待股票分红，也期待股票价格上涨带来的收益。仔细观察可以发现，公式中包含当前股票价格和明年股票价格两个变量，仅能表示本期股票价格与下期股票价格之间的关系。仅凭该公式无法确定当前的股票价格。由此，确定资产价格的问题陷入迷之循环。要想知道当前的股票价格，就需要知道明年的股票价格；而要想知道明年的股票价格，就需要知道后年的股票价格；而要想知道后年的股票价格……这一连串的预期连锁反应将无限延伸下去。

虽说如此，但若从整体层面看待这一问题，也许可以获得更好的分析视角。考虑"预期"会使这一问题复杂化，所以我们先假设本期股票价格等于下期股票价格，再去解上述公式，即"本期股票价格等于分红除以国债收益率"，从经济学的角度来看，这具有一定意义。所得的值被称为"内在价值"或"基本经济因素"，旨在准确体现企业价值。

严格来说，该公式的一般解法可以大致表示为：

本期股票价格 = 内在价值 + 未来无限期持有的股票价格贴现现值

问题是，在求解时，难以绕开"未来某一时间点的股票价格贴现现值"，暂且把它看成是未来股票价格的估值，是通过利率贴现并转换为现值所获得的值，这一令人苦恼的值即泡沫。

该公式可理解为，只要知道未来股票价格的贴现现值，就可以通过未来反向追踪当前的股票价格。但是，我们如何能够预测到未来无限期持有的股票价格贴现现值？

即使能够预测，也不必然要收敛到一个值。如果有 100 个投资者，每个人都有自己对未来价值的预期，那么不难想象，在无限的未来就会有 100 个不同的股票价格贴现现值。根据人们对未来的预期，除了与内在价值相等的价格，资产价格也难免存在多个不同的值。

为摆脱预期的困境，主流经济学派采取了什么策略呢？其答案如下。如果人们现在和将来均是理性行为体，共享市场信息，并且市场上不存在阻碍交易顺利进行的因素，未来无限期持有的股票价格贴现现值可设定为零，那么资产定价就变得简单明晰。股票价格等同于内在价值。

可能会有人认为"未来无限期持有的股票价格贴现现值 = 零"的假设不妥。但事实上，这相当普遍。从美国历史上最著名的诈骗犯案例中可以得到关于这一假设的启示。20 世纪 20 年代左右，查尔斯·庞兹（Charles Ponzi）于波士顿郊区创办了一家小公司，当时普通银行的利率为 2% ~ 3%，而庞兹通过承诺 45%[①] 的高利率向公众筹集资金。他不是将存入的资金用于投资高

[①] 也有一种说法为，庞兹承诺客户 45 天内获得 50% 的利润。——编者注

收益资产来支付利息，而是将被45%的高利率迷惑而来的投资者的投资资金直接用于支付早期投资者的利息和短期回报。换言之，这是一个以债还债的骗局，除非资金持续增加，否则这一计划就会破产。公司营业不到一年，庞兹就被判入狱。

这种反复借钱还债的行为后来被称为"庞氏骗局"。上东贵志[①]成功证明了"未来无限期持有的股票价格贴现现值＝零"，即"泡沫不存在"等价于"禁止庞氏骗局"。

那么，如果庞氏骗局存在，会发生什么呢？这意味着会有一些人将反复借钱用于还债，也会有一些人不断借钱给这些人。然而，一个理性的人不会继续把钱借给一个以债还债的高风险者，最终也就不会有人反复借钱还债了。由此，在主流经济学派之间这一观点暂且定论。目前尚不清楚现实生活中的人们是否会经过如此深思熟虑后再行动，但一个真正理性的人不会陷入庞氏骗局。而"未来无限期持有的股票价格贴现现值＝零"这一假设与人的理性行为是一致的，因此不失为一个明智的选项。也就是说，经济学是一门执着于理性的学科。

◎ 理性泡沫

言归正传，当被问及泡沫是否源自人们的非理性行为时，事实也并非如此。投资者购买股票并非只是为了分红。他们还考虑了股票价格上涨带来的收益，即资本收益。如果投资者确信股票价格会上涨，他们就会买入股票。如果有很多投资者都这么做，就会推动股票价格不断上涨。在股票价格上涨的过程中，上述套利公式是成立的，投资者最大限度采取理性行为，这类泡沫被称为"理性泡沫"。即使出现泡沫，投资者也不会采取非理性行为。只要"预期链"持续存在，买方一个接一个不断继续以更高的价格购买，理性泡沫就会持续下去。

理性泡沫发生的状态与"未来无限期持有的股票价格贴现现值＝零"不

[①] 日本神户大学经济学教授。——编者注

一致。有效市场假说认为这种情况与人们的理性行为无法相容，故不考虑这种情况。但实际上情况并非如此简单。换言之，未来无限持有的股票价格贴现现值不会为零，因为严格来说，股票价格的上涨速度将快于用复利计算的资产贴现率。虽然在高利率的情况下可能很难设想这种情况，但如果利率持续处于极低水平，出现泡沫也是正常的。正如接下来第 3 章所详述的那样，如果市场不完善，即使人是理性的，泡沫也会持续存在。就如金德尔伯格所指出的，相比假设所有市场都能理性运作，假设大部分市场在多数情况下能够理性运行更为合理。

泡沫存在性检验

当反复的理论争论毫无结果时，人们自然就会想知道现实究竟是怎样的。罗伯特·弗勒德（Robert Flood）和彼得·M. 加伯（Peter M.Garber）试图通过数据分析德国恶性通货膨胀的理论机制。这项研究作为早期通过真实数据检验泡沫存在的尝试而闻名。20 世纪 20 年代前后在德国成立的魏玛共和国，根据《凡尔赛条约》（*Treaty of Versaiues*）被迫支付严苛的赔款，从建国之初，国家财政形势就极为严峻。当英国和法国等战胜国不同意减免其赔款，且该国无法履行赔款义务时，正如人们所担心的那样，物价开始上涨。

自 1922 年起，通货膨胀开始加剧，到第二年（1923 年），物价已是天文数字。随着通货膨胀愈演愈烈，人们预见未来货币会贬值，因此就更多地抛售货币，这进一步加速了通货膨胀。有研究认为，人们出手货币所带来的物价上涨正是货币泡沫的破灭过程。

也有人对这项研究提出了批评：很难从观察到的数据中客观地分辨出，物价上涨是由于一连串预期导致的货币抛售，还是仅因为人们对未来货币供应量增加的预期。也就是说，不排除这样一种可能性：物价加速上涨的现象反映了人们对货币供应量增加的预期，而非泡沫的破灭过程。

遗憾的是，暂且不论理论层面如何，在实践中将资产价格分为内在价值和泡沫并非易事。当股票价格飙升时，很难判断它究竟是泡沫，还是市场所评估的企业内在价值增长的预期。暗自得到开发新产品消息的投资者可能已买入大量股票。无论是内在价值还是泡沫，都反映了未来预期，但我们无法从外部观察到人们对未来价格形成了何种预期。当涉及预期时，分析就变得棘手了。

◎ 股市泡沫检验

就股票价格而言，检验泡沫的一个可能途径是：利用分红相对稳定的性质。如果分红变动相对稳定，那么通过分红的未来贴现现值所计算出来的内在价值也应当是稳定的。因此，如果价格不存在泡沫，那么股票价格也将平稳运行。

罗伯特·席勒（Robert Shiller）关注的不是价格水平，而是股票价格的稳定性、股票价格的波动，或者说是"方差"。他的研究方法被称为"席勒测试"（Shiller Test）。该方法认为，如果价格表示为内在价值与泡沫之和，则价格波动可分为内在价值波动和泡沫波动；如果存在泡沫，那么实际价格的方差应大于内在价值所表示的价格方差。

席勒利用 1871—1979 年标准普尔指数的股票价格和分红数据，来检验股票价格是否存在泡沫。报告结果显示，实际股票价格的方差远远大于分红变动所表示的股票价格方差，这一结论高度暗示了股票价格存在泡沫。

另一种方法是将经济学和统计学中的核心概念"稳定性"（stationarity）与"遍历性"（ergodicity）应用于股票价格变动。稳定性是指，各个经济变量之间的关系以及随机变量随着时间的推移能够保持稳定。股票价格的每日波动幅度很大，看似毫无规律，但从一个较长的时期来看，它们更有可能遵循一个长期趋势。在这种情况下，若股票价格数据满足稳定性的条件，则检验为没有泡沫；反之，如果股票价格存在泡沫，那么股票价格上涨的速度会超过增长趋势，不满足稳定性的条件。

在计量经济学的时间序列分析领域，检验数据是否满足稳定性的方法有了较大发展。从专业技术的角度来看，可利用下述理论属性来检验：在某些假设条件下，如果股票价格的单期差异（即当前与上一期的价格之差）是稳定的（即波动稳定），那么就不存在泡沫。贝扎德·迪巴（Behzad Diba）和赫歇尔·格罗斯曼（Herschel Grossman）利用1871—1986年标准普尔指数的股票价格和分红数据进行了稳定性检验。结果表明，美国股票价格数据符合稳定性，但并不能判定股票价格不存在泡沫（在统计学中，不能假设泡沫不存在）。使用长期数据进行检验得出的结论是股票价格不存在泡沫，尽管它包括了从20世纪20年代的繁荣时期到股票暴跌时期。凯恩斯的下述名言指出了这种用稳定性来检验泡沫的方法的弊端。

从长远看，我们都已死去。如果在暴风雨季，经济学家们只能在暴风雨已经过去、大海恢复平静时，才能告诉我们会有暴风雨，他们给自己定的任务也太简单、太没用了。（凯恩斯著，《凯恩斯全集·第4卷：货币改革论》，中内恒夫译，东洋经济新报社，1978年，第66页）

乔治·埃文斯（George Evans）对所有执着于经过调整以实现长期稳定状态的检验方法提出了质疑。埃文斯指出了稳定性检验方法的弊端，即存在泡沫经济未能被检测出来的可能性。通过建立一个长期满足稳定状态、存在周期性的泡沫及其破裂的数据序列，来进行稳定性检验。模拟结果显示，股票价格以非常高的概率满足稳定性条件，而使用长期数据的检验方法忽略了以短期股票价格极端波动为代表的泡沫的存在。

近来，检验方法的问题终于得以解决。彼得·菲利普斯（Peter Phillips）及其团队开发了一种检测方法，可以指定泡沫发生和结束（即泡沫破裂）的时间点。最终验证，在短短10年内，从1990年10月的330点飙升至5049点的纳斯达克综合指数是一个泡沫。他自开始进行泡沫检验到得出这一结论，花费了近40年的时间。

第 2 章
泡沫经济理论中的微观经济学

有效市场假说

◎ **无摩擦竞争市场中的交易**

正如金德尔伯格所指出的，当并非所有市场都一直理性运作时，人们会认为在现实市场中出现价格泡沫也是正常的现象。如果是这样，随之而来的问题是：市场需要满足什么条件才会使资产以较高的价格进行交易？在一个否认泡沫存在的无摩擦的竞争市场中，人们会做出怎样的决定呢？以此作为讨论的出发点，接下来笔者将对此进行深入分析。

假设两名投资者分别持有一家公司的 1 股股份。他们都认为该公司的未来前景一片光明。

市场上的股票价格包含了这些信息，当然在这一阶段任何一方都没有购买或出售股票的动机。让我们以此为起点，假设投资者 S 经过独自调查后，发现该公司的前景实际上是黯淡的。例如，投资者 S 通过自己的信息渠道获得了该公司总裁放荡不羁的儿子被选为接班人的信息。然而，另一位投资者 B 并不知情。由于担心股票价格未来可能下跌，投资者 S 想将股票以高价卖出，并向投资者 B 征求卖出股票的建议。最终，投资者 S 能否成功地以"高价"卖出股票呢？

结论是无法卖出股票。这是因为即使是私下获得的信息，但出售行为本身实际上也是在向市场透露你所获得信息的信号。收到出售邀约的投资者会认为，投资者 S 一定是掌握了一些关于企业的不利信息。由于担心自己会被迫溢价购买，投资者 B 会催促投资者 S 降低价格。谈判将一直持续到价格跌至根据市场信号所预估的价值，最终，投资者 S 将不能以高价卖出股票。在有效市场中，私下收集的信息被列为市场参与者的可用信息，而价格正是对这一信息的反映，因此无法顺利将其卖出。

◎ **有效市场假说**

上述想法背后的世界观在尤金·法玛（Eugene Fama）提出的"有效市场

假说"中表现得淋漓尽致。他把一切有价值的信息能够准确、充分地反映在股票价格走势中的市场称为有效市场，并认为，在这样的市场中，信息瞬间会被纳入股票价格，资产价格接近其内在价值。而且，一旦发现价格高于内在价值，人们会立即调整价格，因此不会发生价格泡沫。

能够影响价格的信息不仅包括历史信息和公开信息，还包括私人信息。根据私下获得的信息进行交易的行为本身就是对市场发送的一种信号，因为这一信息会立即被反映在价格上。于是人们无法在股市中获取巨额收益。这就得出了一个令人震惊的结论，即"没有人能够战胜市场"。

在有效市场的假定中，所有的投资者都是根据资产的相关信息而理性行事的。也就是说，不仅投资者自身的行为是理性的，而且他还知道其他人的行为也是理性的，并且其他人也都知道这一事实。如此一来，个人私下获得的信息就会被所有投资者掌握。保罗·米尔格罗姆（Paul Milgrom）和南希·斯托基（Nancy Stokey）将这一概念描述为"共有知识"（common knowledge），并指出仅凭个人理性行事是不够的。

但仔细想想，就会发现其中的问题。如果有效市场是成立的，并且人们私下获得的信息可以免费被他人使用，那么就不会再有人特意花费钱财去获取信息，市场也就失去了聚合信息的功能。那么就产生了一个根本性矛盾，即竞争性市场将不复存在。

在现实的金融市场中，有一些金融机构不惜花费重金分析市场信息。如果有效市场假说是正确的，那么他们的行为也将不会得到任何回报。金融机构不仅无法保持信息化优势，而且无法收回成本、陷入赤字，这将使其无法生存。这些金融机构存在的唯一可能性是，金融机构与普通投资者之间存在数字鸿沟，金融机构从这一优势中获利。而这显然与有效市场所设想的世界不同。

事实上，并非所有经济学家都相信有效市场假说。如果该假说在真实的股市中成立，就无法解释像沃伦·巴菲特（Warren Buffett）这样在股市中连续获得巨额财富的股票投资者的存在。巴菲特正是金融学界信奉有效市场假说的最大"天敌"。

无法从市场中吸取教训的投资者

私人信号作为市场信息被共享，也意味着投资者试图掌握不同于自己的信息。换言之，如果投资者不再试图从他人的信号中汲取信息，有效市场就会崩溃。事实上，并非世界上所有的投资者都能够准确了解私人信号与价格波动之间的关系，而且投资者也并非都是愿意向他人学习的明智投资者。也会有过度自信的投资者，当别人发出的信号与自己的直觉不一致时，他们会优先考虑自己对市场的直觉。

迈克尔·哈里森（Michael Harrison）和大卫·克雷布斯（David Krebs）研究了当投资者对自己的预测拥有绝对信心，而投资者之间的预测差异无法通过重复交易来解决时，股票价格走势会发生何种变化。事实证明，实际上，每个投资者都能够以高于根据预期分红计算出来的股票价格进行交易。

例如，考虑下述情况。假设一家公司目前处于不景气且业绩不佳的状况。投资者 A 预计公司的不景气状况不会持续很久，而经营好转后的繁荣景象也不会持续很久。而投资者 B 预计这次不景气状况将持续较长时间，但一旦经济好转，繁荣景象也将持续很长时间。那么，站在投资者 A 的立场上，如果将股票卖给投资者 B，可以高价卖出，因为投资者 B 对于经营好转后繁荣景象的可持续性持乐观态度。从投资者 B 的角度来看，可以将股票高价卖给投资者 A，因为投资者 A 对公司不景气不会持续很久持乐观态度。双方利用对方的乐观主义的反馈效应将发挥作用，导致双方投资者在实际交易中均以双方认为的高价进行交易。如果市场上到处都是这些过度自信的投资者，那么就会产生泡沫。

◎ 赚得盆满钵满的理性投资者

那么，如果理性投资者进入一个满是过度自信投资者的市场，会发生什么呢？正如弗里德曼曾指出的，理性投资者在股票价格低时买入，在价格高时卖出，所以理性投资者的存在有助于消除泡沫。

安德鲁·施莱弗（Andrei Shleifer）及其团队不仅考察了理性投资者，还分析了在股票价格的上涨趋势中买入更多、在下跌趋势中卖出更多的市场，即与"市场分析师"共存的市场。市场分析师是根据过去的股票形态来决定其投资行为的投资者，就从不向市场学习的意义上而言，他们与前面提到的过度自信的投资者相似。他们认为，理性投资者的存在不仅无助于消除泡沫，反而会助长泡沫。理性投资者不会在股票价格上涨的那一刻卖出股票，而是通过抬高股票价格来买入更多。于是，市场分析师会买入更多股票，导致股票价格飙升。理性投资者可在这一时机卖出股票，赚取巨额利润。看清了市场分析师的行为模式后，理性投资者可通过挑起泡沫、给市场分析师施加损失压力来赚取大量钱财。

据说，著名投机者乔治·索罗斯（George Soros）就是通过这种方法积累了巨额财富。在20世纪60年代美国的企业并购热潮中，他首先买入并试图抬高股票价格，煽动普通投资者购买，并在股票价格飙升至最高点时大量卖出，从而获取巨大收益，并导致股票价格下跌。

弗里德曼对自由选择论进行了拓展讨论，认为煽动市场导致混乱的投机者最终会遭受损失并被市场淘汰，因此市场上最终应该只有理性投资者存在。这一观点过度简化了市场。对理性投资者而言，如果不理性的投资者不断进入市场，他们就会成为理性投资者操纵价格的诱因，泡沫将频发。

需要指出的是，上述内容的前提假设是禁止卖空交易。如果卖空，并且已知股票价格被高估，就会有投资者试图通过卖空来赚钱。有些资产市场存在期货市场，如股票市场、外汇市场；而有些则没有，如不动产市场。事实上，与股票市场不同，住房市场和土地市场的价格往往在相当长的时间内持续处于明显偏离市场价格上限的状态，这是由于期货市场功能的缺失导致泡沫持续存在。

利用泡沫

相比个人投资者，对冲基金等金融机构更具备收集市场信息的能力。迪利普·阿布鲁（Dilip Abreu）和马库斯·布伦纳梅尔（Markus Brunnermeier）

已经证明，当投资者持有的信息存在差异时，泡沫会在某一段时间内持续发生。他们提出假设投资者存在获取信息的时间差，那么，关于确定资产价格的上涨是由于内在价值增加还是由于泡沫这一信息，那些认为自己比其他投资者更早获得信息的投资者就不会立即出售他们的资产，即使他们确信价格上涨即为泡沫，他们也继续持有资产，目的是"利用"泡沫并从中获利。然后，当他们认为许多投资者已经意识到这是泡沫时，他们才将其卖出。如此一来，泡沫会持续一段时间，随后彻底崩溃。

曾任美国总统的约翰·肯尼迪的父亲约瑟夫·肯尼迪（Joseph Kennedy）是20世纪20年代在股市发家致富的人。在美国股市繁荣时期的某一天，他听到一个擦鞋的男孩在谈论股票，认为目前已经到了"许多投资者已经意识到这是一个泡沫"的阶段，于是抛售了自己手上的绝大部分股票。据说，那一天是1929年10月23日，也就是"黑色星期四"[①]的前一天。他在绝佳时机卖掉了股票。

按照有效市场假说的预测，即泡沫在被认定为是泡沫的那一刻就会崩溃，这一点并不总是准确的，这是因为认识到泡沫的投资者，试图通过卖出股票获得套利机会的行为并不总是有结果的。即使发现了泡沫，只要投资者单独的抛售行为没有引发其他投资者相继抛售，市场行情忽然下跌的情况就不会发生。只有当许多投资者同时卖出时，泡沫才会崩溃。

这与凯恩斯著名的"选美理论"一脉相承。在有众多美女参加的选美比赛中，投票者不是给自己认为最漂亮的美女投票，而是给大家所认为的美女投票才能猜中从而获得奖金。那么，真正的美女可能并不会在投票过程中被选中。当人们不共享同一信息时，人们之间的连环投机行为就会影响市场，协调失灵（coordination failure）就会使泡沫持续下去。这项研究的优点在于，在允许卖空的假设下成功解释了泡沫。

在现实中，机构投资者是会立即卖出股票并试图打破泡沫，还是反过来利用泡沫获利呢？这是非常有趣的一件事情。马库斯·布伦纳梅尔研究了对

---

① 指1929年10月24日（星期四）美国华尔街股市的突然暴跌事件。——编者注

冲基金是否试图通过在信息技术（IT）泡沫的高峰期卖出 IT 股票来套利，或者他们是否试图通过利用 IT 泡沫买入更多的股票。研究结果显示，随着泡沫的扩大，许多对冲基金增加了其在 IT 股票中的份额，而在达到顶峰之前却减少了份额。这强烈表明，对冲基金可能一直在试图利用泡沫来获利。

避免泡沫产生的条件

◎ 梯若尔（Tirole）：避免泡沫产生的 4 个条件

泡沫究竟何时会产生？事实上，这一问题很难回答。即使产生泡沫的所有必要条件都具备，也不一定意味着会产生泡沫，所以我们可以转换思路，总结一下避免泡沫产生的必要条件。

梯若尔指出，若使泡沫永不发生，需要同时满足下述 4 个条件。第一个条件是人的行为是理性的。如果人们采取非理性行为，就会出现泡沫。正如戴维·M. 克雷普斯（David M. Kreps）等人所指出的，如果投资者在没有从市场中学到任何东西的情况下持续看涨，就会出现泡沫。第二个条件是市场参与者共享相同的信息。如果人与人之间存在数字鸿沟，就有可能利用对方的无知，高价卖出资产。第三个条件是在交易之前，资源已被有效分配。资源的有效分配意味着：如果不降低某些人的经济保障，就无法改善其他人的经济保障。如果在达到这种状态时出现泡沫，有些人会受益，而另一些人则会遭受损失。反之，如果市场没有实现有效分配，由于所有投资者效用都有提升空间，泡沫就会出现。第四个条件是，市场参与者是有限的。"有限"是指参与者的数量存在上限，例如上限是 100 人，那么最多有 100 人参与市场，这四个条件中，只要有一个不符合就会发生泡沫。

◎ 市场参与者数量"无上限"会发生什么

我们来分析一下"市场参与者是有限的"这一条件。在数学中，"有限"

与"无限"有着本质区别。"无限"是指无论取多大的数值,都会有一个更大的数值出现,所以并不存在最大值。这一性质可用来解释泡沫。假设一个序列中有 N 个人,如图 2-1 所示,将每个人按照 1、2、3……的顺序依次从左到右排列,每人拥有一个商品。假设某人从自己的商品中获得利润,但更被其右边人的商品所吸引,而不喜欢其左边人的商品。比如,第 1 个人从第 2 个人拥有的商品 2 中获得的利润比从自己的商品 1 中获得的利润更多,但这种交换不能通过易货交易来实现。这是为什么呢?因为第 2 个人未被商品 1 所吸引。

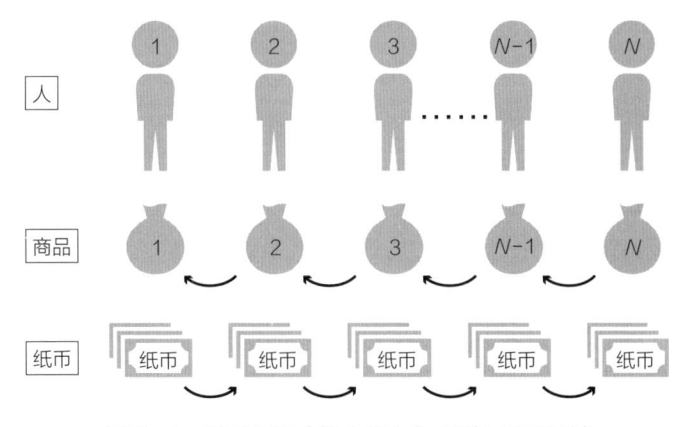

图 2-1 货币交换(当市场参与者数量有限时)

我们先准备一些纸币。虽说是纸币,但只是一张纸,本身没有任何价值。如果人们接受一张纸币作为货币,那么商品交换就能够成立。假设第 1 个人将纸币交给第 2 个人,换取第 2 个人的商品。然后,第 2 个人将纸币交给第 3 个人,并得到第 3 个人的商品……以此类推进行纸币与商品的交换。第 1 个人的效用增加,第 2 个人及之后的人效用也会增加。但是,其中存在一个问题:第 N 个人即使用商品从第 $N-1$ 个人那里换取了纸币,他也无法用这张纸币换取商品。即其收到一张没有用处的纸币,且因失去了商品而效用降低。也就是说,引入纸币使得第 1 个人从第 $N-1$ 个人那里获利,而这是以牺牲第 N 个人的利益为代价的。当第 N 个人意识到他的损失,就会拒绝接受纸币。如果第 N 个人不接受纸币时,第 $N-1$ 个人也会拒绝接受纸币。这一连锁的反应使得第 2

个人到第 $N-2$ 个人都会拒绝接受纸币，最终纸币失去了作为货币的效用。货币泡沫破裂，将不会有商品交换的行为。

接下来考虑无限的参与人数依次出现的情况（N 是无限的），如图 2-2 所示。

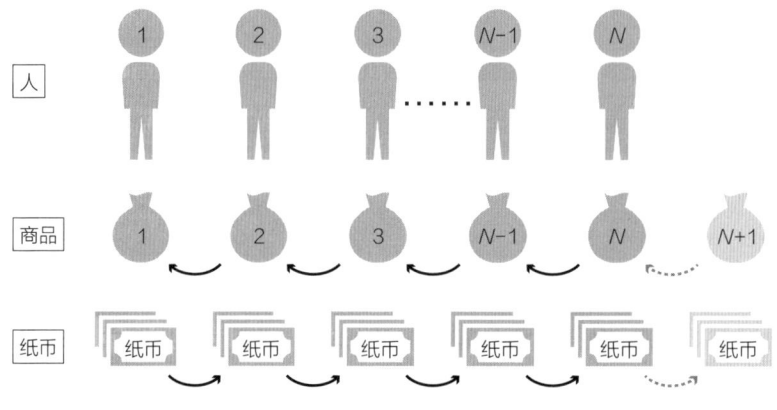

图 2-2　货币交换（当市场参与者数量无限时）

在这次的案例中，由于第 N 个人的右边一定会有第 $N+1$ 个人，所以所有人都能通过纸币换得商品。与上一个例子不同，这里所有人的效用都增加了，不存在那个不幸之人，所以纸币成功发挥了货币的效用。因此，人们赞成引入纸币以实现商品交换。泡沫让人们感到幸福。

"人的数量是无限的"，这种说法是一种比喻。当被问及人的实际数量是有限的还是无限的时，答案显然是有限的。但这不是重点，就像人有无限多一样，当所有市场参与者都确信他们可以卖出商品时，即便这是一种幻觉，也会发生泡沫。

实验经济学视角下的泡沫

即使人们的行为是非理性的，也并不意味着他们的行为是毫无道理的，其行为模式中似乎存在一些规律。实验经济学试图再现一个尽可能接近真实经济的环境，并以此通过实验考察人们的实际行为。

第 2 章
泡沫经济理论中的微观经济学

◎ 弗农·史密斯（Vernon Smith）等人的实验

弗农·史密斯及其团队是实验经济学的创始人，他们用实验验证了资产市场中是否真的会出现泡沫。参加实验的受试者被要求在一个虚拟市场上买卖带有分红的股票。当支付了 15 期的分红后，实验结束。然而，实际支付的分红是一个不确定的、未知的随机变量，受试者需预测分红率分布情况进行交易。为了设置一个尽可能不会出现泡沫的情况，设定受试者知道每一期的分红率。由于资产已到期，而且投资者持有相同的分红信息，因此从理论上讲，不应出现泡沫。但结果令人震惊，22 次试验中有 14 次在其间出现了泡沫。由此得出的结论是，即使共享关于分红的共同信息，但若投资者对彼此的行为缺乏共同信任，也可能产生泡沫。

当双方没有共同信任时，就会出现下列情况：假设即使所有投资者都试图保持理性，他们也会怀疑自己以外的人可能会做出非理性的行为。作为一个理性投资者，只要市场上存在非理性的投资者，那么理性投资者就会期望能够以更高的价格卖出资产，于是高价买入资产。例如，如果你了解统计学的基本知识，当股票的上半场的股利值持续保持在低位时，下半场的股利预期值将收敛到客观预期值，因为下半场的股利预期值与过去的实现值无关。然而，这种预期并非共识。如果一些理性投资者因为上半场的股利值持续保持在低位，而过度预期下半场的分红将继续高于平均水平，那么就有很大的可能性会发生泡沫。在这种情况下，理性的个人之间的信息共享是失败的。

自史密斯及其团队开始进行实验研究后，用实验验证泡沫的尝试逐渐多了起来。为验证史密斯以高价出售资产的动机会催生泡沫这一假设，后来的研究者在实验中引入了一个机制，禁止受试者之间买卖资产，从而防止他们获得资本收益。令人惊讶的是，多次实验的结果依然是会产生泡沫。由此他们得出的结论是，除了缺乏共同预期之外，还必须寻找导致泡沫产生的其他原因。

◎ 金融知识的欠缺会造成泡沫

也有一些研究认为，人们缺乏基本的金融知识可能是造成泡沫的原因。在史密斯的实验中，由于实验时间是有限的（当然，无限期的实验在物理上是不可能的），所以内在价值具有随时间递减的特性。也就是说，当巧妙地创造出一个内在价值不随时间而下降的案例时，基本就不会发生泡沫。受试者的先验假设是，股票价格会在没有泡沫的情况下稳定到某个价格，这可能会影响结果的差异。事实上，当我们将目标资产理解为"储量有限的金矿"，而非"股票"进行实验时，泡沫基本就消失了。

也有一些实验测试人们是否具备通过基于未来预期的计算来判断当前资产价格的思维能力。在博弈论中，最明智的策略往往是先发制人。理查德·麦凯维（Richard McKelvey）和汤马斯·彼得菲（Thomas Peterffy）针对"先发制人是理性玩家最明智的选择"进行了实验。出人意料的是，实验结果显示，几乎没有先发制人获胜的案例，而且胜负的结果通常出现在试验的后半段。实验结果令人震惊，因为这是对理性的人在形成预期时的思维模式"用未来定义现在的逆向归纳法"的质疑。

在论证泡沫不可能发生时，人们往往会得出这样的结论：如果预先知道泡沫会在未来某个时间点破裂，那么将没有一个理性投资者会愿意持有泡沫资产。实验经济学结果表明，即使事先知道泡沫会在未来某个时间点破裂，泡沫也还是会发生。

"负泡沫"

恐慌通常被定义为，一个人由于突然感到强烈的恐惧而采取的极端行为。这种行为往往被视为非理性行为。道格拉斯·W. 戴蒙德（Douglas W. Diamond）和菲利浦 H. 迪布维格（Philip H.Dybvig）的"银行挤兑论"试图将恐慌描述为人的理性行为。他们运用博弈论中的"囚徒困境"[①]（prisoner's dilemma）观点，试图解释由信任崩塌引发的恐慌实际上将金融市场推向了失灵。在他们的模型中，存款人之间难以相互信任，以至于他们担心其他存款人会先于自己取钱，每个人都害怕他人的行动先于自己，由此银行发生挤兑现象，原本正常经营的银行就会破产。

金德尔伯格认为，当泡沫破裂、对缺乏流动性资产的恐惧与恐慌心理相结合时，就会发生资产倾销和银行倒闭。正如可将恐慌描述为人的理性行为，如果运用人们在采取行动时会考虑到他人行为的观点，就可以解释价格低于实际价格的现象。

投资者试图根据市场的价格买卖资产。他们在价低时买入，在价高时卖出。但当考虑到价格背后的市场参与者的财务状况时，他们面对的情况就完全改变了。

例如，一旦泡沫破裂、资产价格开始下跌，这时苦于筹措资金的人就会急于出售资产，导致资产价格进一步下跌。结果，那些原本不需要现金流的人的财务状况也随之恶化，于是竞相出售资产，价格进一步下跌。当投资者的财务状况随着价格下跌而变得透明时，就会出现"卖出"引发"卖出"、价格下跌减少需求的情况。这种现象被称为"甩卖的外部性"（fire sale externality）。

雷曼事件期间证券化商品的抛售令人记忆犹新。证券化商品价格的下跌，引发了持有证券化商品的金融机构资产负债表的统一恶化，从而导致了证券化商品倾销和价格下跌的连锁反应。这样一来，资产价格就有可能在一段时间内跌破其内在价值。提起泡沫，我们往往会想到资产价格高于内在价值的"正泡沫"，但也可以解释资产价格低于内在价值的"负泡沫"。

本章讲述了泡沫经济的相关理论。如果有效市场假说是正确的，泡沫就不会产生，但现实世界与有效市场假说所认定的世界相去甚远，人并非完全

[①] 博弈论的非零和博弈中具有代表性的例子，它反映的是个人最佳选择而非团体最佳选择。——编者注

理性，市场也不会完美运作。非理性的投资者易于陷入兴奋和狂热，会盲目购入价格过高的资产，而这些资产的价格又远高于其真实价值。另外，即使人是理性的，但如果市场不健全，也会产生泡沫，即"理性泡沫"。这种类型的泡沫通常会在一段时间内长期持续下去。如果以"理性泡沫"的观点为核心，可加深人们对泡沫的理解。它不仅可以解释投资者以及市场分析师的非理性行为，解释理性投资者比例的增加并不一定意味着泡沫的减少，还可以解释利用泡沫获利的计策。

第 3 章

"低利率"之宏观经济学解读

上一章介绍了泡沫经济理论的微观经济学部分，本章则介绍其宏观经济学部分。在理性泡沫的条件下重新审视其宏观经济学部分，可更深层次地理解何为"泡沫经济"。泡沫与经济增长率、实际利率这两个宏观经济变量密切相关。若先说结论的话，即当实际利率低于经济增长率时，就会产生泡沫。如果把以实际利率超过经济增长率为前提的主流学派经济学视为"高利率的经济学"，那么从宏观层面可将泡沫经济定位为"低利率的经济学"。通过分析低利率经济的运行机制，可从其宏观经济含义中找到我们想要了解的东西。

前人对经济不稳定性的分析

◎ 维克塞尔[①] 理论

过去，经济学界是如何理解泡沫的呢？其萌芽可追溯到克努特·维克塞尔（Knut Wicksell），他因提出著名的"累积过程理论"（cumulative process）而被广为人知。在该理论中，他首先明确了两种利率的差异，将普通资金借贷中的贷款利率定义为货币利率，将与充分就业相适应的利率定义为自然利率。在金融市场和劳动力市场等价格起调节作用的经济中，根据亚当·斯密"看不见的手"理论，货币利率与自然利率必然相等。在维克塞尔的理论中，他认为货币利率与自然利率一旦发生背离，就会导致两者长时间的持续背离。

当经济景气、物价上涨时，货币利率需要经过一段时间后才能反映物价

---

① 也译作威克塞尔。

上涨的情况，因此按实际情况算出的货币利率会下跌。实际利率是将物价上涨也一并计入在内，借款人对实际利率的降低十分敏感。当实际利率降低时，不仅是贷款人，借款人也会想要提高贷款额度、增购股票和不动产，使得资产价格进一步上涨。相反，当物价因经济不景气而下跌时，按实际情况所算出的实际利率会上涨。借款人认为实际利率上涨，因而会减少贷款、削减投资、减少消费，由此导致资产价格进一步下跌。

维克塞尔认为，贷款人和借款人陷入货币幻觉的难易程度不同，巧妙运用这种差异，会使物价和资产价格上升或下降的累积过程进一步持续。忠于理性预期理论的主流经济学派，并不认同贷款人和借款人陷入货币幻觉的难易程度有所不同这一假设，于是维克塞尔的理论慢慢被世人遗忘。然而，该理论认为预期的不均衡会引起市场不稳定，导致价格变动、偏离均衡价格。这一论断给泡沫经济的宏观动力学带来了启发，可以说这也是一种贡献。

◎ 岩井克人的不均衡动力学

虽然岩井克人的不均衡动力学并非直接适用于资产泡沫，但他的不均衡动力学解释了市场经济的不稳定性。他尝试将价格和工资黏性的凯恩斯经济学与产生超级通货膨胀和通货紧缩的维克塞尔累积过程理论进行整合。在岩井克人提出的货币经济理论中，他认为货币市场的供需并不一致。"看不见的手"不能有效发挥作用，这一事实会使经济不稳定。在出现货币市场的超额供给、"凯恩斯失业"并存的经济衰退局面下，相比消费，人们会优先储蓄货币，由此经济衰退不断加剧，造成通货紧缩。另一方面，当货币市场超额供给消失，实现充分就业时，维克塞尔所说的价格水平上涨的累积过程便开始了，通货膨胀持续累积，最终形成超级通货膨胀。

岩井克人试图说明的通常是与预期相背离的经济形势，这与"看不见的手"引导下的市场机制和受理性预期支配的世界全然不同。托马斯·萨金特（Thomas Sargent）和尼尔·华莱士（Neil Wallace）所提出的理性预期理论中，由于实际价格与预测价格必定相等，预期得以实现。令人遗憾的是，不均衡动力学并未取代理性预期理论。如果理性预期理论成立，那么期望值与现实值往往是相等的，这有助于数学模型的求解。并非经济学家相信这一假设，只是得益于该理论，关于预期对宏观经济学影响的相关分析略有进展。与此相对，宏观经济学者却也不再认真思考预期背离时所产生的影响。

◎ 明斯基的金融不稳定理论

海曼·明斯基（Hyman Minsky）将市场的不稳定与经济周期挂钩。他认为，预期和信用的不稳定会造成经济过热或金融不景气。在被他称为"异动"的外部冲击发生后，经济不景气开始扩大。一旦有效需求增加带来的收入与投资的正反馈发挥作用，凯恩斯经济学中的充分就业均衡最终得以实现，这也将成为他所说的"繁荣期"的开端、资产价格上涨压力的起点。同时，这一点也与岩井克人所论述的价格水平上涨累积过程的起点相同。

岩井克人认为，市场上并不存在一个能够稳定经济的机制；与此相反，明斯基则认为，正是稳定孕育了危机。因经济过热而变得异常贪婪的人们过度追求利益，比起资产收益，他们更期待价格上涨所带来的收益。金融机构也为寻求过剩的利益而提高信用贷款。随着"冲击"的发生，经济景气开始扩大，投机的获得感产生信用扩张、经济过热，从而引起资产价格上涨。

明斯基把信用扩张分为"对冲性融资""投机性融资""庞氏融资"三个阶段。"对冲性融资"是指资金收益几乎能够偿还债务本息；"投机性融资"指资金收益能够偿还利息，但本金的支付不得不依赖于新的借款；"庞氏融资"指只能靠出售资产，才能偿还债务本息。信用扩张始于"对冲性融资"，发展至"投机性融资"阶段，人们沉浸在投机所带来的满足感，最后发展为"庞氏融资"，金融危机也随之产生。如果资产价格持续高涨，投机性融资及庞氏融资就很容易在价格高涨放缓的阶段陷入僵局。

明斯基理论的优点在于，它不仅将银行信用的不稳定与经济周期挂钩，还否定了随着债务水平下降，银行信用将不断扩张的说法。也就是说，银行信用扩张本身就蕴含危机。

然而，明斯基在发表这一观点时，几乎被无视，他在很长一段时间内被视为异端经济学家。当时的主流宏观经济学派普遍认同理性预期假说与有效市场假说，并未给不完全金融市场以及银行假说留有一席之地。

当时的经济学界普遍认为，金融市场是有效的，收益率高于实际利率的投资的确能够筹集到资金。因受信用的限制，企业需要花费大量精力筹措资金，进行高收益投资的风险无法明确，这种情况让人难以接受。若想使明斯基得到一个公正的评价，亟须一个完整表述不完全金融市场特征的新宏观经济模型的出现。

新古典主义经济学

◎ 理论与稳定性

维克塞尔、岩井克人和明斯基均认为，市场经济在本质上是不稳定的，因此不能用稳定状态来描述。但宏观经济学的发展，是基于市场经济稳定这一信念，不断将经济理论推向"稳定性"。"稳定性"是指各种经济变量与随机变量之间的关系是恒定的，与时间无关。

这种观点在自然科学中被视为理所当然，但这种观点能够在多大程度上被作为人类行动积累结果的社会科学接受，这一点一直备受质疑。经济学中隐含的稳定性假设的合理性，取决于在一个不断变化的现实经济社会中是否存在一个不变的核心。

新古典增长理论可以说是一个成功的例子。它的基本观点用一个词来概括就是"收敛"（convergence）。决定国家之间富裕程度差异的是技术水平，而不是一个经济体最开始的资本存量规模。一个国家的经济随着资本的积累而加速增长，最终达到一定的富裕程度。即使最初是资本贫乏的国家，但如果它享有与发达国家相同的技术水平，也可以发展并最终趋向于与发达国家相同的财富水平。在收敛点之后，经济将达到一种被称为"稳态"（steady state）的状态，消费、投资、收入、资产等经济变量无论过了多久都会保持稳定的关系。从长远来看，一个国家的技术水平将决定其经济发展水平。

与前人的观点相反，泡沫经济的宏观经济学观点也将大多数经济理论模型所依据的基本属性——稳定性强行纳入经济理论中。矛盾的是，泡沫本是经济稳定的破坏性因素，但通过新古典增长理论的模型分析，可发现泡沫的本质。经济增长理论中至关重要的两个经济变量实际利率和经济增长率，是泡沫发生的决定性因素。

在新古典增长理论中，存在许多同质性个体，且这些个体永远不会消亡。在"代表性主体"（representative agent）无限期生存的世界中，不存在生命周期或退休年龄等概念，决策所需的周边环境基本不会随着时间而发生改变。"无限"的世界就好比奔向地平线时所看到的世界，一个人无论怎么奔向地平线，也永远无法接近地平线，并且看到的景色几乎是不变的。通过对无限概念的巧妙运用，许多动态经济学中常见的复杂数学问题被搁置，这使得个人须解决的决策问题变得相对简单。为市场提供资本和劳动力等生产要素，从而赚取收入作为报酬，并使用这些生产要素生产出来的商品和服务在市场上进行交易。上述市场均是完全竞争市场，人们接受市场价格并做出决策，并在不断重复这一操作。

◎ 理论模型即"寓言"

经济学中使用的理论模型并非现实经济情况的真实反映，而是一种抽象的变形。他们只保留了想要考察的内容，而完全舍弃了其他内容。这在某种意义上成了通过比喻警醒世人的"寓言"。要想真正理解理论模型，就要抑制住"理论与现实不同"引发的焦躁感，冷静思考寓言所蕴含的真正含义。

比如分析"存在大量同质个体"这一假设，该假设的优点就在于简便计算。如果仔细研究这种同质性假设，就会发现在最终的经济均衡中，交易将永远不会发生。这是因为，经济交易的发生正是因为具有收入和偏好等不同属性的人共存。那么问题来了，在没有实际交易的情况下，为什么会存在价格？寓言者的回答如下：诚然，不存在交易意义上的价格，但我们可以定义交易发生时的价格，可称之为"影子价格"（shadow price）。也就是说，如果人与人之间的属性只存在微小的差异，我们就可以定义预期价格，这已经是相对理想的状态了。这样的回答看似有些答非所问。

然而，尽管在认知上存在个体差异，但还是存在几处令人无法接受的假定。首先，在这个模型中，一旦达到某一阶段的财富水平，以安全资产回报率表示的实际利率总是处于一个恒定的水平。解释该利率的一个比较具有说服力的观点是：这是"忍耐"的代价。比如当你决定是在本周末吃牛排还是下周末吃牛排时，如果推迟到下周末，若用数率表示这期间你所付出的忍耐的代价，可将其表示为利率。在模型中，这种忍耐用"主观贴现率"（subjective discount rate）表示，它是人们偏好的一部分。再比如，如果主观认为一年后的消费与当前消费相比，打了4%的折扣，那么利率将正好是4%。而那些无限期存在的个体，随着年龄的增长，永远学不到忍耐的价值，所以主观贴现率永远不变。因此，实际利率作为忍耐的代价也将永远保持不变。在模型中，实际利率是推动资本主义经济发展的基本概念，通过该模型就能够知道实际利率。

另一个无法令人信服的假定是，就对模型的直观解读而言，如果模型成立就不存在所谓的金融市场。在现实经济中，企业从银行和股市筹集资金来购买机械设备和建筑物等资本品（capital good）。然而，在该模型中，企业从各自的所有者那里租借可用作工厂的建筑、用于组装生产的机床和检查最终成品质量的检验机。

这是令人感到意外的假定，因为人们知道，如果所有资本品都从别人那里借用，是无法实现高效生产的。企业试图通过按照自己的规格重新配置机械设备和厂房等资本品来实现高效生产。企业借的是资金，而非机械设备，机械设备都是买来的。寓言家再次回答道，借入资金和租用机床在本质上是一样的，金融市场即使"取消"也不会有任何影响。那么，为什么不把支付的租金替换成利率呢？

如果资本品的借贷市场是一个完全竞争市场，那么可以类比金融市场也是一个完全竞争市场。金融市场可以被解读为"市场完全性"（market completeness），即不存在阻碍金融市场顺利交易的摩擦。矛盾的是，通过假装无视金融市场，并用资本品借贷市场的比喻来描述一个完全没有摩擦的、完美的金融市场，就衍生出了下述观点：在一个完美的金融市场中，家庭和企业都可以按实际利率借到钱，想借多少就借多少。但是，如果存在信息不对称，并且缺乏保证个人所有权的法律执行，这种想法就是不现实的。

大家是怎么认为的呢？有些人可能会欣赏其清晰的逻辑结构，而有些人则可能会对需要花费如此多的精力来实现逻辑一致性感到吃惊。尤其是，当你试图用一个包含企业、家庭、市场等所有内容的一般均衡模型描述一国经济时，不可避免地存在一些解释不一致的地方。这时，你就会强求一致使其合乎情理。

有些读者可能会问，为何要如此追求逻辑的一致性？这种穷根究底的精神让我想起了基督教神学的历史，为了证明教义的无误性而进行了无休止地争论，他们断言上帝是绝对正确的，天堂和地狱是存在的。当你用逻辑进行论证时，很难确定在一个似乎没有什么意义的推理路线上能够走多远，但我们不应该半途而废。话虽如此，因为一个琐碎的问题而孜孜不倦地找寻逻辑也是毫无意义的。日本人有时很难将西式研究风格贯彻到底，这也与日本的宗教文化有关。

新古典主义经济学中似乎有一种"教义"，即不应当允许不知道的事情存在。经济学家试图贯彻这一"教义"，每天都在孜孜不倦地寻求逻辑一致。他们之所以能够甘受这苦难，是因为他们相信，总有一天他们可以像物理学家一样，用逻辑一致的理论来解释经济现象。

实际利率与经济增长率

◎ **萨缪尔森的理论洞察力**

由具有代表性的个体组成的新古典经济增长理论重要的假设之一是,实际利率总是高于经济增长率。如果"假设实际利率低于经济增长率,那么就会产生矛盾",我们使用这一推理方式展开下述内容。假设有一种资产,其价格的上涨速度与经济增长率相同,比如土地,其总量是固定不变的。投资者期望获得价格上涨带来的收益,因此会以低利率借款购买土地。因为土地价格的上涨率高于利息,他们就可轻易获得收益。如此一来,投资者将试图借更多的钱来购买更多的土地。由于对资金的需求增长,利率会上升,最终高于增长率。这时,投资者意识到继续购买资产是无利可图的,就会陷入"庞氏骗局",即借更多的钱来偿还债务。然而,在一个由理性行为体组成的世界里,"庞氏骗局"很难持续。这是因为,除非他们非常愚蠢,否则没人会继续借钱给那些试图以债还债的人。由此,试图继续购买资产直到负债累累的投资者将会破产,而泡沫也不会持续很久。

然而,一旦金融市场出现不完备时,情况就会发生巨大的变化。著名经济学家保罗·萨缪尔森(Paul Samuelson)将这个世界描绘得淋漓尽致。在他的"消费贷款模型"(consumption loan model)中,人们的生活只有两个时期:青年和老年。经济会永远存续下去,但人会死亡。在某个时间点上,在上一时期出生的老人和在当前时期出生的年轻人将共存,即所谓的"世代交叠模型"(overlapping generations model)。在该模型中,萨缪尔森发现,当利率低于增长率时,人们可能会持有内在价值为零的资产(他称之为货币)。这种理论洞察力催生了泡沫理论。

◎ **实际利率持续低于经济增长率的机制**

为何实际利率会持续低于经济增长率呢?让我们一起来分析这一机制,

并思考为何会存在一种利率与经济增长率相同的资产。如果实际利率低于经济增长率，那么如上所述，借款购入资产是能够获利的，但是，在"世代交叠模型"中，即使想借款，也借不到。如果要借款，就只能向同一代的年轻人或上一代的老年人借。然而，同一代的人都想借款，所以没有人愿意往外借。另外，处于同一代的老年人将在本期结束后去世，所以没有办法借款给同一代年轻人。换言之，推高利率的资金需求压力在金融市场上不起作用，因此，实际利率将持续低于经济增长率。

接下来我们来进一步分析。如果与增长率相同速度上涨的资产实际上是非实体的泡沫资产，那么上述观点是否依然成立？答案是肯定的，但是存在限制条件。这一条件就是存在一条"期望的连锁反应"，即不仅现在一代，而且未来一代都相信有泡沫。如果人们相信下一代会购买泡沫资产，并且能够保证比利率更高的回报率，那么人们就会愿意购买泡沫资产。投资者仅通过比较多种资产的收益率，从而做出理性的决定，进行资产选择，并未采取非理性行为。这一泡沫可以说是真正的"理性泡沫"。

鉴于人们对泡沫资产的需求大致与国内生产总值增长率成正比，泡沫资产将以与经济增长率相等的利率上涨。换言之，经济增长率即泡沫资产的收益率。那么，当实际利率低于经济增长率时，就意味着实际资本的收益率将低于泡沫资产的收益率。这时，人们将试图购买的是泡沫资产而非实际资本，则以下命题成立。

命题1：当实际利率低于经济增长率时，会出现理性泡沫。

那么，当理性泡沫发生后，经济会经历哪些调整呢？由于人们寻求购买泡沫资产而非实际资本，累积的资本就会被撤回。这一现象被称为"挤出效应"（Crowding Out Effect），即对泡沫资产的需求限制了资本积累。但是，资本提取提高了资本收益率，推高了利率。这个调整过程一直持续到实际利率等于经济增长率。

命题2：存在理性泡沫的稳态经济能实现资源有效配置。

资源有效配置是指，如果不降低部分人的效用，任何人的效用就都不存在改进的空间。换言之，通过牺牲一个人的幸福，使其他人更加幸福，从而实现资源有效配置。

当经济达到稳定状态时，人们的消费将处于最高水平。达到最高消费的这一均衡点被称为"黄金律"，此时实际利率等于经济增长率。这一时期的泡沫会让人感到幸福。

当经济随时间动态的变化实现资源有效配置时，该经济可被认为是动态有效的。反之，如果泡沫的存在能够实现更有效的资源配置，那么泡沫存在之前的经济就是"动态无效"的。

◎ 梯若尔的泡沫理论

正是梯若尔证明了实际利率与经济增长率之间的相互关系对泡沫的发生起决定性作用。梯若尔从理论上阐明，在"世代交叠模型"中，当实际利率低于经济增长率时，人们会持有内在价值为零的泡沫资产。人们通常倾向于认为，实际利率低时才会出现泡沫，但仅仅是实际利率低，并不能直接导致泡沫发生。当实际利率低于经济增长率时才会出现泡沫。

实际上，在梯若尔在学术期刊上发表此理论的七年前，井堀利宏已经发表了相同的结论并将政府发行的国债定位为实际泡沫资产。他从理论上说明，当实际利率低于经济增长率时，所谓的再融资债券，即用新发行的债券来支付现有债券的本金和利息总额，在长期内是可持续的。梯若尔将井堀利宏的再融资债券视为泡沫。

命题1指出，当实际利率低于经济增长率时，会出现理性泡沫。也就是说，当实际利率高于经济增长率时，不会出现理性泡沫。此时泡沫会以与利率上升相同的速度飙升，其膨胀速度快于经济增长速度，因此经济最终无法防止泡沫发生。一个理性的投资者，如果预见泡沫最终将在某一时刻破裂，那么从一开始就不会尝试干预泡沫，泡沫原本也就不会发生。同时，这也意味着，当实际利率高于经济增长率时，也会出现"非理性泡沫"。这是因为非理性的投资者不会考虑得如此深入。

在第2章讨论的有效市场假说中，首先假设"未来无限期持有的股票价格贴现现值＝零"（就股票而言），而在本章的泡沫经济理论中，首先假设的是，理性投资者处于一个实际利率高于经济增长率的经济体中。

◎ 理性泡沫在稳定状态下持续存在

本章将集中讨论理性泡沫模型。这并不意味着现实中所有的泡沫都是理性泡沫。一些读者可能会认为非理性泡沫更符合现实，但这种类型的泡沫不会持续很长时间，一旦人们冷静下来，泡沫就破裂了。另外，理性泡沫会在一段时间内长期持续，但也有在某一时间点崩溃的风险。正是能够在某一段时间内持续发生的泡沫才会对宏观经济产生巨大影响。

从泡沫可持续性的角度来看，下述性质较为重要。

命题3：在稳态经济中，理性泡沫的规模占国内生产总值的比重固定。

这正是推动泡沫经济进入稳定状态的结果。与人们从泡沫中获得的直觉不同，在目的地出现了一个稳定的世界。换言之，如果国内生产总值以3%的速度增长，只要泡沫也以3%的速度扩张，那么泡沫经济就是可持续的。也就是说，在这种情况下，即使泡沫膨胀，也有存续的空间。同时，这也表明：如果泡沫膨胀的速度快于国内生产总值的增长速度，超过一国经济的资源限制，最终经济将无法支撑，泡沫将破灭。

然而，即使泡沫的扩张保持在一国经济的资源限制范围内，也无法保证它不会破灭。泡沫均衡是不稳定的，它由人们的预期支撑。即使不受资源限制的约束，一旦人们的预期发生变化，预期链被打破，泡沫就会破裂。

人们之所以购买泡沫资产，是因为他们期望后代也会购买同样的泡沫资产。如果知道泡沫会在未来某一时间点失去价值，后代将不会购买泡沫资产；那么，上一代人也不会购买泡沫资产，再上一代人也不会……。由此，就会产生悲观的"预期链"，当代人也将避免购买泡沫资产。于是，泡沫将会破裂。

◎ "低利率"之宏观经济学解读

我们先总结一下截至目前的讨论。当实际利率低于经济增长率时，会出现泡沫。换言之，分析当实际利率低于经济增长率时的经济态势，也是对泡沫的讨论。如果说主流经济学是"高利率经济学"，那么对泡沫经济的宏观分析就可以被视为"低利率经济学"。

金融市场的不完善导致了低利率。正是由于借贷资金受限，利率持续处于低水平，泡沫才得以产生和维持。许多经济学家认为，"世代交叠模型"中的泡沫之所以发生，是由人的短视造成的。然而，这种理解并非总是正确的。在一个理性泡沫的世界中，当代人的决策是以"未来一代人也是理性的行为个体"的考量为基础的，因此，就预期的形成而言，理性泡沫的世界与永生的世界并无不同。

为证实上述观点，在梯若尔发表泡沫经济理论的前几年，杜鲁门·布利（Truman Bewley）论证了在人类永生的经济中出现泡沫的可能性。如果事先知道未来收入会发生波动，人们就会在高收入时期储蓄、在低收入时期借贷，以此平衡消费。但在金融市场不完善，即不存在资金借贷市场的情况下该怎么办呢？人们将持有货币作为预备性储蓄，以减少未来不确定性带来的风险。换言之，人们持有泡沫资产作为"预备性储蓄"。

泡沫和赠与经济

有时，理论会告诉我们现实的情况。随着泡沫经济的理论结构日益清晰，经济学家面临的问题也随之而来：理论模型中描述的"泡沫"究竟是什么？这也为我们能更深入地了解泡沫提供了机会。

不难想象，在经济繁荣时期价格飙升的股票、土地、住房等不动产将成为泡沫资产，郁金香、绘画和珠宝也会成为泡沫资产。值得注意的是，泡沫经济理论能够让我们更加深入地思考国债、政府债务货币的意义。中央银行券（我们称之为"货币"）是由中央银行发行的债务凭证。人们之所以将政府发行的凭证作为货币持有，可以说是"预期链"在起作用。正如弗里德曼所指出的，"它是货币，是因为人们认为它是货币"。

井堀利宏提出的再融资债券与梯若尔提出的泡沫经济理论具有完全相同的理论结构。这意味着，再融资债券也是泡沫。所谓再融资债券，是为支付现有债券的本金和利息总额而发行的新债券。基于对未来发行再融资债券的预期，人们会放心地持有目前发行的再融资债券，这实际上与持有泡沫资产时的预期形成机制非常相似。唯一的区别是，股票和不动产泡沫是基于人们对市场的预期，而在国债中，人们的预期是受负责发行国债的政府的信用影响。

政府发行的货币和国债被称为"外在货币"（outside money），区别于"内在货币"（inside money），"内在货币"是民间借贷发行的证券。也就是说，从其理论结构的相似性可推断：泡沫也是一种外在货币。内在货币是一种民间证券，其债权人和债务人在签订合同时就已被规定。相比之下，不动产泡沫的持有者是债权人，但债务人在资产被出售之前是不确定的。只有当资产被出售时，才能确定债务人，这样才算完成"债权债务关系"，但是，有时也不会出现新的债务人，这就是泡沫破裂之时。

因此，泡沫资产的交易是一种脆弱的市场交易，而且与其说是交易，称之为"赠与"可能更为准确。自亚当·斯密以来，经济学界普遍认为，这是一个"等价交换"的世界，人们相互交换同等价值的东西，劳动者获得报酬以作为提供劳动的回报，生产者以买方估价相等的价格出售商品。另外，关于"泡沫资产"，泡沫的购买者以具有一定实际价值的资产换取泡沫资产。这种"泡沫资产"与"实际资产"的交换，在认可"泡沫资产"的人来看，这是一种自发性交换活动；而在对"泡沫资产"持否定态度的人眼里，这是一种"不等价交换"。不管当事人的想法如何，从资产的流向来看，这是一种单向的商品提供，也就是赠与。岩井克人认为，从被强制接受国家债务的国民的角度来看，中央银行发行不兑现纸币即是对国家的一种单向赠与，其货币的交易也可以说是一种赠与。

事实上，萨缪尔森提出的"世代交叠模型"表明，在实际利率低于经济增长率的经济中，年轻一代对老一代的赠与能够改善社会福利。其理论结构和资源配置的过程与泡沫资产买卖时完全相同。换言之，泡沫经济其实是在一个以等价交换为前提的市场经济中，混入了不等价交换的赠与。我们之所以担忧自身处于泡沫经济中，可能是因为我们在交易过程中察觉到了一些不同于等价交换的蹊跷之处。

◎ **泡沫经济的非均衡理论**

在宏观经济学中，商品整体的总需求与总供给相等时可表示为"储蓄＝投资"这一恒等式[1]。该公式可被理解为将储蓄资金用于投资。当商品整体的总供给超过总需求时，"储蓄＞投资"成立，这就意味着储蓄过剩或投资不景气。

在凯恩斯主义中，名义工资和价格均为刚性，即使经济衰退，实际工资也不会下降，因此社会无法解决非自愿性失业，从而会出现储蓄过剩和投资不景气的问题。如此一来，对商品的总体需求就会不足，而商品的过剩供给则需通过使收入下降来调整。另外，在新古典主义中，名义工资和价格均为弹性，储蓄和投资的失衡通过调整实际利率而得以更正。

然而，即使在一个名义价格弹性的世界中，泡沫经济也可以解释储蓄与投资失衡的问题，其均衡公式如下所示。

储蓄＝实物投资＋泡沫（资产）

从字面上看就是，将储蓄的资金用于实物资产投资和购买泡沫资产。或者也可以理解为，当储蓄超过实际资产投资，资产市场将吸收剩余储蓄资金并产生泡沫。本应与储蓄相等的投资，被分别标记为"实物投资"和"泡沫"（可按下述内容来理解）。储蓄不仅用于企业机器设备等的投资，还用于投资高楼、酒店等不动产。这也可以认为是不动产价格正在出现泡

---

[1] 当商品市场的总需求等于总供给时，表示为"总产出＝总支出"。由于生产出来的东西会以某种方式成为人们的收入，所以"总产出＝总收入"总是成立。收入在消费和储蓄之间分配，即"总收入＝消费＋储蓄"。从支出的角度看，"总支出＝消费＋投资"成立。由上述后两个公式可得出"储蓄＝投资"。

沫，或者也可以理解为，由于货币和国债是泡沫资产，部分储蓄被用来持有货币和国债。无论如何，并非所有储蓄资金都会用于与未来资本积累相关的实物投资，一部分资金将用于购买与资本积累无直接关系的泡沫资产。在泡沫经济中，看似简单表示资金流通的关系方程，实则描述了经济均衡。

观察以上均衡公式，可以将其理解为"储蓄＞实物投资"，似乎出现了不均衡。那么，商品总需求和总供给之间是否存在整体失衡？事实上，商品市场是均衡的，不存在不均衡。不论当事人的想法如何，从商品流通的角度来看，泡沫需求是一种单向的商品提供，即个人对个人的赠与。储蓄减去赠与等于实物投资，所以商品市场的总需求等于总供给。换言之，通过运用夹杂赠与的"暗箱操作"，实现总需求与总供给相适应。

一些读者可能会感到疑惑，不知应如何理解包含赠与的经济均衡。关于"泡沫资产"与"商品资产"的交换，在认可"泡沫资产"的人看来，这是一种自发性交换活动；而在对"泡沫资产"持否定态度的人眼里，这是一种"不等价交换"。如果将部分储蓄专门用于不等价交换的赠与，那么本应与投资相等的储蓄与以市场经济为前提的储蓄，其含义略有不同。从以等价交换为主导的市场经济角度来看，当泡沫经济中的储蓄大于实物投资时，会产生失衡，而且，即使储蓄过剩，也难以当即判断这是一个错误。

在一个实际利率大于经济增长率的世界中，由等价交换主导的市场交易世界主导着经济，这就是主流经济学所倡导的新古典主义世界。在新古典主义世界中，所有交易的商品价格都由内在价值支持，不会发生泡沫。然而，一旦金融市场存在缺陷，导致实际利率低于经济增长率时，情况就会发生变化，由基于等价交换的市场经济进入不等价交换的赠与经济。尽管人们的行为是理性的，但预期是完全独立于市场经济运行而形成的，这迫使人们自愿用实际资产交换泡沫资产，不由得选择了单向提供的赠与。然后，通过赠与，一个无法辨别是否均衡的世界由此出现。

在凯恩斯的不均衡世界中，由于名义工资的向下刚性导致非自愿性失业，商品的总需求低于总供给。凯恩斯主义的不均衡是由劳动力市场的不完善造成的，这源于实际变量与名义变量之间的区别。相比之下，泡沫经济的不均衡是由于金融市场的不完善导致的，无须区分实际变量与名义变量。也就是说，如果名义工资的向下刚性得到纠正，凯恩斯式衰退就会消失，但只要金融市场不完善，泡沫经济的不均衡便将持续存在。换言之，扩张性的财政和货币政策无法掩盖由于金融市场不完善带来的所有弊端。即使实现了凯恩斯意义上的充分就业均衡，泡沫失衡也会存在。

泡沫失衡的一个典型案例是"流动性陷阱"（liquidity trap）。当经济停滞不前、名义利率达到一定的低水平时，人们会持有货币作为储蓄的一部分。就凯恩斯的话而言，即流动性偏好所产生的投机性货币需求为实际利率创造了一个下限，从而抑制了实物投资并造成经济停滞[1]。

需要补充的是，正如岩井克人的不均衡动力学所描述的世界一样，在一个"看不见的手"无法有效发挥作用的世界中，流动性陷阱以及工资的向下刚性可能成为使原本不稳定的市场经济恢复稳定的因素。由于储蓄货币能够提高货币价值，那么流动性陷阱实际上可以理解为为价格的下跌设定了一个下限。如果没有货币储备，储蓄与投资的失衡将导致物价水平进一步降低，从而引发维克塞尔所描述的恶性通货紧缩[2]。

---

[1] 需要指出的是，这种停滞的影响可能不会被反映在经常被用作经济指标的"国内生产总值缺口"中。国内生产总值缺口是基于过去的国内生产总值时间序列，来测量潜在国内生产总值与实际国内生产总值之间的差距的。由于实际国内生产总值反映了失业率的变化，因此该指标可以较好地解释凯恩斯关于经济衰退的观点。如果经济长期处于流动性陷阱、投资持续低迷，那么投资水平被判定为基本稳定，这意味着泡沫失衡造成的衰退效应未被反映在国内生产总值缺口中。也就是说，商品市场反映储蓄－投资均衡情况，而国内生产总值缺口并不能准确反映商品市场的供需情况。

[2] 根据该观点，作为泡沫资产的货币需求，有助于保持货币经济的稳定。向下累积过程导致的通货紧缩进程刺激了投机性货币需求，为调整储蓄和投资失衡提供了机会，累积效应最终会收敛。这一发现可能会为解释维克塞尔累积过程增加了一个新的立意角度。

理论与现实

由"世代交叠模型"发展而来的理性泡沫的宏观理论,其理论结构极为巧妙优美,吸引了众多经济学家。但也有不少人对此提出质疑:从高度抽象的理论模型中得出的理论预测对现实经济究竟有多大意义?

毕竟人们关心的是它是否能够解释现实中的泡沫现象。有人会悲观地认为,由于理论模型的高度抽象性,它难以捕捉到实际的经济态势;也有人乐观地认为,它可能因其简约性而抓住事物的本质,因为发现和创造源于乐观主义。这里提出的命题是,理论模型能在多大程度上解释现实经济。

◎ **实际利率与经济增长率之间的关系**

首先,我们用数据来验证命题1"当实际利率低于经济增长率时,会出现理性泡沫"中的泡沫发生条件是否成立。由于验证所需的数据只有经济增长率和实际利率,所以应该相对容易。经济增长率的数据使用国内生产总值增长率,这应该不存在争议。然而,当目标对象是不确定的现实经济时,如何选择合适的实际利率就成为一个相当棘手的问题。

所谓利率,是指从所持资产中获得的收益率。那么,当我们提到"利率"或"利息"时,通常会想到什么资产呢?实际上,从那些具有市场深度和高流动性的资产中选择特定资产,其收益率即"利率"。话虽如此,它并不能是股票。股票价格每天都在剧烈波动,收益率也在波动,我们称它为"股票收益率",但不称它为"股票利率"。也就是说,当提到利率时,我们默认它是指安全资产的收益率。实际利率可以理解为安全资产的收益率,即"无风险收益率"。从理论上来看,利率仅作为价值存储手段,是无风险的安全资产的收益率。

安全资产有多种类型,有时很难抉择要选哪一种。长期利率的代表是10年期国债的收益率,由于国债是政府发行的债券,信用风险较低,但它带有"到期风险",反映了10年间的不确定性,这使得10年期国债的收益率高于

第 3 章
"低利率"之宏观经济学解读

理论上的安全资产利率。那么，短期利率的代表——期限为 30 天的短期国债收益率又如何呢？它几乎没有到期风险，可以被视为几乎零风险的资产，但这使得它流动性高，在回购交易等金融机构中被当作货币来使用，加上流动性溢价，其收益率就会低于理论上的安全资产利率。上述内容通常被称为"安全资产之谜"。事实上，众所周知，短期国库券（Treasury Bills）作为美国短期国债的代表，其收益率在大部分时期都低于经济增长率。

因此，本文选择多重利率的序列，并将其与经济增长率进行大致比较。首先来看美国，本文选取了 4 种利率：美国的中央银行体系美国联邦储备委员会使用的美国联邦基金利率、短期国债收益率、长期国债收益率、银行给企业和家庭贷款时适用的贷款利率。图 3-1 中所有变量均以剔除通货膨胀率后的实际值表示。

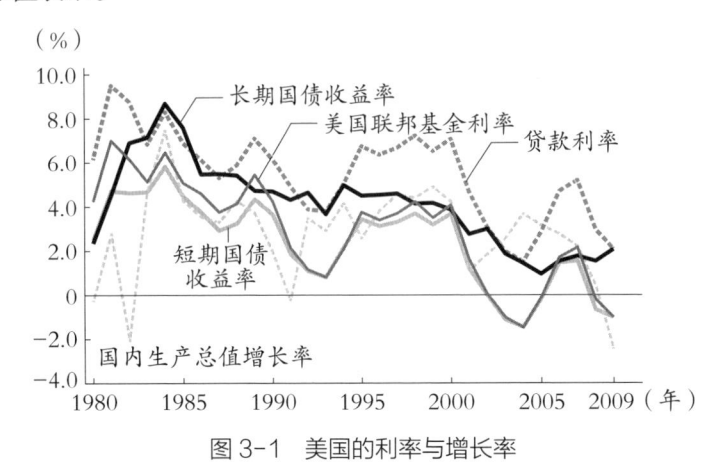

图 3-1 美国的利率与增长率

资料来源：国际货币基金组织。

剔除了 1980 年以前的数据是有原因的。这一时期，美国金融市场受到严格监管。直到 1980 年，随着金融全球化，金融市场开始放松管制。由此，市场机制开始在金融资产的价格和利率方面发挥作用。1980 年以后，实际利率和经济增长率之间的差异才开始具有经济意义。

其趋势是贷款利率和长期国债收益率较高，短期国债收益率相对较低。在 20 世纪 80 年代的大部分时间里，实际利率一直等于或高于经济增长率。

到了20世纪90年代，在个别时期内，经济增长率、美国联邦基金利率和短期国债收益率之间的关系微妙。尽管如此，近20年来，实际利率总体上未低于经济增长率，可以说主流新古典经济学的观点基本成立。在2000年前后，这一观点开始出现崩溃的迹象。当时，实际利率普遍开始下降，2003—2006年，几乎所有的实际利率均低于经济增长率。受通货膨胀影响，美国联邦基金利率和短期国债的实际收益率出现负值。这种情况仅发生在房地产泡沫最严重的时期。命题1的预测是准确的。

接下来，让我们来看一下日本的情况（图3-2）。

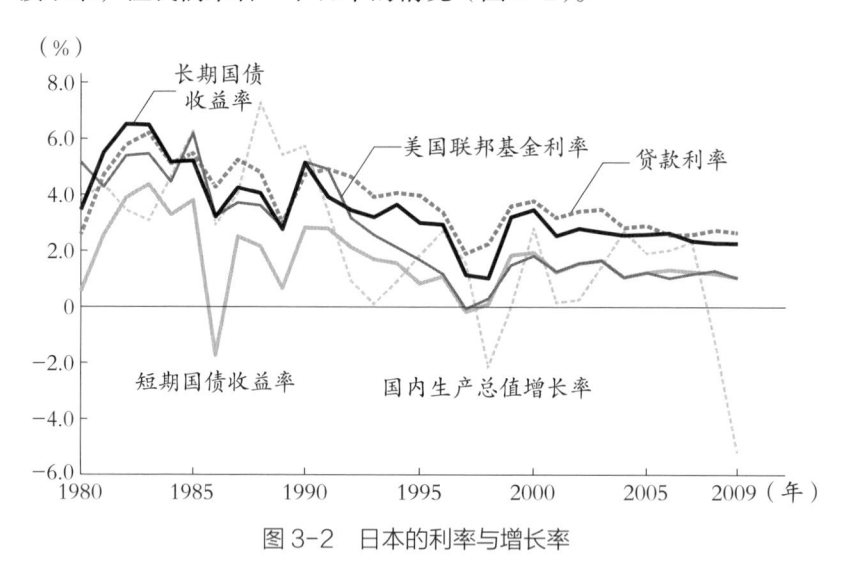

图3-2 日本的利率与增长率

资料来源：国际货币基金组织。

利率序列显示，贷款利率和长期国债收益率高于经济增长率，短期国债收益率和活期贷款利率出现低于经济增长率的趋势。[①]20世纪80年代初期，实际利率总体基本高于经济增长率。20世纪80年代初期，受第二次石油危机的影响，通货膨胀率高涨，实际利率下降，所有利率都高于经济增长率。然而，在20世纪80年代后期，这一趋势发生了逆转，当时泡沫正处于高峰

---

① 自1994年商业银行利率完全自由化时，主流观点便使用活期贷款利率作为政策利率；在1994年以前，也有观点认为法定利率更为合适，但此处统一使用活期贷款利率。

期，所有利率都低于经济增长率。数据的变化与命题 1 大致相符。

如此便可证实，在泡沫时期，实际利率实际上低于经济增长率，并且满足了泡沫产生的条件。但与美国 2000 年的走势相比，日本活期贷款利率值相对较高，利率水平趋于高位。这是由于通货紧缩，实际利率较高。可以说，在全球性泡沫时期，正是通货紧缩使得日本不受其影响。

◎ **理性泡沫与资源的有效配置**

接下来我们来看一下命题 2 "存在理性泡沫的稳态经济能实现资源有效配置"。该命题阐述了泡沫经济的动态效率，其背后是这样一种理论预期，即理性泡沫只发生在资本过剩的动态低效经济中。无须回顾凯恩斯的"资本边际效率"，由于对实物资本的投资是从收益最高的项目开始的，所以资本收益率随着资本规模的扩大而降低。与此同时，利率也在下降。在实际利率与经济增长率相等时，人们的消费值最大，如果投资超过这个点，实际利率就会低于经济增长率，形成资本积累过剩。

安德鲁 B. 亚伯（Andrew B. Abel）领导的团队提出了一种判断现实经济是否具有动态效率的方法。将实际利率与经济增长率进行比较看似容易，但正如前文所解释的，在不确定的现实世界中，选择何种利率是相当棘手的。他们提出了一种无须使用利率数据的新方法，具体而言，即将"利率＞增长率"解读为"资本收入＞投资额"[1]。如果资本收入超过投资额，则经济是动态有效的，资本积累不足；反之，如果资本收入低于投资额，则经济是动态低效的，资本积累过剩。他们以美国、日本、英国、法国、德国、意大利和加拿大为研究对象，研究这 7 个发达国家在 1960—1984 年间（美国为 1929—1985 年）的经济情况，发现每个国家每一年的资本收入都超过了投资

---

[1] 两个不等式之间实际上是相等的，将前一个不等式的两边都乘以资本，左边即利率 × 资本 = 资本收入，右边即增长率 × 资本，基于经济增长率和资本增长率即"投资 / 资本"在长期内大致相等，因此用"投资 / 资本"替代实际增长率，前一个不等式的右边就变为资本 × 投资 / 资本 = 投资额。

额，测算结果几乎完全否定了资本过度积累的可能性。发达国家的资本收入本就超过国内生产总值总量的 30%，投资占国内生产总值的比重很难持续超过这一数字。他们得出的结论是，发达国家的经济是动态有效的，不会出现泡沫。

然而，就在测算后不久，日本发生了战后以来最大的泡沫。图 3-3 比较了日本 1980 年以后的资本收入与投资额。在国民经济核算体系（亦称"宏观经济核算体系"）中，资本收入被定义为"营业盈余""混合收入"[①]分别乘以 0.5 所得的值与"固定资产损耗"之和，而投资额被定义为"固定资本形成总额"。如图 3-3 所示，包括 1986—1991 年的泡沫期，所有时期资本收入均超过了投资额。也许是由于企业留存收益的增加，这种趋势在最近几年更加明显。大致可得出结论：日本经济是动态有效的，资本积累不足。尽管日本经济是动态有效的，但却出现了泡沫，这显然不符合泡沫经济理论。理论并非现实。

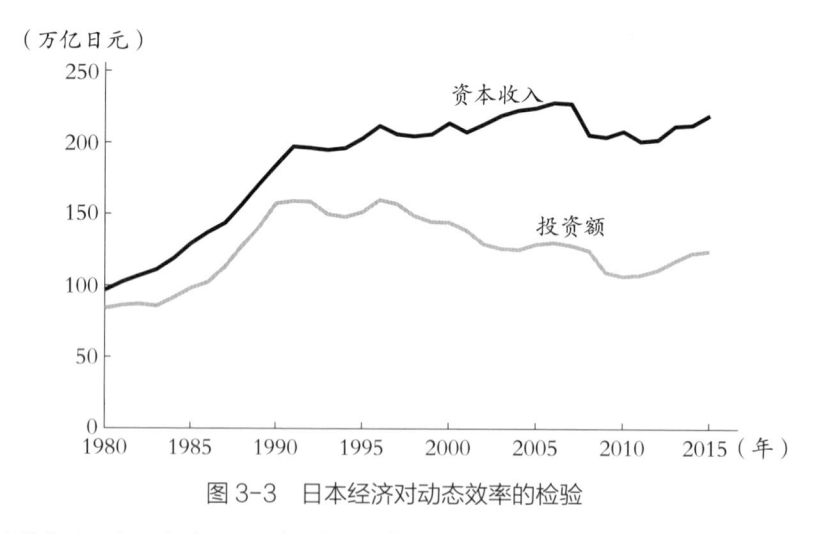

图 3-3　日本经济对动态效率的检验

资料来源：内阁府《国民经济核算年报》。

[①] "混合收入"主要针对个体工商户和小微企业，包括劳动收入和资本收入，扣除约占总额一半的劳动收入部分。即使参考单个国家经济中的劳动收入和资本收入的分配率，以 0.3～0.4 的数值重新计算，也不会对结果产生影响。

金融市场的不完善性

◎ 新古典主义的完美金融市场假设

不知到目前为止，读者是否同意本文所论述的理性泡沫宏观理论？尽管该理论在一定程度上解释了现实，但许多读者也会从中发现一些不尽如人意的地方。这可能是因为金德尔伯格和明斯基反复强调的投机狂热和信用扩张，以及由人们的乐观主义支撑的"泡沫热潮"的看法未得到普及。

银行作为"反派角色"与泡沫经济事件息息相关。当不动产价格飙升时，银行会扩大以不动产为抵押的贷款。将贷款的资金用于购买不动产，这会导致不动产价格进一步高涨。我们对泡沫经济的普遍印象是，信用扩张与价格呈螺旋式上涨。

然而，本书至目前为止所论述的泡沫理论中从未出现过银行这一变量。相反，在新古典主义理论中，商品、服务和生产要素市场能够有效运作，金融市场也是如此。人们可以轻易地从市场上筹集资金，因此不必低头向银行借钱。

新古典主义理论所假设的完美金融市场如下。参与市场的大多数买卖双方共享市场上的所有信息，所有信息都被计入价格。金融资产（如债券）的价格，即利率的价格，也是有效的、确定的。人们可按实际利率借入任意数量的资金。套利在多种金融产品之间运作，使得股票收益率、存款利率、债券收益率、贷款利率的值相等。此外，从企业的角度来看，资金成本也是相同的。

弗兰科·莫迪利安尼（Franco Modiliani）和默顿·米勒（Merton Miller）随后得出了令人震惊的结论，即在完美金融市场中，无论企业是通过发行股票、向银行借款还是以利润再投资等方式筹集资金，企业总价值实际并无任何变化。"MM理论"以两人名字的首写字母命名，根据该理论，在完美金融市场中，企业价值、投资水平与股权资本、债务（即向银行借款和发行企业债券）等融资方式无关。

得益于这一理论，即使不认真思考金融，对宏观经济学的发展也并无大碍。"MM 理论"认可宏观经济学对金融复杂性争议的忽视。新古典增长理论采取"忽视"金融的策略，并实现了长足发展，甚至那些直言不讳地表示不了解金融的宏观经济学者一度横行。如果一名研究生在宏观经济学研讨会上讨论银行、信用，则会被训斥："难道你不知道'MM 理论'吗？"但实际上没有人真的相信"MM 理论"。

◎ 信息经济学开启微观金融理论

正是"信息经济学"将我们从这个虚伪、狭小的世界中解放出来。20 世纪 70 年代，乔治·阿克尔洛夫（George Akerlof）、迈克尔·斯宾塞（Michael Spence）和约瑟夫·斯蒂格利茨（Joseph Stiglitz）奠定了这一学科的理论基础，他们使用"信息不对称"这一概念来挑战市场有效运作的观点。该研究在 20 世纪 80 年代蓬勃发展，被应用于劳工、企业组织和行业监管等诸多领域。这一概念在金融领域也取得了令人瞩目的成绩，它表明，金融市场的各种结构和交易行为并非政府的监管或习惯规则，而可以将其理解为解决借贷双方之间信息不对称的一种制度手段。

一个国家的金融体系是一个复杂的机制，只有通过巧妙地结合以银行为中心的信贷支持的金融网络，才能建立起来。为维持其顺利运作，须建立多方面解决金融市场上常见的信息不对称和缺乏法律可执行性问题的机制，如建立保护债权人权利的法院制度、保证借款公司信息披露透明度的会计制度，以及建立保护股东权利的公司治理等。然而，在现实金融市场中，存在阻碍资金借贷的信息不对称、履行合同所需的法律效力不足、企业管理薄弱等问题。可以说金融世界是市场不完善的"熔炉"。

"微观金融理论"出色地解决了金融领域的一些主要问题。例如，为什么在借出或借入资金时要签订债务合同？为什么银行宁愿拒绝向高风险的借款人提供信贷也不愿提高利率？银行为何会存在？

第3章
"低利率"之宏观经济学解读

◎ **微观金融理论的首要贡献**

从与泡沫经济相关的角度来看，微观金融理论的贡献至少包括三方面。一是明确论证了"资本收益率＝实际利率"不成立。在完美金融市场中，企业只是一个将其产生的事业收入（不包括支付给工人的薪资）分配给投资者的"机器"，即资本收益是按照投资额的比例平等分配予投资者，由此，"资本收益率＝实际利率"成立。

但在不完美金融市场中，企业不再是一层面纱。企业是一个由若干利益相关者组成的共同体，包括管理层、股东、银行和债权人等外部投资者及工人等。分配给投资者的资金（不包括支付给工人的款项）不一定与其提供的资金数额成比例。鉴于生产技术的特点、信息不对称、与债权管理相关的法律费用、薄弱的企业管理等因素，管理者有动机隐瞒部分收益。那么，即使企业拒绝偿还债务，银行等外部投资者也只能扣押企业的部分资产作为抵押。外部投资者的议价能力被削弱，例如，即使资本收益率为6%，但银行能收回的利率最多也只有2%。

当企业管理者作为重要的利益相关者加入市场时，利率，即投资者可以要求的回报将低于资本收益率。另外，企业家不仅从自有资金中赚取6%的资本收益，还掌握了资本回报率与外部资金提供者的利率之间的差额。假设自有资金的管理者与股东关系密切，而与银行为非合作关系[①]。当自有资金份额与其他资金份额恰好各占50%时，如果资本收益率为6%、利率为2%，那

[①] 企业管理者与股东受到平等待遇的假设并不总是现实的。一般双方之间会出现"所有权和管理权分离"的问题。在组织结构复杂的大型企业中，外部股东不可能直接监控管理者的行为，而企业管理者也不一定总是以股东利益最大化为目标。相反，企业管理者可能会利用其作为管理者的特权地位来"剥削"股东的利益。这就导致净资产收益率虽为10%，但企业管理者的收益率为20%，外部股东的回报率则为8%。"企业管理"的提出，正是为纠正上述收益率的差距，强化外部股东对管理者的监督。

么股本回报率（return on equity，ROE）将达到10%[①]。

托马斯·皮凯蒂（Thomas Piketty）在《21世纪资本论》（*Capital in the Twenty-First Century*）中认为，利率总是大于经济增长率，这一事实对资本家和劳动者之间的贫富差距趋势具有决定性意义。这里所说的利率，用资本收益率来形容更为合适。在不完美金融市场中，利率低于资本收益率。在这一点上，关于资产差距的讨论进一步深入。一般而言，持有大量股票的资本家可获得高于资本收益率的净资产收益率，易于扩大资产。另外，对金融资产选项较少的劳动者而言，他们只能选择低收益的银行存款和国债，资产不易增加。这导致资本家和劳动者之间的资产差距将进一步扩大。也就是说，相对于资本收益率，利率越低，不平等现象越会加剧。

我们暂且先回顾一下这些利率之间的关系，即实际利率（或安全资产利率）、资本收益率以及自然利率。如果金融市场是完美的，那么实际利率和资本收益率就是相等的。此外，如果价格和工资具有弹性，自然利率也将与实际利率和资本收益率相等。但如果金融市场存在摩擦，价格和工资存在刚性，那么这三者通常是不相等的。正如我们所见，资本收益率高于实际利率。自然利率是与充分就业相对应的利率，当技术进步强劲、资本收益率高时，实现充分就业的自然利率也会提高。由于资本收益率越高，实际利率就越高，因此可以假设这三种利率将朝同一方向发展。相反，当技术进步枯竭、经济停滞不前时，自然利率就会下降。最近，有观点认为自然利率下降是经济长期停滞导致的，这是基于对技术进步停滞导致资本收益率下降的担忧。

言归正传，金融市场的不完善程度越高，资本收益率和净资产收益率就越高，实际利率和安全资产利率就越低。无论资本存量水平是高于还是低于黄金律的水平，都会出现这种现象。即使由于资金不足导致资本收益率较

[①] 如下所示，资本收益率以利率和净资产收益率的加权平均值表示。

净资产收益率×自有资金份额＋利率×其他资金份额＝资本收益率

高，实际利率也很有可能极低。那么，即使在"资本收益率＞增长率"成立的动态有效经济中，命题1所述的"实际利率＜经济增长率"也会成立。因此，目前为止在完美金融市场的假设下得出的一些论点需要进行修改，必须修正在对命题2的阐述中关于在动态低效的经济中才会出现泡沫的内容。

命题4：当经济中存在不完美金融市场时，动态有效的经济中就会出现泡沫。

这一命题有助于解释，为什么在安德鲁·亚伯意义上动态有效的许多发达经济体会出现泡沫。当然，它也可以解释20世纪80年代日本的泡沫。换言之，在金融市场不完善的情况下，即使资本积累不足、经济是动态有效的，也会出现泡沫。我们可以认为泡沫的发生与金融市场的不完善程度呈正相关关系。

事实上，这是一种不同于金融不完善性的研究，它为如何解释动态有效的经济世界中的泡沫问题提供了解决方案。柳川范之、吉恩·格罗斯曼（Gene Grossman）专注于生产活动的"外部性"。随着经济的发展，国家不仅积累了物质资本、为掌握资本所需要的先进技术，同时还积累了知识资本。然而，由于知识资本具有较强的公共品特性，它以外部性的形式提高了经济效率。考虑到以知识资本收益率计算出来的社会资本收益率，与企业家所关注的民间资本收益率相差甚远，在这种情况下，与市场相等的不是社会资本收益率，而是私人资本收益率。因此，社会资本的收益率高于增长率，经济是动态有效的，但由于实际利率低于增长率，导致泡沫出现。

关于信用与投机

◎ 微观金融理论的第二个贡献

银行具有两个面孔，一张面孔是谨慎、稳健的，有时也可用保守或吝啬来形容，正如"银行雨天收伞，晴天借伞"所形容的那样，银行从不借款给有风险的个人或企业；另一张则是在泡沫时期操纵信用扩张和不动产价格飙升的反派面孔。

微观金融理论的第二个贡献是，道格拉斯·戴蒙德（Douglas Diamond）从内生性推导出银行的存在。资金出借人试图设计一种机制，迫使借款人如实申报其想隐瞒的能力、努力程度、企业收益、资金分配等信息，但无论给予何种激励政策，融资风险都难以完全消除。为将这种风险降到最低，戴蒙德认为，资金出借人应与尽可能多的借款人签订债务合同，同时与尽可能多的存款人签订存款合同。由此他得出结论：处于这堆合同中心的资金出借人正是"银行"。换言之，戴蒙德的结论是，银行本身就是由信息不对称造成的费用最小化的制度的设计者。此外，他还证明，如果借款企业的企业收益是信息不对称的主要原因，那么银行系统是一个比金融市场更有效的机制。

结合上一节的讨论，可发现银行在防止因金融不完善导致利率下降方面发挥了作用。它通过满足股市无法满足的资金需求，提高了实际利率，从而阻止泡沫发生。其结果就是，谨慎、稳健的银行（家）能够遏制投机，但是一旦出现泡沫，其就会展露出另一张面孔。

不能仅仅因为价格高涨的不动产是泡沫就抑制融资。银行以泡沫资产为抵押扩大融资。以泡沫资产作为抵押放贷的银行在不知不觉中越过了这条不应越过的界限。然而，当意识到这一点时，为时已晚。一旦泡沫破裂，银行将面临管理危机，它与存款人之间的关系可能出现紧张，甚至可能被架空。鉴于与此相关的诸多成本，银行不再是一个有效的系统。政府向那些穷途末路的银行施以援手，扩大存款保护范围，允许资产评估的会计自由裁量权，并默许子公司打破管制。中央银行也试图通过货币宽松政策来拖延泡沫破裂的时间。具有隐性担保的银行将扩大与泡沫有关的融资，泡沫改变了银行原本行事谨慎的风格。

由此，笔者开始讲述信用扩张与收缩。银行借出的资金流入不动产市场，抬高了房价和土地价格。不动产价格高涨刺激了以不动产为抵押的银行贷款，这进一步促进了不动产价格高涨以及信用扩张的螺旋式上升步伐，人们沉浸在泡沫带来的喜悦之中。由于经济过热而异常贪婪的人们寻求超额利润，期待资产价值上涨带来的收益。金融机构为追求超额利润，也开始信用扩张，并在赢利机会迅速扩大的假象之下，将目光转向高风险资金。他们依托境外短期资金，发行存款保险不覆盖的短期债券。随着杠杆率和流动性风险的增加，金融机构的资产业务恶化，尽管人们热情高涨，但信用扩张从内部破坏了银行的稳定，为泡沫破裂后的恐慌孕育了条件。

莫里茨·斯图拉里克（Moritz Schularick）和艾伦·泰勒（Alan Taylor）构建了一个包括14个主要国家140年间的银行信贷数据集，发现信用扩张和金融危机并非发展中国家特有的现象，而是一种普遍现象，也存在于发达国家。根据他们的预估结果，增加金融危机发生概率的并不是危机前的信贷增长率，而是危机发生前5年的平均信贷增长率。

他们的研究表明，持续的信用扩张增加了危机发生的可能性，但并未揭示引发危机的原因。虽然信用扩张确实有损银行的资产负债表，但尚不能确定是否存在临界点。有观点认为，看涨的预期会扩大信贷，当人们发现看涨的预期已经过头时，就会导致过度看跌的预期，这可能是危机发生的诱因。换言之，信用扩张是伴随着预期的剧烈波动而进行的，从乐观主义到悲观主义的转变会引发危机。

◎ 微观金融理论的第三个贡献

微观金融理论的第三个贡献阐明了企业的财务状况，即资产负债表对投资水平的影响机制。这与"MM理论"所描述的完美金融市场不同，由于留存利润等自有资金充足，债务与资产比率低的企业更容易从银行获得贷款。相反，债务水平高的企业难以从银行获得信贷，投资受限。改善企业财务状况以增加银行贷款的效果被称为"资产负债表效应"（balance sheet effect），本·伯南克（Ben Bernanke）和马克·格特勒（Mark Gertler）证明，明斯基机制将通过该效应发挥作用，银行信用成为经济周期的驱动力。在经济繁荣时期，随着企业业绩的改善，资产负债表也随之得到改善，因此信用提高的企业通过增加银行借款扩大投资。通过增加对整体经济的投资，将保持经济的繁荣，导致企业业绩的进一步改善和投资的进一步扩大。

自有资本不仅包括流动的内部资金，还包括低流动性的土地等不动产。为通过以土地为抵押来改善企业的信用状况、维持经济繁荣，清泷信宏与约翰·穆勒（John Moore）提出了一种模型。当土地价格在经济繁荣时期上涨时，企业会以价值上涨的土地作为抵押，通过增加银行借款来扩大投资。当土地价格在经济衰退时期下跌时，土地的抵押价值将缩水，银行借款减少，从而抑制投资。正如日本曾经的经济高速增长时期，该观点阐述了土地抵押贷款的经济周期。

到了20世纪90年代，终于出现了能够合理解释银行信用的扩张和收缩导致经济周期出现的机制。不幸的是，明斯基出生得过早了。

迈克尔·伍德福（Michael Woodford）曾发表过一篇论文，利用资产负债表效应这一概念，考察将泡沫狂热与投资热潮相结合的机制。在他设想的经济机制中，存在两种不同类型的人。他们能够从事创收的生产活动，但并非总是从事这项活动。A型人在偶数期作为企业家从事生产活动，B型人在奇数期从事生产活动。在偶数期，A型人有作为企业家借款以扩大投资规模的意愿，B型人则有借款给企业家以赚取利息的意愿。然而，在该经济机制中，参与主体之间的资金借贷是被禁止的，唯一的储蓄方式是政府发行的国债。

A型人在无法从事生产活动的奇数期降低消费、持有国债。如果持有国债，利息收入将在下一期增加，自有资本将增加。通过将这些自有资本作为投资资金，企业家可扩大投资规模。发行国债通常被认为是通过挤出效应提高利率、抑制投资，但其前提是处于一个完美金融市场中。伍德福认为，在一个借贷受限的世界中，国债作为一种补充借贷的金融资产，能够刺激投资。与挤出效应相反，这种效应被称为"挤入效应"。

因此，在一个不完善的金融市场中，泡沫资产会刺激投资。如果企业家持有泡沫资产，其企业资产负债表将随着泡沫资产的高涨而改善，这样企业便能够增加银行借贷并扩大投资。

近年来，一些解释泡沫时期投资热潮的理论研究如雨后春笋般涌现。最直接反映这一问题的观点是，在本国储蓄增加的推动下，泡沫将引发投资热潮。这看似再正常不过的现象，实际上需要一种机制。在泡沫出现的同时，只有家庭储蓄和企业储蓄都增加，才会出现投资热潮。这是因为只有这时企业储蓄才直接转化为企业的自有资本，企业可增加借贷。它提出了一种在高储蓄率背景下解释中国泡沫的结构。

埃马纽埃尔·法希（Emmanuel Farhi）和梯若尔试图通过引入三因素资产模型来解决这一问题，该模型中除资本债权和泡沫资产外，还引入了固定利率债券作为额外的金融资产。在他们所设想的结构中，对泡沫资产的需求所引起的利率上升会导致债券价格下跌，而节省下来的资金将用于投资。他们似乎想到投资国债，但对投资国债的规模抱有疑问。

另一个有趣的观点是，泡沫将带来生产力和经济增长。如果泡沫资产的存在使生产力较高的企业比生产力较低的企业更容易筹集到资金，那么通过资金的重新分配，泡沫将促进经济增长。从实证角度来看，这种观点很有趣，因为它侧重于泡沫对生产力的作用。泡沫究竟是通过促进体现新技术的投资来提高生产力的，还是使抵押能力迅速扩大的不动产投资扩张抑制了其他高生产力部门的投资，导致生产力停滞的？一般而言，全要素生产率增长率与国内生产总值增长率之间存在正相关关系，并被称为"顺周期性"，但这并不是仅在日本泡沫时期才能观察到的现象。宫川努领导的团队研究显示，1986—1991年国内生产总值年均增长率为5.4%，而全要素生产率增长率下降了0.2%。这表明，泡沫经济可能引发了低效投资，并降低了整体生产力。约翰·费尔纳德（John Fernald）指出，美国全要素生产率的增长速度在2004年达到峰值后开始放缓，这表明泡沫经济和生产率提高并不能兼容。

泡沫的资本周期

◎ **储蓄过剩**

如前所述，在泡沫经济中，储蓄、投资的均衡公式表示为"储蓄=投资+

泡沫"。该公式有多种解读方式，也可以解读为，如果储蓄过剩，泡沫也会膨胀。

储蓄过剩的情况既可能发生在国内，也可能发生在国外。国内的案例就是所谓的"货币泡沫"，当经常账户盈余积累、资金在国内金融市场溢出时，就会发生这种情况。20世纪80年代，挪威作为一个产油国，受益于石油危机，享有大量的经常账户盈余，再加上金融市场不时放松管制，资金闲置导致房价暴涨。20世纪80年代，日本经常账户盈余，广场协议①引发的日元升值并未充分促进资金回流境外，当资金在国内市场过度积累时，泡沫就会出现。

另外，"资金流入泡沫"是指国外的过度储蓄流入国内，使资产市场过热。与货币泡沫相比，这种类型的泡沫往往发生在经常账户赤字的国家，如20世纪80年代的瑞典和芬兰、经历了亚洲金融危机的东亚部分国家、21世纪经历了房地产泡沫的欧美国家等。

◎ **资金流向理论**

与标准经济理论一样，泡沫储蓄、投资的研究观点普遍认为，资产价值的波动均由资本流动形成支撑。"储蓄过剩"（savings glut）的资本流入导致美国房地产泡沫，是典型的以资金流向理论为前提的观点。

以货币泡沫的典型案例——日本为例，让我们来计算一下资金流向理论能在多大程度上解释现实中的泡沫。在泡沫发生的1986—1990年间，日本的国内储蓄率大致从31%上升到34%，增长近3%；同一时期，经常账户盈余下降了近3%，大致从占国内生产总值的4%降至1%。这表明资金流入的

---

① 广场协议是一项由美国、英国、法国、西德和日本5个工业大国在1985年9月22日在纽约广场酒店达成的协议。协议的内容是通过政府干预外汇市场，让美元相对于其他主要货币贬值，从而提高美国产品在国际市场上的价格优势。从1985年到1988年，美元对日元贬值了50%以上。这样一来，美国的出口增加了，贸易逆差减少了，经济复苏了；而日本的出口减少了，贸易顺差缩小了，经济受挫了。——编者注

增加（严格来说，是资金流出的减少），对国内经济的影响与储蓄增加带来的效应相同。加上储蓄增加的份额，总额将达到国内生产总值的18.7%。另外，泡沫在峰值时达到国内生产总值的240%左右（详见第4章）。如果投资规模占国内生产总值的比重在泡沫发生前后没有发生任何变化（现实中可能略有上升），那么只有8.4%的泡沫可以用流入国内金融市场的资金来解释，剩下的91.6%将缺乏资金流动的支持。

我们应当如何理解这一结果呢？先不论是否可从中得到启示，也有学者直接否定了资金流向理论。戴维·莱布森（David Laibson）认为，房地产泡沫与资金流入之间的因果关系与一般公认的说法完全相反。他认为，房地产泡沫首先是由"毫无根据"的狂热造成的，其次是资金流入。换言之，以价格高涨的住房为抵押，由此产生消费热潮，投资者为融资而经常账户赤字，不得不从国外借款。这一观点的缺陷在于，它没有解释未得到资金流支持的房地产泡沫是如何产生的。

◎ **流动性泡沫与非流动性泡沫**

资金流向理论默认"所有资产都具有流动性"这一前提。该理论所描述的泡沫资产具有高度流动性，可按当时的市场价格以任意数量进行买卖。正是由于这一特性，在理性泡沫理论中，无论是基于政府信用的货币、国债，还是股票和不动产泡沫都具有相同的理论结构。然而，在现实中，不同资产的流动性不同。按照流动性的顺序从高到低排列，首先是货币，其次是国债，再次是股票，最后是不动产。

我们也可以这样思考：泡沫有两种类型，一种是具有高流动性的"流动性泡沫"，另一种是具有低流动性的"非流动性泡沫"，前者的例子可以是货币、国债、股票，后者的例子可以是不动产。流动性泡沫的价值由资金流支撑，泡沫规模的大小受限于资金流动。相比之下，非流动性泡沫因流动性低，其价值不一定需要资金流支撑。由此，非流动性泡沫规模的大小不受限于资金流，并可能保持在一个无法用资金流通解释的水平。

本应以 6000 万日元购买的公寓在不知不觉中跃升至 1 亿日元，这种现象在泡沫经济时期经常发生。在价格高涨的背景下，4000 万日元的资金实际上无法流通。即使没有资金流的支撑，储蓄资产的价格也会飙升。事实上，由于没有资金流的支持，如果要出售该资产，实际上并不能确定是否真的能以 1 亿日元的价格售出该公寓。

如果用"储蓄＝投资"的均衡公式来思考储蓄资产，会如何呢？国民经济核算体系中的储蓄统计不包括资产的资本收益，但严格来说，持有资产的资本收益应以储蓄的增加来评估。此外，继续持有已产生资本收益的资产，意味着同一主体可被视为将价格上涨的收益用于新的投资，因此在公式右边，即"投资"项上增加了一个同等份额的泡沫。鉴于资本收益被添加到公式的两边，均衡公式得以成立。但如果两边的泡沫都被抵消，"储蓄＝投资"的均衡公式就会恢复至原来的数值。其结果是，没有资金流支撑却飙升的存储资产，不会被纳入"储蓄＝投资"均衡公式。

然而，经济也并非完全不受影响，这是因为资产价格毫无根据地上涨会使人们陷入狂热，并误导消费和投资。查尔斯·霍里奥卡（Charles Horioka）指出，如果将不动产的资本收益计入收入，那么日本泡沫经济时期的家庭储蓄率将从 20% 跃升至 50%。但日本家庭并未被误导。据小川一夫领导的一个研究小组称，在日本的泡沫经济时期，很少能观察到土地价格上涨导致消费增加的资产效应。人们的固有印象是，泡沫经济时期的消费更加狂热，如圣诞节酒店的套房预订量爆满、开法拉利的年轻人越来越多，但这并未反映在数据中。结果表明，家庭经济似乎并未做过错误决定，犯错的通常是企业和银行。企业以泡沫经济时期飙升的土地作为抵押，向银行大量贷款，到处购买土地。

在美国房地产泡沫期间，也曾出现家庭经济被误导的情况，并出现以住房为抵押的消费热潮。如果以没有资金流支撑的资产为抵押，增加投资和消费，信用自然会过度扩张。这是一个悲剧的开始。

"所有的价格上涨都源于预期"的说法或许有些夸张，但认为狂热的背后是各路资本的流动，这种想法也是再正常不过的。资产泡沫的背后，其实是金融市场的货币过剩、境外资金的流入以及低利率现象。随着某种预期和涨价情绪蔓延，资金流入房地产市场，导致价格上涨。最终，实际以高价买卖的土地与作为存储资产的土地之间的套利机会显现，作为存储资产的土地，其价格也会上涨。与股份相比，不动产市场实际买卖的流量规模非常小。由于市场流动性低，尽管缺乏资本流的支撑，但价格很可能会在一定时期内保持高位。

泡沫更迭

◎ 多个泡沫共存

理性泡沫理论要将资产泡沫量化并非易事，但也不至于悲观地认为，它完全不能解释现实中的资产泡沫。由于泡沫类型多样，既有由市场预期支撑的股市泡沫和房地产泡沫，也有由政府信用支持的国债和货币，所以不妨拓宽研究视野。

命题3认为，只要泡沫以与经济增长率相同的速度扩张，泡沫就会持续存在。这一命题还有一个隐含意义，即泡沫可能发生在任何商品中，这意味着不一定是某一种类型的资产。那么，以与增长率相同速度扩张的泡沫就不是一个单独的泡沫，而是"多个泡沫的总和"。当多种泡沫资产并存时，就不再需要单个资产以与经济增长率相同的速度增长。

事实上，正如泡沫往往同时发生在不动产市场与股市一样，我们经常能观察到"多个泡沫并存"的现象。换言之，即使土地价格的增长速度快于经济增长速度，但如果另一个泡沫如股市泡沫低迷，那么在一定时期内，土地价格很有可能以超过经济增长率的速度上涨。如果泡沫是在货币过剩的背景下发生的，那么股市泡沫破裂，亏损的资金很可能流入不动产市场。21世纪初，在互联网泡沫破灭后，取而代之的是房价开始高涨。当时，美国联邦储备委员会主席格林斯潘因其对金融政策的精湛指导而受到称赞，该政策成功使互联网泡沫软着陆,并以房地产泡沫取而代之。

一旦不动产泡沫破裂,以政府信用为支撑的国债作为最后手段吸收资金等说法也较有说服力。事实上,在雷曼事件之后,许多发达国家的国债余额急剧增加,这并非巧合。其实,正是日本率先开启了从不动产泡沫发展到国债的"泡沫更迭"(bubble substitution)的大门。

图 3-4 显示了日本一些资产的市值占国内生产总值的数值比重。"土地资产/国内生产总值"自泡沫经济时期上升后,在 20 世纪 90 年代初达到顶峰,并持续下降到现在。"政府债务余额/国内生产总值"大约自 20 世纪 90 年代以来持续上升,这反映了国债的大规模发行。这里的政府债务余额是指,短期国库券、国债/FILP[①]债券、地方政府债券、政府相关机构债券,再加上金融机构以外的私营部门持有的现金。

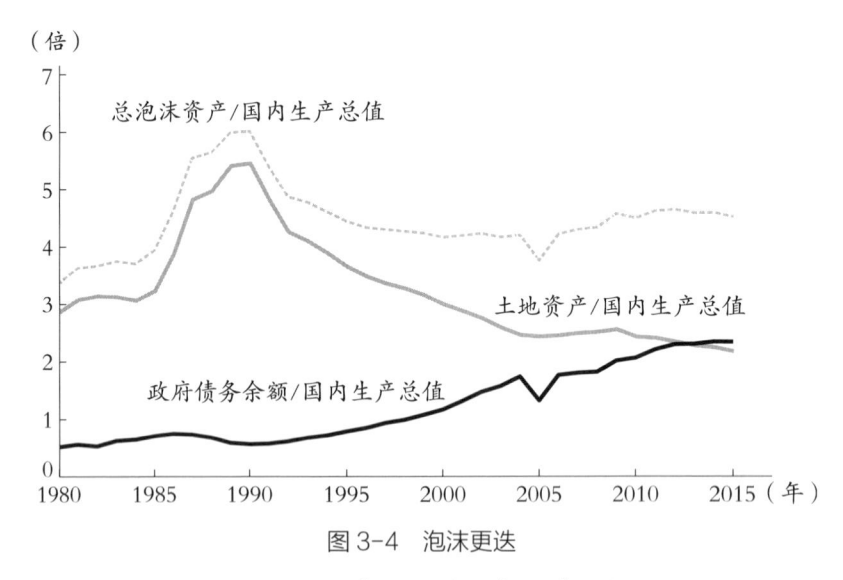

图 3-4 泡沫更迭

资料来源:笔者根据日本内阁府《国民经济核算年报》制成。

将两者之和定义为"总泡沫资产/国内生产总值",观察其变化时,可得出一个有趣的结果。自 20 世纪 90 年代中期以来,该数值一直相当稳定(除

---

① FILP,日本财政投资与贷款计划。——编者注

2005 年前后），直到最近由于泡沫破裂而下跌。

令人惊讶的是，日本经济中的某一段时期可被表述为泡沫均衡稳定时期，其中总泡沫资产与国内生产总值的比例是恒定的。理性泡沫理论的理论框架认为，不动产泡沫和国债的理论结构在本质上是相同的，这一结果表明，其预测是正确的。

◎ **土地价格与国债的泡沫更迭假说**

这种现象可以解释为土地泡沫被国债泡沫所取代。这究竟是偶然还是必然？如果是必然，那么我们应该如何理解？目前人们的普遍观点是，强调"土地价格→国债"的因果关系。这种观点强调了政府对长期经济衰退的应对政策。泡沫破裂后土地价格的持续下跌导致债务积压，并使经济衰退期延长。政府通过发行国债实施财政扩张政策，但其对经济的提振作用较弱，"土地资产/国内生产总值"下降与"政府债务余额/国内生产总值"上升并存，两者呈负相关。这一论点的不足之处在于，它并未提及整个 20 世纪 90 年代日本土地价格持续下跌的原因。

相比之下，这里提出的泡沫更迭假说强调了"国债→土地价格"的因果关系，即国债发行量的增加引发了土地价格的下跌。20 世纪 90 年代，土地神话的破灭大大降低了持有流动性不足的土地作为安全资产的吸引力。另外，20 世纪 90 年代国债发行量的大量增加为企业和金融机构提供了安全资产。也就是说，这种观点表明，国债这一新的安全资产来源，推动了从土地到国债的资产替代，导致"政府债务余额/国内生产总值"的上升和"土地资产/国内生产总值"的下降。

有 4 个因素推动了这种投资组合的转变。首先，自 20 世纪 90 年代以来规模不断扩大的邮政储蓄和养老基金，作为国债的来源，需求量较大。其次，1993 年出台的《银行资本充足率》规定，实际上是将国债置于监管之外，鼓励银行将其资产从贷款转向国债。再次，日本银行自 1999 年以来，大部分时间实施"零利率"政策，该政策具有国债价格支持政策的一面，国债价格上涨导致人们对国债的需求增加。最后，由于长期的不良债权，银行功能失调，这导致银行对不动产的贷款减少。

土地泡沫取代国债的观点，可以解释为什么尽管政府发行了大量国债，但收益率仍然稳定在低水平。经济学的基本观点是"资源配置"（resource allocation），假定资源总是被有效利用，没有剩余。但如果假设利率低于经济增长率，基于稀缺性的推论资源配置就会失效。剩余资金在经济的各个阶段都会产生，这些剩余资金的流动孕育了一个新的经济周期。随着土地神话的破灭，就像气球漏气一样，土地价格泡沫在一点一点缩小，所节省下来的资金用于购买国债，支撑了国债的实际价值。土地泡沫破裂造成的窟窿被国债这一泡沫资产填补。

宏观理论将何去何从

◎ **定量宏观经济学的发展**

宏观经济学试图通过国内生产总值、利率、实际工资、通货膨胀率等宏观经济变量，来把握整体经济情况。宏观经济学的诞生始于约翰·希克斯（John Hicks），他试图通过 IS-LM 分析法，同时确定国内生产总值和利率，以解释凯恩斯的"一般理论"。从那之后，方程的数量略有增加，但试图用一个简单的理论模型来把握整个宏观经济的传统却未曾改变。有一种观点认为"比例尺为 1 的地图毫无意义"。经济学的理论模型从现实经济中抽离出本质，并以简单的形式表达出来，而非用数百个方程再现极其复杂的现实经济。

过去，理论模型曾一度被视为虚构的东西，然后，人们试图用巧妙的故事来阐述经济本质，其理论模型受到赞誉。如彼得·戴蒙德（Peter Diamond）的"棕榈种子模型"试图从劳动力搜寻的角度来解释失业问题，20 世纪 90 年代的安德鲁·施莱弗（Andrei Shleifer）的"大推动理论模型"也曾盛行一时。这些模型创建者的聪明才智以及对现实世界的敏锐洞察力让人惊叹不已，让人不禁感叹他们是天才。

近期，人们努力用实际数据再现理论模型，"定量宏观经济学"正在以惊人的速度发展。显然，模型与数据之间的对话对于宏观经济学的发展至关重要。然而至少在目前，对其的评估是有争议的。批评是针对其"一神论"的性质。这种类型的研究，其发展一般是基于模型与数据的适用性，在多个理论模型中仅选择一个理论模型，淘汰其他模型。生活在多神论世界中的老一代经济学家，对这种自然科学般不容争议的趋势颇为不满。经济数据的发展和计算机计算能力的提高，正在消除宏观经济学的文学气息。

最终胜出的是主流经济学的代表——个体模型的扩展版本。但这一模型在自诩为"真正的模型"之前，仍面临许多挑战。笔者在此提出两点关切。

◎ 主流模型面临的挑战

主流模型是以市场经济的有效运作为前提，但如果是这样，相比政府干预、文化和习俗等封闭经济的影响因素，市场力量更适合坚持开放经济。然而，一旦将理论模型扩展到包括对外交易在内的开放型经济，模型的拟合度就会明显降低。以国际资本流动为例，除直接投资外，如果包括对股票和国债等证券投资，那么资金流动反映的并非国家间资本收益率的差异，这是众所周知的事实。

另外，与实际价值相比，理论模型预估的实际利率明显过高。几乎所有被认为是最前沿的主流模型，都无法解释近期较低的实际利率。正如本书的主题，宏观经济学中的一些主要问题，与宏观经济模型无法解释现实中的低实际利率密切相关。它无法再现现实，不能解释实际利率变动的前沿宏观讨论也是一种虚构。

从理论上讲，要证明哪一个宏观经济理论模型是真正的模型是极其困难的。由于主要变量是同时确定的，任何试图将因果顺序引入其中的做法都不可避免地具有主观性。我们可以观察到，需求和供给在事后是重合的，我们无法确定是需求决定供给，还是供给决定需求，抑或是金融决定实体经济，金融也许只是实体经济的一层面纱。建立一个理论模型总是要带入一个因果关系的叙述，这无一例外地反映了创作者的意图和偏好。也就是说，宏观经济模型缺乏客观性，不能称之为社会科学，从本质上而言，称其为人文学科可能更合适。

那么，数量经济学的发展会对泡沫的宏观经济学产生怎样的影响？理论模型是否会发展到能够再现现实中资产泡沫变化的程度呢？正如在"泡沫更迭"一节中所论述的，它似乎在某种程度上可以解释货币和国债等政府债务的变化趋势。另外，正如"泡沫的资本周期"一节中所提及的，以资金流为支撑的"储蓄、投资研究"并不能充分解释泡沫时期资产价格的变动。在继续进行定量分析之前，仍需要掌握这一领域层出不穷的新现象。

本章是泡沫经济理论的宏观部分，从宏观经济学的角度来观察理性泡沫，可以清楚泡沫发生的条件。泡沫不会仅仅因为实际利率低就产生。只有当实际利率低于经济增长率时，才会出现泡沫。

在以有效市场为前提的主流经济学中，当实际利率高于经济增长率时，不会出现泡沫。与此形成鲜明对比，泡沫的出现与金融市场的不完善密切相关，而正因金融市场不完善而得以存在的银行在泡沫经济带来的不稳定中发挥了重要作用。从理论上的结果而言，银行本应稳健而审慎地进行融资，但一旦泡沫出现它就变成了杠杆，戏剧性地在幕后操纵着信用扩张和不动产价格上涨。

正如我们在"泡沫更迭"的现象中所见，任何基于"预期链"得以形成的资产都可以被定位为泡沫资产，不仅包括股票、土地和住房等不动产，还包括国债和货币等政府债务。对这一现象的洞察，在整本书中发挥了重要作用。

第4章

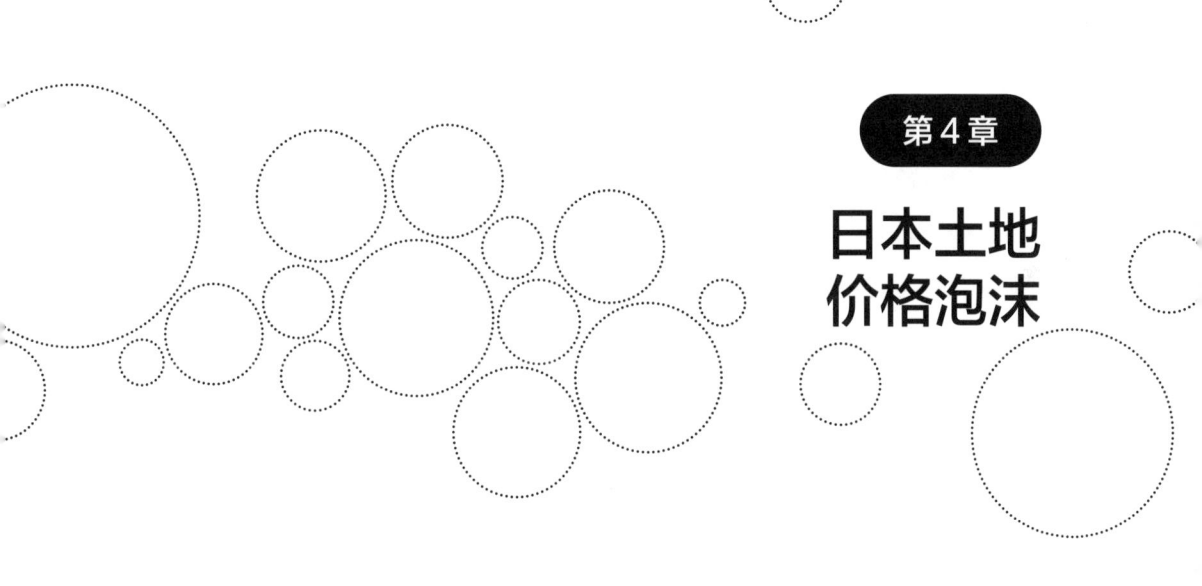

日本土地价格泡沫

前几章对泡沫理论进行了论述。从本章开始，将论述世界各地发生的泡沫经济事件。本章将重点讨论发生在日本的土地价格泡沫现象。如果按照"泡沫"的字面含义，它应当像泡沫一样，破裂后不留下任何痕迹，但事实并非如此，"巨大泡沫"给日本经济留下了严重"后遗症"，泡沫破裂后，日本经济陷入长期停滞。直至20世纪80年代中期，土地价格飙升一直伴随着日本经济的发展。飙升的土地价格作为优质抵押资产，为企业贷款与投资提供了支持，推动了日本经济的高速增长。然而，日本经济却突然出现了萎缩。本章将回顾、分析20世纪80年代日本发生土地价格泡沫的原因，以及泡沫破裂后的长期停滞是如何产生的。

人们深信"土地神话"

◎ "赏花"经济学

故事会对人们产生影响。当事实和理论被改编成一个易于人们分享的故事时，该故事就会引起人们的共鸣，有时甚至会影响经济发展。在第二次世界大战后经济复苏和经济高速增长的形势下，土地价格继续稳步上涨。人们在从事经济活动时，不再认真思考未来土地价格下跌的可能性。不知从何时起，人们开始深信"土地神话"，认为土地价格不会下跌。

图4-1显示了日本工业、住房和商业用地的土地价格涨幅变化情况。日本第二次世界大战后经济的高速增长使人们对土地的需求强烈，土地价格的年增长率有时甚至超过10%。

第4章 日本土地价格泡沫

图4-1 日本第二次世界大战后土地价格增长率

资料来源：全国各城市土地价格指数（日本不动产研究所）。

日本土地价格大幅上涨的时期可分为20世纪50年代的前半期与1968—1973年间的后半期。前半期，工业用地价格涨幅超过住房用地，对工业用地的需求抬高了土地价格。正是在这一时期，大型企业在各地方的沿海地区获得大规模用地，纷纷兴建工业区和联合企业。到20世纪后半期，住房用地价格涨幅开始超过工业用地，新的住房用地供应大幅增加。以大城市为首，各地对住房用地的需求抬高了土地价格。也正是在这一时期，大城市郊区新市镇建设兴起。

人们相信，土地价格将持续上涨。据说，日本国际兴业公司的前负责人小佐野贤治与政治家相互勾结，后被卷入洛克希德丑闻。他利用银行贷款购买低价土地，等该土地价格上涨时，再将其作为抵押追加借款，从而扩大事业规模。这使得日本国际兴业公司扩张成一家大型度假区开发公司。许多企业家乘着"土地神话"的浪潮走向成功。在这一时期每年度的富豪排行榜上，排名靠前的均是通过出售土地发家致富的"土地大亨"。

在土地价格上涨的趋势下，土地抵押贷款已成为推动银行信用扩张的商业模式。下面这段话节选自笠信太郎的《"赏花"经济学》，该书的写作背景是20世纪60年代日本经济高速增长，作者生动地描述了这一时期日本的经济态势。

对此，首先要考虑的应是，日本所有的企业几乎均是靠借款得以运营的。其中，自有资本占30%，借贷资本占70%。在70%的借贷资本中，公开发行的企业债券相对较少，大部分资本是向银行等金融机构贷款的。在这些贷款中，大部分长期贷款是以土地和建筑物作为抵押，而且除小微企业之外，几乎没有企业不以土地和建筑物作为抵押。鉴于此，很难想象，过去几年土地价格的上涨提高了土地抵押融资能力，并相应增加了企业从金融机构的贷款。（笠信太郎，《"赏花"经济学》，朝日新闻社，1987年，第32页）

笠信太郎进一步表示：

极端来看，就企业而言，可以说整个日本的国土都被用作抵押。在此情况下，即便土地价格的涨幅相同，土地抵押融资能力的提高在日本经济的整体运行中所发挥的作用将比土地成交额的增加要大得多。（同上，第33页）

笠信太郎对由土地抵押贷款带来的信用扩张表示担忧。但是，土地抵押贷款作为银行向企业提供风险资金的一种方式，在经济增长期促进了日本企业的设备投资，这种商业模式在某些条件下是有意义的。从保障存款安全的角度来看，银行不愿给高风险的设备投资提供贷款，但是，通过将土地作为抵押品，银行可将企业违约带来的风险最小化，因此可以提供高风险贷款。基于土地价格永不下跌的"土地神话"预期，土地抵押贷款可以说是以"日本未来的经济"为抵押的贷款。在经济高速增长时期，"土地神话"确实为日本经济的增长提供了自我实现的动力。

◎ **土地抵押评估机制崩溃**

直至20世纪80年代初期，金融市场的惯例是贷款额度为土地评估价格的70%。从这一意义上而言，从金融契约理论的视角来看，土地抵押贷款是一种合理的融资模式。资金出借人与借款人之间存在诸多信息不对称的问题，处于信息优势地位的借款人往往有欺骗出借人的动机。即使企业融资成功，他也有可能隐瞒收益、伪装经营失败，从而拖欠债务。资金出借人看穿借款人的谎言，便会犹豫要不要放贷，这会导致高收益的投资被搁置。但如果签订了合同，一旦贷款无法收回，可扣押作为抵押品的土地，以此规范借款人的行为。这是由于借款人认为，与其被没收土地，还不如认真偿还债务。由于资金出借人可用抵押品对冲贷款无法收回的风险，因此会向借款人提供贷款。

土地可用作资产抵押的重要原因之一，是其可利用性高。如果以机器设备作为抵押品，清算后转用的可能性仅限于相关行业。比如，如果一家航空公司破产，即使扣押了作为抵押品的飞机，其唯一可以出售的对象也只能是航空公司。而土地在各行业中的可利用率较高，既可作为工厂用地，也可作为购物中心或公寓用地。

然而，当前文提及的"贷款额度为土地评估价格的70%"的金融市场惯例被打破时，土地抵押贷款将极大地破坏经济稳定。到20世纪80年代，银行间的贷款竞争愈演愈烈，上述市场惯例逐渐被打破。银行贷款开始达到评估价格的80%或90%，而且基于土地价格第二年将上涨30%的预期，贷款额度超过评估价格100%的情况变得极为普遍。此后，资金出借人的目标逐渐转向不动产业。

对抵押品的评估价格超过100%，意味着即使自有资本为零，投资者也能够买入不动产。当投资者以转售为目的买入土地，期望获得由未来土地价格上涨带来的收益，土地价格会以自我实现的方式上涨。"评估价格是否超过100%"是经济正常运行与否的分水岭。

在经济高速增长时期，土地抵押贷款一般是以企业持有的不动产作为抵押，将贷款用于买入制造业和零售业需要的设备，但以买入不动产为目的的贷款逐渐增加。此外，贷款形式也进一步转变为以不动产作为抵押，土地抵押贷款本身也发生了变化。

借用明斯基的话来说，从事业收益几乎能够偿还债务本息的"对冲性融资"发展为"投机性融资",即可以用事业收益来偿还债务本息,但本金的支付须依靠新的借款。随后,"投机性融资"又进一步恶化为"庞氏融资",即当无预期收益、只有资产以高于收购价出售时,才能偿还债务本息。

到20世纪80年代,经历过两次石油危机的日本,经济重心开始由制造业转向服务业。在经济高速增长时期,推动土地价格上涨的工业用地价格趋于平稳,商业用地价格转而成为土地价格上涨的推动力,尤其是东京、大阪等大城市的商业用地。如图4-1所示,纵观日本全国城市地区的土地价格走势,第一次石油危机后土地价格有所回落。自1985年开始,以商业用地为首的土地价格开始上涨,这标志着泡沫经济时期的开始。

泡沫发生前夕

20世纪80年代末期,资产泡沫的发生并非毫无征兆。事实上,在20世纪80年代初期就已经出现泡沫发生的迹象。在这一时期,资本管制和资本监管的取消极大地促进了金融市场自由化。1971年尼克松冲击[①]的发生,标志着以对美元保持固定汇率的布雷顿森林体系瓦解,并于1973年将以美元为中心的固定汇率制调整为浮动汇率制度。一旦汇率由市场自由决定,资本自由化必将成为趋势,各种资本管制均须接受审核。1980年,管制资本交易的《外汇法》被修订,资本交易的自由化发生了从"原则上禁止"向"原则上自由"的重大转变。此后,"日元美元委员会"成立,并提出了资本自由化的具体方案。

虽然20世纪80年代初期日本经济发展给人的印象是,资本交易的自由化给经济快速增长的日本带来了资本流入,并使日元走强,但这只是一种假

---

① 美国总统尼克松对美国经济、外交政策采取的重大调整措施,对当时的世界造成了剧烈影响,尤其是对日本的政治、经济和社会形成了"冲击"。——编者注

象。在此期间，日本出口导向型经济增长加速，与美国在钢铁、电器和汽车等大宗商品贸易方面发生摩擦，日元持续贬值。其原因是通货膨胀，它打破了当时美国经济停滞不前的局面。1979 年，陷入工资和物价上涨恶性循环的美国，任命保罗·沃尔克（Paul Volcker）为美国联邦储备委员会主席。为彻底收紧货币政策，沃尔克将政策目标改为货币供给，导致 FF 利率[①]出现剧烈波动，一度超过 20%。

图 4-2 是日本和美国 10 年间国债收益率与日元兑美元汇率走势图。20 世纪 70 年代，日元强势反映出日本企业国际竞争力的提高。但到了 20 世纪 80 年代，日元开始贬值。这是因为沃尔克冲击导致美国国债收益率飙升，并扩大了日本与美国之间的利差。由于利差扩大，资金从日本流向美国，导致日元贬值。在这一时期，日本经常账户盈余和美国经常账户赤字不断扩大。除提高日本企业的国际竞争力外，由沃尔克冲击造成的日元贬值也加剧了贸易失衡。这后来推动了《广场协议》的签订。

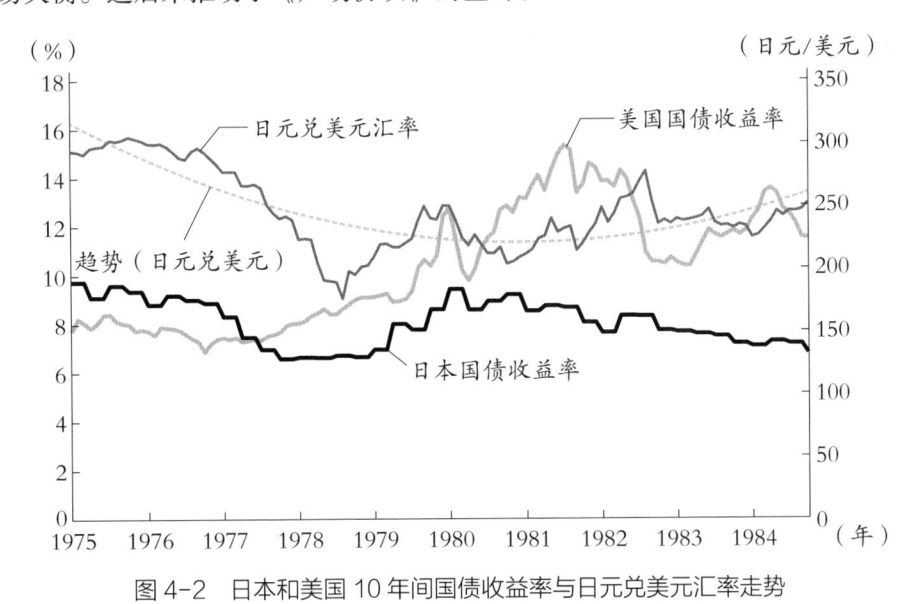

图 4-2　日本和美国 10 年间国债收益率与日元兑美元汇率走势

资料来源：内阁府《国民经济核算年报》、美国联邦储备委员会。

---

① 指美国联邦基金利率。——编者注

为何会出现巨大的泡沫

战后世界经济中史无前例的巨大泡沫是如何产生的？一般而言，在找寻促成这样一个重大事件的主要原因时，人们通常会认为它是由几个原因共同造成的，而不是强行归咎于某一个原因。在此，本文列出三个主要原因。

◎ 金融自由化与借贷市场转型

第一个主要原因是20世纪80年代初期以来借贷市场的结构性变化。结构性变化是由金融市场放松管制以及优质企业的"去银行化"同步引发的。

20世纪80年代，以里根经济学和撒切尔主义为标志的经济自由主义（亦称"不干涉主义"）势头渐强，放松管制的发展势头也涌入金融市场。1980年，管制资本交易的《外汇法》被修订，资本交易的自由化发生了从"原则上禁止"向"原则上自由"的重大转变。如果将日本国内外金融市场进行整合，其国内市场的监管体系将无法与海外市场相匹配。自由化的浪潮席卷了一度严格管制的金融市场，存款和贷款利率依次放开，主要是对单价超过10亿日元的大额存款实行利率自由化。1985年开始，随着存款利率自由化的实行，利率上升，存款急剧增加，存款余额从1986年的260万亿日元大幅增至1990年的478万亿日元。此外，企业债券市场的放松管制也得到了推动，如放开国内企业在境外企业债券市场发行债券。1988年至1991年间，日本企业从国内外企业债券市场共筹集了超过60万亿日元的资金。

然而，部分放松管制引起的利率体系变化，导致日本国内资金流通出现明显扭曲。例如，将通过发行企业债券而从境外筹集的资金存入国内银行，企业可获取巨额利润，这导致境外资金持续流入国内。

在经历了两次石油危机之后，大约在同一时期日本企业改善了以债务为中心的财务状况。以制造业为首的优良企业，由于出口增长使企业实力显著增强，企业通过留存收益和国内外放松管制，能够在市场上筹集到更多的资金，从而减少了银行贷款。

受优质贷款人减少和存款增加的双重影响，银行存款过剩。由于需要寻找新的贷款人，银行开始在国内市场上激烈竞争贷款人。

图 4-3 显示了按行业划分的日本各行业未偿还贷款的变化情况，这说明了贷款市场转型的全面性。制造业在 1985 年的未偿还贷款达到了 83 万亿日元的峰值，此后整体一直呈下降趋势。1985 年是《广场协议》签订之年，这表明日元升值给制造业的贷款带来了变化。另外，有明显增长的两个行业是不动产业和金融 / 保险业。这两个行业积极买入不动产，未偿还的不动产和金融 / 保险业贷款余额之和从 1985 年到 1990 年大幅增加。信用扩张伴随着制造业贷款向不动产贷款倾斜，正如明斯基所指出的，信用扩张往往伴随着"债务恶化"。最终，不动产成为激增的存款的"吸收者"。

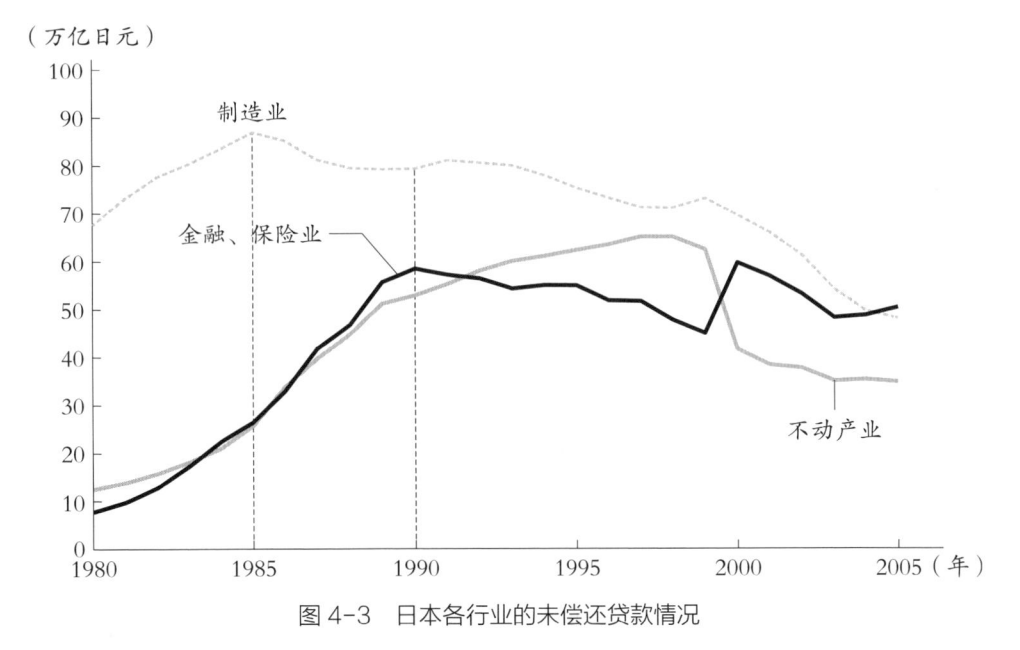

图 4-3　日本各行业的未偿还贷款情况

资料来源：日本银行。

◎ 日美贸易摩擦与《广场协议》

第二个原因是，在日本经济蓬勃发展的背景下，过度自信和乐观主义的情绪在国民中占据主导地位。20 世纪 80 年代初期，日本经济呈现出赶超欧美的态势，人均国内生产总值超过欧洲主要国家，直逼美国。

以汽车和电器为主的出口贸易摩擦升温，日本对美国的贸易顺差问题被政治化。美国政客用锤子砸碎一辆日本汽车的电视新闻场景，让日本人感到十分可笑，这是美国政客专门面向选民的"政治秀"。日本的广告牌曾铺满了纽约时报广场，使得日本民众在面对美国时的自卑感逐渐消失。

到20世纪80年代中期，日本比西方国家更富有的观念逐渐蔓延开来。社会学家傅高义所著的《日本第一》一经出版，在日本立即成为畅销书。该书对日本独特的社会和经济制度的赞美，进一步加深了日本人的过度自信。

在1985年的泡沫经济时期，经济欺诈案件频发。1985年6月18日，据报道，"黄金诈骗案"的始作俑者丰田商事会长永野一男，在媒体记者的围观下于公寓内被刺杀。次日，投资期刊杂志社社长中江滋树因涉嫌证券投资诈骗案被捕。

此外，还发生了一些事件，使人们相信无须采取稳妥的行为，只要有干劲就能成事。在职业棒球界，曾经发生过一个"事件"，它打破了在防守能力（包括投球能力）方面略胜一筹的球队最终会赢得联赛冠军这一固有观念。1985年10月16日，阪神老虎队夺得联赛冠军，打破了开赛前的大部分预期。一个投球和打击率都在4分的球队赢得了冠军，这打破了当时人们的观念。挂布雅之、兰迪巴斯、冈田彰布等击球员的阵容粉碎了读卖巨人队和广岛鲤鱼队的强大投手阵容，人们对此感到异常激动兴奋。人们总是容易被这种充满风险与挑战的故事吸引。

在稳步追赶美国后，他们发现自己站在了世界的前列。当时，看涨情绪高涨，"过度自信"以及"乐观主义"的情绪蔓延开来。

◎ 政策应对中存在的问题

第三个主要原因是政策应对的影响。20世纪80年代中期，正值日美贸易摩擦，以汽车、电器为中心的出口攻势使日美贸易处于顺差的状态。

当时，美国经济正处于衰退之中，存在经常账户赤字和预算赤字"赤字"。经常账户赤字已占国内生产总值的3%，人们开始对基准货币美元的公信力表示担忧。

在此背景下，改善日美经常账户失衡问题已成为重大政策课题。广场饭店位于纽约市第五大道和第五十九街的交汇处，与中央公园隔街对望。其雄伟的入口和美丽的外观给人一种老字号酒店的印象，这是一座象征美国繁荣的建筑。1985年9月，日本、美国等5个主要国家的领导人齐聚该酒店，商讨改善对美经常账户失衡的对策。各国达成一致，认为应接受美国提出的增加内需的要求，对外汇市场实施协调干预（即抛售美元），以应对美元的强势，从而达成了所谓的"广场协议"。尤其是，敦促日元和德国马克在政策上提高对美汇率，并在消除美国经常账户赤字方面进行合作。美国以实现世界经济的稳定增长为名，使"广场协议"合法化，强调各国必须协调宏观经济政策以减少美国经常账户赤字，其他国家签署该协议并非出于自愿。

在"广场协议"签订后的近一年内，日元兑美元的汇率从250（日元/美元）大幅上升至150（日元/美元）。由于担忧日元大幅升值会打击日本的出口行业，使国内经济陷入停滞，1986年2月，日本银行决定下调基准利率。继美国强烈要求扩大内需后，其基准利率于同年3月、4月和11月进一步下调，并由年初的5%下调至年末的3%。

《前川报告》的出台代表日本接受了美国对增加内需的要求。该报告是由前首相中曾根康弘的咨询机构、在日本银行前总裁前川春雄主持下提出的。该报告以调整国际收支失衡为中期政策目标，推动实施积极的财政政策，放松国内市场管制，促使日本经济从出口导向型转为内需导向型。

如今回顾这一协议，人们发现调整国际收支失衡是比稳定国内经济更为重要的政策目标，这似乎有些奇怪，但鉴于当时的国际环境，"经济政策的国际协调"是合理的。日本国内宏观经济学家对经常账户失衡的调整是否适合作为政策目标存在争议。尽管许多经济学家都认可国际协调的必要性,但东京大学教授小宫隆太郎却毅然提出反对意见。他认为,经常账户失衡是国内经济储蓄与投资平衡的结果,在一定时期内保持盈余是正常的。他更担忧以国际协调的名义强行调整失衡带来的不利影响。他的预测是正确的。

1986年也是引发日本国内不动产热潮的一年。当时,以大城市为首的地方政府将持有的土地和不动产出售给私营企业,推进公寓建设等再开发。此后,高耸的摩天大楼和公寓开始屹立于政府旧址。地方政府还颁布度假区条例,以推动度假村开发。

同年7月,宫泽喜一就任大藏大臣(财政部部长),与时任美国财政部部长的詹姆斯·贝克(James Baker)就财政和货币政策等展开协调。这就是1986年前后日本发生泡沫经济的时代背景。此时,任何人都不会想到,日本经济转移内需的计划将会以最糟糕的方式进行。

政策的国际协调与金融政策

1987年,银行贷款的增加和股票价格、地价的上涨是显而易见的。日本银行是否会因此改变其立场,这是一个重要的政策问题。同年2月,由七国领导人组成的财政部长会议(七国集团峰会,简称"G7")于巴黎卢浮宫举行。事实证明,贸易失衡的调整并未像预期那样有效,美国的经常账户赤字也并未像预期那样缩小。为进一步寻求外汇、财政和货币等政策协调,各国达成《卢浮宫协议》。在达成协议之前,日本银行进一步下调了基准利率,将其降至2.5%。

但是,德国之后收紧了其金融政策,在政策协调方面与美国分道扬镳。同年立秋之初,日本银行也开始转向全面紧缩。1987年10月19日,纽约股市股票价格暴跌,标准普尔指数的收盘价比前一天下跌20%,这就是"黑色星期一"。股市暴跌迅速导致全球股市同步崩盘,美元兑主要货币全面贬值,美联储被迫向市场提供大量流动性资金以应对危机,日本银行也错过了提高利率的最佳时机。

回首过去，日、德政策反应的差异是一个分水岭，对国际货币历史产生了重大影响。日本继续支持以美元为基准货币的新布雷顿森林体系，同时允许日元继续升值。而在柏林墙倒塌后不久，欧盟（EU）成立，并创建共同货币——欧元来对抗美元，德国成为欧盟的主要成员国。

事实证明，对日本经济而言最为致命的是，其金融自由化受限于政策协调的名义之下。当时的《日本银行法》是对战时立法规定日本银行从属于国家的部分修正案，未明确规定其独立性，日本银行与政府的关系处于模棱两可的状态。

日本银行并未为维持金融政策的独立性而强烈抵制政府政策。日本银行的政策目标是稳定物价，而资产价格的稳定几乎不在其考虑范围内。当时日本的经济形势是物价稳定，而资产价格膨胀。而日本中央银行仅有一个政策工具，即控制名义利率，无法同时追求两个政策目标，因此并未考虑抑制资产泡沫。

日本银行对泡沫经济的理解不足。当时的前沿经济学并未触及泡沫经济，其他国家也缺乏相关经验。尽管挪威、瑞典等北欧国家几乎同时出现泡沫，但这些小型经济体的经济并不能作为参考，因为它们放弃了金融自由化，强调汇率的稳定。话虽如此，但弗里德曼和施瓦茨已经对大萧条进行了研究，金德尔伯格的《疯狂、惊恐和崩溃：金融危机史》一书也已经出版。

日本银行是日本有关组织中最出色的集团之一。这类组织虽对前沿知识有较强的理解和运作能力，但未必擅长解决需要敏锐嗅觉的未知问题。日本在这方面做得确实不足，在面临历史转折点时，没有将那些兼具创造力与判断力的人才置于应有的位置。不可否认，金融紧缩的实施时机错误，无疑加剧了泡沫。

不动产泡沫成因

1985年年末，股市过热，在13 000日元区间的日经平均指数达到39 000日元的峰值，东京证券交易所一部的交易额从1985年年末的182万亿日元跃升至1989年年末的590万亿日元，涨幅近408万亿日元，与1989年410万亿日元的国内生产总值规模几乎持平。这表明股市出现过热现象。

土地市场的过热现象不止于此。在1985—1990年，全国实际平均土地价格上涨了117%。与同一时期经历房地产泡沫的北欧国家相比，可以发现土地价格全面飙升。在挪威，石油价格的上涨改善了经常账户，在1980—1983年实际增长了48%。1986—1990年间，瑞典的土地价格飙升了25%。在北欧三国中，因泡沫破裂而遭受最大经济损失的芬兰，其土地价格在1986—1990年上涨了47%。但这与日本相比，涨幅并不算大。

需要补充的是，全国平均指标并不一定能反映当时土地价格飙升的程度。土地价格的飙升并非在日本全国范围内发生，而是不均衡地分布在各地区。尤其是东京、大阪等六大城市的商业区，土地价格在短短五六年内翻了近五倍。1985年年末，土地价格的总市值为1061万亿日元，1990年最高时竟膨胀至2479万亿日元，涨幅达到1418万亿日元，约为1989年国内生产总值规模的3.5倍，当时国内生产总值的规模仅为410万亿日元。土地价格上涨的幅度远远大于股票价格的上涨率。

为何不动产价格容易飙升呢？第一个原因可能是不动产市场中没有期货市场。由于股市存在期货市场，所以如果一只股票被高估，市场就有能力出售期货来平抑价格。由于这样的价格稳定功能在不动产市场上无法发挥作用，因此高价位会持续一段时间。

第二个原因可能是，"一物一价"的规则在不动产市场不成立。土地和住房的价格因交通便利、人口密度、环境和便利设施等各种因素的差异而有所不同。即便是相邻的建筑，位于面向主要街道的转角地段的建筑和位于街道内的建筑之间的价格也会有明显的差异。像土地这种同质性得不到保证的商品，比一般商品更需要价格信息和市场透明度，但现实情况是，由于困难重重，市场的发展一直很缓慢。市场参与者之间的数字鸿沟是一些不动产经纪人暗中活动的温床，这很容易导致价格被操纵和泡沫的产生。

此外，与存货相比，市场流动性"单薄"，供应的价格弹性较低。换言之，不动产供给不会轻易增加，所以价格往往会上涨，这与人们的非理性行为有关。由于住房的商品性质，从建造到供应房屋需要一定的时间。物业作为一种基本的居住服务的独特性质也促进了稀缺市场的形成。平均每个家庭只拥有一套住房。即便卖掉房子获得可观的收益，但如果想继续住在同一地段，就必须新买一栋价格更昂贵的房子。这意味着，虽然自己的房子房价上涨了，但出售的机会成本也会上升，人们最终更容易做出不出售的决定。由于供给量对价格不敏感，价格往往会因外部冲击而上涨，难以确定价格变化是由内在价值还是泡沫引起的，从而更容易维持较高的价格。

泡沫大小的测度

正如第 2 章所论述的，很难将土地价格的实际上涨部分拆分为内在价值的上涨和泡沫。有人指出，当时都市区的城市功能有所改善，并非所有的土地价格上涨都是泡沫，但不可否认，这确实也在一定程度上反映了土地生产力的提高。

如果较难直接进行验证，可以探索间接测度泡沫大小的方法。为此，我们可利用这样一种经济属性：如果经济接近稳定状态，消费、投资、收入、资产等经济变量无论时间长短都将保持稳定的关系。

因此，本文将衡量整个日本经济中的净资产占国内生产总值的比重。这里，净资产是指从资产中扣除负债后的数额。如果出现资产泡沫，净资产就会膨胀。在不存在泡沫的经济中，经济通常是均匀增长，净资产与国内生产总值的增长速度大致相同，净资产占国内生产总值的比重预计会保持稳定。但一旦产生泡沫，情况就有所不同了。在《国民经济核算年报》中，国内生产总值是通过累积流量数据来计算的，因而忽略了资产的资本收益，因此在数据中无法观察到泡沫的直接影响。另外，由于资产数据记录了资产的资本收益，因此泡沫的发生将提高净资产占国内生产总值的比重。

图4-4为日本的净资产占国内生产总值的比重，在20世纪80年代中期之前其数值一直稳定在5.6%左右，1985年之后开始急剧上升，并于1990年达到峰值，为8%。自1991年泡沫破裂后，该值急剧下降，并逐渐恢复到原始值。如果在均匀增长路径上净资产占国内生产总值的比重约为5.6%，则可以判断1986—1990年间发生的背离部分为泡沫。这将意味着泡沫的规模是国内生产总值的2.4倍，如果1990年的国内生产总值是427万亿日元，那么泡沫的规模将达到约1025万亿日元。换言之，泡沫在短时间内创造了价值为国内生产总值2.4倍的资产，然后又使其蒸发。

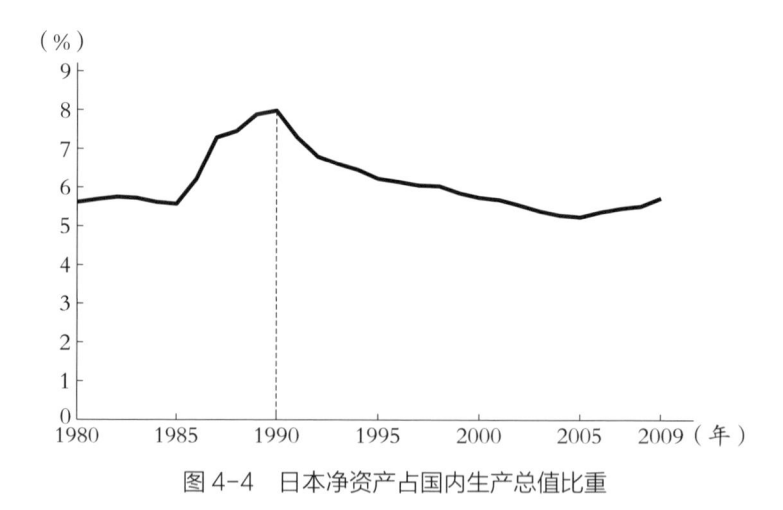

图4-4 日本净资产占国内生产总值比重

资料来源：笔者基于内阁府《国民经济核算年报》制成。

为便于参考，让我们用同样的方法来计算导致全球金融危机的美国房地产泡沫的规模。

图4-5为美国的净资产占国内生产总值的比重。到1998年为止，美国净资产占国内生产总值的比重一直稳定在5%左右，在2000年互联网泡沫出现时才开始上升。随后，在2007年达到6.3%的峰值后，房地产泡沫破

裂。泡沫破裂后，该值迅速恢复到5%，相对容易识别经济处于泡沫期的时间段。

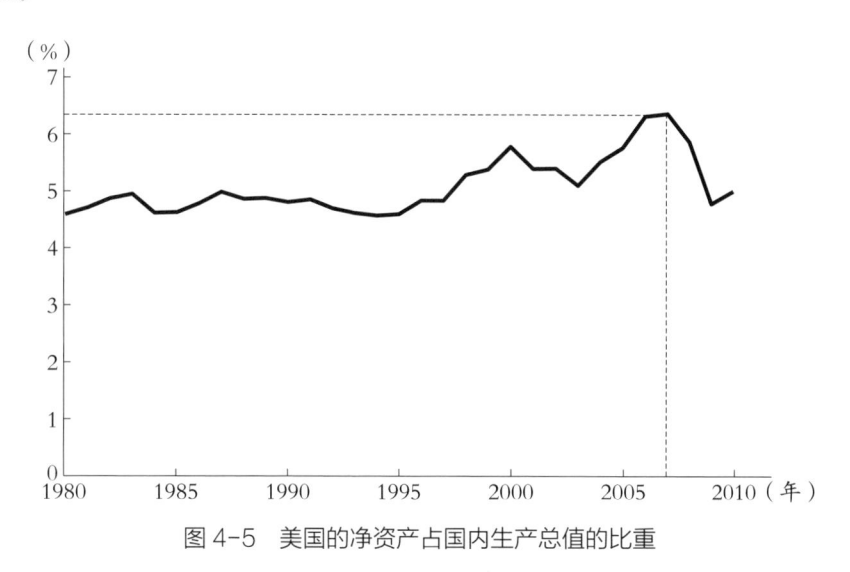

图4-5 美国的净资产占国内生产总值的比重

资料来源：笔者根据美国经济分析局（Bureau of Economic Analysis）、美国联邦储备委员会数据制成。

美国房地产泡沫的峰值是国内生产总值的1.3倍，因泡沫破裂而与泡沫一同消失的资产也是国内生产总值的1.3倍，通过对比可以发现其约为日本的一半。暂且不论以占国内生产总值比重衡量的泡沫大小，是否可作为衡量泡沫破裂造成的经济损失的合理指标，但可以肯定的是，从美国和日本的数字比较中可以看出，日本的泡沫规模空前巨大。

源于乐观主义和狂热的巨大泡沫最终会破灭，这对日本经济而言，已然是最坏的情况了。其触发因素与其说是市场和预期固有的内在不稳定性，不如说是政府的政策应对措施。如果土地价格进一步高涨，工薪阶层将无法在东京购买公寓，"泡沫破裂"的经济氛围将弥漫整个社会，抑制土地价格成为政府急需解决的主要政策课题。

在整个社会都渴望抑制泡沫的背景下，1989年，日本银行终于扛起重担。同年5月，日本银行将基准利率从2.5%提高至3.25%，随后又在1990

年4次提高基准利率,将其提高至6%。当时负责平息泡沫的日本银行总裁三重野康,被媒体奉上"平成恶鬼"的称号。

在金融紧缩的同时,政府也对不动产相关的贷款总额设定了上限。大藏省(相当于财政部)通知金融机构将不动产贷款的增长率控制在贷款总额的增长率以下。自1991年,政策的效果开始显现,土地价格开始下降。一系列政策成功打破了"土地价格必定进一步上涨"的预期链。而正如泡沫的历史所教我们的那样,泡沫将在悲观和绝望中崩溃。

一直向不动产业提供大额贷款的银行,背负着巨额的不良债权,这代表着经济长期衰退的开始。政府抑制泡沫的措施并未经过深思熟虑。很多人都认为,泡沫就是"泡沫",一旦泡沫破裂,经济就会恢复之前的强大韧性和活力状态,几乎没有人讨论过泡沫破裂对经济造成的负面影响。

从推迟解决不良债权到发生金融危机

◎ 对于不良债权低价转让问题的认识

如今看来,1992年的泡沫破裂对日本经济而言,是一个历史性转折点。虽然从泡沫破裂到金融危机发生的时间间隔通常很短,但难以确定日本金融危机发生的时间节点。尽管该领域的国际对比数据较多,泡沫破裂的发生时间基本是在1991年或1992年,但关于金融危机发生的时间节点存在两种认知:一种是认定金融危机的发生时间是在1992年;另一种认知是始于1997年一家大型金融机构的破产,测度的时间滞后长达5年。这个看似很小的危机识别问题,很大程度上与后来的经济长期停滞有关。

1992年,随着实际国内生产总值增长率降至几乎为零,政府认为当前经济正进入周期性衰退阶段,但没有人意识到这就是经济长期停滞的开端。土地价格下跌导致金融机构出现巨额不良债权,但日本银行和监管机构均未采取任何积极措施来处置这些不良债权。前首相宫泽喜一提议注入公共资金,以尽快解决不良债权问题，但当他意识到无法得到大家一致同意时，便迅速撤回了该提议。他实际采取的是以往的应对措施。自 1991 年 7 月以来，日本银行开始转向货币宽松政策，政府也自 1992 年开始实施类似的扩张性经济政策。

尽管土地价格暴跌，但并未发生存款挤兑风波，也未出现银行经营不稳定的情况，而且对外资银行的依存度几乎为零的日本也未出现金融危机的动荡。不良债权对银行经营的负面影响尚未显现，几乎没有人讨论推迟解决不良债权问题所带来的负面影响。不仅是政府，经济学家对不良债权问题的认识也极为松懈，他们没有明确意识到金融监督管理部门所应有的作风。

从技术层面而言，不良债权的定义本身比较模糊，且尚未构建一个能够妥善解决不良债权所造成损失的会计概念框架。银行对于不良债权的披露始于 1993 年 3 月。不良债权数额是根据利息收取情况，计入每笔应收贷款债权的贷款损失储备金数额，但当时的不良债权定义狭隘，而且是每家银行基于自愿披露。1993 年 3 月，全国银行的风险管理贷款余额仅约 12.7 万亿日元，而最终处理的不良债权总额超过 110 万亿日元，这显然是低估了不良债权数额。

◎ 从"住专"风波到发生金融危机

当时，人们普遍乐观地认为，土地价格和股票价格不久便会恢复正常。然而，实际情况并未好转。1995 年，由于日本的住宅专业金融公司（简称"住专"）破产，银行的不良债权问题随之浮于表面。虽然最终动用了 6850 亿日元的公共资金来解决"住专"的破产问题，但金融机构被认为是引发泡沫经济的罪魁祸首，当时的公众舆论强烈反对使用税收来处理金融机构的损失。因此，建立一个试图使用公共资金来解决金融机构问题的方案在政治上是困难的。

随后，1997 年亚洲金融危机爆发。同年 11 月，日本爆发金融危机，三洋证券、山一证券、北海道拓殖银行三家金融机构在短短一个月内破产。金融机构的股票价格下跌，出现"日本溢价"（Japan premium）现象。日本溢价是日本银行在境外金融市场筹集资金时必须支付的额外费用。境外金融市场，将根据破产风险来区分日本的各家银行。

金融监管的必要性终于得到认可。1998年4月，早期整改措施出台，监管机构要求未能达到最低自有资本率的银行提交经营管理改善计划，要求其增加资本、减少总资产、暂停业务。

1998年5月，随着日本长期信用银行（简称"长银"）出现经营危机，人们开始认识到需要制定金融机构破产条例。同年6月，设立日本金融监督厅（2000年6月改组为金融厅），将原由大藏省银行局主管的金融监督行政部门委托给独立机构，将金融当局与财政当局分离。同年10月，《金融再生法》（有效期到2001年3月）颁布。该法律规定了金融机构破产的处置原则。迄今为止，破产金融机构由金融机构的原管理层管理，但该法律强制要求原管理层退休，对管理责任的追究将更加严格。同年12月，根据《金融再生法》，长银与日本债券信用银行（简称"日债银"）暂时国有化。最终，形成了金融监督和管理的正式框架。

关于泡沫破裂后的较长调整期

◎ 日本花费13年时间使土地价格触底反弹

此后，日本经济在泡沫破裂后陷入长期停滞。围绕从泡沫破裂到长期停滞之间的因果关系，引发了诸多争论。首先，我们来关注一下"泡沫破裂后的调整时间明显延长"这一现象。

图4-6将日本的土地价格指数与美国的房价指数出现峰值的起始年份设在同一点。

图中"0年"对应的是日本和美国泡沫峰值的出现年份，日本是1991年，美国是2007年。美国于2年后触底，而日本用了13年才触底。支撑泡沫的是人们的预期，预期的破灭和资产价格的暴跌原本应当在短时间内结束。美国的房价在2年内触底,这揭示了典型的资产价格崩溃过程,而日本土地价格的调整时间则过长。

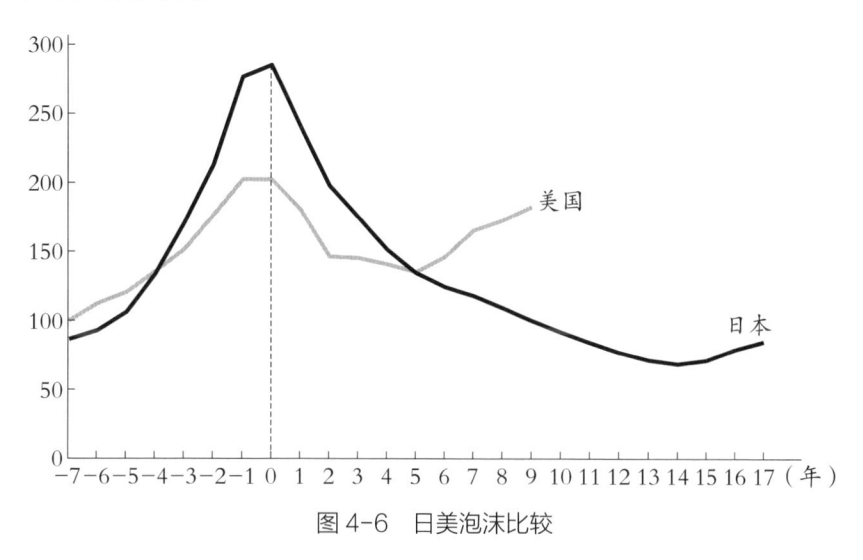

图 4-6 日美泡沫比较

资料来源:日本六个主要城市的平均值(日本不动产研究所),凯斯-席勒指数。

为什么日本的土地价格调整需要如此长的时间?可以考虑一下是否存在期货市场。如果存在期货市场,人们如果觉得价格较高,便可卖出期货。当期货价格低于实物价格时,人们就会形成一种预期,认为实物未来价格会下跌,这就会促使价格不断向下调整。但是,由于土地市场上不存在期货市场,这种价格调整功能将无法发挥作用。即使在泡沫达到峰值后,高价也会持续一段时间。美国的住房市场也是如此,因此这并不能充分解释为什么日本的土地价格需要花费这么长时间来调整。

◎ 泡沫破裂过程缓慢的原因

土地市场价格的信息化发展缓慢,是泡沫破裂过程缓慢的主要因素之一。当时,日本的土地市场还没有像凯斯-席勒指数那样完善的市场价格指数,市场参与者要确定土地价格的内在价值并非易事。日本公共部门公布的土地价格信息包括"地价公告"(国土交通省),"地价调查"(都、道、府、县),"遗产税路线土地价"(国税厅),"固定资产路线土地价"(各市、县、村），它们根据使用目的形成了各自的土地价格指数，被称为"一物四价"。关于应作为标准的官方土地价格公告，"相比评估市场价格，更应评估缺乏理论基础、充满不确定性的'预期价格'"的观点根深蒂固。而根据这些公告价格建立的城市土地价格指数往往被指出背离真实的市场价格。西村清彦和清水千弘指出，在20世纪80年代末期土地价格飙升期间，官方土地价格是市场价格的80%，甚至更低，而在90年代初期更是超过了实际市场价格。

此外，在市场结构中，土地的流动性明显较低，抛售并不会造成土地价格的崩溃。为何没有出现"抛售潮"？这与不良债权的推迟解决密切相关。当时，大藏省将传统上用于企业会计的"历史成本会计"（historic accounting）适用于银行会计。历史成本会计是指，即使资产的市场评估价值因经济状况的变化而发生变化，但收购时的资产评估价值仍按照最初的评估价值记录在资产负债表中。按照这种方法，账本上不会记录资产的账面损失，只有在资产出售后才能够确认损失。相反，在时价主义会计中，资产的评估是时价评估，无论资产是否出售，都会计入资产的账面损失。

自1996年3月，各大银行开始根据评估结果披露不良债权，如"破产债权额""逾期债权额""利率减免债权额"等。这一时期，不良债权的披露由各银行自主决定，大藏省默许了基于历史成本会计的宽松资产评估。因为大藏省担心破产的银行一旦曝光，银行体系的稳定将被破坏。

大藏省对处置不良债权的消极态度给银行带来了道德风险。银行由于担心处置不良债权的巨额损失被披露，所以继续与那些无法偿还贷款的贷款人保持贷款关系，以便粉饰其资产负债表，即所谓的"追加贷款"。但因泡沫破裂，作为抵押的土地实际上成为存储资产，未在市场上出售。

在一系列推迟解决不良债权的"会计自由裁量权"背后，是大藏省与银行之间微妙的利益交汇，前者希望减少金融体系的不稳定，后者则希望避免赤字结算。这种不合理的背后，其技术层面的原因是土地市场价格信息滞后，这使得我们无法准确评估已经成为不良债权的土地市场价值。土地不再是"合格抵押品"。

我们再来看看图 4-3 中按行业划分的贷款余额的变化情况，会发现一些意想不到的情况。不动产行业本应存在大量的不良债权，但事实上，在整个 20 世纪 90 年代，不动产贷款数额一直在增加。鉴于当时的经济形势，考虑到新增贷款较难增加，而贷款余额却在增加，这反映了债权利息负担加重[①]。

◎ 竹中计划

此后，不良债权的处置工作尽管进展缓慢，但还是在不断向前推进。随着 1998 年《银行法》的修订，银行向社会公示其资产成为法定义务，1998 年 3 月银行正式开始向社会公布其风险管理债权。此外，根据《金融再生法》开始启动资产评估，要求大银行从 1999 年 3 月开始向社会公示不良债权。不良债权的定义比以往更加严格，并且政府当局已经开始进行资产审查。受此影响，1998 年 3 月 29.7 万亿日元的风险管理债权额到 2002 年 3 月已增至约 42 万亿日元。

2002 年 10 月末，政府提出了一项名为"金融再生计划"的新一揽子政策，旨在加快处置不良债权。因为这一政策是由经济财政政策担当大臣、金融担当大臣竹中平藏主导，因此也被称为"竹中计划"。该项政策有三个要点。其一是显示出对不良债权进行更加严格审查的强硬姿态。其二是督促银行充实自有资本的同时，显示出消除其自有资本会计自由裁量权的强硬态度。具体来说，要求银行对高估的税收效果资产进行精准计算。其三是建立银行国有化机制，当银行的自有资本率低于一定水平时，通过注入公共资金来实现银行国有化。充分考虑到金融危机对策的《存款保险法》第 102 条款项，其适用对象是大型银行。根据该方案，里索那银行于 2003 年 5 月被国有化，足利银行于同年 11 月被国有化。此后，不良债权的处置工作进展顺利，截至 2005 年，各大银行在不良债权的处置问题上已见成效。如图 4-6 所示，几乎在同一时期，土地价格下降。日本同步完成了土地价格的调整与不良债

[①] 关于目前不良债权与会计自由裁量权之间的关系，下述文献对其进行了系统总结。细野薰，《金融危机的微观经济学分析》："不良债权问题为何长期化——自有资本比率规定下的会计操作与不良债权"。

权的处置。

在土地价格缓慢调整的背后，土地市场的运行方面存在诸多阻碍因素。如果土地市场信息完备，适用于市值计价的会计原则，那么调整可能会更快。然而，如果土地市场具有更大的流动性，市场对泡沫破裂反应过度，那么土地抛售可能会导致土地价格暴跌。考虑到当时土地价格泡沫规模较大，号称坚若磐石的日本银行体系也难以否认可能会陷入金融危机。但其恢复得也很快，当时大藏省选择的是通过淡化市场的方式让金融危机"软着陆"。可是，采取这种方式所造成的损失远远超出我们的想象。

"金融恶化"重创日本经济

◎ 土地不再是"合格抵押品"

如果土地价格下跌，日本经济就会崩溃，所以土地价格不能下跌。这样的想法在20世纪80年代以前的商业领域是再正常不过的了。人们虽然相信这一不合逻辑的想法，但是也明白，银行贷款将土地与日本经济紧密地联系在一起。

法兰克·奈特（Frank Knight）将能够预测客观概率分布的不确定性称为"风险"，并表示无法预测概率分布的不确定性才是真正的不确定性。在现代，后一种不确定性被称为"奈特氏不确定性"（Knightian uncertainty）。简单而言，就是能够被计算概率与期望值的风险。它区别于不能被预先计算与评估风险的奈特氏不确定性。

在"土地神话"盛行的泡沫经济时期，很多人都隐约感到如果土地价格暴跌，日本经济就会陷入困境。但却没有人知道这种经济损失的概率分布。土地价格下跌的风险，可以说是奈特氏不确定性。值得关注的是人们在土地价格实际下跌时的反应。当无法客观计算损失概率分布的风险发生时，人们好像什么都没有发生一样，坦然接受了。政府也好，银行也罢，都推迟解决不良债权问题。为什么不良债权问题会被忽视呢？或许是人们对打开潘多拉魔盒所带来的后果充满了恐惧吧。

道格拉斯·诺斯（Douglass North）关于人们在面对不确定时的反应有如下表述。

奈特将他的定义限定在概率论的基础上，但更普遍的观点是，人类有一个普遍存在的动机，即让自身的环境变得可以预测。这种动机无所不包，从提高预测结果的准确率到减少对结果毫无根据的不确定性。（道格拉斯·诺斯，《道格拉斯·诺斯制度变迁理论》，泷泽弘和、中林真幸译，东洋经济新报社，2016年，第22页）

在土地价格风险方面，日本并没有付出努力来减少根本不确定性。总之，土地作为日本经济的基础，日本却未致力于完善土地市场。换言之，日本没有努力将土地转化为"合格抵押品"。虽然日本人对日本经济与土地的联系机制有一个粗略的了解，但是却没有学会如何理解这一机制并予以科学应对。"没有人知道土地价格将会如何变化。如果你认为价格上涨，它就会上涨；如果你认为它下跌，它就会下跌。"这是当时房地产行业的玩笑话，虽然是玩笑话，但也显示出其某种程度上的自信。这种状况一直被放任不管，直至在泡沫破裂和之后的土地价格下跌后开始出现问题。

◎ 保留下来的银行中心体系

人们经常指出，企业与银行之间构建起的持续性借贷关系推动了日本经济高速增长。当时，很多日本研究者沉迷于以终身雇佣、主银行制度、持股为代表的日本式体制超越西方市场制度的说法。回想起来，"泡沫"这一词恰到好处地表达了这份狂热和痴迷。然而，长期借贷关系随着土地价格下跌，极易崩溃。现在看来，围绕着主银行制度的一系列事件不过是由"土地神话"支撑的"空中楼阁"。

当土地价格下跌，土地抵押贷款无法发挥作用时，银行应转变贷款模式。若不能转变，政府应改变以银行为中心的金融体系。日本应放弃因"土地神话"破灭而不再有效的日本特有的经济体制，应效仿其他发达国家，转向利用金融市场的机制。然而，长期的交叉持股"扼杀"了股票市场的功能，因此没有积累到发展金融市场的知识和技巧，最终在向市场中心体系过渡中失败了。正如对制度路径依赖性的发展进行讨论时指出的那样，第一个纽扣的错位是致命的。银行得以保留，且机构臃肿，图4-7将这一特点展现得淋漓尽致。

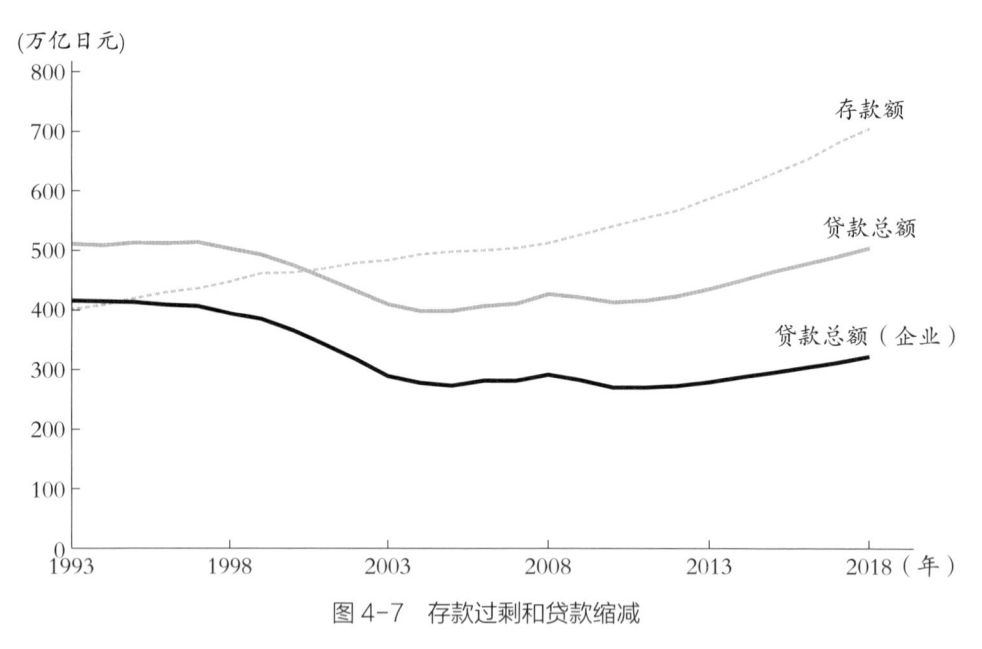

图 4-7 存款过剩和贷款缩减

资料来源：日本银行。

◎ 金融的恶化

存款数额仍在增加，但是贷款数额却在缩水。2018年日本存款总额为706万亿日元，而贷款总额为504万亿日元，其中企业贷款不足320万亿日元。

小泉纯一郎内阁发起的结构性改革是转变以银行为中心的金融体系的绝

佳机会，但是不良债权处置工作被终止。虽然各大银行的不良债权问题都得到了解决，但当考虑到未来的发展前景时，政府提出银行应规避不良债权的风险。邮政服务私有化被视为结构性改革的热点，但是，让不具有放贷资格的金融机构以民间银行的形式存活下来，是在与时代逆流而行。

据图 4-8，我们可以清楚地看出，银行已经无法跟上时代的步伐了。图中实线表示民间金融机构的贷款占企业用于生产资产（设备、建筑物）的比例。① 图中曲线的走势告诉我们，自泡沫破裂以来，银行的贷款功能已经减弱，且未从泡沫带来的负面影响中恢复过来。贷款比率在 1994 年已超过 40%，此后一直下降，至 2018 年仅为 23%。图中虚线代表的是包括公共机构贷款、境外贷款和企业债券发行在内的外部资金占企业资产的比例，表示外部资金整体动向的虚线也呈长期下降趋势。银行贷款和企业债券等负债在企业资金筹措方式中所占的比例正在下降。

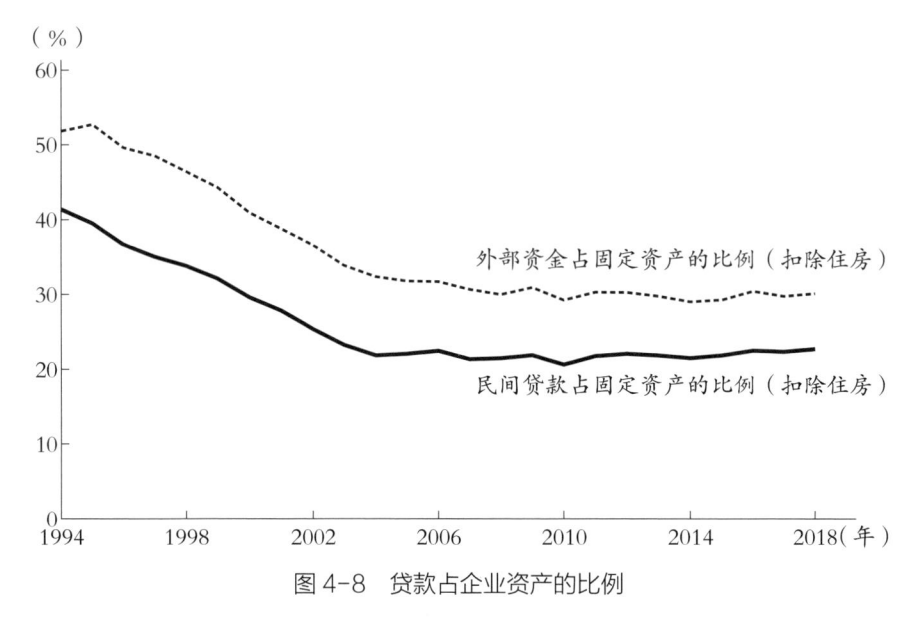

图 4-8 贷款占企业资产的比例

资料来源：日本银行、国民经济计算（内阁府）。

---

① 企业的生产资产是指"国民资产、负债余额"中的"固定资产"扣除"住房"的数值。

可将企业对外部资金的依赖性下降、贷款低迷的情况定义为"金融恶化"。杠杆表示针对自有资本能够实现多大规模的投资，它随着对外部资金依赖性的变化而变化。如果对外部资金依赖性下降，杠杆率也会下降，投资将会缩水，经济发展将停滞。与"金融恶化"相对应的是"金融发展"（financial development）。雷蒙德·W. 戈德史密斯（Raymond W. Goldsmith）、罗纳德·麦金农（Ronald McKinnon）等人发现主要发达国家的经济发展伴随着金融发展，他们使用一国银行贷款额除以国内生产总值所得的值作为金融发展的指标。

当前，银行作为将家庭储蓄与企业投资联系起来的主要中介机构正在成为过去式。可能有观点认为，土地价格持续下跌与处置不良债权问题是经济长期下行的原因。在2005年，土地价格已经停止下跌，处置不良债权的工作也已结束。我们必须深刻认识到日本经济已经停滞了十多年的事实。

导致贷款与资产比率下降的是需求因素还是供给因素呢？如果需求理论是正确的，那么贷款减少应该会导致投资需求下降，企业资产规模也应该下滑。然而，自1994—2018年，企业资产非但没有下降，反而以0.8%的年增长率在增加。投资低迷并非如此严重、将贷款数额的减少仅仅归因于需求理论是不合理的。从财务层面看，企业资产的价值等于银行贷款、企业债券等外部资金加上股票价格市值，从技术层面看，企业资产由各种类型的资本存量构成。试想，如果构成企业生产要素的资本存量和银行贷款在某个时间点不兼容会怎样呢？也就是说，尽管存在投资需求，但贷款供给端出于某种原因，减少了企业贷款。

◎ 技术与金融的错配

经济的增长意味着技术在不断进步。随着经济增长，新的企业不断参与到市场中来，旧的企业不断退出市场，企业资本的形态发生变化。企业所持有的资本存量中，从建筑、机器设备等可见的"有形资本"，向专利、版权、设计等知识产权、技术研发、市场、品牌营销、组织资本、数据库、软件等虽然看不见但是能为企业创收的"无形资本"转换。

根据《国民经济核算》统计，日本 2018 年无形资本投资约为 30 万亿日元，约占总投资额的 22%。主要细分为软件投资约 10 万亿日元，研发投资约 19 万亿日元。然而，《国民经济核算》中无形资本并未涵盖所有有助于提高生产力的无形资本。据宫川努和石川贵幸的表述，2011—2015 年广义上的无形资本投资占总投资的 36.3%，相比 1995—2000 年的 27.6% 有明显上升趋势。无形资本扩张的趋势在发达国家中是普遍的共同现象。

随着资本内容的变化，企业的融资形式也在发生变化。苹果、谷歌、脸书（Facebook，现已改为元宇宙）和亚马逊等快速发展的信息通信企业因资金流动性充裕而广为人知。考虑到上述企业仍处于发展过程中，用留存收益作为设备投资的投资资金这一事实不能不令人感到意外。大部分的设备投资都用于研发。上述企业的经营模式与依赖外部资金、需要对机械和建筑物等进行大规模设备投资的制造业形成鲜明对比。

生产技术的变化引起"技术和金融的错配"。就金融部门和非金融生产部门而言，技术进步所带来的好处并不一致。如果不同行业的技术传播存在差异，那么信息通信技术发展带来的信息化和数字化可能会使企业融资难度加大。信息技术的引进节约了信息成本，所以看似有利于可以说是信息产业的金融行业，但事实并非如此简单。

金融机构的职责是确保"合格抵押品"，并进行资金融通。土地和建筑物等有形资本可作为抵押品，但专利、版权和设计等知识产权以及技术研发、品牌营销、组织资本、数据库、软件等无形资本的市场流动性较低。由于资产评估与会计准则模糊不清，因此很难说已经建立了所有权转移登记手续。如此一来，无形资本将不能作为抵押品，金融机构便无法为企业提供贷款。反过来，技术的进步正在降低银行部门的金融功能。

曾有人从研发投入的角度，指出无形资本投资筹集资金的困境。从研发资金投入的内容来看，50% 以上的费用用于支付研究人员、工程师等高学历人才的工资。他们在企业内部从事的活动本身构成了无形资本的基础并产生了未来收益。但当企业面临危机时，这些无形资本会迅速"消失"。如果一批专家团队离职，那么企业将有相当大的损失。

◎ **银行贷款不适用于技术研发投资**

　　银行贷款不适用于收益不稳定、没有实物作为抵押的技术研发投资。即使美国在20世纪90年代后半期掀起科技公司研发投资的热潮，新兴科技公司的研发也很难从外部筹集到资金，并且受制于企业储蓄以及资金流规模。布朗雯·霍尔（Bronwyn Hall）和约什·勒纳（Josh Lerner）指出，投资研发与产品开发比投资实物更难通过如银行贷款等债务融资方式筹集到资金。细野薰和滝泽美帆通过分析日本上市公司的样本，认为企业资产中无形资本占比较高的公司更有可能通过发行股票而不是通过银行贷款来筹集资金。

　　自20世纪90年代以来就有人指出，银行贷款适合拥有大量可作为抵押物的有形资产的企业。拉古拉姆·拉詹（Raghuram Rajan）和路易吉·津加莱斯（Luigi Zingales）使用20世纪80年代后半期七个国家上市公司的数据进行实证研究，发现有形资产占总资产比例较高的公司，更依赖银行贷款。就实证结果的数据而言，日本对有形资产占比较高的贷款感应度系数更高。如果银行体系的信息生产功能能够发挥作用，那么决定贷款的是基于双方长期关系的信用，与有形资产占比并无关系，由此推测日本公司的感应度系数低于其他六国。他们对这个结果感到惊讶，事实上，这一结果也有着深刻的含义。如果无形资本的重要性随着技术进步而增加，那么可以预见，拘泥于实物抵押的日本银行将会走向衰落。

　　一个国家整体的非金融资产可分为"不可再生产资产"与"可再生产资产"两类。不可再生资产由最容易作为抵押物的土地构成，可再生产资产是指将建筑、结构、机械、设备、知识产权等作为抵押物。据日本内阁府调查数据显示，不可再生资产占总资产的比例从1993年的57.5%降至2018年的39.6%。这不仅反映了土地价格的下跌，还表明技术进步对土地密集型产业的侵蚀，以及非土地密集型产业的崛起。可以说，银行业的根基之所以遭到动摇，是由于其无法应对技术进步带来的环境变化。当金融发展跟不上技术进步时，就会出现"金融恶化"的现象。随着企业对外部资金的依赖性逐渐降低，杠杆率也会下降，投资将持续低迷并陷入停滞。

我们究竟失去了什么

在泡沫破裂后，日本经济的增长率一直稳定在1%左右，这也是"日本失去的20年"的开始。针对泡沫破裂引发经济长期停滞的讨论此起彼伏。虽然说是20年（严格意义上，从1992年泡沫破裂到2021年已是30年的时间），但并不意味着这20年的情况都一样。以2005年不良债权处理问题结束为界，可分为"前10年"和"后10年"。

◎ **过度负债论**

宫崎义一在《复合萧条论》一书中第一次讨论"前10年"的经济长期不景气。现在看来，这本1992年发行的著作是真正的预言书，书中提到泡沫破裂后经济持续不景气的特点，不仅是经济循环环节的供需调整问题，还与泡沫破裂后出现的过度负债调整过程相叠加。该书可以说是过度负债论的奠基之作。泡沫破裂后，当土地价格下跌时，财务状况恶化的企业便被迫缩小投资规模。因不良债权不断增加，银行由于财务状况恶化，也不愿意向企业提供贷款。作者还认为，通过代表最新技术的设备投资来实现生产性的提高，投资低迷会导致生产力停滞。

因不良债权的增加，导致银行财务状况恶化，无法扩大企业贷款，这很可能将阻止具有新技术的企业进入市场。20世纪90年代的美国，发生过很多新兴企业提高生产力的案例，这些新兴企业旨在实现以信息通信技术为主的技术进步，在现存大型企业外围谋求发展。

◎ **生产率增速下降**

另外，也有反对过度负债导致生产率长期低迷的观点。因泡沫破裂而受到影响的企业主要集中在生产率增速缓慢的行业，例如不动产业和建筑业。那些引领日本经济生产率的制造业受到的影响较小。

林文夫与爱德华·普雷斯科特（Edward Prescott）指出，全要素生产率（total factor productivity，TFP）的增长率在20世纪90年代后期开始下降，是由于经济增长率的下降。此外，他列举了日本在整个20世纪90年代投资与国内生产总值比率下降幅度低的事实，进一步否定了过度负债论。

全要素生产率是生产效率的指标。生产需要投入资本和劳动等要素。当技术进步后，投入等量的生产要素能够生产更多的产品。全要素生产率反映了技术进步，以"索洛剩余"[①]（Solow residual）之名为人们所熟知。

然而，过度负债论与生产率增速下降的观点也并非不能共存。这是因为"被衡量"的全要素生产率的下降可能受到总需求降低的影响。我们可以观察到，当国内生产总值增长率较低时，全要素生产率的增长也呈下降趋势。

众所周知，当技术进步和品质改善伴随着价格下降时，生产率增长的效果就会被低估。以苹果手机为例，苹果手机兼具电脑、电话、照相机以及收音机的功能，由于信息通信技术的进步，现在只需6万日元左右就能买到一台，而过去享受这些服务必须支付总额约50万日元。如此看来，生产率增长诚然是技术进步的成果。

如果我们试图衡量苹果手机这款新产品所产生的全要素生产率的增长率，除非采取适当的平减指数（deflator）进行质量调整，否则测量值将取决于宏观经济的需求走向。如果完全不调整平减指数，将节省下来的44万日元用于新的消费，那么国内生产总值总额将保持不变。如此算来，全要素生产率的增长率的测量值将为零。此外，如果节省下来的44万日元未被消费，而是被储蓄起来，那么国内生产总值总额就会减少，全要素生产率的增长率将变成负值。

[①] 诺贝尔经济学奖得主，麻省理工学院的罗伯特·索洛（Robert Solow）的早期著名研究，使用的是1909—1949年间美国的情况。——编者注

◎ 保留"僵尸企业"

有人认为，调整不及时本身就会导致生产力停滞，这种观点像是主张经济衰退的过度负债论和基于非金融因素的生产率增长率低下之间的妥协。还有人认为，不良债权的处理不及时，保留低生产率的企业，将使经济出现"新陈代谢"放缓的现象，从而阻碍生产性能的提高。实际上，企业开业率作为"新陈代谢"的指标，在20世纪90年代，不管是事务所数量还是企业数量，都急剧下降。也就是说，救助那些不应该救助的企业是一场灾难。由星岳雄领导的研究团队认为，从20世纪80年代至90年代，本应从市场中淘汰的"僵尸企业"占比急剧上升。"僵尸企业"在制造业中占比较少，而在建筑和不动产行业更为明显，这说明"僵尸企业"的分布偏向于非制造业。同时这也意味着"僵尸企业"未被淘汰，资本和劳动力的产业分配向生产性能较低的建筑和不动产行业倾斜，而不是向生产性能较高的制造业倾斜，这导致日本经济的长期停滞。

也有人认为，全要素生产率增速下降的现象在泡沫经济时期就已经开始出现。由宫川努领导的研究团队发现，泡沫经济时期人们并未发现全要素生产率的正循环。1986—1991年，日本国内生产总值的年均增长率为5.4%，而全要素生产率的增长率为-0.2%。这就说明，在泡沫经济时期，生产力略有下降。从图4-3中按行业划分的贷款余额走向也可以看出，在泡沫经济时期，电气机械和汽车等生产率增长率高的产业附加值占比下降，相反，生产率增长率较低的不动产行业占比上升。泡沫经济使得企业借贷能力得以提高，这导致资本从生产性能高的行业向生产性能低的行业进行再分配。明斯基的预言成真，他曾经指出泡沫经济时期的信用扩张复杂化，是由于债务问题的本质恶化。也就是说，早在泡沫经济时期，就已然埋下了"日本失去的20年"的种子。

◎ **企业家精神的衰减**

这一段内容是对经济衰退"前10年"的论述。2005年，日本不良债权问题的解决在即，银行日益健全，人们期待日本经济能够复苏，然而事实并非如此。人们开始议论"我们是不是失去了更重要的东西？"。

熊彼特道出了事实真相，他说经济增长的源泉是"创新"，而企业家精神是创新的驱动力。他主张创新不仅是生产技术的改变，也是更广泛的生产性能的提高，包括开发新市场和产品、获得新资源、组织改革以及引入新制度等。然而，企业家精神应该是创新的驱动力，可它也可能像宏观变量一样，随着时间的推移盛极必衰。"土地神话"盛行时，日本经济被称为"潜在经济"，因为土地价格上涨，个别业务上的失败可以用潜在资产来抵消。企业经营者通过潜在资产对冲风险，能够大胆地挑战新领域。银行接收土地作为抵押物，也能积极应对高风险的贷款。然而，泡沫破裂后，"土地价格下跌→信用紧缩→经济衰退→土地价格下跌→……"的恶性循环持续了十多年。潜在经济背景下隐约存在的乐观主义情绪逐渐消失，人们可能已经失去独立精神、雄心壮志和积极应对风险的态度。

福田慎一指出，20世纪90年代至21世纪初持续的不良债权处理问题主导了时代的经济氛围，可能导致日本企业失去了企业家精神。银行主导的企业重组一旦成为主流，就会侧重削减成本以减少破产的风险，从而对那些有收益率但是高风险的业务敬而远之。不知为何，用于振兴金融危机期间业绩恶化的企业管理方法也传播到了不依赖银行的健全企业。

日本人是否迅速向保守化方向发展了呢？经常有人模棱两可地说，高龄少子化使人们更加保守，但是想要找出衡量保守化的指标并非易事。假设长子比例增加会如何呢？日本社会规范重视家族延续问题，长子作为家族继承人被赋予特殊地位。除了继承家族头衔外，长子还被半强制性地要求拥有保守性格，从而能够保持家族的延续。自江户时代以来，这就已经成为惯例，长子保守并接管家族事务，次子和三子则会进入大城市打拼。尽管重视家庭的社会规范已经衰退，可是在当代社会，由于少子化导致长子比例大幅提升，所以毋庸置疑，年轻一代将更加保守，这是因为长子原本就保守。日本人日益保守化，也许是因为虽未失去过什么，但是愿意承担风险的次子和三子减少了。

◎ 日本保守化的制度因素

让我们从日本特有的制度因素促进了保守化这一角度，来分析这一问题。本部分，我们将假设以终身雇佣和年工序列制为标志的日本雇佣制度加速了日本企业的保守化。

日本人无意识地巧妙区分了"企业"与"公司"这两个词语。"企业"是指进行商业活动的场所，因此企业意味着指以营利为目的聚集在一起的功能性团体。"公司"[①]一词源于人们围绕在村子里的神——"社"周围的地方，有一种拥有密切人际关系的共同体组织的含义。换言之，日式经营的特点即，将本应该以追求利润最大化的职能集团企业转变为以人际关系为主体的共同体组织。公司对外是提倡利润最大化的企业身份，但是在公司内部，则维持着儒家思想为主的长幼之序，并坚持终身雇佣制。对于进入公司的人来说，公司就像一个村集体那样舒适。为确保舒适的人际关系，员工间缔结了一种社会契约，目的是规范员工并提供奖励机制。该制度设计的本质在于，它是一种利用消除匿名性、封闭性村落共同体特有优势的机制。日本经济处于追赶美国等发达国家的阶段，集团凝聚力比个人创造力更能提高生产性能，并取得卓越成就。

如果使用德国社会学家滕尼斯（Tonnies）提出的概念，我们可以把日式经营总结为，是通过区分具有"选择意志"的"企业"与具有"本身意志"的"公司"，并由此建立起来的微妙组织。但是，这也需要牺牲一些东西。日式经营的组织结构与外界互动少，必然会舍弃市场机制的部分功能。在这种社会中，劳动力在企业和行业间自由流动的就业市场并不发达。接受过良好教育的白领阶层的劳动力流动性极低，这种日本独有的雇佣制度可以看作是日式经营的必然结果。

作为新制度经济学派代表的道格拉斯·诺斯（Douglass North）以一种本质性方式，表述了劳动力求职市场不完善带来的负面影响。他提出工业革命

[①] 日文为株式会社。——编者注

为何在 18 世纪英国产生的问题，并表示这是因为当时英国确立了个人所有权制度。根据诺斯的观点，确立所有权后才采用能够更有效地利用生产要素的奖励制度，并将资源重新分配到创造性和创新性活动中。如果我们把个人所有权，即自身劳动这种生产要素理解为可以自由买卖的权利，那么就能想象到就业市场不完善带来的危害有多大。

20 世纪 90 年代，日本经济陷入长期不景气，我们不难想象人们曾预计前景良好的商业计划没能达到预期的挫败感。在企业内部，积极派被迫承担责任，而脚踏实地工作的保守派开始出现。不知从何时起，保守派开始掌控企业的主导权。如果有就业市场，感到不满的积极派就会辞职去其他公司工作。可是在终身雇佣制度的支配下，摆在积极派面前的现实即就业市场小，他们不得不转向保守派。即使企业高层是积极派，受终身雇佣制度支配的共同体组织，也难以舍弃亏损部门，所以企业经营被迫保守化。如果就业市场更加完善，企业就可以舍弃亏损部门，着手进行积极管理。显然，就业市场的不完善导致日本公司趋于保守化。

◎ 危机的滞后性

截至目前，本节讨论的内容只是基于"人是理性行为体"这一角度。有些人认为，可以在行为经济学中找到日本保守化的原因。在标准经济学中，理性的人更着眼于未来而非过去，纠结在过去的人被认为是不理性的，于是会被抛弃。标准经济学假定过去的特殊经历对一个人的行为没有重大影响。相反，心理学家认为某些个人经历会对后来的决策产生重大影响。从这个角度上讲，重大的经济打击会给人们留下深刻伤害，造成心理创伤，从而影响他们的决策。美国经济大萧条就是改变人们行为的一次创伤性的经济打击[1]。

---

[1] 乌尔丽克·马尔门迪尔（Ulrike Malmendier）和斯特凡·内格尔（Nagel Stefan）从 1960—2007 年美国消费者调查数据中发现，明显从股票中获利的一代人参与股票的比率高，而没有获利的一代人参与股票的比率低。经历过大萧条的那一代人相对保守的民间说法并非空穴来风。

正是泡沫破裂这一经济打击，给日本人的心理造成重创。"土地神话"的破灭使得人们原本的乐观主义情绪消失得无影无踪，人们的精神可能已经萎靡，甚至失去创新与创业精神。日本企业的保守化充分体现在他们积攒留存收益的行为上（见图4-9）。

图4-9显示，日本企业在过去20年内留存收益看似稳健增长，但需注意几个时间节点。首先是1998年，当大型金融机构在国内金融危机中破产时，企业开始自保。人们预想随着时间的推移，危机造成的创伤便会愈合，留存收益会减少，但没想到危机的影响却始终挥之不去。对银行的不信任成为企业经营的底线，从企业业绩开始改善的2005年开始，企业开始采取增加大量留存收益的行为。经历金融危机后，企业开始进一步积累留存收益。留存收益一旦开始增加就不会减少，这表明人们对危机的记忆已经累积，并引发滞后效应（过去的力量对后来仍有影响，也就是历史效应）。

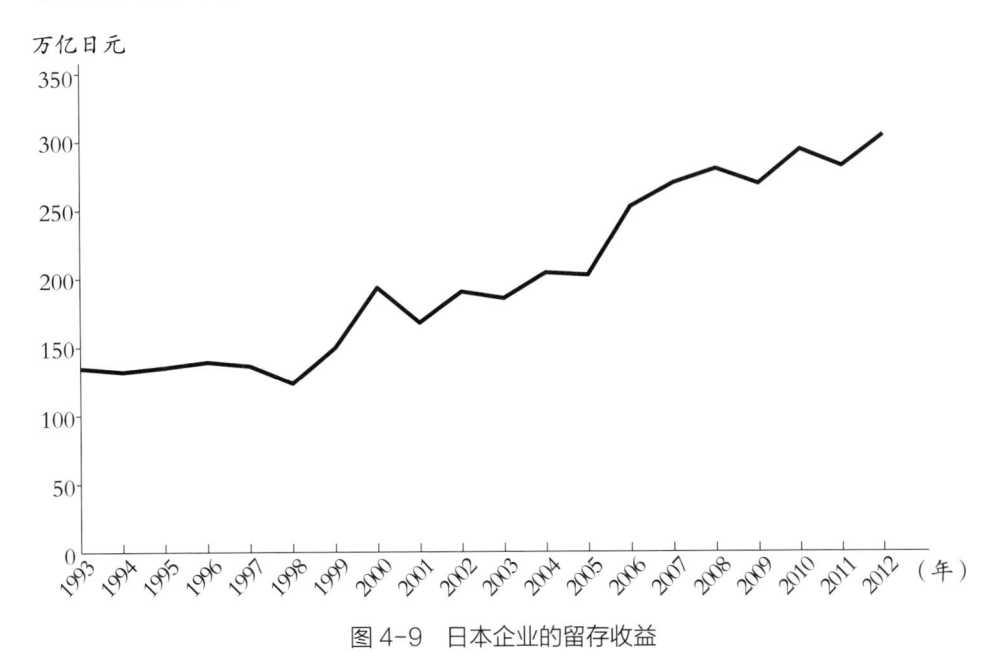

图 4-9 日本企业的留存收益

资料来源：法人企业统计调查（财务综合政策研究所）。

◎ 应对无形资本经济的不及时

截至目前，所有的论述均有一个共同点，即以假设泡沫经济崩溃引发经济长期停滞的观点为前提。然而，当我们回顾其他国家和地区的经验时，从未听说任何一个国家和地区因为泡沫破裂和金融危机导致经济停滞超过20年。这说明日本经济长期停滞的真正原因与泡沫破裂无关的假设也能够成立。所谓的日式体系是追赶型体系，在其人均国内生产总值几乎追上美国时经济开始停滞，这可能不是巧合。即使泡沫没有破裂，日式体系也会因为无法应对新时代的发展而停滞不前。

在保罗·罗默（Paul Romer）提倡的内生增长理论中，除了物质资本和劳动，"知识"也作为一种生产要素发挥着重要作用。当人力资本和通过研发产生的知识与物质资本良性积累时，便可实现经济的长期增长。

知识资本是一个模糊的概念，最近的研究以及上一节内容均有提及：人们普遍认为，知识资本是无形资本。企业持有的资本存量包括可见的有形资本，例如建筑物和机器，以及无形资本，无形资本虽然看不见但是能为企业创收。无形资本不仅包括专利、版权和设计等知识产权，还包括研发、营销、品牌、组织资本、信息技术企业必不可少的数据库以及软件。组织资本的一个简单例子就是丰田的看板管理方式。零库存系统是在与合作公司协调好生产计划后才建立起来的系统。它是一种为有效实现多品种、小批量生产而创造的组织资本。

无形资本的崛起极为迅速，在一些发达国家，企业对无形资本的投资正在赶超对有形资本的投资。在20世纪80年代的美国，无形资本占总资本的6%，现已达到15%。信息通信技术的发展正推动这一趋势。对于优步（Uber）来说，无形资本就是直接连接司机与顾客的庞大网络。智能手机的出现极大地提高了汽车调度业务的生产性能，这一点毋庸置疑。乘着信息技术化热潮，扩大对无形资产的投资，从而使提高生产性能的企业如雨后春笋般涌现。其中信息通信企业的倾向更为明显，几乎都是无形资本，像机械和建筑物等有形资本的占比较低。

与有形资本相关的劳动形式在制造业领域也相对统一。可是，与无形资本相关的劳动形式却呈现多样化和高度专业化，例如创作者、研究者和软件开发者。若想有效地将多样化的劳动要素与生产联系起来，就需要灵活的组织形式和雇佣制度。例如，计算机作为硬件的生产力是由与无形资本相结合的组织和专家决定的。这些组织和专家能够灵活地运用计算软件和可用的数据库等。

20世纪80年代，全要素生产率的增长率为1.4%，到20世纪90年代几乎降至为零。根据这一事实，宫川努领导的研究团队指出，无形资本的生产率低迷是造成增长率下降的主要原因。相比之下，艾伦·麦格拉坦（Ellen McGrattan）和爱德华·普雷斯科特指出，假设无形资本大幅增长，那么20世纪90年代美国经济强劲复苏的时期则与宏观经济变量相一致。

随着资本的内容从有形资本转移到无形资本，人与人之间的连接方式也发生了变化。组织形式和雇佣制度也随之需要改变。例如，谷歌的生产活动是通过存储和分析本公司信息通信引擎获取的大量数据来生产信息。其设备投资主要集中在研发投资上，主要支出项目是支付给数据分析专家的高额薪水。这种商业模式只能建立在灵活的雇佣制度基础上，而僵化的雇佣制度会成为阻碍无形资本的积累以及企业发展的主要因素。

随着资本的内容从有形资本转移到无形资本，金融体系也要随之改变。对于谷歌来说，它的资本主要是人力资本这种无形的资本，有形资本也就是总部大楼和数据存储设施。正如上一节所论述的，谷歌业务的市场化程度是公司转型的一个关键因素。根据上一节内容，金融机构不能抵押市场性较低的无形资本，所以无法向无形资本较多的信息通信企业提供贷款。

如果银行不能开发出使无形资本成为"合格抵押品"的金融技术，金融体系便不能与时俱进，这将成为阻碍无形资本积累以及企业发展的主要因素。

◎ 从债务契约和股权契约视角分析日本企业财务状况

当一家企业向银行借款时，合同里会明确需要支付的利率以及在破产情况下征收的抵押物。然而，如果企业能作为抵押物的资产较少时，就很难缔结合同。一种可能的替代合同形式是"股权契约"（equity contract），它不依赖抵押物。在股权契约中，债权人根据业绩获得部分收益，典型的案例就是企业与股东之间的收益分配。然而，我们不能简单地从债务契约转移到股权契约，这是因为贷款人和借款人之间存在信息不对称。

缔结股权契约时需要多少公开信息呢？如果我们从契约理论的角度分析双方之间的利益分配会便于理解。"契约理论"（contract theory）认为，利益分配的形式必须围绕当事人进行信息结构整合，否则，即使以书面形式签订合同，也无法履行合同。这样，签订合同也没有任何意义。在信息不对称性的限制下，要想为合同注入灵魂最好做出诚实的决定，这样比撒谎更有利。这种情况会让双方建立"激励相容"（incentive compatibility）制度。

最典型的案例就是银行与企业间缔结的"债务契约"（debt contract）。在债务契约中，债权人收到一个约定好的固定金额作为需要支付的利息。如果企业未能按照合同支付，经营权就会转移给债权人，由债权人征收收益和抵押物。这种常见的合同形式也"衍生"为最佳合同。

罗伯特·汤森德（Robert Townsend）表示，当企业收益存在信息不对称、外部投资者想要了解企业收益需要支付费用时，通常债务契约与我们所理解的契约形式可作为最佳合同形式。在债务契约中，当事人双方平时不共享信息，只有在破产时，债权人才会进行信息披露活动。相比之下，在股权契约中，双方关系建立在频繁的信息共享上，至少平时不允许存在信息不对称。否则，合同中就不能写支付收益分红，也就是经营者和股东分配企业收益的内容，而当一家企业濒临破产时，股东就会放弃索赔。与其他债权人相比，股东获取剩余索赔的顺序相对靠后。企业经营形势严峻时，股东与企业管理层共同承担破产的风险，因为他们的立场相同。这就是股票被称为自有资本的原因①。私人企业被要求像提供公共财产一样公开信息，这是因为需要把多个普通投资者看成"内部人"。只有到这个阶段，各方才能达成激励相容性的条件。凡是将股东称为"外部股东"的企业，都没有充分理解股份公司制度②。

遗憾的是，日本企业对于向股东公开内部信息的意识较低。他们认为只需要向股东提供最低限度的信息，重要信息可以隐藏。因为财务标准的统一，以及向投资者提供虚假信息需要受到处罚，企业不一定会积极整顿信息基础建设。

日本的组织有严格的内外区分，不愿意向外透露重要信息。财政省不愿公开不良债权信息，并试图延期处理该问题。日本企业具有浓厚的社会共同体色彩，理所应当地认为组织要以内部晋升为前提，对公司外部坚持非比寻常的封闭性。他们丝毫不认为自己有义务向股东公开内部信息，但是他们还向股东寻求股权契约。因此股市无法吸引到资金。

随着资本的内容从有形资本转向无形资本，其业务内容也变得更加复杂，但是金融市场信息生产的主体并未转移到金融机构，从而导致"技术与金融的错配"。如果不解决错配问题，那些有前景的企业将无法获得外部融资，最终不得不用留存收益作为自身投资资金。

此外，金融管理部门也没有理解无形资本进入金融市场的大致过程。日本与欧洲、美国相比，民众持有现金和存款比例较高，股票比例较低。根据

---

① 这样描述的话，股东看起来像是老好人，可事实并非如此。因为企业一旦破产，股东可能拿不到一分钱，所以，股东和银行为确保企业不破产，会严格监督其经营状况。如果经营者没有做好工作，股东将在股东大会上提出要求，并要求更换管理层。这样经营者也会努力经营。

② 日本企业不理解股份公司制度的理想形式，这反映了他们对董事会的认识不足。当被问到董事会中谁"管理"谁时，很少有人能答对。董事会的职能是董事会成员代替股东监督经营者。在日本，大多数董事会成员均属于内部晋升，他们与首席执行官是一家公司的前后辈，是上下级的关系。所以，根本无法想象身为下级的普通董事会成员要怎么监督自己的上司。以终身雇佣为代表的日本式雇佣，本身就与董事会制度不相容。

日本银行发布的"日本、美国和欧洲的资金流动比较情况"（来源：日本银行调查统计局）的数据，家庭金融资产构成中股票占比分别为：美国34.3%，日本10.0%，欧元区18.8%。然而在现金和银行存款占比上，美国12.9%，日本53.3%，欧元区34.0%。阻碍资金流动的一个因素是存款保险制度的存在。根据现行的《存款保险法》规定，当金融机构破产时，保险范围涵盖结算存款的全部金额，以及其他存款中，每个金融机构每名存款人的上限是最多1000万日元的本金加利息。贷款停滞不前而存款持续增加的事实，表明了日本的存款保险制度过度保护存款的弊端。尽管银行没有能力开发使无形资本成为"合格抵押品"的金融技术，但是银行受到存款保护，一如既往吸收储蓄，阻碍了其对股票的资金供应。

◎ **泡沫破裂可能是金融停滞的结果**

我们来总结一下日本金融体系的问题。第一，银行无法摆脱使用实物资产作为抵押的现状；第二，企业没有了解信息公开的重要性。第三；存款保险制度阻碍资金流动。从技术和资金错配的观点来看，我们发现这三个问题密切相关。换言之，每个问题都未直接导致泡沫破裂。简而言之，就是日本没有设计出适应时代潮流的制度。再深入研究后我们会发现，泡沫破裂可能不是经济停滞的原因，而是结果。

20世纪80年代正值日本经济的鼎盛期，贷款市场发生了结构性变化。由于金融市场的宽松管制以及同时期优质企业对银行的依赖度减弱，资金出借人才会减少，导致银行转向不动产行业。具有讽刺意味的是，正当人们盛赞日式经营和主银行制度时，当时便已埋下经济停滞的种子。

如今回想起来，在20世纪80年代金融全球化即将开始时，我们就应当认真思考如何改进股票和企业债券市场等金融市场的制度，可当时并未这样做。20世纪80年代证券行业没有开拓市场，而是通过冻结市场来维持股票价格。这种快速利用人际关系网络的方法，在企业间建立交叉持股结构，损害了市场原有的资源配置功能。

经济学家也确信，交叉持股是企业集团内部的风险共担。日本人非常重视以亲密的人际关系为基础的商业形式。只要能弥补市场的局限性便足矣，不能扼杀尚有余力的市场。因为忽视市场功能，我们需要付出高昂的代价。未形成资金雄厚、流动性强的股票市场，会损失大量资源配置，但因为政府巧妙地制造了诸多与市场分离的机制，这期间便会陷入迷茫的状态。政府即便倡导"由储蓄转向投资"，可是市场并未予以积极响应。当时政府也是束手无策。

日本人并不聪明。尽管外部环境发生变化，比起重视人际关系的相对贸易，他们还是没能转向以匿名市场为基础的体制。犹太人与日本人正好相反。不论身处何种社会，犹太人都属于少数派，他们会为了生存不断发展市场。这并非哪一方更聪明的问题，而是在同一个社会，受惠于人际关系的历史反而变成我们成长的累赘。

本章论述了20世纪80年代发生在日本的土地价格泡沫以及泡沫破裂后的长期经济停滞。截至20世纪80年代中期，高涨的土地价格一直伴随着日本经济的发展，土地作为优质的抵押资产，支撑着企业贷款与投资，推动了日本经济增长。然而，突然间日本经济受创。土地市场发生泡沫，银行作为日本经济的幕后推手，成为暗地操纵信用扩张与不动产价格飙升的故事主角。悲剧随之诞生，银行因不良债权问题陷入困境，日本经济也陷入长期停滞。造成经济长期停滞的原因较多，从数据上来看，最突出的问题就是对于包括银行贷款在内的外部资金依赖度的持续下降。金融环境的恶化正是日本经济长期停滞的象征。

第 5 章

房地产泡沫与美国商品证券化

继日本之后，美国也遭受了严重的泡沫经济。美国泡沫经济的显著特征是双重泡沫叠加。首先是房地产泡沫，然后以住房抵押贷款为担保，出现了证券化商品的现象，随后又发展为泡沫。可以说，是双重泡沫最终造成了雷曼事件的悲惨结局。2008年9月，大型投资银行——雷曼兄弟破产，其影响蔓延到其他金融机构，导致美国的金融机构几乎瞬间崩溃。本章将回顾房地产泡沫造成大量证券化商品出现的经过，以及证券化失败导致金融危机的原委。为何金融机构不借助政府的力量，而是要通过证券化来进行流动性救助呢？如果绕过美国长期没有中央银行的历史，便无从谈起。

房价神话

◎ 典型的泡沫周期

首先，让我们一同回顾美国房地产市场价格大幅上涨的实际情况。图5-1为基于凯斯—席勒指数所表示的美国房价指数。

该价格指数由美国十大城市的房价指数构成。在20世纪90年代房价指数相对稳定，但在2000年，该指数出现加速上涨的迹象，并持续上涨，于2006年达到峰值。房价的上涨导致2002—2007年间美国住房资产市值在国内生产总值中的占比提高到90%。人们深信，如果价格持续高涨，未来房价也将会持续上涨。2004年波士顿的住房购买者普遍认为，今后10年内房价将会以年均10%的速度增长。

图 5-1 美国房价指数

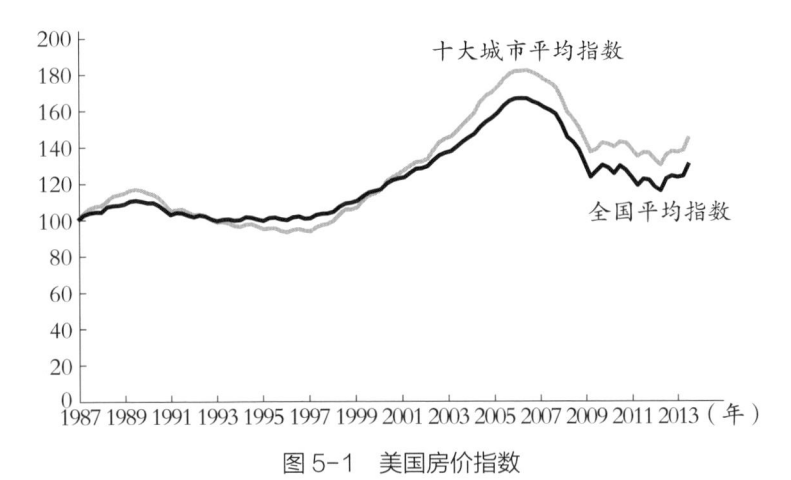

资料来源：凯斯-席勒指数。

房价在达到峰值后开始出现断崖式下跌，价格下跌一直持续到 2010 年。2000—2006 年，价格实际上涨 57%，2006—2010 年，价格下跌 34%。住房市场的变动体现出从高潮到崩溃、再到停滞的典型泡沫经济周期。

◎ **各城市住房供给情况不同，影响不同**

此外，还有一些城市的房价变动情况值得关注。图 5-2 是美国 5 座主要城市的房价指数。

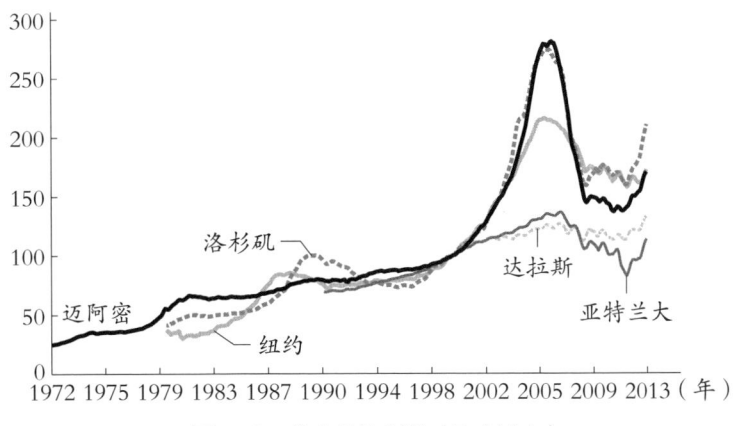

图 5-2 住房价格指数（5 座城市）

资料来源：凯斯-席勒指数。

迈阿密、洛杉矶和纽约这三座城市在泡沫峰值前后出现房价急涨急跌的现象。亚特兰大和达拉斯的房价变动相对稳定。不能错误地推测后者是由于地区经济不景气房价才未大幅上涨。因为从美国各州经济增长率来看，亚特兰大和达拉斯的经济增长率反而较高，但经济增长率较高的城市的房价却未上涨，其原因在于住房供给。决定美国房价的因素除收入、气候、税制外，监管也发挥了作用。像亚特兰大和达拉斯等发展迅速的城市，虽然没有悠久的历史，但拥有辽阔的土地，使其能在经济景气时不断增加住房供给。而像纽约、洛杉矶等古老城市由于监管严格，难以提高住房供给量。在纽约，朝向中央公园的黄金地段必定会被监管，住房拆迁、重建异常困难。

爱德华·格莱泽（Edward Glaeser）的研究团队认为，住房供给将对房地产泡沫产生影响。该团队选取79个城市，利用GIS卫星信息系统观测以城市为中心方圆50千米内住房建设的用地面积，发现坡度平缓的地区，容易提高住房供给量。可以将这个看作是住房供给的弹性指标。如果按照这一原则，像旧金山那样坡度大的城市，住房供给弹性则较小。

结果显示，在地势陡峭、住房供给价格弹性较小的城市，房价更容易上涨。这种趋势在1996—2005年的房地产泡沫时期表现得异常明显。从经济理论的视角来看，这个看似显而易见的结论非常有趣。泡沫是指价格中超过由供给决定的内在价值的部分。理论上，"拥有大量坡度大的土地"这一地理信息应被反映在内在价值上，本应与泡沫无关，但研究结果却表明，泡沫受到市场基本面的影响。

信用扩张与次级抵押贷款

◎ 权威的信贷配给理论

在泡沫经济中，银行信用扩张导致房价上涨异常。如图5-3所示，本文将证实这一假设是否适用于美国房地产泡沫。

图 5-3　银行信用扩张与房价上涨

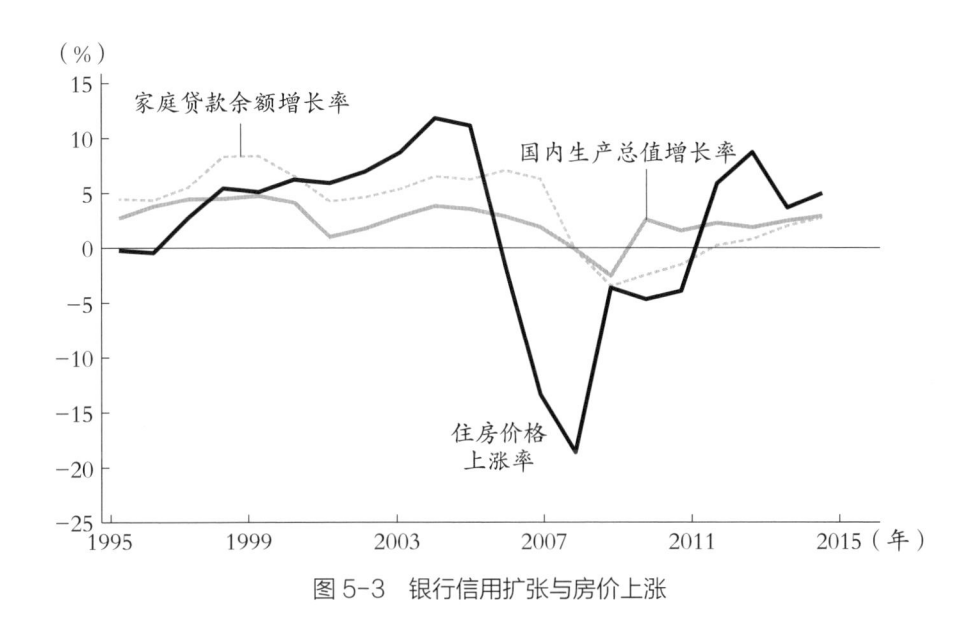

房价从 2001 年开始急剧上涨，在 2005 年达到峰值。为了追上价格上涨的步伐，家庭贷款额一直保持 5% 以上的速度增长。从图中内容看，似乎是信用扩张导致了房价上涨，而国内生产总值上升又导致信用扩张以及房价进一步上涨。

这已然是宏观数据解释力的极限了。在现实经济中，实际值位于供需平衡点。从观察到的数据来看，很难判断出信用扩张是由于需求因素（即国内生产总值增长提升贷款需求）还是供给因素（即贷款供给增加抬高国内生产总值和房价）造成的。

阿特夫·米安（Atif Mian）和阿米尔·苏菲（Amir Sufi）认为，通过观察宏观和微观数据，可判断信用扩张等主要因素是否会促使房地产泡沫产生。他们首先通过计算次级抵押贷款申请人与抵押贷款借款人占总数的比例。以美国 40 座大城市为例，自 1990—2007 年，次级抵押贷款申请人比例较高的城市均具有高收入增长率和高信贷增长率。这一结果有力支持了收入增长能够扩大对次级抵押贷款需求这一假设。换言之，正是实体经济的增长刺激了借贷需求。

其次，将各个城市按照 ZIP 号（邮政编码）划分，可以看到在次级贷款申请比例高的地区，其信贷增长率也较高，但是，仔细观察数据又会发现一些例外的现象。将时间限定在2002—2005年，可发现在次级抵押贷款申请人比例较高的地区，收入增长往往较低，所以有时，在收入增长率低的地区对次级抵押贷款的需求也在扩大。这一结果表明，需求可能不是次级抵押贷款增加的牵引力，收入假设失去了说服力。此后出现信贷配给理论。

◎ 证券化的流动性创造机制

这一时期正好对以住房贷款债权为抵押的证券化商品有着较高的需求。2000年，纯民间发行的住房抵押贷款证券达到5270亿美元，此后迅速增长，到2006年几乎翻了5倍，达到2.6万亿美元，这足以支撑"证券化扩大了对住房贷款债权的需求，银行放宽了贷款条件并扩大了住房贷款"的观点。增长尤其显著的是面向低收入群体的住房贷款，即次级抵押贷款。

如果想了解房地产泡沫时期的美国经济，就必须了解证券化。何为证券化？证券化创造的流动性又是什么？为什么金融机构没有借助政府的力量，而是通过证券化提供流动性资金？问题接踵而至。为了找寻答案，我们不能将眼光局限于现代经济，让我们一同回顾一下美国金融的历史吧！

未设立中央银行的美国

◎ 自由银行时代

19世纪的美国在较长时期内未设立中央银行。中央银行曾经两次被废止。第一次是1811年，当美国第一银行的经营权到期时，经营权延长法案在议会审议中遭到否决，因此中央银行遭到废止。美国第二银行随后于1816年设立，1837年又遭废止。安德鲁·杰克逊（Andrew Jackson）是第一位出生在13个独立州之外的南方总统，他反对北方各州推行中央集权，否决了国会通过的经营权更新提案。他认为以政府为后盾的强大银行会阻碍民主的健全

第 5 章
房地产泡沫与美国商品证券化

发展，所以在 1913 年美联储成立之前，美国未设立中央银行。19 世纪的美国经济是在没有中央银行的情况下发展的。

从废止中央银行到 1863 年颁布《国家银行法案》(National Bank Act) 的这段时期被称之为"自由银行时代"。这一时期，开设银行不需要州政府或联邦政府的特别批准，只要有一定的资本即可。如果以州政府发行的债券为担保，就可以发行银行券，但是银行券必须能够应存款人的要求与金银兑换。在这里我们可以窥见以高度安全的资产作为抵押发行银行券的想法。

无论过去还是现在，银行信贷都取决于银行如何运营从存款人那里汇集的资金。当时，银行贷款给民间企业的风险比现在高，比较安全的是州政府发行的州债券。由于州政府要求持有州债券作为发行银行券的抵押品，因此，评估州债券的风险是银行券能够作为货币流通的关键。

州政府也会经常破产，如果人们认识到州政府破产后州债券就有可能成为一张废纸，面值 100 美元的 100 美元银行券，将不会以 100 美元的价值来流通。以伊利诺伊州债券作为抵押品发行的银行券就是以低于面值的价值在该州流通。在这种情况下，如果折算率能够准确地反映风险，从效率性 (efficiency) 上看是没有问题的。然而，在伊利诺伊州以略低于面值流通的银行券也未必能在相距遥远的纽约州以相同价值流通，因此对伊利诺伊州不甚了解的纽约人会高估伊利诺伊州债券的风险，使其只能以面额更低的价值流通。如果一州的对外信用不高，本州价值 100 美元的银行券在其他州或许只能以 50 美元左右流通。如果州债券的对外信用较低，那么该州发行的银行券有可能无法跨州流通。

如果持有金融资产的目的是保值，即使多少存在一定的风险，只要能确保平均收益即可。但是，作为支付手段使用时，就会涉及由于存在风险而被大打折扣的问题。每笔交易都需要有计算折算率的外汇信贷经纪人，对于"时间就是金钱"意识贯穿于日常工作的商人来说，在这方面花费的成本和时间是他们所不能接受的，因此它已经不能作为货币使用了。

为了让银行券作为货币流通，它必须满足"流通性"(liquidity) 的标准。

其中，按面值交易是前提。简单地说，一张面值100美元的银行券必须以100美元的价值使用。换言之，金融资产只有在以面值价值流通时才能确保流通性，这时的资产我们才称之为资产。

只有在优质抵押品做担保的情况下，银行券才能作为货币流通，如果有风险，就不能作为货币。总之，除非使用无风险资产作为抵押，否则银行券就不能成为货币。然而，当时州政府屡屡破产，州债券也并非"合格抵押品"。在银行自由化时代，创造货币有其局限性。

◎ 美国国家银行法的制定

在赋予各州权利的分权机制中，确保以一国为单位提供流通性货币并非易事。如此一来，就需要设立当时美国民众不愿接受的中央集权机制。1863年《美国国家银行法》的颁布，使这一问题得到解决。南北战争期间，联邦政府为筹集军费，剥夺了各州的银行券发行权。州立银行升格为国家银行，州债券从此被财务省证券国债取代，成为发行银行券的抵押品。因为是国债，所以任何州都认为"联邦政府担保的银行券是可以信任的"，银行券在任何地方都可以按照面值进行交易。在美国首次以国家为单位的流通货币诞生了。

能否以《美国国家银行法》颁布为契机就此建立货币制度呢？其实并非一帆风顺。没有中央银行的美国经济部门无法根据经济状况调整信贷与货币供应量，这导致经济遭受重创。

◎ 活期存款与结算制度

在19世纪的某个时期，货币供给是由作为中央政府安全资产的财务省证券支持的。那么，提供安全资产供给的主体一定是政府吗？也未必如此。此时，以民间资产为抵押的货币开始向银行券发起挑战。

经济的发展衍生出对新货币的需求。如果每笔交易都使用银行券结算，就需要大量的银行券，既费时又危险。人们开始思考一种节约银行券的机制，于是活期存款应运而生。如果一个人或企业在银行有一个储蓄账户，便

第 5 章
房地产泡沫与美国商品证券化

可以通过支票来支付。通过储蓄账户作为抵押品的支票可以抵消彼此账户债权和债务，由此形成结算制度。

结算制度的发展将活期存款的职能推向货币，但是，顾名思义，活期存款不能拒绝存款人的取款请求。如果破产谣言不胫而走，存款人会蜂拥到银行窗口取钱，银行瞬间会陷入资金不足的困境。当时，许多银行因谣言导致信用不稳定，不少银行频繁出现挤兑现象，并最终破产。但正因如此，银行需要一种机制来确保结算。

为结算收到的支票，银行职员需前往签发支票的银行进行兑现。但是，带着几十张支票排着长长的队，还没排到，太阳就下山了。如果能遇到有同样烦恼的其他银行职员，那很幸运。两个人在去银行的路上擦肩而过，等到熟悉之后，便在街角碰头，交换手中的支票以完成工作。不久之后，便发展成银行职员在工作途中的酒馆聚集，交换手中的支票。这就是"资金结算机构"的雏形，用比较日式的说法是"票据交换所"。到 19 世纪末期，已经有 51 个城市设立了银行的私下资金结算机构。

资金结算机构不仅寻求结算支付，而且还要求银行维持健全的信贷网络。总之，用现代流行话语来说，他们试图行使对银行进行监管的权利。当发生金融恐慌时，他们试图行使最后贷款人的职能，以银行放在资金结算机构的资金作为抵押，向濒临破产的银行贷款。在未设立中央银行的美国，资金结算机构试图代替中央银行发挥作用，但是，资金结算机构无非是各个城市的区域网络，尚未建立起全国范围内的信用网络。

当经济恶化、银行信用下降时，银行结算问题就会浮于表面。确保支票价值的因素首先是提款人的存款，其次是提供储蓄账户的银行信用。当一个人把 100 美元的支票带到银行想要兑现时，收到支票的银行会将支票拿到签发行收回资金。如果签发支票的银行信用高，可以按照面值支付 100 美元，如果签发行信用有问题，就不能按照面值支付，如按折算率用 100 美元仅能兑换 95 美元。总之，支票流通受银行信用支配。

当时，银行经常发生挤兑现象。当存款人因担心银行破产而蜂拥到银行窗口提取存款时，无法满足兑现的银行将会破产。自《美国国家银行法》颁布以来，直到1913年中央银行设立，金融危机往往会在经济周期低迷阶段发生，几乎是每五年一次。其中最严重的是1873年9月13日发生的金融危机，混乱的现象几乎持续了一周，直到9月20日，担心银行破产的人纷纷取出存款。当时在"铁路热"的背景下，对铁路融资过多的杰伊库克公司（Jay Cooke）为首的三大银行破产，纽约证券交易所关闭10天。1873—1875年，美国经济活动水平约下降10%。

然而，这对美国金融市场的影响并没有那么大。美国全国性银行破产56家，占总数的2.8%。因银行破产而损失的存款仅占整体存款的2.1%。19世纪的美国，由于尚未建立起全国信用体系，金融危机的影响也较为有限。

银行一旦破产，其支票也将失去价值，那么支票便不能作为货币来使用。每次金融危机的发生都打击了创造新货币的尝试，因此民间货币始终无法取得进展。在金融危机中人们试图将存款换成银行券，换言之，金融危机证明了银行券可以被视为货币这一事实。人们能够信任以国家信用为担保的银行券，而无法信任没有国家信用作为担保的支票。

随着时代的发展，20世纪金融危机依然频发，支票作为货币的地位依然不稳。如后所述，正是存款保险制度的引入解决了这一问题。

摩根时代

◎ **发挥重大作用的私人银行**

从19世纪至20世纪初期，金融体系不稳定的美国经济是如何发展的？有一种说法是，正因为金融不稳定，银行才能发挥重大作用。虽说如此，但是这里提到的银行不是受制于联邦法、州法的国法银行（亦称"国民银行"）和州法银行，而是没有招牌、没有分行、财务报表也不公开、实际经营状况一般人难以想象且充满"谜团"的私人银行。

第 5 章
房地产泡沫与美国商品证券化

在众多私人银行中脱颖而出的是一家在纽约有办公地的摩根大通商会。用现代的话来说，其行长约翰·皮尔庞特·摩根（John Pierpont Morgan Sr.，以下简称：皮尔庞特）的经营方式兼顾商业银行性质与投资银行性质。作为商业银行，将大公司和国家作为业务伙伴，将批发银行（Wholesale Bank）进行的基于富人存款的大额放贷作为业务中心。作为投资银行，通过发行股票、债券为企业筹集资金，通过大量持有股票对董事会施加影响。用现代的话来说，该商会是非执行董事的先驱。总之，它从借贷和发行股票两个方向为企业筹措资金。

19世纪80年代的美国，由于铁路发展过热，铁路行业竞争白热化，许多公司濒临破产。皮尔庞特为提振公司，通过收购问题公司的股份来获取公司的经营权，以购入股份作为抵押成立控股公司，将问题公司合并归入旗下，这成为控股公司制度的开端。

摩根大通集团（J.P.Morgan Chase & Co）的经营特点是不仅与企业并购挂钩，还通过企业投资银行业务与行业重组挂钩。作为商业银行向企业提供资金的同时，作为投资银行进行企业合并，重组为大型控股公司。其创建的巨头公司中不乏美国钢铁、通用电气、通用汽车等现在仍知名的企业。

通过反复合并与重组打造巨头公司的方法褒贬不一。有人称赞这样做有助于提高行业效率；也有人批评这样做容易导致银行控制产业，银行作为最大的股东对企业管理施加影响。无论如何，到20世纪初期，美国通过金融主导的资本主义成为能与英国相媲美的经济强国。

◎ 拯救濒临崩溃的金融体系

摩根大通集团不仅在产业界树立起绝对地位，而且还是国家信用和货币供给的承担者，可以说它是一个兼具中央银行和民间银行的重要存在。它坚持金本位制，使纽约市免于破产，并制止了金融危机，尤其是在1907年金融危机中展现出出色的能力。

当时，信托公司利用不受商业银行监管的优势，接收大额存款而不断发展。然而，有一家大型信托公司——尼克伯克信托公司（Knickerbockers）涉嫌进行股份内幕交易遭到曝光，引起了大规模挤兑，整个纽约地区随之陷入金融恐慌之中，大家希望皮尔庞特出来收拾残局。他筛选出无法救济的银行和有救济价值的银行，并敦促其他金融机构合作提供紧急贷款。当他认为仅靠民间部门的资金不够时，他要求政府注入资金，以挽救濒临崩溃的金融体系。在没有"最后贷款人"（last resort）的美国，摩根大通集团就是中央银行。与此同时，没有中央银行作为最后贷款人的美国经济，也暴露出其弱点。

◎ 设立中央银行

在当时，以摩根大通集团为代表的大型银行作为社会和经济的主宰者，在享受国民的敬畏和尊重的同时也成为国民抱怨的对象，并不总是受到国民的喜爱。有人指控金融机构试图通过金融主宰美国经济而相互勾结，议会举行听证会并传唤大银行家作证。1912年皮尔庞特受邀参加听证会，作为证人被传唤，这是他最后一次公开露面。

设立中央银行的争论在大型银行与政治家的对立中不断前行。大型银行想尽办法规避政府的管制和监督，试图完全控制中央银行。反对银行的政客们认为大型银行相互勾结，进行垄断，同时在幕后操纵产业，希望将中央银行置于他们的监管之下。

美国的中央银行是试图遏制大型银行发展的政府与试图反遏制的银行之间权利平衡的产物。双方妥协的结果是1913年设立中央银行。联邦储备系统是由12个地区的联邦储备银行组成的联盟，美国联邦储备委员会（简称美联储）作为中枢总揽全局。银行家被排除在中枢华盛顿之外，但是银行也得到了其想要的东西，即发生金融危机时，用公款救济的"权利"。至此，中央银行的"最后贷款人"地位得以确立。银行在形式上受制于当局监管和监督，以换取在陷入危机时政府提供的紧急贷款，但是早期的美联储并没有现代的监管机构。皮尔庞特的得力干将——本杰明·斯特朗（Benjamin Strong）

被任命为纽约联邦储备银行的首任行长，该银行在12个地区的储备银行中拥有最大的话语权。

是否赋予美联储发行银行券的权利也是争论焦点之一。如果赋予其发行的权利，将改变国法银行以财务省债券为抵押发行银行券的机制，稳定币值的重任将由财务部门转交给中央银行。争论的最终结果是，美联储能够发行联邦储备银行券。

"股票热"

◎ 20世纪20年代的"黄金时代"

第一次世界大战开始前，世界的金融中心在伦敦。第一次世界大战结束后情况发生剧变，纽约从伦敦手中夺取了国际金融中心的位置。美国国内生产总值超过战争中经济遭到重创的欧洲诸国，一举跃升为世界第一。

战争结束的安全感和大量生产、大量消费时代的到来造就了20世纪20年代的"黄金时代"。随着中产阶级崛起，收音机、电话在中产阶级家庭中普及；人们在家中便能听爵士乐，也能激动地看着实况转播的纽约洋基队[①]比赛；成功量产降价的T型福特汽车风靡全球，购车家庭也随之增多。

股市也在一片高涨的大众消费背景下兴起。以往股市是以投资银行、证券商、大投资者为主，随着中产阶级的崛起，小投资者的数量也有所增加。

商业银行为了开拓新市场也进入股市，但是，许多商业银行受到政府的严格监管，禁止直接从事证券业务。因此，商业银行利用《美国国家银行法》中允许跨州设立非银行子公司的漏洞，通过合并证券商等方式设立证券子公司，向股市提供大量资金。

对商业银行进行严格监管的《麦克法登法案》（McFadden Act）于1927年得到放宽，允许商业银行承接股份。股市的市场规模实现爆炸式扩张。

---

① 美国职业棒球大联盟中隶属于美国联盟东区的一支棒球队。——编者注

1926年1月为100点的纽约股市三大股指指数在1929年8月跃升为216点，三年间几乎翻了一番，华尔街一时间泡沫涌动。

◎ 宽松货币政策加速泡沫发展

对银行放松管制并非是造成美国股市泡沫的唯一原因。20世纪20年代中期的宽松货币政策（easy monetary policy）也发挥了作用。1925年，英国恢复了原来的金本位制，但是英格兰银行行长蒙塔古·诺曼（Montagu Norman）和纽约联邦储备银行行长本杰明·斯特朗之间达成秘密协议，以使金融市场走上正轨。为保持英镑的货币价值，美国的利率故意保持在低于英国的水平。尽管股票价格继续上涨，但直至1928年，政策利率仍保持在4%以内。

从1928年夏季斯特朗去世后，纽约联邦储备银行开始转向紧缩货币政策，于1929年夏季将政策利率提升至6%，并对商业银行施加压力，要求其限制短期放贷。然而，为填补银行放贷减少，非银行公司信贷经纪人贷款激增，抵消了银行贷款减少的效果。一旦信用开始扩张，便难以控制。

从股市暴跌到大萧条

◎ 黑色星期四

1929年10月24日迎来了早已注定的"黑色星期四"。美国股市崩盘，道琼斯工业平均指数在9月3日为381点，11月13日回到当年最低点198。从1929年11月至次年6月30日，纽约联邦储备银行六次降低政策利率。1929年8月的6%政策利率于1930年6月降至2.5%，在1931年5月降至最低点的1.5%。股票价格在1930年上半年暂停下跌，就业和工业生产等经济指标仍处于停滞状态。胡佛总统表示，虽然尚未克服美国经济困难的局势，但确信美国已经摆脱了最坏时期。不幸的是，这种论断是错误

第 5 章
房地产泡沫与美国商品证券化

的。随后,股票价格又开始下跌,造成了堪称悲剧的局面。到 1933 年,美国国内生产总值实际下降了 29%,物价水平下降了 28%,失业率高达 25%,每 4 人中就有 1 人失业。

表 5-1 是美国经济恐慌前后的货币指数动向,从中可观察出两大特点。首先,1929—1930 年,无论是按照基础货币、M1 或者是 M2 推算出的货币供应量均在减少。基础货币同比下降 4.8%,M1 下降 3.0%。由于美联储货币政策错误导致 20 世纪 30 年代前半期美国经济陷入大萧条,这一观点遭到弗里德曼和施瓦茨的严厉批判。

表 5-1 美国经济恐慌前后的货币指数动向 (单位:% 同比变化率)

年份	基础货币	M1	M2	活期存款	消费者物价上涨率
1928	-1.0	1.1	3.8	1.8	-1.2
1929	-1.0	0.8	0.4	0.9	0.0
1930	-4.8	-3.0	-1.9	-3.1	-2.6
1931	6.6	-6.6	-6.6	-9.1	-9.0
1932	18.3	-12.4	-15.5	-19.0	-10.2
1933	0.4	-5.7	-10.8	-8.6	-5.3
1934	-6.1	10.1	6.8	16.2	3.4
1935	3.7	18.3	13.7	22.7	2.6
1936	12.0	14.3	11.3	15.2	1.0
1937	3.4	4.4	5.1	4.1	3.5
1938	0.2	-1.3	-0.4	-1.2	-1.8
1939	9.1	12.1	8.4	12.4	-1.5
1940	11.3	16.1	12.0	13.9	0.8

资料来源:《美国历史数据集》。

◎ 贷款收缩

关于为什么股市暴跌会导致大萧条存在很多争议。金德伯格指出,是由于 1929—1930 年贷款收缩所起的作用。在股市热潮中，商业银行和信托银行都在积极向证券商放贷。向信贷经纪人放贷的利率高，是普通融资利率的两倍。信贷经纪人将借来的资金借予投资者，投资者将其用于在市场上购买股票，正是信贷经纪人贷款规模的扩大撑起了股市的繁荣。

但是，当股市暴跌时，信贷经纪人的贷款收缩。如表 5-2 所示，信贷经纪人贷款余额在"黑色星期四"之后的短短两个月内减半。

表 5-2　按资金源划分的中间人贷款　（单位：100 万美元）

年/月/日	纽约市市内银行	纽约市市外的银行	其他	合计
1927/12/31	1550	1050	1830	4430
1928/6/30	1080	960	2860	4900
1928/12/31	1640	915	3885	6440
1929/6/30	1360	665	5045	7070
1929/10/4	1095	790	6640	8525
1929/12/31	1200	460	2450	4110

资料来源：《美国历史数据集》。

如果信贷经纪人贷款遭到拒绝，股市就会失去资金供给。然而，从资金来源来看，各变化情况有所不同。"纽约市外银行"和"其他机构"（指非银行企业和外国人）的贷款余额均在减少，但"纽约市内银行"的反而在增加。纽约联邦储备银行帮助纽约市内银行遏止了金融恐慌。但是，许多与股市关联很深的商业银行因股票价格暴跌而无法收回借贷给证券商的资金，导致多数银行流通性不足，信用降低。对此，金德伯格指出：

股市带来的危险不在于股票价格和交易量水平，而在于支撑这一水平的不稳定信贷机制以及这一水平给美国和整个世界带来的信贷压力。（查尔斯·P. 金德伯格，《经济大萧条下的世界：1929—1939（修订版）》，石崎明彦、木村一郎译，岩波书店，2009 年，第 104 页）

◎ 银行相继破产

另一个特点体现在1932—1933年的趋势变化。如表5-1所示，基础货币显著增加，而M1、M2、活期存款明显下降。出乎意料的是，在基础货币中加入活期存款的M1和加入定期存款的M2与基础货币呈反方向变化。

在传统的信用创造论中，首先是中央银行提供基础货币。中央银行将钱贷给市内银行，银行将这笔资金贷给民间实体，获得贷款的企业将进行投资，花费的资金将成为某家企业的收入，而收入又将被存入银行。接收存款的银行再将大部分资金贷给企业，拿到贷款的企业仍会按照之前的方式进行投资，其结果是再次增加某家银行的储蓄。储蓄的增加导致贷款数额的增加、贷款数额的增加又带动储蓄增加，信贷通过这一连锁反应不断进行扩张。这种反馈持续发挥作用，最终产生的资金是基础货币的数倍。

因此，如果M1、M2和基础货币呈反方向变动，只能认为是银行系统出现了问题，而问题始于1930年12月"美国银行"的倒闭。美国银行是一家面向纽约小企业和个人的零售银行，它与受存款制度保护的现代银行不同，当时商业银行的信用基础并不十分稳固。该银行的存款准备金率高达15%，这个数字反映出银行的信用不足。美国银行的破产引发了人们对银行的不信任，存款外流变得更加严重。1930年存款为604亿美元，在短短三年内降至417亿美元。许多银行被迫破产或关闭。1929年的25 000多家银行在1933年减少至14 000多家，42.3%的银行倒闭了。

与过去在金融危机中破产的银行数量相比，这个数字有多庞大显而易见。在被认为最具破坏性的1873年金融危机中，56家国法银行破产，仅占银行总数的2.8%。

◎ 通货紧缩加速信用紧缩

通货紧缩加剧了信用紧缩。由于债务合同是以名义价格签订的，随着通货紧缩的发展，借款人债务余额的实际金额会增加。欧文·费雪（Irving Fisher）主张"债务型通货紧缩"（debt deflation），他认为通货紧缩会加速信用紧缩，加剧经济衰退。1929—1933年，美国居民消费价格下降了约25%，特别是商品价格下降尤为明显，这直接影响到农业，导致负债累累的农民数量急剧增加。

信用紧缩导致货币供应量急剧下降。伯南克对大萧条的研究支持了金德尔伯格重视信用紧缩的观点。伯南克用数据验证了"银行信用紧缩在大恐慌之后的经济萧条中产生了重要影响"。

在经历了严重的信用紧缩之后，政府需要从根本上重建金融体系，所以美国在1934年颁布了《银行法》（The Banking Act），并将存款保险制度作为一项有时限的立法引入。

存款保险制度从银行角度来看是负债，即存款在紧急情况下由政府负担，所以这对银行来说是再好不过的机制。在尚未出现政府保护民营企业这一理念的年代，这是一部非常激进的法律，较多人对此持反对态度。从那时起，银行不再担心面临破产风险，虽然人们担心风险管理中心经营不善，但是至少到1980年并没有演变成大问题。

事实上，存款保险制度的出台并非是为了保护存款人，引入该制度的原因是为了确保支票的安全性。随着存款保险制度的出台，即使信用不稳定，也不会危及银行的经营，支票也不会因银行信用降低而大打折扣。正是从那时起，支票才被社会承认为"货币"。

另外，设立中央银行并没有让美国建立一个可信的信用网络。随着充当最后贷款人的中央银行建立和存款保险制度的引入，美国金融体系最终拥有一种名为"信任"的公共产品。至少在20世纪，这种机制运作良好。

从金融监管到放松管制

◎《格拉斯-斯蒂格尔法案》

原本主攻劳动法方向的哈佛大学法学院教授路易斯·布兰代斯（Louis

第5章
房地产泡沫与美国商品证券化

Brandeis）在将大型银行引导至社会批判方面最具影响力。他在调查纽约的纽黑文铁路公司的合并问题时，确信摩根大通集团的管理方式部分违反了反垄断法，因此他对大型银行更加不信任。他在随后的《别人的钱》(Other People's Money) 这一著作中反复主张银行将以存款形式筹集到的资金用于控制公司、拉动股市，最终获得巨额利润和巨大权利。他对大型银行的批评尤为严厉，当商业银行和投资银行的职能合并后，银行便有了巨大的权利，或将对社会产生负面影响。

大萧条爆发时，股市里的不法行为纷纷被披露，公众对银行在幕后操纵股市怨声载道。在这种背景下，布兰代斯致力于将1933年的《格拉斯-斯蒂格尔法案》落地。该法案禁止同一家银行兼有将资金贷给企业的商务银行业务和发行、承接股份及公司债券的投资银行业务。

从经济学的立场、利益冲突的角度来看，银行兼业被合法化了。当银行兼业成为可能时，想要催促不良债权人还贷的商业银行可以让贷款公司发行股票并将其出售给投资者，发行股票获得的资金可用来填补不良债权人的债务。这些是银行在投资者不知情的情况下进行的欺诈行为，属于内幕交易的一种。

有研究对是否存在利益冲突进行了验证。兰德尔·克罗斯纳（Randall Kroszner）和拉古拉姆·拉詹（Raghuram Rajan）在1921—1929年商业银行证券子公司和投资银行出售的债券中，挑选相同数量且规格相似的产品（各121笔），然后比较违约债券笔数的变化。如果商业银行经常发生利益冲突，证券子公司出售的债券应该会表现更差、违约更多。1940年，违约的投资银行有39家，商业银行违约的较少，有28家，没有证据表明其存在广泛的利益冲突。相反，商业银行发行的债券似乎更安全。

事实上，银行兼业的利益冲突并不总是立法过程中的争论焦点。据说该法案的目的是解散大型银行，更进一步说，是削弱在银行中具有特殊地位的摩根大通集团的势力，迫使被拆分的摩根大通集团选择以商业银行的身份生存，拆分出去的投资银行将以摩根士丹利的身份生存。不得不在储蓄银行和投资银行之间做出抉择的银行迎来了"寒冬期",50多年来一心渴望成为银行巨头的野心也开始渐隐渐远。

◎ 住房金融的责任者

20世纪30—40年代,当时的新政促进了房屋所有权,成为美国住房金融的历史开端。国家主导的住房政策一般是政府直接提供公共住房,比如英国;或者成立政府附属金融机构专门从事抵押贷款,比如日本;而美国却走上了不同的道路。美国选择通过发展市场来扩大住房融资,而不是由公共部门直接干预市场。

政府设立大量专门从事抵押贷款的美国储蓄信贷协会(以下简称:S&L)等小型金融机构。大萧条后,为了挽回因诸多银行倒闭而损失的信用,美国政府在20世纪30年代引入了存款保险制度以强化S&L的信用。

1938年为了稳定国内住房供应,政府还成立了特殊法人联邦国民抵押贷款协会(Federal National Mortgage Association,俗称"房利美")。房利美成立的目的是向S&L等金融机构购买抵押贷款来稳定其财务状况。随着S&L的信誉度提升,现在其已经能够提供长期、低利率的固定利率贷款。

S&L受到许多法规的约束。其贷款利率和存款利率受到严格监管,存款利率有上限规定,贷款仅限于住房贷款,禁止向公司贷款和购买国债。此外,贷款目的地仅限于总部周围的住房贷款。另外,它也受益于存款保护。此后,不限于房利美,在政府保护下购买美国政府国民抵押协会(Ginnie Mae)、房地美(Freddie Mac)等抵押贷款债权的实体成立,因此人们认为抵押贷款存在隐性担保。由于按揭购房机制的存在,住房金融稳步发展,人们的住房拥有率也稳步上升。对S&L来说迎来了幸福时代,创造了存款利率3%、贷款利率6%、下午3点下班打高尔夫球的"3-6-3"工作制。但是也有其阴暗的一面,只有白人中产阶级及以上的人才能获得抵押贷款,而黑人和其他有色人种则被排除在外。

第 5 章
房地产泡沫与美国商品证券化

◎ **在放松管制的过程中开启证券化之路**

20 世纪 70 年代美国经济虽遭遇两次石油危机、苦于通货膨胀,但随后也迎来了转机。美联储主席保罗·沃尔克(Paul Volcker)决定采取金融收紧措施以消除通货膨胀,这导致名义利率异常升高。此外,由于 S&L 的存款利率上限被限定在 3%,导致存款流向高收益金融产品。

20 世纪 80 年代里根就任总统时,时代发生了变化。经济自由主义思潮兴起,推动了基于里根经济学市场原理的经济政策出台,放松管制的浪潮波及金融市场。危在旦夕的 S&L 成为放松管制的对象,S&L 资产管理范围扩大了,存款利率的限制放开了。另外,存款保障得以维持。

废除法规的体制改革与仅留下保护制度的措施适得其反,向稳定贷款方放贷的银行管理基本理念也遭到遗忘,S&L 开始触碰高风险、高回报的贷款项目和金融产品。这样做一旦成功,便会给银行带来不菲的收益,即使失败,其损失也可以由存款保障来救济。银行变得倾向于冒险,这推动了变幻莫测的不动产开发。

体制改革进一步将金融监管引向错误方向。它没有清算事实上已经破产的信用合作社,而是以未处理破产资金为由,使得净资产为负但事实上已经破产的信用合作社得以存续。失去独立经营动力的信用合作社倾向于博彩投资,许多合作社最终破产。存款保险金额不断累积,随着存款保险机构自身破产,最终不得不缴纳大额税金。最终,处理破产成本高达 1800 亿美元,占国内生产总值的 3.2%。

但是,这也并非毫无益处。在金融危机中,S&L 为了确保流动性资金充足开始提供住房贷款,住房抵押贷款证券充斥着市场。1984 年《住房抵押贷款证券化市场增强法》取消了对跨州业务的限制,推动了这一趋势的发展。在此之前,在美国跨州银行业务受到严格限制,无法从不同州的银行申请住房贷款。

证券化由此正式开始。放松管制后,投资银行的所罗门兄弟从 S&L 购买了大量住房贷款债权，按风险等级将其分割，然后作为住房抵押贷款证券出售。在隐性政府担保的背景下，该证券发展成为与国债相当的最安全级别债券，并与国债一起作为安全资产在市场上流通。证券化成功地将住房贷款转化为安全的债券。

由于美国长期没有中央银行，但为了让货币具备流动性，需要优质抵押品。从19世纪的历史来看，遗憾的是私人银行无法自行打造优质抵押品，只有借助政府的力量，银行才能提供安全的流动性资产。只有在《美国国家银行法》强制要求将国债进行抵押后，银行券才被承认为货币。随着时间的推移，民间部门开始尝试提供流动性资产。那么，证券化真的能够提供优质抵押品吗？

对分散风险的过度自信

◎ **金融工程学的发展**

在此，我们首先简要说明何谓"证券化"。证券化一词在住房抵押贷款证券市场化过程中已经成为人们关注的焦点，但证券化的概念并非新概念。证券化的抽象描述是"以基础资产产生的现金流为后盾，发行高流动性的金融产品的技术与行为"。最好理解的例子是股票。股票是在企业资产中产生的收入和分红支持下发行的有价证券，其特点是未来企业利润具有高度的不确定性，因此发行的金融产品也具有很高的风险。另外，国债是成功降低风险的证券化典范。

在这种情况下，政府征税能力作为基础性资产产生现金流，也就是说，有税收作为保证，国债已经成功转化为一种高安全性的金融产品。尽管个别家庭和企业在纳税方面存在差异，但就整个国家而言，能够确保一定数量的税收收入，这个规模的税收可以作为抵押品从而发行高安全性的金融产品。这样做之所以能够降低风险是因为有以国家为单位征税的政治权力。然

第5章
房地产泡沫与美国商品证券化

而，这里的叙述对象不是依靠政治权利，而是仅仅通过民间金融技术提供安全资产为目的的证券化。金融工程学的发展为民间主导的证券化提供了技术支持。

以布莱克–斯科尔斯模型为代表的风险计算方法的发展将金融工程与商业相结合。过去，经济学只是抽象地理解风险，但金融工程通过深奥的数学公式可以量化风险，由此派生出金融衍生品和期权等新型金融产品。看似复杂计算的背后，其实原理非常简单，这一切都是为了分散风险，而分散风险的基础是收集更多的债务。

这里要对扩大规模能够分散风险的机制予以简要说明。假设一家银行持有一笔抵押贷款，贷款回收金额为1000万日元，坏账风险为4%。因为是借条，所以可以自由买卖。如果这家银行要出售这种债券，它的价格应定在多少呢？

由于还款的可能性为96%，因此贷款收回的预期值为：1000万日元×0.96=960万日元，但是银行是不会以960万日元的价格出售的。按照以下方式思考，就很容易理解。假设A代表一笔960万日元且100%能够收回的贷款，B代表一笔1000万日元且96%能够收回的贷款。虽然A和B的预期值都是960万日元，但我们不会以相同的方式对其进行评估。对于B，平均值960万日元并未实现，可能以1000万日元实现，也可能以0日元实现。那么，无风险债券A能卖出960万日元，债券B无法卖出960万日元。因为有风险，所以价格要进行折算，比如说，仅能以940万日元的价格出售。20万日元的差额就是风险费用，也就是所谓的风险溢价。

那么，要出售贷款债权的银行出售价格能超过940万日元吗？即折算的20万日元能够被削减吗？与其单独出售抵押贷款，能否一次性全部出售呢？

该想法的基础是"大数定律"，即通过增加试验次数，使实际值接近预期值。掷骰子时得到6的概率是六分之一，但是，实际上并非掷6次骰子一定会出现1次6，有可能掷1次就出现了6，也有可能掷3次才出现6，还有可能掷6次也没有出现1次6。随着试验次数的增加，就会出现一个有趣现象，即实际值接近预期值。假设掷 6000 次骰子，6 出现的次数接近 1000 次，实际上出现 6 的概率接近 1/6。

根据这一定律，可以将大量抵押贷款重新组合在一起，形成一种新的抵押品，将其分割并出售，能够以高的价格出售。例如，如果有 100 笔抵押贷款，那么根据大数定律，银行可以预期总收回金额接近 9.6 亿日元，即笔数乘以平均值，大致上限是 9.8 亿日元，下限是 9.4 亿日元。如果将这 100 份抵押物作为抵押品包装成一个新的证券，并等分为 100 份出售，则该证券的最终价值最高为 980 万日元，最低为 940 万日元，风险就被分散得较小了。这样其可能会以 950 万日元出售。总之，风险费用从 20 万日元下降至 10 万日元。10 万日元的差额就是证券化的利润。各个住房贷款的债权风险接近各个住房贷款的平均风险。即使单个资产的风险不变，根据大数定律的原理也可以降低投资者面临的风险。

◎ 投资银行承担资产转换功能

金融机构将包括面向低收入者的次级抵押贷款在内的大量住房贷款集中起来，并按照抵押品产生的现金流的优先顺序形成多个资产抵押债券（ABS），其中最高优先级部分评为 AAA 级，作为高流动性安全资产在市场流通；收集剩余的低优先级部分并将其用作抵押品以形成债务担保证券（CDO），其中最高优先级再次评为 AAA 评级。

从信贷评级机构获得高评级很容易。如果穆迪公司[①]拒绝将一家金融公司的抵押品评为 AAA 级，这家金融公司只要说"我要去你们的竞争对手标准普尔[②]那里参评"，便可轻松获得 AAA 级评级。这并非合适的评级方式，金融欺诈已经横行。就这样，"安全资产"大量涌入市场。

无论经过如何，投资银行已经将存在风险的住房贷款转化为一种更安全

---

① 穆迪公司致力于为全球资本市场提供信用评级、研究、工具和分析。——编者注
② 标准普尔是一家金融分析机构，其拥有着世界级的权威。——编者注

的证券资产，这一事实促使人们转变金融中介的传统思维。从传统金融学的角度来看，将风险贷款"资产转化"（asset transformation）为安全存款的能力是商业银行特有的金融技术，因此商业银行被认为是金融中介机构。证券化也许可以说是商业银行不再有能力垄断资产转换时代的来临。

◎ **自有资本监管和安全资产需求**

进一步说，为什么会大量提供证券化商品？答案很简单，因为银行有需求。从资产内容稳健性的角度来看，银行更愿意将部分资产换成国债等安全资产，而不是全部持有风险贷款，以贷款债权为抵押品的证券化商品收益率高于国债，所以，将其作为安全资产的接盘再合适不过了。

安全资产需求在很大程度上与资本充足率管理相关。1988年，发达国家的监管机构齐聚瑞士巴塞尔，制定国际统一标准，要求国际化经营的银行在其总资产中持有一定数量的自有资本。这里的总资产是指以风险权重加权平均计算出来的资产额（风险资产），例如，企业贷款的风险加权是100%，抵押贷款为50%，国债为0%。例如，如果持有10亿日元自有资本的银行，其100亿日元的资产以贷款方式持有，则分母中的风险资产为100亿日元，自有资本率为10%；但是，如果有20%的资产是国债，风险资产将缩小到80亿日元，自有资本率将上升至12.5%。监管激励银行增加对高安全性资产的需求。可以说，对自有资本比重的监管是一个旨在确保银行经营稳健的机制，以应对金融机构在20世纪80年代开始的金融全球化浪潮中的国际扩张。有种观点认为，这是一种遏制日本大型银行以巨额存款和隐性政府保护作为武器、积极在国际扩张的举措。不管如何，银行的行动受制于自有资本的监管。

这要求银行具有最低自有资本比重，因为它们需要纪律性约束。自有资本是指通过内部留存和股票筹集的资金，有别于通过公司债券和银行借款筹集的"他人资本"。这种区别源于利润结构的不同。除非公司破产，否则债权人会收到预定金额的付款。股东根据其经营业绩获得分红，如果破产，则无法获得任何款项。由于这种收益结构机制，"股东纪律"可以发挥作用，即激励股东监督管理，使银行不破产。股东与企业经营者共荣共损，共同承担着破产风险，因此，从企业的角度来看，他们是企业内部人员，因此其股票被归类为自有资本。

假设一家银行自有资本几乎为零，将大部分资金放入存款中，即以"他人资本"运营资本。没有风险的银行能够经手高收益、高风险的融资。

但是银行不愿持有自有资本。由于存款受到保护，以存款做抵押可以轻松筹集到必要的资金，然而增加自有资本则需要发行股票，从市场筹集资金。与存款人不同，股东会向管理层提出意见。这就是监管要求金融机构持有自有资本的原因。

1988年达成的监管框架《巴塞尔协议Ⅰ》在此后暴露了几个问题。首先是对公司贷款的风险权重统一计算，即使信用风险不一，风险权重均为100%，这样一来，银行就没有动力减少坏账。如果保留坏账，因为自有资产率公式的风险资本分母和自有资本分子都不会发生变化，所以自有资产率也自然不会发生变化。然而，如果抵消不良债权，则不得不处理结算中的损失。风险资产分母会减少，自有资产分子也因亏损处理而减少，自有资产比例就会下降，因此权益比重下降，但奇怪的是法规鼓励推迟处理坏账，这增加了银行风险。

因此，在2004年达成的《巴塞尔协议Ⅱ》中，监管框架朝着调整信用风险权重的方向进行了修订。例如，在企业贷款方面，修订了原来统一的风险权重100%，各金融机构可根据信用风险将风险权重设定在20%~150%。

从形式上看，风险资产已经能够更准确地反映信用风险，但监管操作并未跟上步伐。由于几乎不可能从外部评估风险，因此采用了金融机构根据内部评级进行独立判断的方法。当然，金融机构对其证券化商品的评估是相对宽松的。对证券化商品一无所知的监管机构别无选择，只能默认这些评估。此外，监管对象仅限于金融机构的母公司，对子公司监管不严，这种监管缺陷已经产生了严重后果。

第 5 章
房地产泡沫与美国商品证券化

◎ 证券化模式的致命缺陷

在传统银行业务中，借出资金的银行直到资金偿还为止一直持有贷款债权。在这种情况下，由于继续持有贷款债权将导致流动性不足，即存在"休眠资金"的风险和持有贷款债权无法收回的风险。贷款债权证券化使银行摆脱了这两种风险。

商业银行和 S&L 可以出售贷款债权获得的资金用于新贷款，从而摆脱存款规模的束缚。同时，贷款受地域限制，分散贷款风险有限，因此，提供个人住房贷款债权、购买抵押贷款证券能够降低整体资产的风险，有助于维系银行资产负债表的稳健性。

另外，伴随着出售抵押贷款的证券化存在贷款质量下降的问题。在正常的金融交易中，签订贷款协议也意味着解决贷款人银行与借款人存在的信息不对称问题。由于信息不对称问题的内容各不相同，很难判断借款人是不是靠谱的经营者，很难监控从外部借来的资金是用于经营业务还是用于股权投资，也很难判断借款人是否努力还贷。也有可能出现有些人事业有成，却谎称事业失败以图减免借款。为应对各类信息不对称问题，银行开展监控、授信管理等信息活动，来保证资金回笼的可能性。典型的银行贷款方案是掌握借款人最多信息的银行负责放贷和收债。

在证券化中，当银行放贷时，它将贷款债权出售给投资银行。然后，金融机构将购买的贷款债权捆绑成新的证券卖给投资者。在这种情况下，如何接手讨债业务？首先，银行不再收债。购买大量贷款债权的投资银行本身并不具备专门的催收知识，催收能力极低。换言之，证券化方案存在一个致命问题，即没有实体负责向借款人收取应收账款。

从最优债务合同的理论结构中可以清楚地看出，这带来了多么致命的后果。债务合同的内容是贷款人与借款人之间约定以一定数额还款，只要借款人履行承诺，就相安无事。当借款人不能履行承诺时，贷款人就会办理收回债务手续，将能收回的债务全部收回。由于收债需要会计、裁决等额外费用，所以大家为了尽可能节省费用而签订了合同，但是在紧急情况下启动催收时，却激励贷款人以"威胁"态度让借款人切实履行还贷义务。另外，如果贷款方没有收债技巧，合同就不会得到很好的履行。

图 5-4 是包括证券化在内的总体示意图。简而言之，证券化方案中没有完成融资至关重要的债券回收环节。

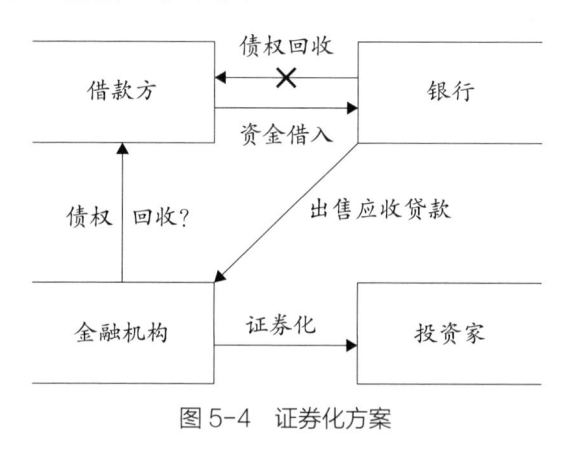

图 5-4　证券化方案

此外，银行如果预判贷款债权在中间环节可以出售，它将如何认真地审查并与贷款方签订贷款协议也是一个问题。如果以出售为前提，银行自身也不能进行信息生产活动。事实上，在以证券化为前提的交易现场，存在大量未经审核的次级贷款。从理论上讲，证券化相当于在没有解决好"信息不对称"的情况下就推动了借贷关系，能够预测在住房抵押贷款中会出现相当数量的坏账机制是极不完善的。证券化的致命缺陷是贷款质量恶化。换言之，证券化并不能确保产生"合格抵押品"。

基于这种不完善机制美国发行了大量证券产品。2000 年美国纯民间发行的住房贷款担保证券为 5270 亿美元，此后激增，到 2006 年几乎增长 5 倍，高达 2.6 万亿美元。

随着证券化的扩大，银行放宽贷款条件，以扩大住房贷款。银行不需要收债，因此很容易向收入低、工作不稳定、还款能力低的人放贷。只要房价上涨，这项业务就运作良好。因为即使无法还贷，借款人可以用上涨后的房产再做融资，用于填补借款。在此背景下，次级抵押贷款大幅增加。当然，依赖房价上涨的业务不会持续太久。最终，随着房价下跌，无法偿还的贷款陆续出现，证券化商品的价值直线下跌。

商业银行的转型

◎ 追求证券化商品规模扩张

传统的信用创造是中央银行提供的基础货币通过存款银行的信用网络产生数倍于货币量的货币供应机制，只有增加基础货币才能增加一国的货币量。

美联储前主席格林斯潘的做法与众不同。格林斯潘选择的货币政策方法是通过提高民间的信用创造能力来扩大货币供应量，而不是让中央银行直接供应基础货币。事实上，在格林斯潘担任美联储主席期间，基础货币供应的步伐并不迅速，但是，其继任者伯南克实施量化宽松政策，2008年以后，美联储供给了大量基础货币。

放松管制使得通过民间金融机构扩大货币供应成为可能。在格林斯潘的支持下，金融放松管制取得长足发展。投资银行抓住机遇拓展业务，商业银行纷纷进军投资银行开展的业务。为了在证券业中提高利润，银行将规模盈利作为目标。

1999年颁布的《格雷姆–里奇–比利雷法案》使商业银行可以合法拥有投资银行作为子公司，这可以视为是废除管制的一种突破。换言之，禁止商业银行兼有投资银行业务的《格拉斯–斯蒂格尔法案》实际上被废除了。银行业得到了它最想要的东西。经过60年的发展，巨头银行时代已经到来。

随着监管的放松，商业银行也在转型。要了解它的情况，就得看一下它的资产负债表是如何变化的。

传统商业银行的资产负债表中债务端记录着存款和自有资本，表明资金的筹集过程；资产端记录着现金和贷款，表明募集资金的运作方式。商业银行的基本业务是以现金形式持有部分资产,将剩余资产贷出去。

随着证券化业务的开展,如图 5-5 所示,商业银行的资产负债表发生了变化。

传统商业银行的资产负债表

资产	负债
现金	存款
贷款	自有资本

证券化以后的商业银行资产负债表

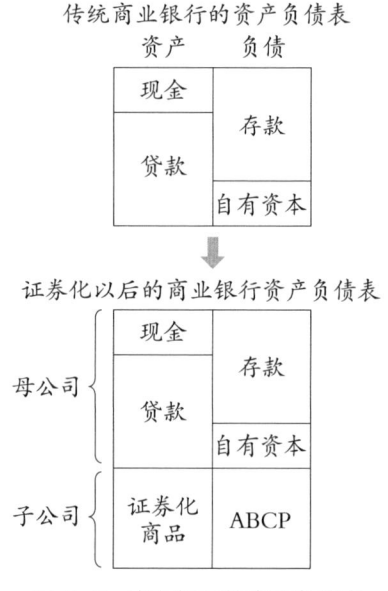

母公司:
资产	负债
现金	存款
贷款	自有资本

子公司:
资产	负债
证券化商品	ABCP

图 5-5 商业银行的资产负债表

将目光放在资产方面,可以发现商业银行不仅放贷,还购买证券化商品。将目光转向债务方面,其融资方式呈现多元化,除存款和自有资本外,还将发行短期债务 ABCP 以筹集资金。①

在信用创造的过程中,存款的增加会增加贷款,而贷款的增加会反过来增加存款,从而进一步增加贷款。只要银行资产的增幅保持在存款范围内,银行的风险就不会迅速增加。当银行触碰存款以外的新债务性资金时,就意味着银行经营可能会出现危机。

计划购买证券化商品的银行会发现仅仅依靠存款资金是不够的,然后银行开始发展证券化。以购买的证券化商品和住房贷款债权作为抵押品发行 ABCP。

---

① 图 5-5 中下方虽然显示仅有子公司购买证券化产品,但是一般情况下母公司也购买证券化产品。

ABCP 和存款同为债务资金，但它是一种短期债务，最短持有一天，平均期限约为一个月。不可忽略的一点是这种债务不受存款保险制度保护。21 世纪版本的流通票据自此发行。然后，银行将从 ABCP 获得的资金购买了更多证券化商品。

由于自有资本保持不变，资产负债表的扩张提高了财务杠杆。ABCP 的发行缩短了负债时间的同时，由于购买长期证券化商品的增加，扩大了资产负债表上的资产和负债期限错配风险。对短期 ABCP 反复进行融资、来购买证券化商品的行为必定会增加资产的流动性风险。如果 ABCP 因某些不可预见因素而无法再融资，银行的现金流情况将立即恶化，并且由于 ABCP 不受存款保险制度保护，银行缺乏流动性资产则会增加挤兑风险。资产负债表扩张的背后，是银行潜在风险的加大。

◎ 影子银行

为什么在严格的自有资本规定下能够进行这样的操作呢？因为证券化业务不是由银行本身开展的，而是由银行为逃避监管设立的结构性投资工具（SIV）进行的。SIV 是银行的全资子公司，它通过发行商业票据以低利率筹集资金，然后将资金用于投资高收益的长期证券化商品，并从中赚取利润。当时的银行法规对银行本身有严格的监管，但却没有充分监督其子公司的行为。虽然人们普遍认为母公司在紧急情况下会救助全资子公司（Wholly-owned subsidiaries），但是在会计上子公司却要与母公司分开，银行本身利用子公司 SIV 可以在不增加自有资本的情况下扩大资产规模。

总之，图 5-5 的资产负债表可以看作子公司、母公司的合并资产负债表。证券化的扩张主要集中在不受政府监管的子公司上，其实际状况就像蒙上了一层面纱，因此被称为"影子银行"。

影子银行可以说是传统银行之外的信用中介网络。它一般是为了规避银行监管网络而产生的，由于不受当局监管，便无法抑制信用扩张，所以成为引发金融危机的原因。

正如第 1 章中所述，根据金德尔伯格的观点，在泡沫经济时期，影子银行的产生几乎是不可避免的。笔者在此再次引用他的观点。

无论是银行体系发展之前还是之后，由于私人信贷的无限扩张，引发投机热的其他支付手段出现了。即使以某个时间点的某个银行系统为前提，其支付手段超出了现有银行系统的范围，现有银行会通过创建新的银行，开发新的信用交易手段，通过在银行外扩大私人信贷来扩张。（查尔斯·P. 金德尔伯格，《疯狂、惊恐和崩溃：金融危机史》，1978年，第16页，笔者译）

金融危机爆发

◎ 货币市场基金跌破面值

恐慌通常被定义为一个人突然受到惊吓而做出的极端行为，一般被视为人们的非理性行为。戴蒙德和菲利普·迪维格（Philip Dybvig）运用博弈论中的"囚徒困境"思想，阐明了由信任崩溃引起恐慌，最终导致银行破产的机制。存款人间的怀疑情绪蔓延，担忧其他存款人在自己提款前提款，这种情绪让存款人争先恐后地去银行兑现，这使得即使管理上没有问题的银行也会出现现金流短缺的问题，最终导致破产。这种类型的金融危机自存款保险制度出台以后被看作是过时的东西，甚至谁也想不到几乎相同的情况会发生在21世纪的发达国家。

2006—2007年出现的房地产泡沫破裂，引发了"次贷危机"。房价下跌导致以住房贷款为抵押的证券价格下跌，人们愈加显现出对证券化模式存在的结构性缺陷失去信心，对其他证券化商品的信心也开始动摇。

2008年9月，投资银行雷曼兄弟破产，危机瞬间扩大。事件的直接导火索是货币市场基金之一的储备初级基金（Reserve Primary Fund）持有雷曼兄弟发行的大量ABCP，但是它的基价跌破面值。货币市场基金是以美国国债和商业票据（CP）等高流动性、高安全资产来运营管理的投资信托基金，它的出现可以追溯到20世纪70年代，当时因为商业银行和S&L存款利率在监管下保持在低水平，其成立的目的是避免被监管。此后，许多法规被撤销，但是在人们对安全且流动性高的资产需求中，它是除了银行存款的第二最佳选项。货币市场基金确保投资者的 1 美元面值对应 1 美元的基准价，即本金担保。现实中几乎不会出现跌破面值的情况，因此，人们投资货币市场基金时就像在银行存款一样，不会考虑本金损失的风险。

面对本金的意外损失，投资者感到恐慌。货币市场基金将拒绝向 ABCP 再融资，并从金融机构提取资金。筹措资金时惨遭拒绝的金融机构在市场上出售证券化商品来抵消流动性不足的问题。当证券化商品的市场价格下跌时，以证券化商品作为抵押品发行 ABCP 的其他金融机构也会出现这种情况，被迫抛售证券化商品。随着证券化商品价格普遍下跌，信用不稳定的连锁反应如同多米诺骨牌效应，将波及整个金融机构，这些金融机构几乎在瞬间崩溃。

◎ 流动性资产的枯竭

从图 5-6 可以清楚地看出，当时所说的流动性资产的枯竭或蒸发并非夸大其词。

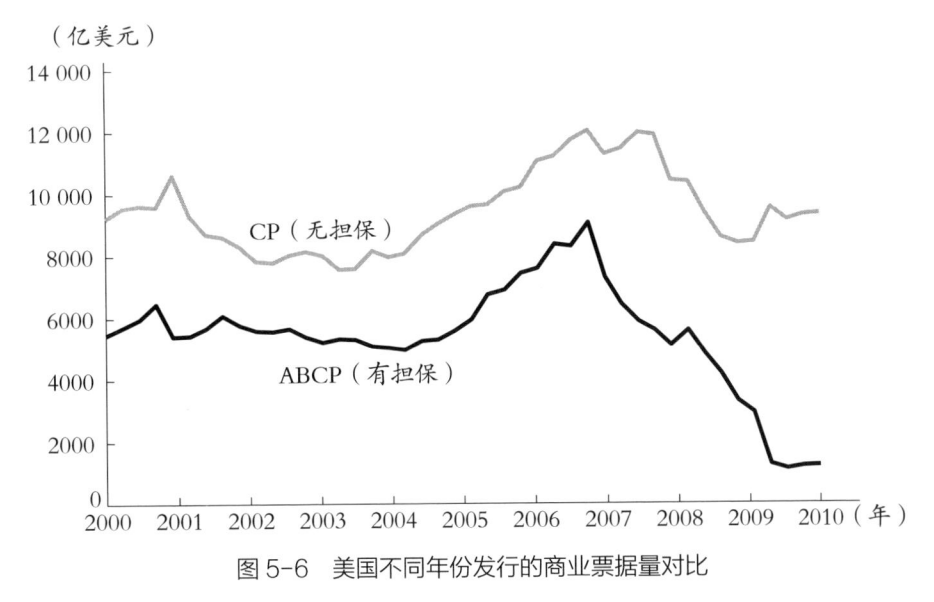

图 5-6 美国不同年份发行的商业票据量对比

资料来源：美国联邦储备委员会。

商业票据可分为以银行原始信用为基础发行的无担保商业票据和以证券化商品为抵押发行的商业票据（即 ABCP）。无担保发行的商业票据在危机前后表现出相对稳定的趋势。同时，ABCP 在 2007 年第二季度达到约 9000 亿美元的峰值后迅速缩水，2010 年缩水至峰值的 13% 左右为 1200 亿美元，可见流动性枯竭的冲击性之大。

没有人知道哪些金融机构是银行，无论是证券公司还是银行，不明实体都在扮演银行的角色，并提供没有明确抵押品做担保的债务资金。此外，没有人能够确定哪种类型的债务或金融资产是货币。现在回过头来看，Repo（利用国债逆回购的短期贷款）和 ABCP 实际上发挥了现实货币的作用，但当时大家都未察觉到这一点。在市场、经济学家、金融当局、政府都不知道什么是真正的货币，不知道哪些金融机构是真正银行的混乱局面下，一旦出现问题，整个金融市场就会崩溃。

让我们总结一下金融危机的始末。其致命之处是金融机构以证券化商品作为抵押，大量发行无存款保险制度保护的 ABCP 短期债券。虽然有很多人指出危机的起因是金融机构持有大量证券化商品，但事实并非如此。假设将筹集的资金用于购买证券化商品，情况可能会有所不同。即使金融机构因证券化商品无法收回而蒙受损失，但这是否会导致信用网络崩溃，我们也不得而知。

如此一来，暂且不论其原本的意图是什么，单从汲取大萧条的经验、重建金融体系、引入存款保险制度和《格拉斯–斯蒂格尔法案》这一点来看，它是正确的。这两种机制就像是维持金融体系稳定的两个轮子。《格拉斯–斯蒂格尔法案》的"淡化"使得商业银行和投资银行可以兼业，导致不受存款保险制度保护的 ABCP 得以大量发行。将不能成为"合格抵押品"的证券化商品作为抵押，来发行"货币"的后果过于严重。对民间货币的挑战已引发了一场全球性金融危机，并已蔓延开来。

本章回顾了房地产泡沫产生大量证券化商品的经过，以及证券化崩溃导致金融危机的始末。美国经济泡沫的显著特点是双重泡沫叠加发生。首先，出现了房地产泡沫，然后以住房抵押贷款为担保出现了证券化商品。总之，民间金融机构试图用安全资产的证券化代替国债，其本质是"安全资产泡沫"，这种泡沫的双重结构造成了雷曼事件的悲惨结局。如果房地产泡沫未与证券化挂钩，金融机构可能就不会陷入恐慌。当被问及世界上最高效、最具创新性的金融体系为何崩溃时，其原因正在于"创新性"。在长期未设立中央银行的美国，金融机构不断尝试创造民间货币，尝试在安全资产不易被政府保护的金融史中创造出证券化商品，美国金融业已一败涂地。

第6章

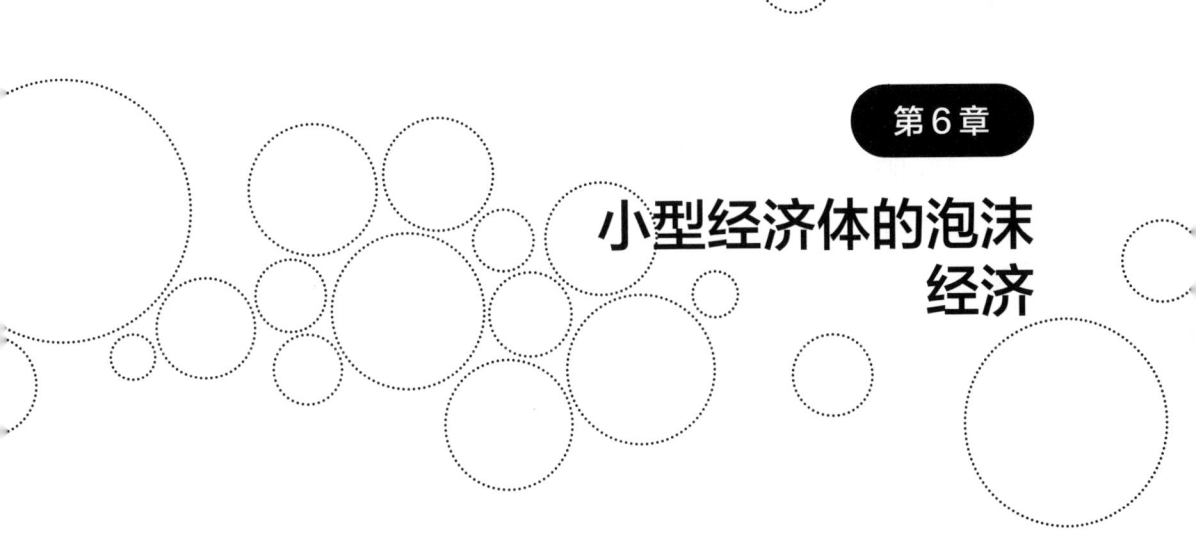

小型经济体的泡沫经济

前面用两章论述了日本和美国两个经济大国的泡沫经济。无论是日本还是美国，其泡沫经济现象最终均能够在国内得以消解。但是，世界上绝大多数的国家都是经济规模较小的国家，其国内生产总值总量相对较低。正因为经济体量小，无法像经济大国那样较为轻松地做决定，会受到诸多限制，其泡沫经济也会受到经济大国的干预以及世界经济的影响。

金融自由化与北欧国家的金融危机

◎ 北欧三国的金融危机

直至20世纪70年代，北欧国家都采用固定汇率制度（Fixed Exchange Rate System）以确保金融政策的独立性，并通过压低利率来推动本国的经济增长和工业化发展。其国内金融市场受到政府的严格监管，存贷款利率处于较低水平，民间借贷也在政府监管之下。

政府监管之下的经济运行，虽出现了信贷分配结构扭曲的现象，但也促进了某些主要行业的贷款优先权，人们基本能够接受这一现状。银行几乎没有不良债权，可以说基本没有任何产生金融危机的迹象。

20世纪80年代，以里根经济学和撒切尔主义为代表的经济自由主义盛行。金融市场呈现出放松管制的趋势，这股浪潮也波及北欧国家。因石油价格上涨而经济蓬勃发展的挪威于1984年开始实行利率自由化，撤销了此前的存贷款利率限制。这一时期，挪威的石油收入高涨，经常账户盈余，国内储蓄率不断提升。

放松管制产生了巨大影响。资金匮乏的家庭也能以合适的条件在银行办

第 6 章
小型经济体的泡沫经济

理大额住房贷款，企业也较少考虑利率风险而过度借贷。在政府监管时期，金融机构的数量已然过多，放松监管后新的金融机构还在不断成立，扩张分支机构网络，借贷市场展开竞争，以满足家庭和企业的需求。

在未做好应对风险措施的情况下，金融市场自由化迅速发展。1984 年，挪威全国贷款余额占其国内生产总值的 40%，仅仅在四年后的 1988 年便增加到 68%。随着消费和投资过热，房价也大幅上升。

1986 年的石油价格下跌是一个重要转折点。严重依赖石油收入的挪威经济遭到重创，过热的经济迅速降温。1987 年 10 月的黑色星期一之后，房地产泡沫破裂。一直以来，银行扩展业务均是基于乐观预期，但却因持有大量不良债权而陷入金融危机。

同一时期，放松管制的浪潮也席卷了挪威的邻国——瑞典和芬兰。虽然这两个国家与挪威不同，经常账户赤字，但随着放松管制，资本自由化同样具有重大意义。两国的共同之处在于，放宽资本管制后，大量境外资金流入国内。

1984 年，芬兰的贷款余额占其国内生产总值的 55%，到 1990 年增加至 90%。房价飙升，在 1983—1989 年实际上涨了 64%。1989 年，其经常账户赤字上升到国内生产总值的 5% 以上。外资支持下的国内经济繁荣最终引发了动摇货币价值信心等复杂的问题。瑞典的危机虽不及芬兰严重，但也经历了贷款热潮和房价上涨。

1989 年德国统一之后，欧洲地区开始逐步提高利率。随着境外实际利率的上升，资产价格开始下跌，经济陷入衰退。经济过热使得经常账户赤字上涨，动摇了国外民众对本国货币的信心，情况日趋复杂。政府须在下调利率、采取应对经济衰退的措施，或是提高利率、抑制通货膨胀之间进行选择。这些国家普遍认为，能否保持外汇市场的稳定是经济政策中的最重要课题，因此最终决定实施紧缩性货币政策。[①] 当然，提高国内利率将加速资产价格的下跌。

[①] 仔细观察可发现，这两国的对应政策不尽相同。瑞典一直试图维持固定汇率，直至 1992 年才调整为浮动汇率制度。芬兰在 1989 年将其货币马尔卡贬值 4%，暂时放弃了固定汇率制度。然而，汇率的下降进一步导致国民对本国货币不信任，最终使得本国利率进一步提高。

◎ 难以预测放松管制的后果

国际金融学中著名的"三元悖论"（Mundellian Trilemma）认为，资本的完全流动性、汇率的稳定性、货币政策的独立性三者不能同时实现。通过限制资本流动和采用固定汇率制度，可以降低政策利率。当资本流动性较高时，国内利率的降低会导致资金外流，所以只能调整为浮动汇率制度，或者将国内利率保持在与境外实际利率一致的水平。若想维持固定汇率制度，货币政策将失去独立性。

受益于石油收入且不必依赖外国资本的挪威，在金融危机中的经济损失较小。但是，依赖外国资本的瑞典和芬兰不得不实施紧缩性货币政策，经济损失较为严重。泡沫破裂造成的经济衰退现象，在芬兰尤为严重。该国出口总额的20%依赖苏联，苏联解体后，芬兰的出口急剧下降，这也使得芬兰经济遭受重创。

由于不擅于处理不良债权，所以银行无法妥善处理经营危机，最终导致了1991年的金融危机的发生。尽管各国政府的反应存在一定差异，但这三个国家都对金融危机迅速做出了反应，采取了向破产银行注资并对破产银行进行重组的不良债权处置措施。挪威国内生产总值下降幅度较小，瑞典和芬兰下降幅度较大，直至1994年才恢复正增长。

金融市场放松管制将引发信用扩张和泡沫破裂，但这并非这些国家经过深思熟虑后实施的措施。这些国家既未意识到风险管理的重要性，也未意识到在金融市场自由化中实施稳健货币政策的必要性。关于放松管制的后果，至少在当时并未达成一致意见。

从金融自由化到金融危机

◎ 智利金融危机

在一系列关于"金融压制"的讨论中，罗纳德·麦金农（Ronald McKinnon）

认为，政府的监管与干预造成金融市场的资金配置扭曲，这是发展中国家经济停滞不前的重要原因。

他尤其批判了当时发展中国家普遍存在的"利率上限"问题，宣称利率上升能够推动银行储蓄存款增长，进而使得贷款增加，推动发展经济。这一政策建议提出的背景是，拉丁美洲国家担心长期通货膨胀会导致实际利率为负，资金将无法在国内金融市场流通。

1973年9月11日，奥古斯托·皮诺切特（Augusto Pinochet）在智利首都圣地亚哥发动了军事政变。1974年皮诺切特就任智利总统，任命弗里德曼的弟子——芝加哥经济学派（Chicago School of Economics）的经济学家担任顾问，开始实施新自由主义政策，旨在通过金融市场的配置功能来提振经济。他们将前任政府时期的国有银行一律私有化，取消利率上限，在短期内打造出一个充满竞争活力的金融市场。有人担忧，银行实施与超市同样的推进措施可能会出现问题，但金融自由化是在对市场机制极度乐观的背景下发展而来的。

政府宣称，绝不会救济因竞争加剧而破产的银行，并期待市场约束机制发挥规范金融市场的作用。然而，1977年，当智利的奥索诺联合银行遭遇经营危机时，政府却施以援手。出于对金融体系不稳定的担忧，政府不得不转变政策。此后，人们普遍认为，政府会采取某种形式保护存款人的利益，外国银行也开始向智利企业提供贷款，因为它们相信智利政府的隐性担保。

1979年，智利政府采用固定汇率制度，将本国货币比索与美元挂钩。随着货币可兑换性的提高以及资本流动限制的放松，大量境外资本流入国内。经常账户赤字（占国内生产总值的百分比）在1980年为7.1%，1981年则升至14.5%。

境外资金流入国内资本市场，导致国内信用扩张、不良债权增加。1981年，智利多家主要银行陷入危机，中央银行打算通过紧急贷款进行救助。此后，金融市场对智利经济的影响开始减弱。金融市场忽视了中央银行向商业银行提供直接救助的"货币化"（monetization）现象。1982年上半年，中央银行继续向民间机构提供贷款，这进一步加剧了通货膨胀的现象，并造成比索贬值压力。政府被迫宣布比索贬值，截至1982年1月，汇率从1美元兑39比索升至1美元兑80比索。比索的贬值打击了以美元贷款的企业与金融机构。尽管政府试图救助这些金融机构，但1982年智利国内生产总值同比下降了14%。

智利政府在应对1982—1983年金融危机时，缺乏政策持续性，使得其与建立有效的金融市场约束的愿望背道而驰。随着通货膨胀现象加剧、国内货币对美元汇率下跌，政府保护存款人的决心动摇，人们开始放弃以比索计价的国内存款，纷纷选择境外以美元计价的存款。国内金融市场萎缩、大规模资本外流，智利经济在整个20世纪80年代停滞不前。

◎ 双重危机

由智利银行危机引发的货币危机备受关注。货币危机和银行危机同时发生的"双重危机"（twin crises）引发了关于二者因果关系的争论。格拉谢拉·卡明斯基（Graciela Kaminsky）和卡门·莱因哈特（Carmen Reinhart）以欧洲和拉美国家为研究对象，对1970—1995年发生的26次银行危机和76次货币危机进行了详细分析。

他们得出了三个结论。首先，银行危机和货币危机在20世纪80年代金融自由化开始之后变得密切相关。在26次银行危机中，有25次发生在20世纪80年代以后。在19次双重危机中，有18次发生在20世纪80年代之后。其次，在实际利率上升、贸易条件恶化、汇率高估等基本经济状况恶化时，投机情绪和群体心理等预期不稳定性触发危机的情况较少。最后，双重危机产生的影响比单独危机发生时更为严重。

经济停滞不前的拉丁美洲国家频频发生金融危机，当时的经济原理可以解释这一现象，但没有人预料到经济发达的国家会发生金融危机。

亚洲金融危机

◎ 以美元为中心的固定汇率制

20世纪90年代，泰国、印度尼西亚、韩国、新加坡和马来西亚等东亚国家和地区实际经济增长率高达7%~10%。经济高速发展的亚洲国家和地区成为发展中国家建设经济的成功典范，被誉为"东亚奇迹"（East-Asia miracle）。这些国家和地区采用"一揽子"货币体系，即根据各国货币的加权平均汇率来设定本国或本地的汇率，其中美元的比例高达70%，实际上执行的是本地货币与美元挂钩的固定汇率制度。广场协议签署后，当美元兑日元贬值约50%时，这些国家和地区在亚洲的出口竞争力得以提升，为经济发展提供了动力，境外资金的流入也促进了其资产市场的繁荣。20世纪90年代初期，银行的不动产贷款有所上升，1996年泰国、中国香港和新加坡的银行贷款中不动产贷款的占比达到30%~40%。

本国货币与美元挂钩的好处在于，美元资金稳定流入国内市场可刺激国内投资，但是，这又使国内经济将在很大程度上受到美元市场的影响。如果美元持续贬值，其自身的汇率在国际上性价比会变高，可以实现以出口为导向的经济增长。然而，一旦美元走强，就会丧失这一优势，国内经济容易受到出口下滑的影响。自1996年以来，当美联储调整实施紧缩货币政策时，美元就会走强，与美元挂钩的泰铢也会升值，从而减缓出口压力，繁荣的股市与不动产市场也会逐渐走向低迷。

1997年，泰铢升值备受关注。外国投资者看好泰铢的前景，在期货市场上泰铢被一抢而空，固定汇率制度难以维持。为维持固定汇率制度，泰国政府不得不在提高利率和贬值泰铢之间做出选择。同年7月2日，泰国政府最终决定将固定汇率制度调整为浮动汇率制。然而，泰铢的抛售势头却没有缓和迹象。从1997年7月至1998年1月，泰铢从1美元兑25泰铢跌至1美元兑55泰铢，也就是说，若以美元计价，泰铢的币值仅仅半年时间就跌破一半面值。

泰铢贬值、货币暴跌的浪潮瞬间席卷了亚洲其他国家及地区，导致整个亚洲地区的汇率下降与资本外流，并进一步演变为银行危机。图 6-1 显示了当时汇率下跌的实际情况。

图 6-1 中 1997 年 1 月亚洲各国及地区的名义汇率以 1 为基准，描述了其后汇率呈下降趋势。从 1997 年 7 月至 1998 年 1 月，图 6-1 中所有国家及地区的汇率均呈现急剧下降趋势（不包括采用固定汇率制度的中国香港）。

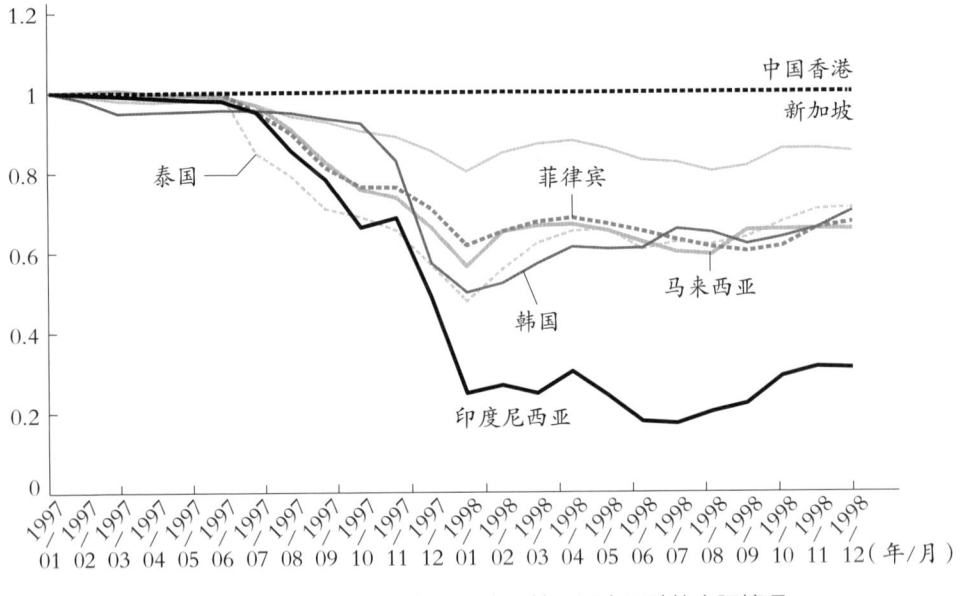

图 6-1 1997 年亚洲部分国家及地区汇率下跌的实际情况

资料来源：国际货币基金组织。

◎ 资本流入中断

据说货币危机的起因是银行风险集中。当时亚洲国家和地区从境外借入的是美元而不是本国或本地区货币。以泰国为例，泰国金融机构将从境外借入的美元资金以本国货币泰铢的形式为国内提供贷款，如果泰铢兑美元汇率下跌，必然存在外汇负担加重的风险。更甚之，一半以上的借款为不满 1 年的短期资金，通过反复再融资筹集到的资金长期贷款给国内企业，流动性风险随着贷款额的增加而增大。泰国银行同时存在外汇风险与流动性风险，即所谓的"双重错配"（double mismatch）。

值得注意的是对冲基金等金融机构的表现。对冲基金采取的手段是，利用实物和期货出售泰铢，巧妙地在市场上散布"大额资金流动"的谣言的同时，煽动其他投资者的情绪，从而通过泰铢在市场上的单向流动获得收益。

虽说泰国经济发展势头向好，但其较小的外汇市场规模在"货币冲击"面前也束手无策，泰铢瞬间大幅贬值。当境外金融机构拒绝为其提供贷款再融资时，泰国银行陷入现金流困境并被迫破产，从而引发金融危机。其影响不止于泰国国内，也蔓延到周边其他国家和地区。1998年这些国家和地区经济都出现了负增长。韩国和印度尼西亚的金融危机尤为严重，两国于1998年的实际经济增长率分别为 –5.5% 和 –13.6%。

由资本流入中断、信用紧缩、汇率下跌引起的生产、消费急剧下降和资产价格暴跌现象被称为"资本流入的突然中止"。自20世纪80年代金融自由化以来，这一现象已在新兴国家和发展中国家广泛出现。当出现"资本流入的突然中止"时，不仅资本不会从境外流入，而且由于国内金融市场的混乱，本国资金还会流向境外，导致国内经济动荡。亚洲金融危机就是由资本流入中断引发危机的典型案例。

◎ 国际货币基金组织计划

1998年，亚洲多国及地区经济出现负增长。为平息金融危机，泰国、韩国和印度尼西亚三国向国际货币基金组织寻求财政援助。作为条件，国际货币基金组织要求其实施紧缩性货币政策与紧缩性财政政策，并进行结构性改革。

印度尼西亚是受金融危机影响最大的国家。在金融危机爆发时，印度尼西亚政府也向国际货币基金组织寻求援助，但政府三番两次接受国际货币基金组织要求后毁约，因此印尼盾在市场上因失去信用而暴跌。1998年1月，除印度尼西亚以外的亚洲国家和地区的货币均趋于稳定，印尼盾暴跌一直持续到同年 7 月。从 1998 年 5 月开始，印度尼西亚国内物价上涨并引发全国骚乱，经济动荡导致总统苏哈托下台。

也有人对此予以批评，认为国际货币基金组织的行为过激，加剧了金融危机。对于财政处于平衡状态的国家而言，为何需要实施紧缩性财政政策呢？有一种观点比较具有说服力，即国际货币基金组织是一个多边主义的超国家机构，它通过设置金融援助条件迫使主权国家采取两难政策，以达到侵犯其主权的目的。如果其行为缺乏审慎思考，便会遭到国民反对，经济危机就极有可能演变为政治危机。

亚洲金融危机在震惊世人的同时，也向我们阐述了一个新的事实：即使经济稳步增长，只要自我实现预期和群体心理在金融市场中显现，就会在金融市场暴露细微破绽时将一国经济推入无底深渊。亚洲国家与拉丁美洲国家的区别在于，亚洲国家既不依赖积极的财政政策与宽松的货币政策，也未采用难以维持的固定汇率制度。亚洲金融危机作为一个重大的经济现象，它暴露了国际金融市场存在破坏均衡的不稳定性因素，也暗示了全球金融市场已走在"悬崖边缘"。

本章涉及 20 世纪 80 年代北欧三国的房地产泡沫、20 世纪 80 年代初期智利的经济危机以及 20 世纪 90 年代的亚洲金融危机，并论述了世界经济形势下的小型经济体经济状况。对于小型经济体经济而言，其汇率在本质上与经济大国相比存在根本性区别。将固定汇率制度作为宏观经济政策基础的北欧国家，在应对危机时做出了合理反应。试图通过降低汇率来应对危机的亚洲国家则深陷金融危机的泥潭之中。在新兴经济体中，金融危机总是无一例外地伴随着货币危机一同发生。

第 7 章

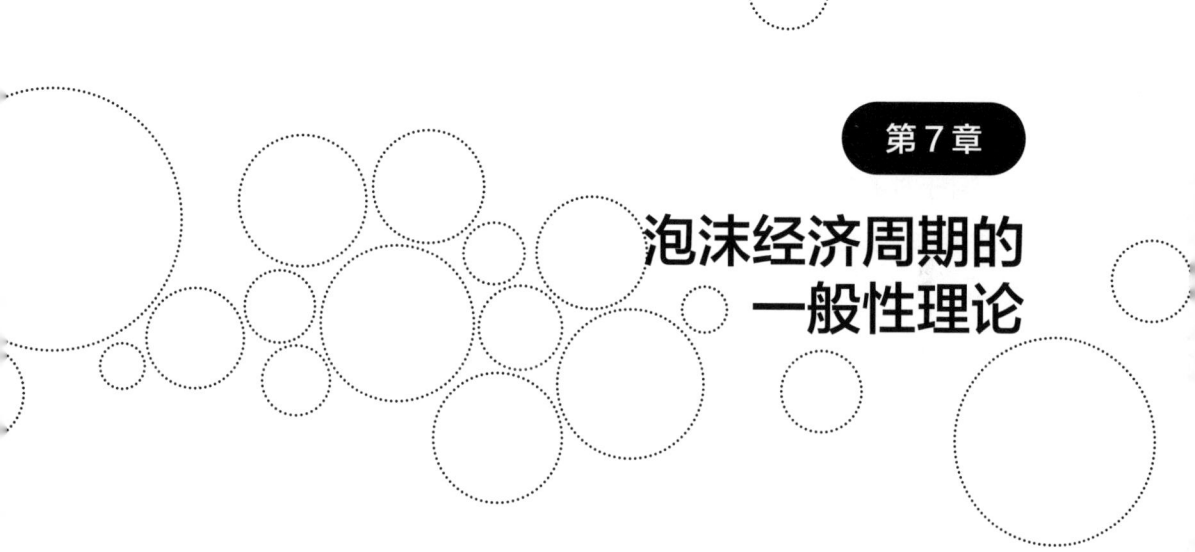

泡沫经济周期的
一般性理论

对于历史学家而言，每个事件和现象都只会发生一次，而经济学家则认为自然与社会发展的机制具有普遍性。历史学具有特殊性，而经济学则具有普遍性。（查尔斯·P. 金德尔伯格，《疯狂、惊恐和崩溃：金融危机史》，1978年，第14页，笔者译）

历史学家专注于探寻每一个事件，而经济学家则认为社会现象与自然现象一样，具有遍历性，每一种现象是会反复发生的，并认为它们具有普遍性，可以用一个单一模型来解释。

本书第4章至第6章主要论述了日本泡沫经济、美国房地产泡沫经济、20世纪80年代北欧国家泡沫经济、亚洲金融危机等泡沫经济事件。每个泡沫经济事件的发生都各有其特点，日本经历了土地价格泡沫，美国发生了资产证券化现象，东亚爆发了金融危机。我们可以认为，在各个国家和地区发生的这些经济领域的重大事件，都承载着各自特有的历史、社会规范以及文化因素；但与此同时，上述泡沫经济事件也具有共同性与普遍性。

泡沫经济狂热始于经济繁荣，终于因经济崩溃而引发的危机与萧条。它们的共同之处在于，银行贷款、资产价格、经济增长、经常账户以及外汇汇率等经济变量相互发生作用，从而形成了从繁荣到萧条的经济周期。本章旨在通过比较分析上述泡沫经济事件的各项数据，以期从中得出普遍结论。

泡沫经济周期的一般性理论

◎ 分析21个国家及地区的23个泡沫经济事件

为研究泡沫经济的普遍性，我们以与上述四个泡沫经济事件相关的21个国家及地区发生的23个现象为研究对象。我们之所以将这23个现象作为研究对象是有原因的。由于数据可得性增加，利用大量数据进行分析逐渐发展为经济学的研究趋势。数据量越大，其实证结果的统计分析的信赖度就越高。但是，数据量的增加意味着统计也包括了发生在经济体量较小国家的小规模泡沫经济事件。那么，发生在经济体量较小国家的小规模泡沫经济事件的特征体现了数据整体的平均状态，它与发生在日本、美国等经济大国的泡沫经济给人的那种强烈印象有所不同。本书认为，不能无视这一"弊病"。

现将重点置于不动产泡沫现象上，不涉及与不动产泡沫无关的资产泡沫。因此，本节内容不涉及股市泡沫的典型——互联网泡沫（dot-com bubble）。如下文所述，泡沫破裂所造成的经济损失之所以严重，是因为出现不动产泡沫的同时，也引起了银行的信用扩张。

首先，笔者遵循规范的经济学研究方法，由此观察23个现象的一般性特征。表7-1汇总了历经泡沫周期的21个国家及地区发生的23个现象的宏观经济变量。研究对象为20世纪80年代的北欧三国和日本、经历20世纪90年代亚洲金融危机的东亚及东南亚的7个国家及地区、经历21世纪最初十年的房地产泡沫后又遭受雷曼事件重创的12个国家。关于雷曼事件，这里选取了在2002—2008年房价累计高涨40%以上的11个国家以及美国，共12个国家。虽然美国的房价累计增长率较低，约为25%，但作为危机中心的美国不能被排除在外。另外，国土广袤也意味着这个国家的不动产平均价格增长率往往会偏低。雷曼事件中的经常收支及外汇汇率统计仅限于危机前经历资产泡沫的国家，日本和德国被排除在外[①]。

---

① 关于房价，数据来源于国际清算银行（Bank for International Settlements）。

表 7-1　金融危机及经常收支、外汇汇率　　　　（单位：%）

国名	国内生产总值增长率	信用增长率	经常收支	国内生产总值累计下降率	经常收支累计变化率	外汇汇率下跌率
20 世纪 80 年代的泡沫经济							
挪威	5.1	12.9	1.3	0.2	-4.3	7.1
芬兰	3.6	12.7	-4.2	10.3	0.4	16.5
瑞典	2.2	11.1	-1.5	3.8	-0.5	14.4
日本	4.8	8.2	1.8	0	1.1	-6.1
亚洲金融危机							
中国香港	3.8	9.8	-4.4	6.0	8.4	0.0
韩国	7.3	9.5	-2.4	5.7	9.0	47.7
新加坡	7.8	13.3	15.5	2.2	1.1	17.4
印度尼西亚	6.9	12.4	-2.8	13.1	7.2	81.2
马来西亚	9.1	17.2	-6.6	7.3	19.2	41.7
菲律宾	5.2	25.3	-3.8	0.6	2.4	35.2
泰国	4.6	19.3	-5.9	11.9	16.1	43.7
雷曼事件							
西班牙	3.7	17.9	-9.5	3.8	5.2	15.3
法国	2.3	6.3	-1.1	3.2	-0.3	15.3
英国	3.0	9.7	-2.0	4.9	0.2	33.7
爱尔兰	5.6	21.1	-4.9	10.8	4.9	15.3
冰岛	6.0	32.0	-21.5	8.3	12.9	14
新西兰	2.6	9.2	-7.3	1.7	2.8	33.9
美国	3.1	7.2	-5.1	3.4	2.3	-15.3
比利时	2.4	8.3	0.9	2.7	-0.9	15.3
加拿大	2.7	1.7	0.8	2.8	-3.8	20.2
丹麦	2.5	10.3	2.3	6.6	2.8	15.2
挪威	2.8	5.1	14.9	1.9	-2.6	27.9
瑞典	3.6	8.4	9.0	5.6	-2.8	33.2
平均	4.4	12.6	-1.6	5.1	3.6	22.7

正如定义经济周期中经济的高峰和低谷一样，泡沫经济周期也需定义高峰和低谷。将泡沫破裂后国内生产总值增长率最低的那一年定义为泡沫经济周期的低谷。关于泡沫经济周期的高峰，后文再进行阐述。发生于20世纪80年代的四个泡沫经济事件中，本文将1988年的挪威、1991年的芬兰、1992年的瑞典、1993年的日本、1998年亚洲金融危机、2009年雷曼事件定义为泡沫经济周期的低谷。此外，此处特定的时间节点，由于可利用的年度数据有限，所以与泡沫实际开始崩溃的时间存在一定偏差。例如，挪威经济危机发生于纽约股票市场暴跌的黑色星期一后的1987年11月；在亚洲金融危机中，泰国政府放弃固定汇率制度是在1997年7月；而雷曼事件，人们一般认为其始于房价泡沫开始崩溃的2007年春天。

在表7-1最下面的"平均"一栏中记载了23个现象的单一平均值。单一平均值是指，把占世界总国内生产总值中的份额超20%的美国与人口仅有30万、国内生产总值只占世界总国内生产总值的0.02%的冰岛用同等的1/23的比重来进行评价，也许会有人批评这不符合实际情况。为避免这些批评，虽然我们也考虑在世界总国内生产总值份额的基础上计算加权平均值，但如此一来又担忧美国、日本等经济大国的影响会变得过于强烈，使我们对危机的共同感受产生偏差。无论哪种方法都各有其优劣，此处关注的是国家之间的差异，故采用单一平均值。

◎ **国内生产总值增长率**

"国内生产总值增长率"是指，泡沫经济繁荣时期3年间的国内生产总值平均增长率。这3年间对泡沫周期高峰的选择需加以注意。具体而言，选择了从低谷及其之前2年的时间，共3年。排除低谷前一年的原因是，从实际数据来看，低谷前一年也存在较多已经受到泡沫破裂影响的现象。以美国为例，在低谷前一年即2008年，因受次贷危机余波的影响，其国内生产总值已经出现负增长。此后提到的3年繁荣期，其变量的定义是相同的。如表7-1最下方所示，泡沫经济繁荣时期的23个现象的平均增长率为4.4%。从国别来看，亚洲各国的经济增长率较高。在雷曼事件中，冰岛和爱尔兰因海外资本的流入而实现经济高速增长，其增长速度颇为惊人。

◎ 信用增长率

"信用增长率"是指，泡沫经济繁荣时期的 3 年间银行贷款增长率的平均值。表 7-1 中各国平均信用增长率为 12.6%，远远高于国内生产总值平均增长率的 4.4%，表明信用扩张已超过实体经济增长。一般而言，在一定时期内信用增长率超过国内生产总值增长率的现象被称为"信用扩张"（credit expansion），数据表明，正是信用扩张支撑着泡沫经济的繁荣。挪威（1988年）、马来西亚、菲律宾、泰国、西班牙、冰岛和爱尔兰的信用增长率均超过了 15%。美国的信用增长率为 7.2%，之所以不高，是因为统计的数据仅限于银行贷款。美国信用扩张的相当一部分是通过所谓的影子银行完成的，而非管理存款的银行。正因为是"影子"，所以无法有效掌握其准确的数据。正如明斯基所预言的一样，银行信用扩张支撑了泡沫经济时期的繁荣，泡沫经济的最终崩溃将导致银行陷入债务过剩的困境。

在信用创造论中，存款被贷出后，用于贷款的资金会被再次存入银行，而后这些资金又将被用于进一步放贷。这种存款和贷款之间的转换就是存款的创造过程，只要把资金贷给优质安全的企业，存款和贷款便会随着国内生产总值的增长而扩大。

只要资金被限定用于优良且安全的借款方，应该就不会发生贷款以异常速度增加的情况，也就不会导致信用扩张。为对冲贷款风险，银行习惯于设定强有力的担保措施。反过来讲，只要能够提供充分有效的担保，有些银行就会轻易放款。实际上，虽然存在一定风险，但银行误以为贷款是安全的，因此贷款规模才会急剧扩大。作为担保的不动产因泡沫经济而价格高涨，银行由此慷慨地提供贷款，不可思议的是，银行竟未曾考虑过不动产价格可能下跌的风险。这也许就是受经济狂热与物价上涨所推动的泡沫经济。

第 7 章
泡沫经济周期的一般性理论

◎ **国内生产总值累计下降率**

泡沫破裂后，金融机构会因流动性不足及资产负债表恶化而存在功能缺陷，经济也将陷入严重萧条。"国内生产总值累计下降率"是反映经济衰退严重程度的指标。该指标是以泡沫破裂时的国内生产总值水平为基准、用增长率来衡量最大下跌程度所换算而来的数字。例如，芬兰在危机爆发的第二年，即 1992 年，经济增长率降至 −6.0%，第二年降至 −3.5%，第三年降至 −0.8%，直至第四年才恢复为正增长。在这种情况下，其国内生产总值累计下降率合计为 10.3%。

在表 7-1 中，各国国内生产总值平均累计下降率为 5.1%。如果按经济增长率来换算，泡沫破裂所造成的经济损失约为 5%。各国国内生产总值降幅程度的不同，反映了各国在金融政策与银行救助等政府的应对举措、国际资本外流、国内金融市场稳定等方面的差异。芬兰、印度尼西亚、泰国、爱尔兰 4 国累计跌幅超过 10%。国内生产总值规模越小的国家越容易受到危机的影响，除了印度尼西亚，其他国家的国内生产总值占比均不足 1%。相比之下，美国和日本等经济大国的损失较小。日本的国内生产总值累计下降率最小，表中记录为"0"是因为即使在经济增长率最低的 1993 年，其国内生产总值也依然实现了 0.2% 的正增长。

将这些数字与以黑色星期四的股票价格暴跌为开端的 1929 年经济大萧条时期的数字进行比较，则耐人寻味。图 7-1 记录了经济大萧条、雷曼事件发生之后的美国经济增长率走势。

图中实线表示经济大萧条后的数值，从 T 年（1930 年）至 T+2 年（1932 年），出现了 10% 左右的大幅负增长，累计下降率达 28.9%。换言之，受经济大萧条的影响，美国国内生产总值约下降了 30%，失业率高达 25%，应届大学毕业生几乎找不到工作。如果仅观察美国在雷曼事件中的经济损失，则累计下降率为 3.1%，大约仅为大萧条时期的 10%。相比之下，虽然很多人认为雷曼事件是百年一遇的危机，但显然言过其实了。

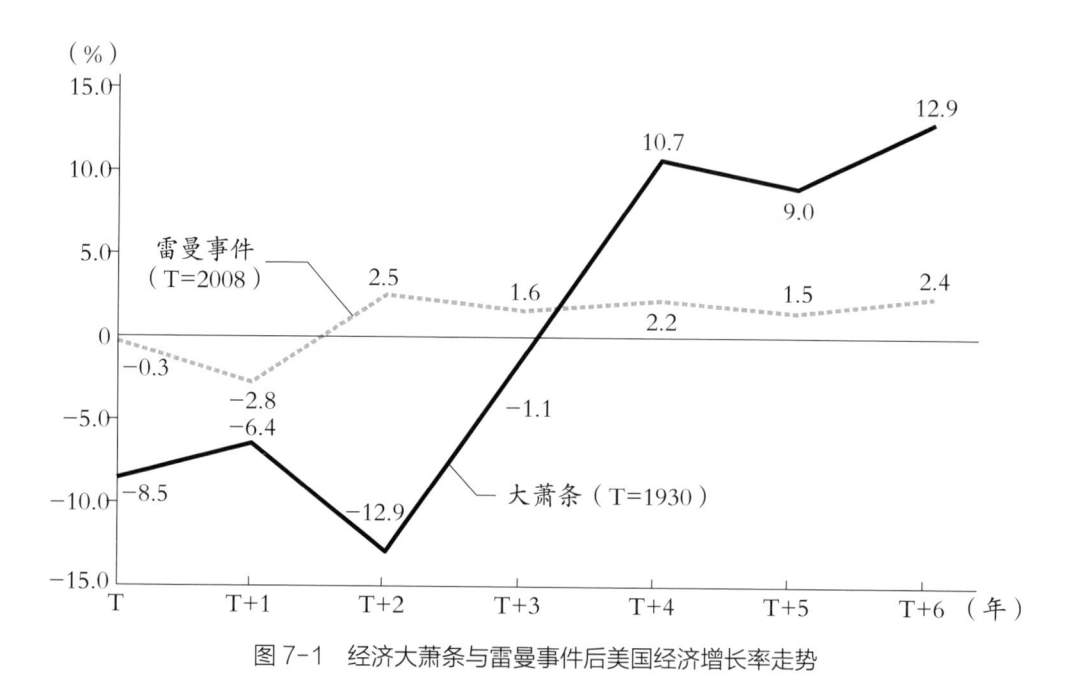

图 7-1 经济大萧条与雷曼事件后美国经济增长率走势

资料来源：美国经济分析局。

◎ 经常收支

"经常收支"表示的是泡沫经济繁荣时期3年间的经常收支（与国内生产总值之比）的平均值。正数值为经常收支盈余，表示国内经济储蓄过剩导致资金外流的状态。负值为经常收支赤字，表示投资超额导致海外资金流入的状态。表7-1中各国经常收支的平均值为 –1.6，也就是说，赤字与国内生产总值之比为1.6%，平均而言，经常收支赤字的国家会发生泡沫。

"经常收支累计变化率"表示泡沫破裂后经常收支平衡的最大变化。表7-1中各国3.6%的平均值反映了因危机的发生，经常收支从1.2%的赤字"改善"为2.4%的盈余。累计变化率值较大的均为经常收支赤字国家，中国香港、韩国、马来西亚、泰国、冰岛等地均超过8%。赤字国家的情况是，整个国家的支出高于收入，须通过向海外借款或撤回对外资产来弥补差额。一旦泡沫破裂引发金融危机，由于国内外的不确定性因素将增多，向海外借款将会被拒绝，因此为调整赤字只能减少内需。通过缩减消费和投资，能够迅速从赤字国转变为盈余国，这就是收支"改善"的真相。另外，在危机发生前后，赤字国经常收支情况并无太大变化。

一般引导资本外流的是外国投资者。投资者虽可抛售海外资产，却不愿出售国内资产。

◎ 外汇汇率的变化

危机发生后，一旦资本从国内流出，本国货币将被抛售，外汇汇率将贬值。正如第 6 章所讲述的"双重危机"一样，银行危机有时会引发货币危机，反过来货币危机也会引发银行危机。"外汇汇率下跌率"表示危机发生后一年内外汇市场的最大下跌幅度。除美国外的其他 22 个国家和地区均是按照兑美元的汇率进行评估。这里需注意的是，美国是用兑换欧元的汇率来评估的。从平均值来看，表 7-1 中各国汇率平均下降了 22.7%。除了日本、美国和采用固定汇率制的中国香港外，其他 20 个国家和地区的汇率都在危机之后贬值。

在亚洲金融危机中，汇率的下跌同样明显。下跌最严重的是印度尼西亚，高达 81.2%。仅仅在一年的时间里，该国的货币兑美元汇率贬值为原来的 1/5，国内生产总值累计下降率高达 13.1%。

◎ 泡沫经济周期的典型模式

让我们概括一下从繁荣到萧条的泡沫经济周期的典型模式。首先，在海外资本流入的同时，国内经济引发消费、投资热潮。金融机构增加贷款，资金需求常常超过实际需求，资金大量流入不动产市场。由于住房、土地等不动产价格飙升，金融机构被不断增长的贷款能力所误导，进一步扩大了以不动产为抵押的贷款。资产价格高涨、信用扩张的螺旋式上升就是这样形成的。

正如明斯基所指出的，银行信用继续膨胀，而贷款质量却在恶化。但是，恶化的不仅仅是贷款质量。因资产泡沫的出现，金融机构误认为贷款机会迅速增加，于是为谋求超额利润而扩大资产规模。由于仅靠存款不足以跟上贷款的速度，所以金融机构就会选择有风险的"危险资金"。换言之，资金筹措的质量也在下降。在亚洲金融危机中，筹措资金来源于海外短期资金；而在雷曼事件中，它则是以证券化商品为担保发行的ABCP。金融机构资产负债表规模的扩大，是在银行系统健全性出现恶化的风险下进行的。

热潮总会有回落。如果因为某种冲击，发生了让人们的预期瞬间从乐观转为悲观的事情，那么连接人与人之间的信用就会崩塌，这就会成为经济萧条的开端。其引发因素多种多样。就北欧国家而言，是德国统一带来的欧洲利率上升；就日本而言，是迫于大藏省实施的不动产贷款限制；在亚洲金融危机中，是资金流入的中断与外汇汇率的下跌；在美国的雷曼事件中，其引发因素是证券化商品市场的崩溃。

不动产价格下跌引发信用紧缩，而信用紧缩反过来又加速不动产价格的下跌。由于海外资金流入中断，依赖海外高杠杆短期资金的金融机构随即陷入流动性危机。不仅是资金借款方的企业，就连资金贷款方的银行也面临资金流动性不足的困境，一个国家的金融体系将因此陷入瘫痪。资本逆流，本国货币被抛售，导致外汇汇率下跌。在危机的漩涡中，资产价格下跌、流动性不足、信用紧缩、资金流入中断、本国汇率下跌等情况几乎同时发生，其原因多种多样。此外，企业和银行都将承受债务过剩的风险。这便是"资产负债表衰退"的开始。

图7-2中横轴表示时间，将泡沫破裂的时间设为"0"（= T）。例如，将日本的1993年设为"0"，将美国的2009年设为"0"。在经济繁荣期，通过扩大海外资本的流入，实现了4%～5%的高增长。泡沫破裂后，国内生产总值增长率暂时降至-4%左右。短短1至2年的时间内，国内生产总值损失达8%～9%。

此后，经济危机在较短时间内恢复，虽然2年后经济增长率在一定程度上逐渐恢复，但仍未达到繁荣时期的5%。因资产价格暴跌，企业、家庭、银行等主体均拥有大额负债，消费、投资低迷。在经济繁荣期，由于人们过度乐观，导致经济过热，上述的5%很可能已经超出了真实的经济体量。资产负债表衰退影响了经济发展，在一定时期内国内生产总值增速呈下滑趋势。阿米尔·苏非（Amir Sufi）领导的研究小组对家庭债务与经济周期进行了研究，利用以发达国家为主的 30 个国家及地区的面版数据（panel data），得出结论：在 1960—2012 年，虽然家庭债务（与国内生产总值之比）增加的同时也提高了国内生产总值增长率，但 3 年以后却又使国内生产总值增长率下降。

经常收支的变化也在危机前后产生了差异。危机后经常收支基本实现顺差，再未出现赤字（图 7-2）。资本倒流并非是短期现象，而是一种长期现象。泡沫经济时期，由于不动产价格等投资品价格飙升、内需增加，使得经常收支容易恶化。如果泡沫破裂，由于投资品价格会降低，因此内需会稳定、经常收支情况也会好转。这种倾向在亚洲各国尤为明显。在危机前后，亚洲 7 个国家及地区的平均收支发生了大幅变化，由赤字 1.5% 转为盈余 7.5%。这种扭亏为盈的变化，已经不仅仅是泡沫经济的周期性调整。面对大规模的外部冲击，亚洲各国政府深切感受到了国内经济的脆弱性，将依赖对外贷款的增长路线转变为出口导向型的稳定增长路线。

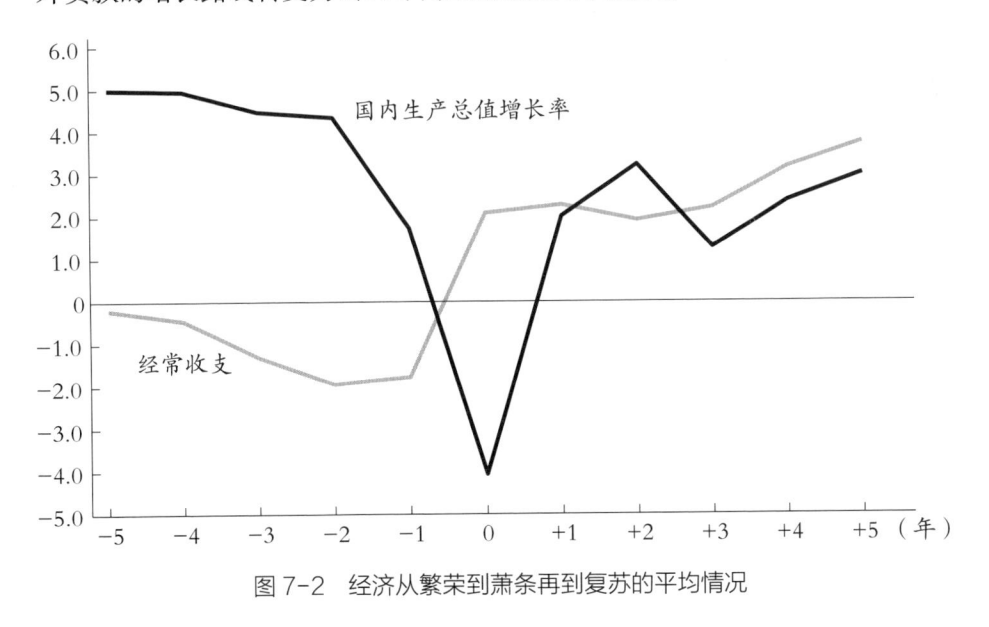

图 7-2　经济从繁荣到萧条再到复苏的平均情况

资料来源：国际货币基金组织。

最后，通过介绍一张生动描绘泡沫经济周期的图来结束本节内容。

图 7-3 以 20 世纪 80 年代后发生的 21 个泡沫经济事件（19 个国家及地区）

为对象，描绘了泡沫破裂前后的银行贷款情况及国内生产总值增长率[①]。

图 7-3 中横轴的时间点"0"表示泡沫破裂的年份。从"–5"到"–1"这一时期，反映了资产价格的急剧膨胀，从"1"到"5"这一时期，反映了泡沫破裂后的经济衰退。在泡沫经济膨胀时期，银行贷款以超过国内生产总值增长的速度增长，一旦泡沫破裂，此后几年间增长率将呈现负值，银行贷款额度也急剧收缩。换言之，该图如实地反映出信用扩张不会持续过久，且信用扩张将会导致泡沫破裂，其反作用即导致信用紧缩与增长率放缓。

过度创造信用将会引发一场悲剧。银行贷款是以贷款行业的资产价值为担保，存款在本质上是以贷款为担保而发行的债务证书。如果资产价值暴跌，泡沫经济下创造的信用也会随之丧失。那么留下的就是债务过剩和存款挤兑，以及为保护存款而花费的税费。

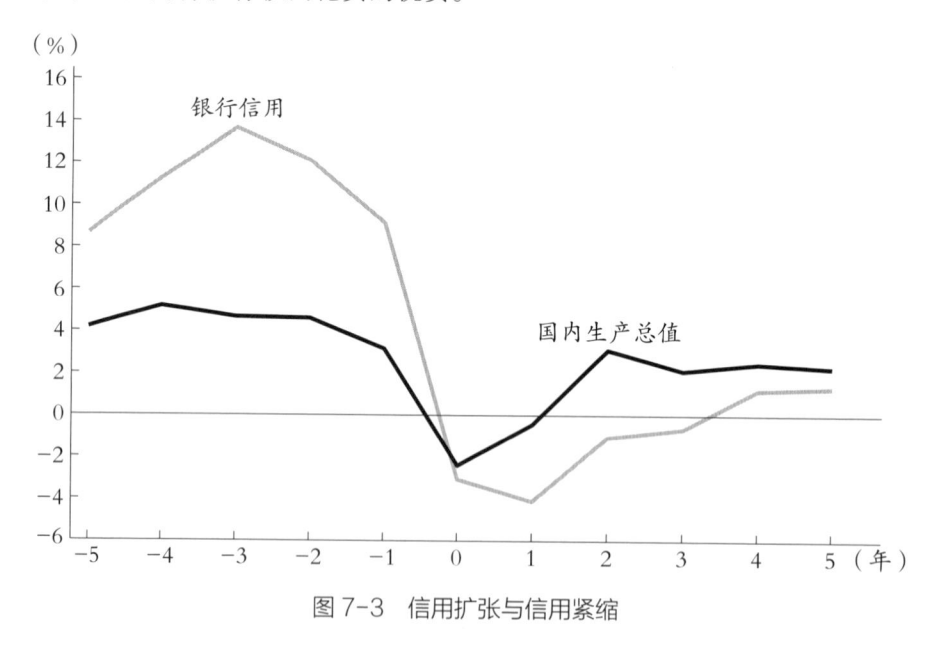

图 7-3 信用扩张与信用紧缩

资料来源：国际货币基金组织、国际清算银行。

[①] 作为研究对象的 21 个泡沫经济事件，分别发生在挪威、芬兰、瑞典（20 世纪 80 年代）、日本、中国香港、韩国、新加坡、印度尼西亚、马来西亚、泰国（20 世纪 90 年代）、西班牙、法国、英国、爱尔兰、新西兰、美国、比利时、加拿大、丹麦、挪威、瑞典（21 世纪第一个十年）。

由艾伦·泰勒领导的研究小组，利用17个主要国家及地区的140年间的数据，将不动产泡沫与股市泡沫进行了比较。研究报告显示，不动产泡沫的背后大多是银行的信用扩张，而随着信用扩张，泡沫破裂也带来了严重的经济危害。而与此相对，股市泡沫的发生却不一定伴随着银行的信用扩张。

基于对立视角的分析

至此，本书分析了泡沫经济周期从繁荣到衰退的"普遍性"特征。如果用数据平均值这一尺度来衡量，泡沫经济周期便如上所述。另外，如果断定这就是泡沫经济的特征，可能会有读者担忧，仅用平均值来解释所有现象是行不通的。

"幸福的家庭都是相似的，而不幸的家庭则各有各的不幸。"这是托尔斯泰的名作《安娜·卡列尼娜》中的第一句话。从泡沫产生到崩溃乃至爆发金融危机，各国危机的演变路径各不相同。各个泡沫经济事件虽都内含了泡沫经济周期的普遍性特征，但因经济的发展阶段、金融市场的成熟度、国内监管体系与政治制度、对他国的对外依存度、经济规模等各类因素相互叠加，所以每个事件又都保持着各国的固有特征。如果强行将其归结为一个理论，那么因急于使其具有普遍性意义也会失去很多东西。

这里我们稍微转换一下切入视角来进行讨论。以经历过泡沫的国家为例，分为两组进行讨论。用"20世纪型泡沫与21世纪型泡沫""小型经济体与大型经济体""经常收支赤字的国家与经常收支盈余的国家""新兴国家与发达国家"这四个不同的切入点来进行补充讨论。

"20世纪型泡沫"与"21世纪型泡沫"

雷曼事件发生的泡沫经济周期与以往经验的不同之处在于，经济热潮与危机的国际性传播。20世纪80年代的日本和北欧各国的不动产泡沫仅是局部性的，因而危机的影响也是局部的。亚洲金融危机虽然影响到了包括日本在内的亚洲国家及地区，但危机的影响仅限于亚洲地区，基本未波及西欧各国。另外，21世纪房地产泡沫的特征是跨国性的泡沫传播。在此背景之下，事实上，随着金融市场的全球化，国际资本流动活跃，资产市场能够为全球金融机构提供套利机会，价格联动机制逐步建立。

危机也是具有传染性的。率先发生于美国的金融危机蔓延到欧洲，原本与危机无关的国家也被卷入其中，波及整个欧美乃至全世界经济体。全球性经济不景气导致全球贸易萎缩，也直接影响了出口主导型经济。日本就是其中一个典型例子，虽然其受危机的直接影响较小，但其国内生产总值累计下降率高达6.6%。

表7-2将20世纪发生的泡沫事件概括为"20世纪型泡沫"，并与引发世界经济大萧条的"21世纪型泡沫"进行比较，发现了一些颇为有趣的特征。首先，以发达国家为中心的21世纪型泡沫在繁荣时期的增长率较低。20世纪型泡沫经济时期的增长率较高，这与数据中实现经济显著发展的亚洲国家及地区占半数以上有关。但是，累计下降率二者却相差无几。无论是现在还是过去，一旦泡沫破裂引发金融危机，国内生产总值都会下降5%左右。

其次，21世纪型泡沫经济的经常收支的改善程度较弱。原因是目标国家是发达国家，所以"资本流入的突然中止"现象未频繁发生。更有趣的是，由于危机是全球性的，所以大型经济体的内在影响机制也波及小型经济体。也就是说，不仅赤字国家的收支改善程度较弱，盈余国家的经常收支也恶化了。人们一般认为危机爆发后，由于内需减少，收支盈余国家的盈余将会增加。但在雷曼事件中，比利时、加拿大、挪威、瑞典等顺差国家的盈余反而缩小了。受世界经济大萧条的影响，收支盈余国家的出口也减少了。

此外，21世纪型泡沫经济的外汇汇率跌幅较小。之所以与伴随着汇率暴跌的"资本流入的突然中止型"不同，是因为危机的对象是使用主要货币美元和通用货币欧元的国家。换个角度来看，虽然不是"资本流入的突然中止型"泡沫，但累计下跌率几乎相同，这表明累计下跌率不仅受到了金融危机的直接影响，还在较大程度上受到了全球性经济衰退的余波影响。

表 7-2 "20 世纪型泡沫"与"21 世纪型泡沫"比较　（单位：%）

	国内生产总值增长率	信用增长率	经常收支	国内生产总值累计下降率	经常收支累计变化率	外汇汇率下跌率
平均值	4.4	12.6	-1.6	5.1	3.6	22.7
20 世纪型	5.5	13.8	-1.2	5.5	5.5	27.2
21 世纪型	3.4	11.5	-1.9	4.7	2.0	19.0

资料来源：国际货币基金组织。

"小型经济体泡沫"与"大型经济体泡沫"

◎ 易发生泡沫的小型经济体

泡沫经济周期还取决于国家经济规模的大小。表 7-3 比较了大型经济体和小型经济体的平均值。

表 7-3 "大型经济体泡沫"与"小型经济体泡沫"比较　（单位：%）

	国内生产总值增长率	信贷增长率	经常收支	国内生产总值累计下降率	经常收支累计变化率	汇率下跌率
大型经济体	3.3	7.9	-1.6	2.8	0.8	6.9
小型经济体	4.5	13.1	-1.4	5.4	4.1	26.7

资料来源：国际货币基金组织。

虽然经济繁荣时期的数字（国内生产总值增长率与经常收支）看似并无太大差异，但小型经济体的信用增长率一般是大型经济体的 2 倍左右。一旦陷入危机，小型经济体和大型经济体之间的差距就会更加明显。无论是国内生产总值累计下降率、经常收支累计变化率，还是外汇汇率下跌率，小型经济体的数值都大于大型经济体。小型经济体的国内生产总值下降幅度较大，外汇汇率的下跌以及经常收支的变动幅度也都较大。

冰岛是一个人口约三四十万、国内生产总值占世界份额很小的小型经济体。冰岛2000年以后的经济繁荣吸引了海外金融机构的资本流入，如图7-4所示，其2005—2007年经常收支赤字占国内生产总值的比重超过20%，而在危机即将爆发的2008年更是超过了40%。数据显示，与经济规模相比，由于大量资本流入导致了明显的信用扩张，2005年的信用增长率甚至超过40%。经济增长率超过5%～6%、当时被追捧为乘着全球资产价格上涨浪潮的国家，因为雷曼事件，事态逐渐严重。正因为是小型经济体，资本外流和信用紧缩的规模相对于其国内生产总值而言较大，冰岛几乎是瞬间陷入了金融危机的旋涡之中，国内生产总值累计下降率超过8%，可以说冰岛是资本流入的突然中止冲击小型经济体经济的典型案例。

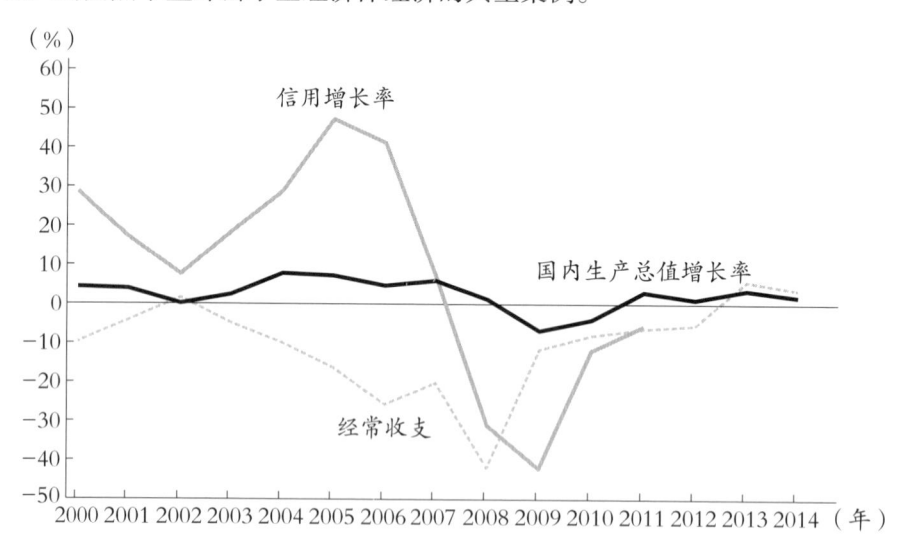

图7-4 冰岛2000—2014年经济情况

资料来源：国际货币基金组织。

正如第3章所论述的，当经济增长率超过利率时，容易出现泡沫经济。大型经济体国内金融市场规模较大，经济又兼具封闭性。也就是说，经济繁荣时，经济增长率上升，利率也会提高；经济萧条时，利率也会随着经济增长率的降低而下降，但增长率超过利率的情况较少发生。另外，由于小型经济体的国内利率是由国际金融市场决定的，因此即便国内经济过热，利率也不会上升。当经济过热时，增长率超过利率，就容易出现泡沫。

此外，小型经济体金融政策的自由度较低，无法将下调政策利率作为银行救助或应对经济衰退的手段。正如"国际金融的三元悖论"所阐述的，资本流动自由化、固定汇率制、独立的金融政策三者不能共存。如果采用固定汇率制、限制资本流动，可降低政策利率。但是，一旦实现资本流动自由化，国内利率的下调就会引发资金外流，因此只能采取浮动汇率制或将国内利率维持在与海外利率不相矛盾的水平上，但只要维持固定汇率制，金融政策就会失去自由度。

泡沫破裂时，小型经济体的政策选择有限。由于金融政策的自由度较低，因此不能将宽松货币政策作为银行救助以及应对经济衰退的手段。20 世纪 80 年代，瑞典和芬兰借助流入的海外资本进入经济繁荣期，当时，他们不得不在通过维持外汇汇率来防范货币危机与下调利率以应对国内银行危机之间做出选择。两国最终都选择了前者，选择通过上调利率来稳定外汇汇率。"三元悖论"带来的政策限制是导致北欧国家金融危机如此严重的原因之一。

泰国选择了与北欧国家不同的应对举措。由于对冲基金大量卖空泰铢，使得泰铢汇率固定制难以维持，泰国政府被迫在提高政策利率以维持固定汇率制、贬值泰铢之间做出选择。最终事实证明，泰国做出了错误的选择。一旦选择后者而放弃固定汇率制，人们对外汇市场的不信任情绪将持续发酵，货币危机最终将演变为金融危机。

与此形成鲜明对比的是美国，它可以说是经济大国中的典型代表。经济大国具有诸多减轻危机影响的机制。虽有媒体大肆报道经济危机后美国的经济陷入衰退，但从累计下降率来看，其国内生产总值损失相对较小，为 3.4%。在 2008 年金融危机中，经济损失最大的是欧洲。如果按国内生产总值累计下降率将各国进行对比，除西班牙外，其他 5 个国家爱尔兰、冰岛、英国、丹麦、瑞典（参见表 7-1）受到的影响均大于美国。全球经济通过贸易和金融市场严重依赖美国经济，美国危机的影响很容易扩散到全世界。当经济大国发生危机时，受影响最严重的并非一定是危机的发源地。

◎ **美国的泡沫经济周期**

美国是经常收支赤字的国家，从这一点而言，美国是泡沫经济周期的典型例子，但危机后的结果差异主要体现在以下两点。虽然经常收支赤字缩小，但美元相对于其他货币几乎没有贬值。在危机发生后的一年内，美元兑日元的汇率下降了 13%，但兑欧元的汇率反而上升了 4.7%。由全球经济衰退所造成的全球风险提高，驱动了投资者"逃往质量"（flight to quality）的心理，导致资金集中到被认为是世界上最安全的资产——美国国债上。其结果是，美元外汇市场并未大幅贬值。2005—2006 年，因全球经济失衡引发的对美元暴跌的不安，在雷曼事件中并未成为现实。如果经济大国陷入金融危机，其后果将比新兴国家和经济体量较小的国家发生危机要复杂得多。

不仅如此，由于全球经济衰退导致全球利率下降，美国得以保证金融政策的自由度。为应对危机，美联储以异常的速度下调政策利率，并实施了三轮量化宽松政策。这或许也是欧洲银行大量购入证券化商品的后果[①]。如果欧洲银行不购入证券化商品，危机的影响仅波及美国，那么货币宽松政策可能导致资本从美国出逃，使美元暴跌。

"赤字国泡沫"与"盈余国泡沫"

到目前为止，我们讨论的都是经常收支赤字国家和地区，但实际上，经历过泡沫经济周期的国家和地区中也包括一些盈余的。从整体来看，24 个国

[①] 美元实际上是主要货币，这也是美国能够果断实施货币宽松政策的原因之一。由于外债大多以美元计价，即使货币政策宽松导致本国汇率下跌（实际上，美元并未贬值），也不能忽视外债利息支付负担上升的风险。

家和地区中有 15 个赤字的、9 个盈余的。若将研究对象限定于发达国家和地区的泡沫，则有 9 个赤字国、7 个盈余国，两者势均力敌。正如第 3 章所论述的那样，将海外资本流入引发泡沫经济的赤字国与国内金融市场的资金过剩引发泡沫经济的盈余国分开思考是饶有趣味的一件事。

表 7-4 将"赤字国泡沫"和"盈余国泡沫"进行比较，并给出总结。二者在经济繁荣时期的国内生产总值增长率并无太大差异，但可看出危机之后的累计下降率存在较大差异。赤字国为 6.3%，比盈余国的 2.7% 高出 2 倍以上。二者在繁荣时期的经常收支分别为 5.5% 的赤字和 5.8% 的盈余，但二者在危机时期的经常收支变化率却存在较大差异。赤字国的赤字改善了 6.1%，带有强烈的资本流入突然中断的性质，但盈余国的赤字反而增加了 1.2%，说明危机前后资本的流动未发生太大的变化。与此相对应的是，二者的外汇汇率下跌率也有所不同。相对于赤字国的 26.2% 而言，盈余国的 16.3% 要低得多。甚至也有像日本这样在泡沫破裂后外汇汇率大涨的国家。

国内生产总值累计下降率低也是盈余国家和地区的特征之一，赤字国家和地区高达 6.3%，盈余国家和地区仅为 2.7%。由于泡沫破裂引发恐慌性的金融危机和货币危机的这种危机模式主要出现在赤字国家和地区，因此不一定适用于盈余国家和地区。因为投资者在面临危机时，虽然会抛售海外资产，却不会抛售国内资产，因此导致资本外流的一般是外国投资者。正如第 4 章所介绍的，日本是唯一的国内生产总值累计下降率没有出现负值的国家。在泡沫破裂后的 1992 年，日本没有一家金融机构破产，从当时政府的反应来看，他们几乎没有意识到金融危机。

表 7-4 "赤字国泡沫"与"盈余国泡沫" （单位：%）

	国内生产总值增长率	信用增长率	经常收支	国内生产总值累计下降率	经常收支累计变化率	外汇汇率下跌率
经常收支赤字国	4.6	14.7	-5.5	6.3	6.1	26.2
经常收支盈余国	4.0	8.5	5.8	2.7	-1.2	16.3

资料来源：国际货币基金组织。

"新兴国家泡沫"与"发达国家泡沫"

◎ 振幅较大的新兴国家和地区的泡沫经济周期

因为新兴国家和地区的经济正处于追赶发达国家和地区的阶段,虽然它的经济增长率较高,但经济体系、制度和基础设施尚处于发展阶段,缺乏稳定性,所以与发达国家和地区相比,其经济周期波动较大。有人指出,泡沫经济周期与正常经济周期的不同之处在于,支配经济波动的机制在经济的上升和下降阶段是非对称的,因此很难进行简单的类比。新兴国家和地区经济周期的变化是否也适用于泡沫经济周期呢?

表7-5将"新兴国家泡沫"与"发达国家泡沫"进行了对比。新兴国家泡沫经济体由亚洲金融危机的7个国家和地区组成,发达国家泡沫经济体由这7个国家之外的其他国家组成。通过比较经济繁荣时期的国内生产总值增长率,可以发现当时的亚洲各国及地区还是正在追赶发达国家的发展中经济体,新兴国家泡沫经济的国内生产总值增长率为7.4%,远远高于发达国家的泡沫经济增长率。另外,新兴国家的国内生产总值累计下降率为6.7%,高于发达国家的4.4%。正所谓"山高则谷深",经济的峰值与谷底之间的变化幅度非常大。

变化幅度的大小也反映在经常收支的变动上。关于繁荣时期经常收支赤字的大小,两者几乎相同,但危机爆发时的累计变化率却存在较大差异。新兴国家和地区高达9.1%,如实反映了危机伴随着资本倒流。此外,不同的外汇汇率跌幅也鲜明地体现了资本外流的严重程度。由于是依赖外国资本的发展中经济体,可以说新兴国家和地区在这场危机采取的典型的资本流入中断模式(Sudden Stop)、本地不成熟的银行制度和裙带经营中暴露出的管理结构的脆弱性、缺乏自主经济运营能力等因素,严重加深了危机的影响。

表7-5 "新兴国家泡沫"与"发达国家泡沫" （单位：%）

	国内生产总值增长率	信用增长率	经常收支	国内生产总值累计下降率	经常收支累计变化率	外汇汇率下跌率
发达国家	3.5	11.4	-1.6	4.4	1.2	16.0
新兴国家	7.4	15.3	-1.5	6.7	9.1	38.1

资料来源：国际货币基金组织。

图7-5比较了新兴国家与经历了雷曼事件的12个国家在泡沫破裂前后的国内生产总值增长率走势，并将泡沫破裂的年份设为T年。由经历过亚洲金融危机的7个国家及地区所组成的新兴国家经济体，与发达国家相比，其经济从繁荣到衰退下降得更为严重，但从危机中恢复的速度也较快。在危机后的第二年，这些新兴国家便保持了5%的增长率，循环往复，再度崛起。此外，危机三年后其经济增长速度略微放缓，反映出亚洲各国及地区受2001年美国互联网泡沫破灭的影响，经济复苏短暂停滞。亚洲各国及地区在因资本流动突然中断导致货币价值暴跌后，将本国外汇汇率拉至低位，在实现出口导向型经济恢复的同时，也恢复了增长趋势。由于本国经济处于潜在增长率较高的发展阶段，危机结束后资产价格又开始飙升，因此金融体系的修复并不需要花费太长时间。

另一方面，发达国家陷入危机的程度虽然没有新兴国家那么严重，但恢复速度也较为缓慢，从图中可以看出其增长趋势正在下移。该数据集包括多个欧洲国家，反映了雷曼事件之后，由于希腊的财政危机，整个欧洲都受到了财政危机的影响。

与实线相对，虚线表示日本的泡沫经济周期。在泡沫经济全盛时期，日本虽然实现了与新兴国家不相上下的经济高速增长，但它在泡沫破裂后经济增长失速，增长率与发达国家趋同。甚至可以看出日本经济以泡沫破裂为界，似乎已经从追赶型发展中国家经济转变为发达国家经济。

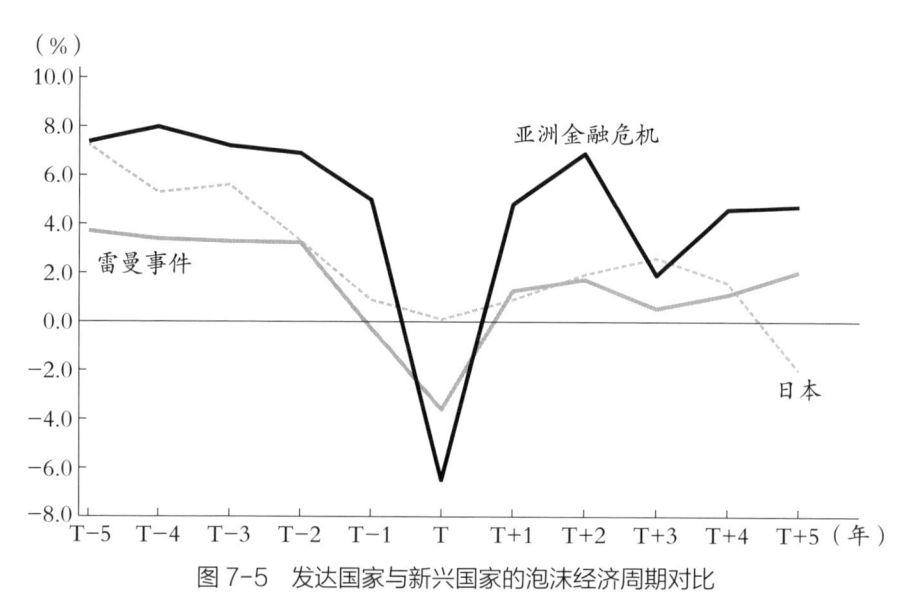

图 7-5　发达国家与新兴国家的泡沫经济周期对比

资料来源：国际货币基金组织。

◎ 理论与现实的差距

这里有一点需要注意。即使恢复到了危机前的增长率，如果从经济危机到经济恢复的过程中经济保持低增长，那么与没有发生危机的情况相比，经济产出将保持在低水平。根据新古典增长理论的预测，决定长期经济产出水平的是生产技术和人们的选择偏好，即使因泡沫破裂和金融危机导致经济产出量在短期内下降，其产出水平从长期来看也会得以恢复。然而，现实数据却与这一理论预测背道而驰，我们不得不得出这样的结论：危机导致一些东西永远地消失了。瓦莱丽·塞拉（Valerie Cerra）和斯威塔·查曼·萨克塞纳（Sweta Chaman Saxena）研究分析了 190 个国家的数据，测算结果显示，因金融危机所损失的产出额，平均下来高达国内生产总值的 7.5%。

应该如何整合数据和理论来理解这一事实呢？实际上，如果认为泡沫破裂和金融危机导致经济产出量下降，那么全要素生产率同时也会下降，这样想便合乎逻辑了。但是，不管实体经济多么稳健地增长，泡沫破裂和金融危机都会对其产生冲击，它与生产率的停滞或下降无关。如果认为是金融部门的生产效率下降了呢？如果是这样，那么泡沫经济时期金融部门的生产率还是很高的。但是，谁会相信这样的话呢？20 世纪 80 年代前半期，曾在任期内成功地消除了通货膨胀的美联储主席保罗·沃尔克表示，他对投资银行推动证券化的社会作用持否定态度，他甚至表示他记忆中的最后一次金融创新是自动取款机的出现。然而，即使泡沫经济时期金融部门拉动生产率的说法只是一种幻想，但金融危机导致生产率停滞的机制还是值得思考的。

作为特例的日本

◎ 国内生产总值下降率低

日本不仅是经济大国，而且是经常收支盈余的国家，从目前的讨论来看，由泡沫破裂造成的损失较小。因为是经济大国，所以能够制定相应的金融政策以应对危机；又因为是盈余国家，所以未受到恐慌性金融危机和资本流入突然中断的影响。但是，自泡沫破裂后，日本的经济增长步入下滑趋势。这一事实引起了关于泡沫破裂及其之后经济长期停滞的因果关系的争论。

如果要说日本泡沫与其他国家泡沫的最大不同之处，主要有以下两点。首先是"国内生产总值累计下降率"低。受土地价格下跌的影响，1992 年日本国内生产总值增长率为 0.9%，1993 年降至 0.2%，1994 年又回升至 0.9%。若要计算国内生产总值累计下降率，由于增长率一次也没有出现过负增长，所以只能是"零"。换言之，即日本是唯一没有因泡沫破裂而出现国内生产总值负增长的国家。

1992 年，在实际国内生产总值增长率下降到几乎为零的情况下，日本政府也完全没有意识到这是经济长期停滞的开始。日本政府只是认为日本陷入了周期性的经济衰退，并试图通过货币宽松、动用财政等常用的经济对策予以应对。尽管金融机构已经积累了巨额的不良债权，但银行及大藏省都并未着手处理不良债权的问题。

未出现恐慌性的金融危机和国内生产总值的急剧下降，这本身是一件好事，但讽刺的是，这也导致了日本政府及民众对危机的认识过于乐观，成了经济长期停滞的原因之一，错过了包括处理不良债权在内的结构改革的最佳时机。

◎ **不良债权的推迟处理**

日本真正开始处理不良债权是从 2002 年 10 月政府实施"金融再生计划"开始的，自泡沫破裂近十年后才开始处理不良债权问题。1992 年，原本预计最多只有 30 万亿日元的不良债权总额，最终膨胀到 110 万亿日元。银行因持有不良债权而苦于资金周转，丧失了原本可向优质贷款方提供资金的功能。经济停滞致使地价持续下跌，不良债权不断增加，银行经营举步维艰。在这种恶性循环之下，不良债权规模逐渐庞大，处理起来也苦不堪言。由于经济长期不景气，日本经济损失严重。

几乎在同一时间，北欧各国也发生了不良债权问题，但与日本的应对方式却截然相反。瑞典和芬兰作为经常收支赤字国，都经历了资本外流和汇率下跌，国内生产总值累计下降率分别达到 3.8% 和 11.3%。对欧洲的小型经济体而言，稳定外汇汇率是首要的经济政策目标，在金融政策不能有效应对经济萧条的情况下，他们迅速地处理了银行的不良债权问题。

那么，解决不良债权问题的正确方法是什么呢？现在回过头来看，正确答案是日本银行应迅速收购不良债权。如果日本银行在 1992 年收购了不良债权，那么就可以将不良债权处理额控制在 30 万亿日元左右，也可以避免债务过剩引发后续的经济长期不景气。

但是，由于拉丁美洲各国都经历过"货币化"的失败，按照当时的经济学常识，中央银行对民间金融机构的直接救助反应过于强烈。

应对金融危机，最重要的是冷静地分析本国的信用状况。当时日本的对外资产水平已经是世界第一，就当时日本的经济实力而言，即便基础货币增加 30 万亿日元，日元信用也不会暴跌。日元贬值，可能会加快日本从危机中复苏的速度[①]。

实际上，20 年之后，美国在雷曼事件之后实施了这一政策。在 2008 年秋季实施的第一轮量化宽松政策中，美联储从市场购入了 17 250 亿美元的资产，其中约 70% 是几乎没有市场定价的抵押贷款支持证券。中央银行救助商业银行，实际上是一种货币化政策，但美元并未大幅贬值。

◎ 泡沫后的日元升值

回到正题上来。日本与其他国家不同的第二点是"汇率贬值率"。通常，泡沫破裂后，资本从国内出逃，本国汇率也会随之贬值。表 7-1 中 23 个现象的平均值显示，汇率贬值了 22.7%。但是，日本的汇率反而上涨了"6.1%"。日元兑美元的汇率因 1985 年的广场协议而跌至 1 美元兑 150 日元的水平后，在 1995 年又继续上涨至 1 美元兑 80 日元。换言之，泡沫破裂后日元升值了。

在泡沫经济时期，日本企业在经常收支盈余、日元升值的背景下，大量购入以不动产为主的海外资产。三菱地所株式会社（Mitsubishi Estate）在 1989 年收购了位于纽约第五大道的洛克菲勒中心是标志性事件，甚至有人说"日本货币买走了美国的灵魂"。

日本的对外净资产在 1991 年跃居世界第一，此时的日本拥有大量可出售资产。三菱地所也在 1995 年出售了洛克菲勒中心。一直不断扩大海外贷款的银行也收缩了战线。持有大量不动产不良债权的银行，出于资金周转的需要，撤回了海外资金。据日本银行的国内银行在外分行账目（数据来源：日本银行）显示，资产的大部分都是现金和贷款，其合计金额从 1991 年高峰期

[①] 还记得笔者 30 岁出头，被日本银行问及泡沫破裂后应采取什么对策时，曾回答说："最节约经济成本的方式是日本银行购入不良债权。"现在回想起来，年轻时的直觉真是不可小觑。虽然应该也有几位政府官员持同样意见，但在当时，这项政策并不具备现实性。如果日本中央银行和金融监管当局（当时的大藏省）没有像美国那样分离的话，事态或许会有所改变。

的143万亿日元大幅减少至1995年的103万亿日元。海外资金回流导致日元需求增加，这是汇率升值的主要原因。

本国货币贬值使得出口部门受益，带动了经济呈V字型恢复，这是从金融危机中复苏的典型案例。但是，日本并未从中受益，日元反而在泡沫破裂后持续升值，给国内经济带来了较大的负面影响。由于日元升值，因在汇率政策上政府存在不作为的问题，心急如焚的出口企业为此放弃国内的设备投资，将投资直接转向了海外。国内产业空洞化，使经济增长长期趋势下行。

◎ **高信用产生的优缺点**

庞大的对外资产规模可以说是经济增长的成果，其导致了本国货币升值，这是经济停滞的原因，总感觉这样的观点有些奇怪。原本，国家货币强大的经济体，其经济应当是繁荣的，但这是有条件的，即具有较高国际信用的本国货币在国际上流通。

只要日本从属于美元体系，对外净资产越多，日元兑美元汇率就越高，出口增速就会趋缓。解决日元升值弊端的方法是将日元作为结算货币，也就是使日元国际化。如此一来，即使日元升值也不会造成任何不利影响。

对外资产充裕的经济选项只能是让本国货币成为国际货币，否则，只能从属于美元体系，继续忍受日元升值带来的痛苦。20世纪90年代，正是日本政府无意推动日元国际化的"不作为之罪"导致日元升值、经济不景气。

我们在此列举出让本国货币成为国际货币所需的两个条件。第一个条件是取消资本管制和资本管理，保障资本自由流动，实行高透明度的浮动汇率制度。投资者认为国家会根据自身情况操纵汇率，只要这种不信任感一直存在，海外投资者就会拒绝持有这个国家的资产。1973年，以汇率转为由市场决定的变动汇率制为契机，各种资本管制被重新审视，资本自由化成为发展趋势。1980年，日本对限制资本交易的《外汇法》进行了修正，从原则上禁止到原则上自由，实现了向资本交易自由化的重大转变。随后成立的日元美元委员会提出了关于自由化的具体计划，到20世纪80年代末，日本资本交易自由化大体完成。

第二个条件是完善国债市场。在所有金融资产中，国债是安全性最高、流动性最好的资产。只有国债市场完善，才能确立以作为锚定资产的国债为基准、顺应风险资产的风险溢价和流动资产的流动性溢价等市场实际情况的有效利率体系。基于对金融市场的信赖，海外投资者便愿意持有该国的资产。确立其国际性的安全资产地位后，国债不仅由民间投资者持有，而且由政府将其作为外汇储备持有。

日元国际化需要"宽容"与"规律"。与日本投资者相比，外国投资者对风险更敏感，因此需要更宽容的态度以及相应的财政规律。日本的繁荣需要的是与对外净资产的规模相匹配的经济霸权的确立，需要一点点宽容。对于当时的日本人来说，这或许是一种超乎想象的经济政策，但如果能理解对外净资产所带来的国际信用是一把"双刃剑"，便不难想象了。但遗憾的是，日本并未能看清由于本国高信用所带来的优势和劣势，笔者认为日本人总是无法在关键时刻做出明智的判断。

本章试图从多数国家均发生的4次泡沫事件中找寻泡沫经济周期具有普遍性意义的特征。由此可以发现，银行贷款、资产价格、经济增长、经常收支、汇率等经济变量都是基于某些规律而相互发生作用的。但是，过分追求普遍性，就会忽略一些重要的东西。将小型经济体与大型经济体、经常收支盈余国与经常收支赤字国、发达国家和地区与新兴国家和地区、20世纪的泡沫和21世纪的泡沫从不同角度进行对比，可以更全面地理解实际情况。关于因泡沫破裂所造成的经济损失，小型经济体的损失大于大型经济体、经常收支赤字的国家大于收支盈余的国家、新兴国家和地区大于发达国家和地区。倘若按照这一标准来衡量，出乎意料的是，日本的经济损失并不算大。

第 8 章

与全球经济失衡息息
相关的两次金融危机

随着经济全球化的推进，国际金融市场逐步一体化。这意味着泡沫也与国际资金流动日益密切相关。最具象征意义的事件是对"全球经济失衡"（Global Imbalances）的讨论。有人认为，在美国经常账户赤字的背后，是新兴国家和资源出口型国家的过度储蓄造成了房地产泡沫，进而引发了雷曼事件。然而事实并非如此简单。如果继续探寻导致雷曼事件发生的根源就会发现，其实它与亚洲金融危机息息相关。美国总是经常账户赤字的原因可以追溯到美元体系自身存在的矛盾。首先让我们从国际货币体系的演变开始讲起吧。

国际货币体系的演变

◎ 从金本位制到美元本位制

欧洲经济自受到第一次世界大战的重创后，英国的经济地位就开始衰退。战争结束后，英国国内生产总值被美国赶超，国际金融市场的重心也逐渐从伦敦转向纽约华尔街。1925 年，英国以 1 盎司黄金等于 5 英镑的旧比价恢复了金本位制。丘吉尔当时担任英国财政部部长，但这位对经济一无所知的部长为此付出了高昂的代价。考虑到当时英国经济的实力，上述汇率还是较高的，于是英国的经常账户逐渐开始出现赤字，英国黄金外流。

经常账户出现赤字，黄金外流，英格兰银行不得不实施紧缩性货币政策，以此来维持与持有的黄金数量相称的货币数量。当经济因货币紧缩而恶化时，物价开始下跌。如果引起通货紧缩，出口价格就会变低，进口价格会变高，经常账户赤字就会逐渐缩小。如果采用金本位制，国际收支的自动调节机制便会发挥作用。

第 8 章
与全球经济失衡息息相关的两次金融危机

然而，由于社会主义运动的高涨，工人开始团结起来反对资本家，这时即使经济恶化、失业率上升，货币工资和物价也不会下降。金本位制的自动调节机制失灵。这正是凯恩斯在《就业、利息和货币通论》(*The General Theory of Employment, Interest and Money*) 中所描绘的世界。货币工资下行刚性，工人被迫失业，物价居高不下，导致经常账户持续赤字，黄金外流，英国经济受损日益严重。

1929 年美国发生的经济大萧条结束了这一切。由于受到美国经济大萧条的冲击，欧洲经济也陷入了严重衰退。当时德国和奥地利的银行由于受第一次世界大战后遗症的影响，金融和经济都处于不稳定的状态，又相继发生了银行挤兑现象，金融恐慌瞬间蔓延开来。虽然他们当时向作为国际基准货币国家的英国求助提供财政支持，但英国不仅无法提供帮助，甚至连自己国家黄金外流的势头都无法制止，以至于 1931 年被迫退出了金本位制。在退出金本位制前后的短短一周内，英镑兑美元汇率就贬值了约 25%。世界各地的黄金从欧洲转移到美洲大陆，全球 70% 的黄金都集中在了美国。然而，基准货币从英镑向美元的转变并非那么顺利。从世界各地积累了大量黄金的美国放弃了金本位制。

基准货币国指的是能为遭受金融危机的国家提供资金救助的国家。金德尔伯格认为，只有拥有巨额财富的基准货币国家在危机期间成为国际"最后贷款人"，国际金融体系才能稳定下来。

1929 年经济衰退的影响范围非常广，破坏力极大，持续时间较长，英国原本肩负着在危机期间通过履行以下五项职能来保证国际经济体系稳定的职责，但英国并未做到。美国也无意尽到该责任，因此国际经济体系失去了稳定。其五项职能如下：

（1）保持相对开放的抛售商品市场；

（2）提供经济景气对策，或至少提供稳定的长期贷款；

（3）制定规则，保持相对稳定的外汇汇率体系；

（4）确保协调宏观经济政策；

（5）在发生金融危机时，中央银行提供贴现，或作为最后贷款人提供流动性供给。

我认为这些职能必须由肩负领导国际经济体系责任的某个国家进行组织实施。（查尔斯·P. 金德尔伯格，《1929—1939 年世界经济萧条》，石崎明彦、木村一郎译，岩波书店，2009 年，第 314 页）

当一个民族国家成为占据支配地位的霸权国时，国际体系则处于稳定状态，这一观点在国际关系和国际政治领域被称为"霸权稳定理论"（The Theory of Hegemonic Stability）。

国际金融体系已经彻底崩溃。其后，稳定国际金融市场的机制消失，各国汇率竞争性贬值，竞相上调关税，导致经济封锁。世界贸易量萎缩，全球经济陷入困境，历史开始向第二次世界大战的悲剧发展。

1944 年，在华盛顿附近的一个度假胜地布雷顿森林，同盟国的各国首脑齐聚一堂，共商重建国际金融体系。战争结束后，就连美国也放弃了孤立主义，开始积极提供国际公共产品。

结果，在当时美国压倒性的经济实力下，美元被选定为基准货币。然而，新的货币框架尚未设定。对于美元这样的一国货币是否能够作为真正意义上的国际货币存尚存争议，其中的代表人物就是凯恩斯。他认为全球 70% 以上的黄金集中在美国，战后美元作为国际货币拥有充足的"合格抵押品"，但没有人可以保证这种情况将来仍然会持续下去。凯恩斯阐述了让一国货币成为国际货币的弊端，并提出了"班科（Bancor）提案"，即让所有的主要国家出资，以此为担保创造出一种新的国际货币来作为基准货币。由于当时美国和英国之间的力量对比悬殊，凯恩斯的提议并未被采纳，最终美元被选定为国际基准货币。

旨在建立战后国际金融市场的布雷顿森林体系被称为"金汇兑本位制"。该体系只承认对美元的兑换，并按照一定的兑换比例（1 盎司黄金 = 35 美元）

与黄金兑换，这奠定了一国货币美元成为国际基准货币的地位。正如后来罗伯特·特里芬（Robert Triffin）所言，从那时起，人们就一直担心这种机制的可持续性。出于人们对美元的信任，如果美国拒绝向其他国家提供美元，那么结算货币的流动性将不足，并将导致贸易停滞。反之，如果无限发行美元来促进贸易的顺利发展，美国的经常账户就会出现赤字，人们对美元的信心就会下降。如此一来美国将陷入进退两难的境地。

◎ 尼克松冲击的本质

在20世纪60年代后期，美国经常账户盈余不断萎缩，在外债总额（非净债务）超过黄金储备的情况下，上述担心的问题逐渐浮出水面。第二次世界大战结束后，美国持有世界2/3以上的黄金，至20世纪60年代，深感35美元/盎司黄金这一兑换率较低的欧洲国家要求把美元兑换转为黄金兑换。随之美国黄金外流已势不可当。1971年8月，时任总统的尼克松突然停止黄金和美元之间的兑换，即所谓的"尼克松冲击"（Nixon Shock），布雷顿森林体系也宣告崩溃。在货币史上，这一事件首次切断了货币与黄金之间的联系，成为历史上一大转折点。

一直以来，任何货币与黄金失去联系时，事态都会发生极大的变化。与黄金脱钩的美元，也被埋葬在多种货币同时并存的时代。至20世纪80年代，美国经常账户的赤字化愈发严重，1985年美国外债总额已超过其对外资产，美国变为净债务国。虽然缺乏黄金和对外资产的支撑，但美元依旧拥有深厚的基础，而且在流动性较高的金融市场上依旧维持着国际基准货币的地位。

在曾经的金本位制和布雷顿森林体系时代，拥有大量对外纯资产的国家会持有大量黄金，黄金成了支撑本国货币价值的国际抵押品。换言之，拥有最多对外净资产的国家也几乎都会主动提供基准货币。

国际货币世界的游戏规则发生了变化。换言之，可以向海外供应金融资产的国家的货币被选定为国际货币，而非商品出口国的货币。根本问题在于，拥有深厚基础以及具备高流动性的金融市场的国家在缺乏对外资产支撑的情况下，该国提供的金融资产究竟还能维持多久的信用。

美国的经常账户赤字

◎ 广场协议及欧元的诞生

经常账户盈余的国家可将其盈余和赤字扩大到何种程度？每当美国经济失衡扩大时，这一疑问都会被反复提及。

这一问题首先是在20世纪80年代日本和美国出现贸易摩擦后浮出水面的。日本汽车和家电的暴风式出口导致日美贸易不平衡进一步扩大，美国经常账户赤字（占国内生产总值的比重）最高可达3%。如今回想起来，这并非一个庞大的数字，但觉察到了经济霸权危机的美国被迫向日本和联邦德国做出了让步。从表面上看，主要国家的经常账户失衡保持在一定范围内对于世界经济的发展是有所裨益的，国际协调的思想束缚了各国的经济政策。为引导市场提高日本、联邦德国的兑美元汇率，主要国家一致同意实施宏观经济政策，签订了"广场协议"。

并非所有签订协议的国家都遵守了从广场协议到卢浮宫协议的所有国际合作框架。回顾这一历史，可以发现日本和联邦德国应对危机方法的差异是对国际货币史产生重大影响的转折点。一方面，日本遵守美国强行制定的框架，在允许日元升值的同时，仍然支持美元作为基准货币的金融体制；另一方面，紧随其后的联邦德国则以柏林墙的倒塌为契机，切断了与美元的联系。

整个20世纪80年代，在欧洲委员会主席雅克·德洛尔（Jacques Delors）的领导下，欧洲试图建立单一市场和单一货币，但进展十分艰难。也可能是自痛恨美国的戴高乐以来的传统，法国一直试图创造一种可以与美元抗衡的货币，从而把货币霸权握在本国手中。另外，暂且不论单一市场，德国对于单一货币持消极态度。根据北大西洋公约组织（NATO）的协议，德国在军事上受美国保护，而且法德两国对于中央银行独立性的看法也是不尽相同。

法国对中央银行的独立性持怀柔立场，但德国则对维护其独立性寸步不让。鉴于20世纪20年代恶性通货膨胀的教训，德国对通货膨胀较为敏感，对中央银行的独立性十分在意。

正当双方胶着之际，柏林墙的倒塌使得这一问题得到一举解决。德国（当时的西德）与东德在政治上的统一需得到周边国家的认同。为确保统一，德国同意成立欧盟（EU），并引入通用货币。于是，通用货币欧元诞生，并逐渐形成了与美元对峙的局面。

◎ 全球经济失衡

20世纪90年代后半期，随着金融全球化的不断推进，国家开始分为两类：对外资产增加的国家与外债增加的国家。进入21世纪后，日本和德国继续保持经常账户盈余，新兴力量中国也成为其中一员。而另一方面，美国和英国的赤字则进一步扩大。

金融全球化进一步扩大了主要国家的经常账户失衡。2006年，美国经常账户赤字（占国内生产总值的比重）为6%，同一时期中国的经常账户盈余占国内生产总值的比重却为9%。当时，多边失衡的进一步扩大被称为"全球经济失衡"，由于无法履行债务，美元暴跌，这成为世界经济出现混乱局面的预兆，全球经济开始动摇。

有人将这种全球经济失衡的现象与布雷顿森林体系相提并论，并冠以"新布雷顿森林体系"的名义，以使该现象合理化。美国拥有发行国际货币的特权，在金融领域具有相对优势，并通过美元超出其实力的货币价值来获取世界各地的资金。而亚洲各国在制造业领域具有相对优势，在维持本国货币低价的同时，推动了出口导向型经济的发展，并积累了大量以美元计价的外汇储备来支撑"美元强势"。

这一观点也遭到"21世纪的特里芬难题"的抨击。新兴国家崛起于20世纪90年代，进入2000年后，按照购买力平价[①]（PPP）计算，新兴国家在

---

① 根据各国不同的价格水平计算出来的货币之间的等值系数。——编者注

美国的国内生产总值世界整体份额中约占20%。为满足新兴国家日益增长的外汇储备需求，美国的经常账户赤字进一步扩大，但已经背负巨额外债的美国已经到了极限，无法提供更多国际流动性供给。因此，可以认为，所谓的全球经济失衡是以美元为基准货币的国际金融体系本身达到了极限。

全球失衡机制

◎ 经常账户跨期分析方法

莫里斯·奥伯斯法尔德（Maurice Obstfeld）和肯尼斯·罗格夫（Kenneth Rogoff）为解释经常账户失衡提供了一个框架。他们提出的观点被称为"经常账户跨期分析方法"（intertemporal approach），如果把一个国家的对外立场比作一个人的一生，可将其视为家庭消费和储蓄行为的结果。换言之，年轻一代基于长期的人生规划，会减少消费，将部分收入进行储蓄，因此企业会增加出口以满足海外需求，当出口超过进口，经常账户将出现盈余。相反，老一代开始提取储蓄进行消费，当进口超过出口，经常账户将变为赤字。因此，年轻一代人数多的国家账户盈余，人口老龄化的国家出现账户赤字也是自然而然的事情。经常账户失衡至少在短期内尚未成为重大问题，但是，正如每个人最终必须在一生中保持平衡一样，一个国家的经常账户也必须长期保持均衡。

那么，原本短期内没有任何问题的经常账户，如果出现失衡，究竟会产生什么问题呢？主要有以下三方面问题。首先，如果赤字超过一定限度，无法偿还外债的恐慌将在市场上蔓延，这可能会导致"资本流入的突然中止"。当经常账户出现赤字时，由于整个国家的支出超过收入，因此弥补差额的唯一方法是撤回海外资产或从海外借款。只要资金继续从海外流入国内，便可维持经常收支赤字，但如果海外借款被拒，就只能出售海外资产或减少内需。账户盈余的国家可在紧急状况下通过抛售海外资产来应对流动性不足的问题，但账户赤字的国家普遍缺乏海外资产，只能被迫调整减少内需。这种调整很少能够顺利进行，货币暴跌将引发金融危机，从而导致经济动荡，银行信用收缩、经济遭受债务过剩的重压，经济长期不景气。

此外，伴随经常账户赤字而来的是资本的快速流入，这大大提高了国内出现资产泡沫的风险。正如第7章所论述的，在23个泡沫经济事件中，有15次是发生在账户赤字的国家，而且泡沫过后的经济下跌也较为显著。赤字国家的国内生产总值累计下降率也远高于账户盈余国家。

除上述问题外，还有与政治相关的问题。经常账户赤字通常伴随着贸易赤字。当贸易赤字的规模超过一定水平时，往往会引发政治问题。这是因为，在贸易中失去国际竞争力的行业将被迫减少雇佣规模，某些特定地区的失业率将增加。因此，对贸易保护主义的政治压力进一步增大，自由贸易可能会出现降温。其典型案例就是1980年的日美贸易摩擦和当时正在进行的中美贸易战。

美国正处于困境。1985年，美国从债权国沦为债务国。其后，其净外债持续增长，美国现已成为世界上最大的净债务国。如果跨期分析方法是正确的，那么美国的外债必须被经常账户盈余所抵消。然而，美国人强烈的消费欲望并未衰减，贸易收支仍处于赤字状态，完全看不到盈余的迹象。由此引发了这样一种观点，即美国的对外经济平衡偏离了均衡路径，走上了难以维系的破产之路，这也是每次美元暴跌时被议论的根据。

◎ 对跨期分析方法的反驳

第一个反驳观点认为，即使经常账户赤字扩大且净外债持续存在，美元也不会暴跌。还有更为根深蒂固的观点认为，因为美元拥有特权，所以即便美国的经常账户处于赤字状态也无关紧要。美国利用美元作为国际货币这一优势，通过美元贬值来享受发行货币带来的益处。美国外债几乎100%都是以美元计价，对外资产的70%是以外币计价。由于长期作为国际货币的美元贬值，从市场价值上来看，其外债大幅贬值，对外资产则增值。根据皮埃尔-奥利维尔·古林查斯（Pierre-Olivier Gourinchas）和埃莱娜·雷伊

（Hélène Rey）的推测，截至2003年，美国净外债约占国内生产总值的24%，但其中包含了99%的债务和75%的资产，所以经调整后的净外债高达27%。

第二个反驳观点认为，仅通过净债务（即资产减去债务）来看待美国的对外地位具有误导性。美国虽拥有较多外债，但同时也有较多对外资产。通常，净外债国家由于支付外债利息而导致其收支出现赤字，但美国外债利率较低，通过直接投资等从对外资产中获得的收益多于需要支付的利息。因此尽管美国是一个经常账户赤字的国家，但其所得收支为正。美国的债务并未像滚雪球般逐渐增加，净债务增长速度有所放缓。

第三个反驳论点是对跨期分析方法本身的批判。从长远来看，净外债必须为零的结论在很大程度上依赖于结果导向的假定理论模型。跨期分析方法构想了一个永久存续的经济世界，以及个体也将永久存续的世界。正如第3章中所论述的，经济会永远存续下去，但人固有一死。如果用世代交叠模型去看待这一问题，那么结论就会截然不同。经常账户不再需要在各国之间长期保持均衡，只要净外债保持在一定数值，各国就不会因无力偿还外债而破产。

资本逆流

过去30年间，经济全球化在贸易和金融领域不断扩大，全球经济实现长足发展。以PPP标准衡量的发达国家国内生产总值份额持续下降，1980年，23个经济合作与发展组织（OECD）主要国家约占世界总国内生产总值70%的份额，到2010年已降至50%[1]。许多发展中国家已经赶超发达国家，各国国内生产总值差距正稳步缩小。尤其是亚洲各国及地区增长显著，未陷入"中等收入陷阱"（middle-income traps）而持续发展的新兴国家层出不穷。在整个21世纪第一个十年，发达国家的国内生产总值平均增长率为2%~3%，而中国大陆、

---

[1] 本章将1980年OECD 23个主要国家定义为发达国家，23国以外的所有国家定义为新兴国家。

第8章
与全球经济失衡息息相关的两次金融危机

韩国、中国台湾地区和新加坡的国内生产总值增长率均超过6%。

如果标准的国际资本流动理论是正确的，资本会从资本富足的发达国家流向资本匮乏的发展中国家，而且资本流动也有助于国家之间财富的融合。这才是金融全球化发展带来的全球经济成功发展的故事。然而，事实与理论预测大相径庭。各国国内生产总值的趋同仍在进行中，但在过去的20年里，资本已从新兴国家流向发达国家。换言之，资本正在"逆流"。

图8-1显示了新兴国家的经常收支（占国内生产总值的比重）状况，将上述资本逆流展现得淋漓尽致。直至20世纪90年代后期，新兴国家的经常收支（占国内生产总值的比重）一直处于赤字状态，这意味着资金正在从发达国家流向新兴国家。1998年，亚洲金融危机爆发，形势发生了变化。从那时起，新兴国家的经常收支开始盈余，在2000年盈余迅速扩大，最高时达国内生产总值的近5%。

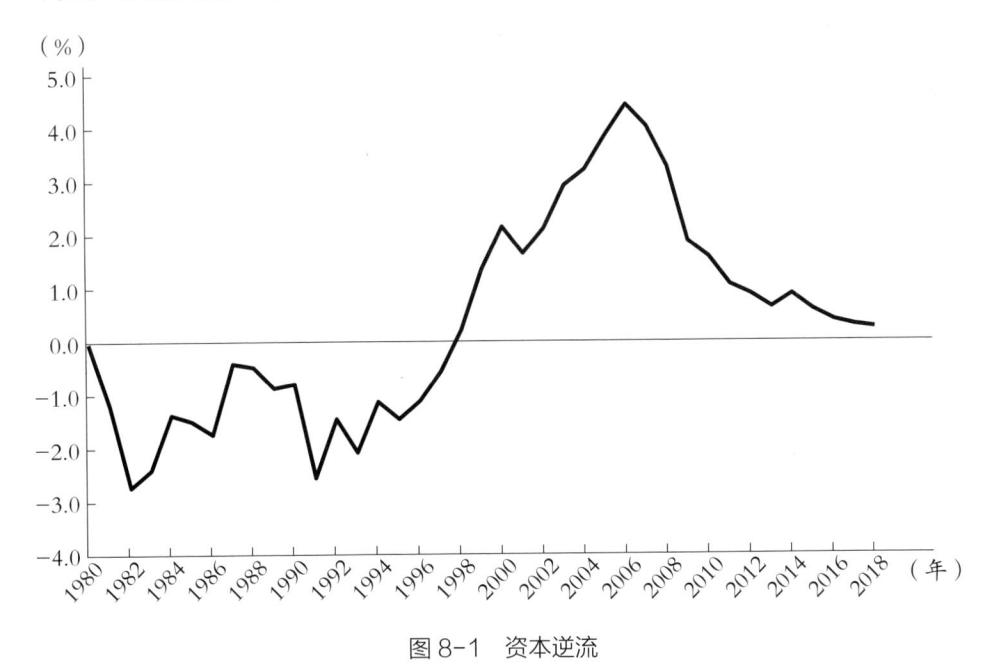

图8-1 资本逆流

资料来源：国际货币基金组织。

提及经常收支失衡，由于对中国盈余和美国赤字的强烈印象，我们可能会理所当然地接受这一事实，但实际上这是一个奇怪的事情。为什么资金会从具有较高增长潜力但资本相对匮乏的新兴国家流向资本富足的发达国家？此外，新兴国家的经济并未因资本外流而停滞不前，其经济反而以比发达国家更快的速度增长。

在经济失衡的背后，实际发生了一些无法用经济学知识解释的现象。这就是这场危机的伏笔。

新兴国家储蓄率之谜

◎ 持续上升

国际资本流动的经济理论指出，国家间储蓄率的差异导致了国际资本流动。资金会从储蓄率高、资金充足的国家流向储蓄率低、资金匮乏的国家自然也就不言而喻了。

图 8-2 表示了发达国家与新兴国家储蓄率的变化情况。在过去 30 多年的时间里，发达国家的储蓄率一直稳定在 20% 左右。令人惊讶的是，新兴国家的储蓄率一直在持续上升。最近，它已经超过发达国家，达到近 35%。

储蓄率不断攀升的背后，是储蓄率超高的中国。然而，高储蓄率不仅是中国的问题。图 8-2 中浅色实线表示的是除中国外的新兴国家的数据，虽然储蓄率并没有中国那么高，但仍呈现明显上升趋势。简而言之，新兴国家的高储蓄率现在已成为一种普遍现象。

◎ 关于高储蓄率的诸多解释

让我们一同来分析影响储蓄率的决定性因素。首先想到的是人口变化的影响。根据佛朗哥·莫迪利亚尼（Franco Modigliani）的"生命周期假说"（life cycle hypothesis），人们在年轻时储蓄部分劳动所得收入，待退休后用于消费。该观点认为，人们基于长期人生规划，根据不同的年龄段选择相对

图 8-2　储蓄率

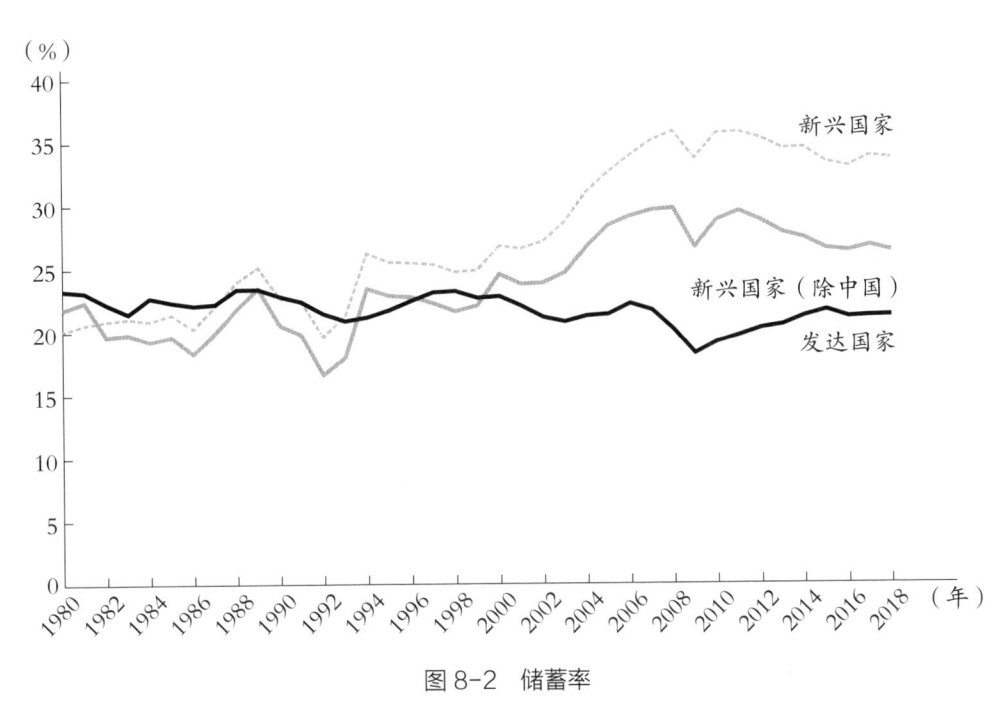

资料来源：国际货币基金组织。

应的消费及储蓄模式。由此，当出生率高、青年劳动人口比例高时，整个国家的储蓄率也高；反之，当出生率低、人口老龄化不断加剧时，储蓄率则趋于下降。近年来，发达国家储蓄率的小幅下降明显反映了其老龄化趋势。然而，这较难解释新兴国家储蓄率的上升。事实上，自 2000 年后，新兴国家也一直饱受人口增长停滞之苦。从 1995—2009 年的平均数据来看，发达国家的人口增长率为 0.7%，而新兴国家的人口增长率也仅为 1%。

还有一种观点认为，"经济增长率"是影响储蓄率的决定性因素之一。克里斯托弗·卡罗尔（Christopher Carroll）和大卫·威尔（David Weil）利用 64 个国家的数据来研究经济增长率与储蓄率之间的因果关系，其研究结果令人惊讶。关于储蓄率的提高会推动随后的经济增长率的提高，事实证明这一观点并未得到证实。研究反而证实了在经济增长率上升后，储蓄率会增加的相反因果关系。在日本、韩国、新加坡以及中国香港等地，这一趋势尤为显著。

这一实证结果引起了人们对文中上述机制的极大争论，因为它与"生命周期假说"完全相反。如果生命周期假说是正确的，那么那些预期未来收入将会增长的人会认为没有必要为未来做准备，当前的储蓄率将下降。有一种观点是"消费习惯形成假说"（habit formation hypothesis），即人们的消费倾向与过去息息相关。该观点认为，随着收入的增加，消费的变化需要一定时间。换言之，如果储蓄率保持不变、收入突然增加10倍，那么消费也需要相应增加10倍。尽管如此，有多少人会将一辆200万日元的丰田汽车换成一辆2000万日元的法拉利呢？消费具有习惯性，即使经济增长，消费在短期内也不会同步增长，因此，其结果就是储蓄率会上升。

还有一种观点认为，"风险与不确定性"会导致储蓄增加。为应对紧急情况（如生病或失业），人们会提前进行储蓄。如此一来，风险越高，储蓄就越多。这一观点与新兴国家的储蓄率于20世纪90年代后期亚洲金融危机爆发时开始上升的事实相一致。亚洲金融危机的惨痛经历，让全世界的新兴国家都切身感受到了对金融市场全球化的恐惧。于是，这些国家放弃了从海外借款谋求高增长的策略，开始累积内部留存收益，以应对危机。换言之，担忧"资本流入的突然中止"的新兴国家从2000年开始逐渐增加预备性储蓄。

上述均是关于影响储蓄决定性因素的普遍性观点。此外，试图在文化及伦理观念差异中探求储蓄率差异的观点也仍旧根深蒂固。由卡罗尔领导的研究小组通过比较拥有不同文化背景的移民的储蓄率发现，储蓄率的不同源自于文化背景的差异。魏尚进等人提出了一个有趣的观点，认为中国的高储蓄率是为了追求婚姻的文化品质。在中国，人们拥有房产的意愿较为强烈，认为只有拥有房子的男性才能独当一面，这种社会规范意识根深蒂固。因此，有儿子的父母为让儿子迎娶一个条件良好的妻子，需准备一套房子。根据中国家庭花销调查结果显示，有儿子的家庭的储蓄率高于有女儿的家庭，而这种婚姻为主要因素的观点可以解释几乎一半的储蓄率上升现象。

最后是陈基思基于不同语言的假说。他指出，有些语言在语法上分为现在时和将来时，有些语言则没有。例如，在日语中"今天会下雨"和"明天会下雨"都是用"会下雨"来表示；但在英语中，当描述明天下雨时，为与现在时区分开来，会使用"will"来表示将来时。他认为，时态语法反映了从现在到未来的时间流向的思维模式以及人们的潜意识，这种差异将会影响人们未来的行为。其研究结果颇为有趣，即使用日语和德语等在语法上不区分现在时和将来时语言的国家，其储蓄率较高；而那些使用英语等能明确区分现在时和将来时语言的国家，其储蓄率较低。

综上，存在人口变动效应、经济增长率、风险与不确定性，以及文化与伦理观念差异等影响储蓄率决定性因素的诸多观点。关于储蓄的问题，如果仅用经济理性来解释，未免过于空洞。但不论哪一种理论，新兴国家不断上升的储蓄率确实正在推动资本从新兴国家流向发达国家。如果是在经济封锁的情况下，储蓄增加将会刺激国内投资，并加速经济增长，但在全球经济中，即使储蓄增加，但如果资本流向海外，也不会刺激国内投资增长。储蓄率上升似乎尚不足以解释新兴国家经济的快速增长。

金融发展不平衡

◎ 金融市场的成熟度与经济发展

接下来要讲述的是国家间金融发展的差异会影响资本流动的观点。雷蒙德·戈德史密斯（Raymond Goldsmith）和罗纳德·麦金农通过列举一些经济发展成功的国家的案例，发现银行部门的发展（用一国的银行贷款额所表示）会随着人均国内生产总值规模的扩大而上升。其结论是，金融发展正是经济发展的先决条件。

一个国家的金融体系是一个复杂的体系，只有巧妙地结合以中央银行为中心的信用为支撑的金融网络方可建立起来。为维持其顺利运作，需要通过建立保护债权人权利的法院裁判制度、保证借款企业信息披露的会计制度的透明度，以及保护金融市场股东权利的企业治理等机制来解决金融市场中存在的信息不对称和法律强制力等问题。换言之，这需要具有金融专业知识和经验的政府官员、律师、会计师和金融专业人士合作进行。

讲到这里，你也许会发现发达国家和新兴国家的金融发展程度大致相同的观点是不合适的。用金融市场发展程度的差异来解释国际资本流动的有关观点可以追溯到 20 世纪 90 年代。格特勒和肯尼斯·罗格夫（Kenneth Rogoff）指出，当自有资本不足的发展中国家的企业无法从银行筹集到资金时，资金可能会流出发展中国家。滨田宏一与笔者关注各国金融市场发展程度的差异，明确证实了即使两国生产技术相同，资本也会从金融市场不发达的发展中国家流向金融市场高度发展的发达国家。当时的大量研究表明，资本的自由流动会导致资本从发展中国家流向发达国家，从而使得发展中国家更加贫穷，发达国家更加富裕，这一结论令人震惊。这是一个早期的理论假设，认为金融全球化加剧了国家之间的财富分配不平等。

为将资金与高收益投资挂钩，稳定的金融市场不可或缺。事实上，发展中国家既没有系统化的银行制度，也没有牢固的股票市场基础。即使有高收益的投资机会，发展中国家的企业家也几乎无法筹集到资金。国内储蓄或是投资与政治利益挂钩的低生产率的国有企业，或是流入国外。换言之，如果国内金融市场不成熟，国内经济就不会发展。

◎ **金融发展的差异和经济增长**

将一个国家的银行贷款余额占国内生产总值的比值设为金融发展指标，图 8-3 表示 1980—2015 年间的金融发展变化情况。

如图 8-3 所示，发达国家和新兴国家均是右侧呈上升趋势，表明金融正在不断发展。发达国家的值始终高于新兴国家，与 2009 年雷曼事件期间的数据相比，发达国家的银行贷款余额占国内生产总值的比例超过 150%，而新兴国家的占比仅为 65% 左右。这一结果表明，新兴国家无法追上发达国家的金融发展步伐[①]。

[①] 2010 年后，新兴国家的金融发展开始加快，但仍落后于发达国家。此外，这种加速可能反映了中国的信用扩张，除中国以外的新兴国家整体金融发展速度缓慢。

简言之，两者金融发展的缩小差距并未达到和国内生产总值缩小差距相同的程度。相反，金融发展的步伐在 21 世纪的前十年似乎已经放缓，而当时新兴国家已实现显著发展。

图 8-3 金融发展不平衡

资料来源：金融结构与发展（2019 最新版）。

图 8-3 表明，金融发展的差异是资本流动的关键因素。资本从金融发展滞后的新兴国家流向金融发达的发达国家。然而，这种观点虽然可以像储蓄率差异一样解释资本外流的现象，但却无法解释经济增长的现象。资本外流导致新兴国家的国内投资减少，反而使其经济发展停滞不前。

为何危机对发达国家的影响如此之大

◎ 并非世界金融危机

房地产泡沫导致了金融机构的非正统行为和证券化泡沫，最终又以金融危机告终。仔细观察这一泡沫经济周期从繁荣到衰退的过程就会发现，有趣的是，发达国家和新兴国家的走势是截然不同的。

图 8-4 显示了金融危机前后实质国内生产总值增长率的走势。让我们来分析一下走势特征。首先,截至 2007 年的繁荣时期,新兴国家的国内生产总值增长率一直高于发达国家。亚洲新兴国家甚至更高。这一时期房地产泡沫热潮兴起的发达国家虽然经济景气,增速仅为 3%,而以亚洲为中心的新兴国家发展势头更为引人注目。

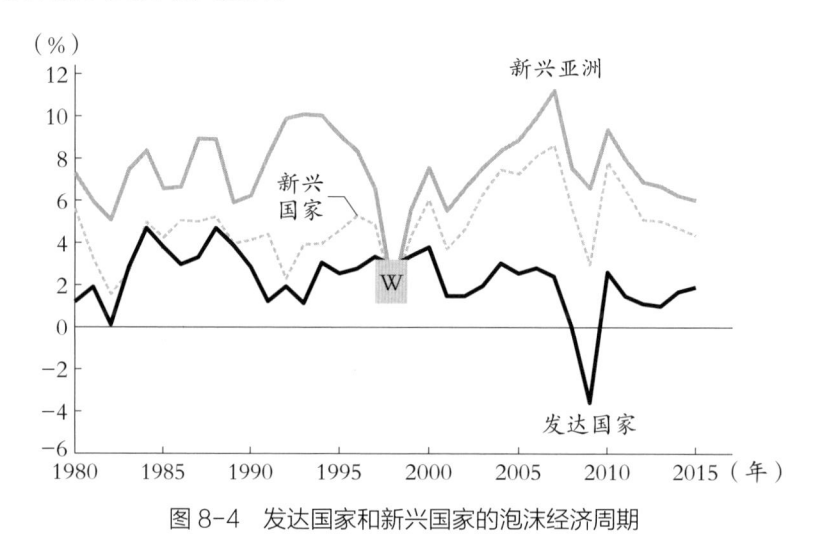

图 8-4　发达国家和新兴国家的泡沫经济周期

资料来源:国际金融统计。

2008 年秋季,雷曼兄弟公司倒闭引发金融危机,世界经济陷入大萧条。尤其是发达国家的经济下行严重,增速一度回落至近 -4%。新兴国家的下滑幅度较小,亚洲新兴国家受到的影响更小。莫里斯·奥伯斯法尔德表示,新兴国家没有过度的信用扩张,并且其具备大量外汇储备能对金融危机产生缓冲,这缓解了雷曼事件对新兴国家,尤其是对亚洲新兴国家的冲击。这就是为什么在本书中,起源于美国的金融危机从未被称为"全球金融危机"的原因。这并非一场全球规模的危机。

2010 年之后,两者的差异更加明显。新兴国家迅速恢复了原本的增长路径,但发达国家恢复缓慢。再加上金融危机诱发了欧洲经济的财政危机,欧洲国家花费了大量时间来处理过剩债务。回想起来,雷曼事件是欧美发展缓慢以及亚洲崛起的重要转折点。也正是在这一时期,23 个发达国家的购买力平价占全球国内生产总值的比重降至50%以下。

◎ 基于"泡沫经济周期的一般性理论"的考察

让我们将雷曼事件的特征置于上一章论述的"泡沫经济周期的一般性理论"中进行考察。正如该理论所指出的，经常账户赤字的发达国家受到的损失较大，而账户盈余的新兴国家受到的损失较小。但是，"因为发达国家处于赤字状态，所以损失严重"的说法也不全然正确。美国是发达国家中赤字最严重的国家。若将美国排除在外，其他发达国家的账户就会变为盈余。尽管如此，各国遭受的损失还是一样严重。

这场危机的特征之一是其影响涉及整个欧美地区，并且由于贸易收缩导致影响进一步扩大。事实上，高度依赖对欧美出口的经常账户盈余国，因贸易收缩而遭受了极大的二次伤害。2009年，账户赤字国美国的国内生产总值增速为–3.1%，而账户盈余国日本、德国的国内生产总值增速则为–5%。由鲤渊贤领导的一个研究小组指出，虽然日本通过银行业将危机的直接影响控制在一定范围，但出口量下降对实体经济的影响依然较大。危机的经济损失不能仅仅通过经常账户的平衡状况来判断。

此外，尽管此次危机规模巨大，横跨欧美，但即便是在已过去的危机中，此次资本流入急停以及汇率的暴跌也是令人惊叹的。从20世纪80年代拉丁美洲国家的经济危机和亚洲金融危机的经验来看，金融危机往往会引发货币危机，从这个角度来看此次危机，多少有些令人吃惊。

虽然发生了大规模的金融危机，但国际金融市场却并未产生严重混乱，其原因究竟是什么呢？首先，在欧美金融市场，国际结算网络发挥了重要作用，将主要国家货币之间的结汇风险降到最低，因此没有出现结汇违约。据中岛真志透露，雷曼兄弟公司在破产后的一周内的结汇金额约超过18万亿日元，如果金融危机中也出现这一数额的违约，危机将会进一步加剧。

其次，此次危机起源于美国和欧洲国家，这限制了资金的外逃。发生危机后的一般操作是卖出危机发生国的货币，买入欧美的安全资产。然而，此次危机发生在能够提供具有国际信用的安全资产的国家，因此，实际上资金已无法外逃。

◎ 以证券化商品为主的西方金融机构

在这场危机中值得注意的是，我们不应被经济学中"各国投资者的资产组合大致相同"的普遍假定所迷惑。如前所述，新兴国家较少购买美国金融机构发行的证券化商品，而是购买以美国国债为主的安全资产。也就是说，发达国家会购买证券化商品。换言之，发达国家和新兴国家之间的资产组合大不相同。

购买证券化商品的主要是欧美的金融机构。范瑞尔·阿查里亚（Viral Acharya）按国别对发行 ABCP 的银行子公司的总部位置分布进行了调查，以试图确定金融危机的地理分布。2007 年，ABCP 规模超过 1.2 万亿美元，政府短期证券超过 9400 亿美元。ABCP 募集的资金将用于投资最终会变成废纸的证券化商品，所以我们假设 ABCP 发售余额的地域分布直接对应金融危机的地域分布。通过比较 ABCP 发行主体的母公司的银行总行所在地，我们发现在商业银行发行的总额为 9700 亿美元的 ABCP 中，美国位居第一，占总量的 31.4%；德国以 21.1% 位居第二；英国排名第三，占 16.3%；第四是荷兰，占 13.0%。仅这四个国家的总占比就达到了 80% 多，可见部分发达国家倾向于持有证券化商品。

新兴国家缺乏应对国际金融市场风险的知识和技能，由于偏爱持有美国国债，正如"格林斯潘利率之谜"所反映的，美国国债收益率低迷。而欧美金融机构的投资组合往往倾向于伪安全资产的证券化商品。本应坚如磐石的欧美金融体系就这样被侵蚀了。换言之，使金融危机后果复杂化的不仅仅是过度储蓄国家的存在，还有资产组合的偏好。简而言之，发达国家持有泡沫资产，新兴国家持有安全资产。其结果就是金融危机对发达国家造成的损害大于新兴国家。

那么为什么新兴国家不选择高收益的证券化商品呢？这是巧合还是必

然？从结果来看，这是必然。新兴国家之所以更偏好美国国债，是因为他们对资本流入急停的恐惧以及对国际货币基金组织的不满。新兴国家从亚洲金融危机中吸取了教训。当初欧美的对冲基金对泰铢发起货币攻击，引发了亚洲地区货币暴跌和资本外流，鉴于这一惨痛经历，新兴国家对本国金融市场的脆弱性和国际金融市场的恐怖有了充分的认识。此外，通过紧缩政策来换取国际货币基金组织的财政支持以及以被迫要求进行结构性改革，严重损害了主权国家的自尊心，并引起国民的强烈反对。不仅是经历过危机的国家，新兴国家的行为模式也发生了变化，因为他们担忧也许明天不幸就会降临到自己身上。新兴国家将经常账户盈余中储蓄的资金积累为外汇储备，并将其作为安全资产来应对经济危机。

◎ **与亚洲金融危机的紧密联系**

在金融全球化的进程中，资本从新兴国家流向发达国家，全球利率下行。发达国家和新兴国家都出现了房地产泡沫。美国并非是唯一乐观情绪盛行、房价飙升的国家。新兴国家的经济仍处在发展中，金融市场尚不稳定，因此经济极易因泡沫破灭而崩溃。然而，拥有世界上基础最深厚、流动性最强的金融市场的美国却成了这场危机的中心。具有讽刺意味的是，对金融技术的过度自信与房地产泡沫的产生密切相关。金融机构在放松管制的背景下肆意妄为，容易衍生非正规的证券化商品，通过评级机构的高评级来获取资金。如果国际评级机构穆迪拒绝给出3A评级，那么金融机构若去其竞争机构S&P进行评级，便可轻松赢得3A评级。[1] 对于金融机构而言，证券化商品就是一把万宝槌。另外，被伯南克批评储蓄过剩的亚洲新兴国家至今仍对亚洲金融危机的情形记忆犹新，并对证券化商品持谨慎态度。新兴国家的政府购入以美国国债为主的安全资产作为外汇储备。

如此看来，亚洲金融危机明显与雷曼事件有着较深的关联。受亚洲金融

---

[1] 例如，在电影《大空头》(*The Big Short*)中就明确讲述了这一现象。

危机影响的亚洲各国采取提高储备储蓄、将其对外盈余用于投资安全资产的应对举措。发达国家对其金融技术过度自信，对于增大的风险毫不设防。其结果较为讽刺，曾陷入欧美对冲基金设下的陷阱的亚洲国家，在雷曼事件中一雪前耻。

泡沫经济的演变

过去30年间，泡沫经济的重心开始转移至日本、美国、中国及东亚其他国家。20世纪90年代初期，日本的土地价格泡沫破裂后，日元升值导致日本企业将生产基地从国内转移至东亚其他国家和东南亚各国，并以直接投资的形式将资本扩张到海外。发达国家的资本流入这些地区，使其实现了经济高速增长，堪称亚洲奇迹，股市和不动产市场蓬勃发展。然而，当亚洲金融危机爆发时，资金又开始倒流回美国。

20世纪90年代后期，回流美国的资金引发了股市热潮，被当时的美联储主席格林斯潘称为"毫无根据的狂热"。主要由信息技术公司构成的纳斯达克综合指数［由纽约国家证券交易商协会（纳斯达克）交易的所有约5500只股票的市值加权平均计算得出的指数］，自2000年年初以来势头强劲，但在2001年急剧下降。随着纳斯达克综合指数大幅下跌，互联网泡沫破裂，似乎是为了弥补这一跌幅，凯斯-席勒房价指数开始缓慢上涨。当时，美联储主席格林斯潘作为金融政策的主导者，因成功实现互联网泡沫软着陆，并以房地产泡沫取而代之而广受赞誉。在次贷危机之后，飙升的房价开始暴跌，而以石油为中心的资源价格和黄金价格的上涨结束了房地产热潮。这是发生在雷曼事件之前的泡沫事件，这一事件还有续集。

图8-6显示了美国和中国主要城市房价指数变化率的走势[①]。美国房价泡沫在2006年开始崩溃，并在2012年见底。这与中国房价正以惊人的速度飞

[①] 美国住房指数采用标普/凯斯-席勒房价指数的20个城市平均指数，中国采用清华大学恒隆地产中心的中国同质价格指数（新建商品房）。

涨的时期相对应（受雷曼事件影响的 2009 年除外）。换言之，中国房价上涨的同时，美国房价在下跌。这是巧合还是必然？

为了解美国和中国之间的资金流动，让我们看一下美国和中国经常账户余额（占国内生产总值比重）的变化情况。美国的经常账户长期赤字，中国的经常账户长期盈余。

将图 8-6 与图 8-5 结合起来观察，则颇为有趣。2006 年，中美经常账户失衡规模较大，全球经济失衡举世瞩目，美国房地产泡沫达到顶峰。随着房地产泡沫的崩溃，美国经常账户赤字规模（占国内生产总值比重）开始缩小。与此同时，中国的经常账户盈余规模（占国内生产总值比重）随着房地产泡沫的扩大而缩小。

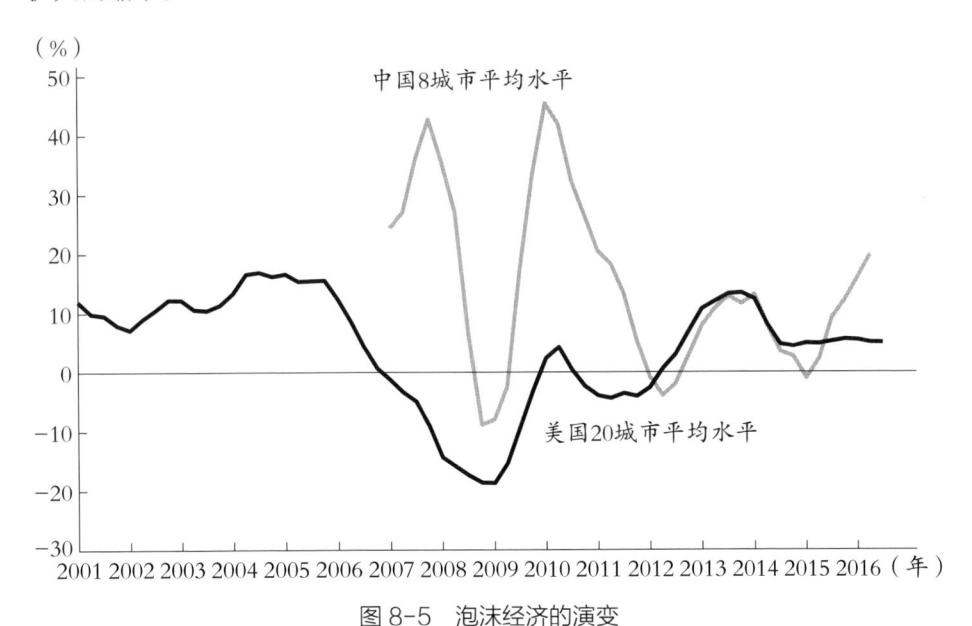

图 8-5　泡沫经济的演变

用资本流动理论来解释所有的泡沫现象似乎有些许困难，但全球经济失衡确实在随着泡沫的发展而消退。从中国的角度而言，雷曼事件发生后，流向海外的资金开始回流国内，国内房地产泡沫开始加速发展，但中国人并未出售在美国的住房、在国内购置房产。如果中国人在美国买入住房，那么他们会在这次危机中损失严重，无力购入国内住房。原本中国的资金也未大量流入美国住房市场。中国在美国购买的是美国国债。如图 8-4 所示，长期国债的名义收益率随着房地产泡沫的崩溃而降低。这是追求全球安全性资产的结果。但对于一直在发展中的中国而言，当收益率低于实际价值的 2% 时，海外国债便不具备吸引力。（国债实际收益率详见第 9 章图 9-3）。如此一来，资金又回流国内。自那以后，中国的泡沫一直持续到 2021 年。泡沫的演变与国际资本的流动相对应。

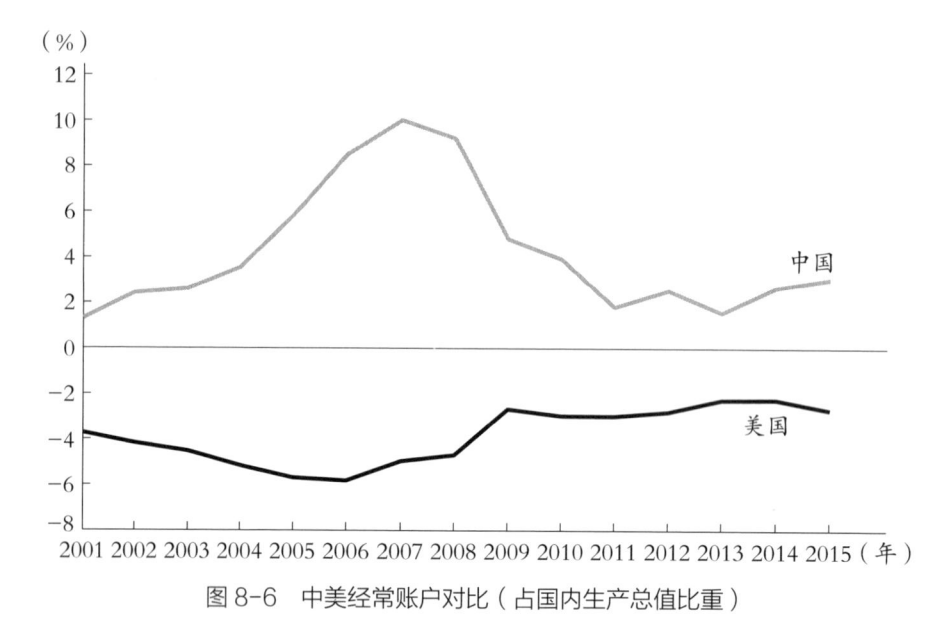

图 8-6　中美经常账户对比（占国内生产总值比重）

资料来源：国际金融统计。

如果我们试图用经济理论来解释这一事实会怎么样呢？正如第 3 章中所述，只要泡沫在国内生产总值中保持一定比重，泡沫就会持续发生。可持续的泡沫并非一定是特定国家的资产。如果将世界经济视为一个经济圈，那么需要考虑美国、欧洲各国、中国等不同地区的住房市场同时出现泡沫的情况。换言之，在国际金融市场一体化的背景下，泡沫是多个国家多个泡沫资产的总和，即"泡沫总和"。

如果美国房地产泡沫破裂，那么他国的泡沫会怎么样呢？有的会像欧洲一样，泡沫会由于金融危机的影响而崩溃；有的会像中国一样，不受金融危机影响，泡沫反而会进一步膨胀。经济崩溃导致泡沫膨胀的原因在于，虽然金融市场是国际一体化的，但住房市场在国际上是分开的。如果住房市场也是国际一体化的，那么随着美国房地产泡沫的崩溃，中国的房价可能也会下跌。当美国的房地产泡沫破灭、实际利率下降时，由于市场分散而幸存下来的泡沫就会进一步扩大。因泡沫破裂而无处可去的资金就会流向其他市场，然后就会出现新的泡沫。泡沫在不断演变。

在所谓的全球经济失衡讨论中，新兴国家和资源出口国家的过度储蓄导致美国出现经常账户赤字及房地产泡沫，但这仅是泡沫经济演变过程中的一部分。深受亚洲金融危机惨痛教训的亚洲国家提高了储备储蓄，并将外汇盈余用于投资安全资产。而对本国金融技术过度自信的发达国家却未对增大的风险设防。其结果就是，欧美金融机构购入证券化商品，金融危机对发达国家造成的损失大于新兴国家。亚洲金融危机与雷曼事件密切相关。泡沫并未因雷曼事件而结束。全球经济失衡已经消退，但背后的泡沫仍在继续发展变化。

第 9 章

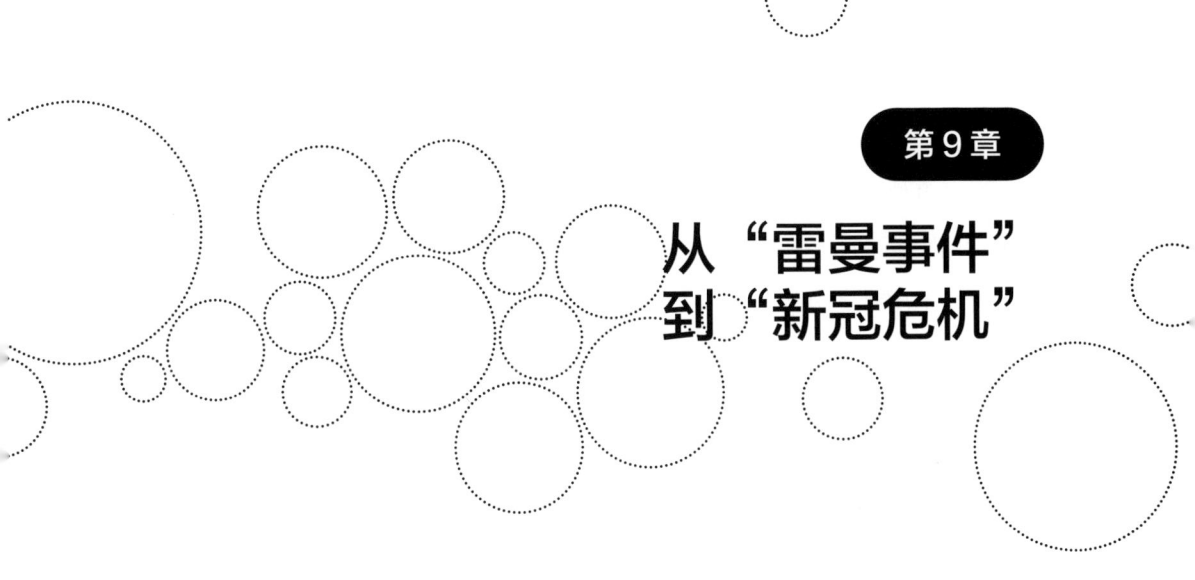

从"雷曼事件"
到"新冠危机"

雷曼事件发生后的十余年间，既发生了许多由泡沫破裂引发的意料之内的事情，也发生了许多意料之外的事情。全球性的大规模房地产泡沫破裂引发金融危机属于意料之中。泡沫破裂，全球性需求短缺引发实际利率下降也是意料之内的事情。而意料之外的事情是，即便各国的经济从危机中缓慢复苏，但还是出现了历史性低利率长期化的问题。围绕着历史性低利率，过度储蓄论及安全资产短缺论开始出现，担心其走向的经济长期停滞论也浮出水面。本章将讨论该现象仅仅是历史的偶然，还是全球化及技术进步带来的新趋势呢？

美元并未暴跌

全球经济失衡（global imbalance）随着金融危机的发生而落下帷幕。世界经济混乱符合预期，但关于美元崩盘的现状却与预期相悖。其后的结果众所周知，美国作为危机的震源地，资金非但没有外流，反而是全球性金融危机促使投资者"逃向优质"，资金集中流向美国。除了对日元以外，美元并未大幅贬值，对欧元更是增值。正如上一章所讲述的，美国在泡沫破裂后，美元是第二个增值的货币（第一个是日元）。这正是拥有世界上基础最雄厚、流动性最强的金融市场的国家成为危机震源地的事实原委。

那么，美元为何没有暴跌呢？如果只回答美元是一种基础货币，未免太过简略。这不是理论，仅是套套逻辑，也与史实相悖。1929年发端于美国的经济大萧条，其影响波及世界，也使欧洲经济遭受重创。由于长期的经济衰退，对英国经济造成严重持久损害，英国被迫退出金本位制，放弃储备货币国地位。

危机结束后，各国对于安全的美元资产需求增高，如今回想起来，美元的地位给人感觉坚如磐石，可事实并非如此。危机发生后，外国投资者立即大规模抛售美元资产。几乎半年时间内抛售的美国资产高达 1985 亿美元。这一金额几乎相当于同期内产生的 2311 亿美元经营账户赤字的 90%。"美元没有贬值"这一事实，意味着筹措的美元资金总计约 4300 亿。这种巨额的美元需求是通过出售美国人持有的外国资产来弥补的。根据网上披露的信息，美国的对外资产是赤字，但总体来看，其对外负债和对外资产规模都较为庞大。假设没有可以出售的外国资产，那么美元暴跌应该会成为现实。

美元没有暴跌的另一个原因是，不存在可以威胁美元地位的货币。美元的最大竞争对手虽然是共通货币欧元，但是当时损失更加严重的就是被金融危机席卷的欧洲。因为欧洲的金融机构购买了大量美国的证券化商品。根据第 7 章的论述，通过比较国内生产总值累计下降率可发现，欧洲各国的下降率几乎都高于美国。像美国这样的大国如果发生危机，危机会波及其他国家，所以受到影响最大的国家不一定是美国。如果危机没有波及欧洲，那么国际货币的霸权地位可能会从美元过渡到欧元，但讽刺的是，正因为波及了欧洲，所以防止了美元暴跌。

欧元区的财政危机

◎ 危机始末

危机始于 2009 年年底希腊掩盖巨额财政赤字一事被曝光。当时，欧洲联盟（EU，简称欧盟）与欧洲中央银行（ECB）旨在欧洲内部解决该问题，并未试图寻求国际货币基金组织的救助贷款。然而，欧洲经济实力最强的国家——德国担心自己被要求承担超过平均额的负担，所以强烈要求将国际货币基金组织纳入救助希腊危机的计划中。此后，形成了欧盟最高决策机关——欧洲委员会、欧洲中央银行（简称欧洲央行）和国际货币基金组织的"三驾马车"协调机制。"三驾马车"的概念来源于俄罗斯的三套车。斯大林去世后，苏联建立了由多位领导人组成的集体领导制度，也被称为"三驾马车"制度。从苏联的政治史可以看出，集体领导制度并未长期存续。

实际上，欧洲委员会、欧洲中央银行和国际货币基金组织并非铁板一块。欧盟希望消除美国在国际货币基金组织背后的影响，而欧洲中央银行则期望掌握救助希腊的主动权。欧洲中央银行怀疑欧盟是否愿意要求希腊制订严格的救助计划，担心自己被迫成为最后贷款人。德国也并不真正相信欧盟，但与欧洲中央银行不同的是，为使救助计划规范化，德国认为需要国际货币基金组织的加入。

2010年5月，"三驾马车"承诺向希腊提供总额为11万亿欧元的紧急援助，但条件是希腊要在未来三年内将基础财政赤字减少国内生产总值的10%。然而，事实很快证明，这一援助计划远远不足以重建希腊财政，并且希腊也不打算遵守援助条件。

2010年10月，在诺曼底海岸风景如画的港口城市多维尔，德国总理默克尔和法国总统萨科齐会面，探讨危机问题。此次对话导致危机由希腊蔓延至其他国家。会议就财政危机再次发生时，金融机构等民间国债持有者也需要承担危机的损失一事达成共识。由于《多维尔协议》达成的共识，导致爱尔兰国债收益率升至9.6%，一时之间爱尔兰的财政陷入无力偿债的状态。

爱尔兰因海外资金流入而实现高经济增长率的同时，也受到金融危机余波的影响，银行业陷入严重困境。截至2008年，其债务余额相当于国内生产总值的50%左右，属于健康状态，当时国内生产总值大幅下降，财政赤字急剧增加。爱尔兰是第一个由金融危机引发财政危机的国家。

"三驾马车"承诺向爱尔兰提供总额为8.5万亿欧元的紧急援助，条件是爱尔兰要在数年内减少相当于国内生产总值的10%的基本财政赤字。由于银行业也是造成爱尔兰危机的部分原因，所以欧洲中央银行通过购买大量的爱尔兰国债等发挥重要作用。爱尔兰政府虽然未能实现截至2012年减少相当于国内生产总值的3%的基本财政赤字计划，但为了努力遵守援助计划，将目标期限调整为2015年。

自加入欧元区以来，葡萄牙的经济一直停滞不前。截至2009年，其基础财政赤字占国内生产总值的9.4%，高居所有欧盟成员国首位，而且债务余额

第9章
从"雷曼事件"到"新冠危机"

超过国内生产总值的100%。葡萄牙也受到《多维尔协议》的影响，国债收益率跃升至7%，财政迅速陷入危机。2011年4月，"三驾马车"承诺向葡萄牙提供总额为7.8万亿欧元的紧急援助。2012年虽然未实现将基础财政赤字占国内生产总值的份额减至3%以下的减赤计划，但葡萄牙政府的确为遵守援助计划做出了努力。

到2011年，在《多维尔协议》与希腊新一轮援助计划陷入困境的双重影响下，意大利和西班牙的国债收益率急剧上升，危机蔓延至欧元区的主要经济大国。有消息称，自20世纪90年代以来，意大利的财政状况一直不稳定；到2013年，其债务总额已占国内生产总值的132%。2011年，欧洲中央银行要求意大利总理贝卢斯科尼进行财务改革，以此作为购买意大利国债的条件。但由于意大利政府未答应这一要求，所以欧洲中央银行暂停国债购买计划。这场动荡导致意大利国债收益率上升，贝卢斯科尼内阁被迫下台。

金融危机以后，西班牙的银行业存在大量不良债权，形势严峻。其债务余额占国内生产总值的80%，虽然债务水平并非很高，但是银行危机极易引发财政危机。尽管西班牙并未接受"三驾马车"的财政援助，但是接受了截至2011年将基本财政赤字规模降低为国内生产总值的4%的减赤计划。然而，西班牙单方面将2012年4.4%的目标上调为5.8%，缓慢削减支出。2012年5月，随着西班牙大型银行班基亚银行（Bankia）的国有化，加剧了人们对市场的担忧。西班牙国债收益率上升至7%，金融危机正式开始。"三驾马车"同意提供金融援助，向西班牙银行业注入总额为10万亿欧元的资金。

意大利和西班牙因其经济规模庞大而成为欧元区的两个大型经济体，可以毫不夸张地说，欧元的未来与两国命运息息相关。下述两项应对举措成为解决问题的转折点。

受到西班牙动乱的影响，2012年6月，欧盟领导人同意建立"银行业联盟"，旨在实现欧元区的集中金融监管。银行业联盟由单一监管机制（SSM）、单一清算机制（SRM）和共同存款保险机制（DGS）三个支柱组成，旨在避免金融危机引发财政危机。为此，需建立一个框架，在该框架中，陷入危机的银行将由股东和债权人等当事人承担责任，而非政府使用公共资金进行援助。

第二点是欧洲中央银行决心履行其最后贷款人的职能。马里奥·德拉吉（Mario Draghi）接任菲利普·特鲁西埃（Philippe Troussier）就任欧洲中央银行行长，并在2012年7月表示，"将不惜一切代价保护欧元"。同年9月欧洲中央银行推出直接货币交易计划（OMT），并承诺进一步扩大购买危机国家的长期国债。该声明促使欧洲中央银行大幅购买危机国家的长期国债。2012年，欧洲中央银行的资产规模的峰值高达4.5万亿欧元，几乎是危机爆发前的三倍。危机国家的国债收益率迅速回落，危机开始好转。

以上便是欧元区财政危机的始末。该危机从一开始就让人感到不可思议。我们暂且不提债务余额超过国内生产总值150%的希腊，危机发生初期，爱尔兰、葡萄牙和西班牙的债务并未达到危机水平。相反，没有发生财政危机的日本、美国和英国的债务则处于高水平。那么，为什么财政危机会主要集中在欧元区成员国呢？

◎ 恐慌性危机的教训

除希腊外，发生在爱尔兰、葡萄牙和西班牙的危机同样被视为是由投资者预期变化而引发的恐慌性危机。实际上，研究拉丁美洲金融危机的先驱吉列尔莫·卡尔沃（Guillermo Calvo）指出，由预期变化引发恐慌性金融危机的理论的可能性发生在20世纪80年代以后。该理论证实，如果投资者事先预料到国债收益率急剧增加会导致危机而卖出国债，即使财政状况良好，实际收益率也会飙升，导致自我实现式的债务危机。爱尔兰、葡萄牙和西班牙三国，尽管债务余额未超过可持续水平，但若因预期破灭、担忧卷入恐慌性危机而疯狂抛售国债，那么陷入财政危机的可能性较高。

很多研究表明，这可能是一场恐慌性危机。事实上，一些研究指出，与根据破产概率理论计算得出的价格相比，危机期间国债价格的下跌幅度过大。约瑟夫·格鲁伯（Joseph Grube）和史蒂文·卡明（Steven Kamin）调查了七国集团的7个成员国国家财政的各项基本条款和国债收益率之间的关系，

第 9 章
从"雷曼事件"到"新冠危机"

发布国债债务余额（占国内生产总值的百分比）每增加 1%，长期国债收益率便增加 1.5 个基点的计算结果。换言之，债务余额即使增加 100%，从 50% 升至 150%，收益率也仅增加 1.5% 左右。事实上，仅凭这些基本条款，较难解释发达国家的国债收益率为何能超过 5%。

金融危机发生时，倘若问日本、美国和英国均拥有，而欧盟成员国却没有的东西是什么？答案就是在危机发生时可依靠的中央银行。那么，欧洲中央银行是如何运作的呢？在此我们来回顾一下欧洲中央银行成立的背景。欧洲中央银行是负责欧元区成员国金融政策的中央银行，其政策目标在于稳定共通货币欧元的价值。欧洲中央银行不是以特定主权国家为对象的中央银行，其超越国家机关的性质使欧洲中央银行具有中央银行特色。《马斯特里赫特条约》（*Treaty on European Union*）决定创建欧洲货币联盟，严格规定国家间的援助。《马斯特里赫特条约》的第 125 条规定，禁止欧盟或其任何成员国未经民主协议程序承担中央银行的负债。该规定严重限制欧洲中央银行作为其成员国最后贷款人的职能，使欧洲中央银行自成立以来就是一个被束缚手脚的中央银行。

其背景如下所述：虽然欧洲中央银行保有对欧元区成员国行使独立金融政策的权力，但财政政策是各国的主权。欧洲中央银行没有权力阻止各国宽松的财政政策，一旦没有严格规定最后贷款人职能，就可能被迫使用财政资金援助危机国家。该机制旨在防范欧元区成员国的道德风险，从预防危机层面而言，它是一个良好的机制。然而，它并不一定能有效应对危机发生后的问题。实际上，欧元区成员国陷入危机后，并没有能够依赖的"最后贷款人"——中央银行。并且，欧盟也未设立救助财政危机国的机制。

束手束脚的欧洲中央银行无力挽回因《多维尔协议》及围绕希腊援助政策的不确定性所造成的市场焦虑心理，因此恐慌性预期的崩溃直接导致财政危机。在德拉吉的著名声明发表后，危机的进程也足以证实中央银行"最后贷款人"职能的重要性。

从欧洲金融危机的经验中我们可以总结出四点教训。第一，即使是国债收益率普遍较低的发达国家也会陷入恐慌性财政危机。第二，中央银行的最后贷款人职能可有效应对恐慌性财政危机。第三，当财政危机处于水深火热之时，努力削减财政赤字可有效化解危机。改善财政收支方面，在2009—2013年期间，各国的国内生产总值占比均较大，其中希腊10.5%、爱尔兰9.8%、意大利2.8%、西班牙5.6%、葡萄牙6.5%。尽管人们担心财政紧缩会使经济恶化，但经验表明，即使在财政危机期间，紧缩政策也是有效的。第四，希腊的债务余额过高，无法拯救。

财政政策各自为政的结构性缺陷被认为是造成欧元财政危机的真正原因，而国家间的经济统一本身就无法实现，这种说法一时间占据主导地位。然而，若是考虑到中央银行能够发挥最后贷款人的职能，并且，危机国家只要努力重建财政便可以解决危机，那么该缺陷也并非致命缺陷。

长期停滞论

◎ 萨默斯提出的问题

2013年秋季开始，自美国财政部前部长劳伦斯·萨默斯（Lawrence Summers）提出问题后，世界掀起美国经济可能已经陷入"长期停滞"的讨论热潮。在美国经济大萧条接近尾声的1938年，阿尔文·汉森（Alvin Hansen）也提出，如果人口增长持续放缓，高失业率和经济不景气就会持续，美国经济会陷入"长期停滞"状态。汉森引用亚当·斯密的分工理论，着眼于人口增长和技术创新之间的良性循环机制。他认为人口增长可以扩大劳动分工、提高生产力，而生产力提高所带来的高薪资又可以扩大市场，这样就能进一步扩大分工，提高生产力。可是，如果人口增长下降，技术创新就会停滞不前，利率也将下降。汉森提出的长期停滞论在第二次世界大战后的婴儿潮和技术革新的影响下未能实现。

萨默斯关注的是自然利率的下降。自然利率最初是由维克塞尔（Wicksell）定义的概念，是指与充分就业相对应的利率。

如图9-1所示，从开始实施量化宽松政策的2009年到开始实施出口战略的2015年间，美国联邦基金利率几乎为零，通胀率维持在平均略低于2%

的水平,所以通过费雪方程式计算得出:以实际价格评估的安全利率略低于 –2%。虽然自然利率和安全利率是两个不同的概念,但自然利率变成负值也是经济长期停滞的征兆,这不能不令人担忧。

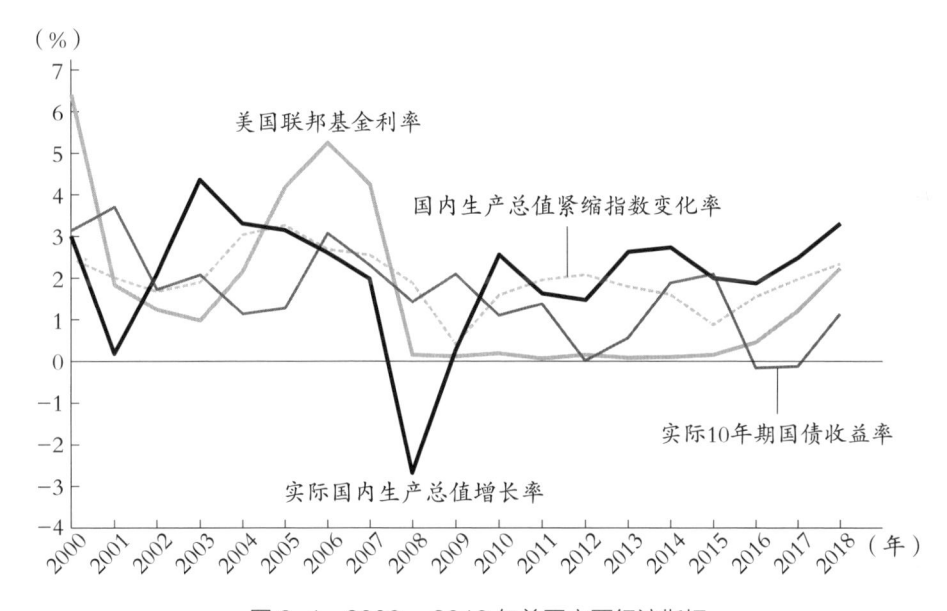

图 9-1 2000—2018 年美国主要经济指标

资料来源:美国联邦储备委员会、美国经济分析局。

一般而言,资本回报率与经济增长率之间存在正相关关系,如果技术停止进步,则资本回报率下降,增长率也会随之下降。反之,如果资本回报率下降,金融市场套利行为就会发挥作用,实际利率也会下降。萨默斯的担忧正在于此,他担心实际利率的下降将意味着技术进步停滞引发资本回报率的下降,从而预示着未来经济增长率的下降。

保罗·克鲁格曼(Paul Krugman)的观点更为激进,他提出美国经济自 2000 年年初以来就已经进入了长期停滞期。房地产泡沫支撑了美国 2003—2007 年的繁荣。克鲁格曼表示担心,如果今后人口增长下降,住房需求会低迷,美国经济甚至不能从泡沫经济中受益。克鲁格曼还表示,日本经济已经处于长期停滞状态,因为日本的人口增长率几乎为零,也没有出现泡沫经济的机会。

罗伯特·戈登(Robert Gordon)对技术进步的枯竭持悲观态度。戈登认为，蒸汽机、电力和汽油机等能够大幅提高生产力、带来大规模投资的技术创新的源泉已经枯竭，以信息通信领域（以计算机为代表）为中心的第三次工业革命，迄今为止并没有带来生产力的大幅提高和经济增长。

有些人认为第三次工业革命仍在进行中，现在评价其影响范围等总体影响还为时尚早。电脑刚被开发出来时，其使用范围受限，有人认为电脑的经济效果较小。但随着信息通信技术的发展，电脑的使用范围迅速扩大，目前已经使我们的生活方式发生了翻天覆地的变化。此外，人工智能的发展改变了人类与机器的分工，预计将完全改写过去的工业地图。换言之，发明计算机以及计算机本身并未带来生产力的大幅提高，但是随着网络、计算软件和数据维护等与计算机有关的信息通信网络的不断扩大，计算机也被认为是提高生产力的一种生产要素。

尽管人们担心经济会长期停滞，但是美国经济依然较为强劲。如图9-1所示，自从摆脱危机的2012年以来，美国国内生产总值的实际平均增长率维持在2%左右。这可以说是量化宽松政策奏效了，成功地将安全利率控制在-2%，使其得以保持原有的增长。作为参考，10年期国债收益率的实际值平均为正值。安全利率的下降是否可以被视为经济长期停滞的信号，尚待进一步研究。至少在美国的经济中，我们可以看到在安全利率大幅下降的情况下，经济仍保持强劲增长，这一现象确实值得深思。

◎ **资本收益率与实际利率**

现在让我们来整理一下资本收益率与通过国债等安全资产的收益率所计算得出的实际利率之间的关系。正如第3章内容所示，在一个完美的金融市场里，两者是一致的。然而，金融市场并非完美，即存在信息不对称性，且缺乏保障个人所有权的法律强制力，在此情况下资本收益率和实际利率将会不一致。

如图9-2所示，即使资本收益率的平均值保持不变（如始终保持在4%），如果信息不对称性程度愈加严重，银行贷款将减少，实际利率也将下降。因此，为了弥补实际利率的下降，净资产收益率将上升。因为企业可以通过筹

第 9 章
从"雷曼事件"到"新冠危机"

措低利率的资金来调整资本收益率和实际利率的差异,净资产收益率会上升。换言之,低利率意味着其本身就是从国债和银行存款等安全资产的持有者到股票持有者之间的收入再分配。常有人问,为什么在长期停滞期经济处于低利率的情况下,企业收益与净资产收益率状况却会良好?这是由于低利率和高净资产收益率是相辅相成的。正如第3章所述,资本收益率表现为安全利率和净资产收益率的加权平均数。

根据奥利弗·布兰查德(Oliver Blanchard)的观点,按照传统方法计算得出的美国税前利润率,在发生金融危机后也依然保持强劲势头,利率平均超过10%。即使资本收益率和经济增长率不下降,利率也可能在一定时期内保持极低水平。因此,实际利率低并非经济长期停滞的信号。判断经济是否停滞的指标是资本收益率是否下降。

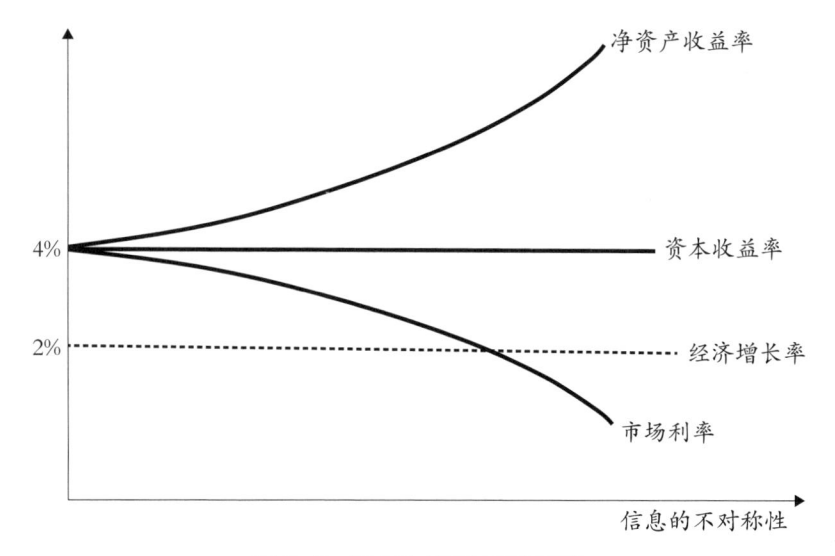

图 9-2 资本收益率与实际利率

历史性低利率

金融危机后的十余年里,全球经济最明显的特征就是实际利率的持续下降。人们经常在名义利率零下限的背景下探讨利率的低水平,但相比之下更重要的是，与经济增长率相比，实际利率大幅下降的事实。名义利率的零下限是由实际利率下降而引发的现象。

主流经济学派认为，以国债收益率为代表的实际利率高于经济增长率。如表9-1所示，在20世纪90年代，主流经济学派的观点是正确的，国内生产总值增长率为2.6%，而国债收益率为4.6%。利用两者的差额计算出的"增长率调整后的利率"达2.0%，符合新古典增长理论中关于预期利率的数值。进入21世纪的第一个十年，经济增长率从2.6%略降至2.2%，而国债收益率从4.6%大幅降至2.1%。增长率调整后利率几乎为零，这与主流经济学派的观点相悖。历史性的低利率时代来临，出现了全球范围的房地产泡沫。在泡沫经济崩溃的21世纪第一个十年，低利率的趋势更加明显。除了直面财政危机的5个欧盟国家（希腊、爱尔兰、意大利、西班牙和葡萄牙），以其他18个国家的平均值来看，国内生产总值增长率略微降至1.8%，而国债收益率则降至0.9%。增长率调整后利率达到-0.9%，正如本书中所论述的，经济领域已普遍处于实际利率低于增长率的状态。

表9-1　OECD 23个主要成员国的长期国债收益率与国内生产总值增长率（实际值）

	1990—1999年	2000—2009年	2010—2019年	2010—2019年（18国）
10年期国债收益率	4.6%	2.1%	1.5%	0.9%
国内生产总值增长率	2.6%	2.2%	1.8%	1.8%
增长率调整后利率	2.0%	-0.1%	-0.3%	-0.9%

资料来源：OECD。

让我们通过图9-3来回顾国债收益率与经济增长率之间的关系。过去30年间，除去20世纪90年代初的经济不景气期和金融危机后出现的负增长，经济增长率一直相对稳定。相比之下，以10年期国债收益率衡量的实际利率则呈下降趋势。我们可以发现经济增长率明显超过国债收益率的三个时期，分别为信息科技网络泡沫出现的2000年前后、出现房地产泡沫的2003—2008年，以及经济长期停滞论沸腾的2013年之后。

第 9 章
从"雷曼事件"到"新冠危机"

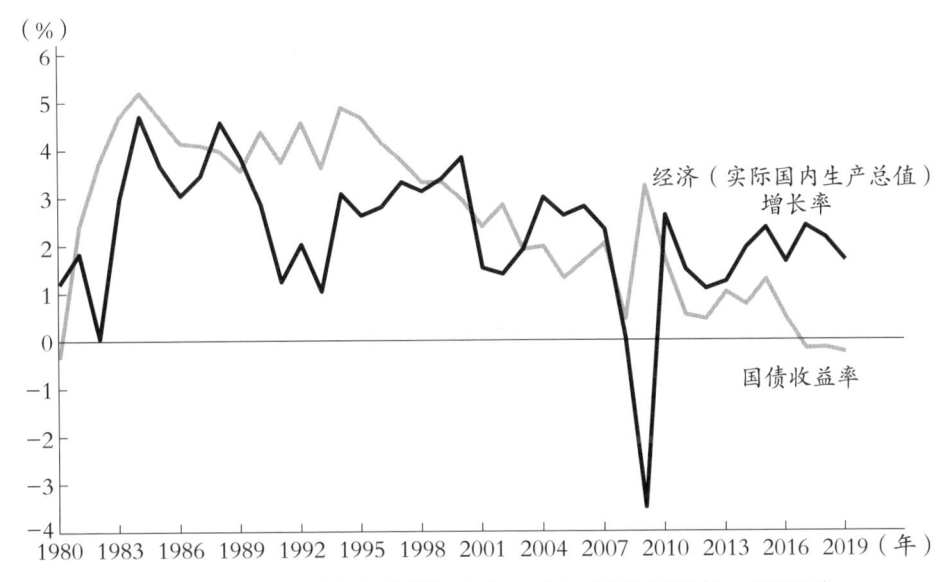

图 9-3　国债收益率与经济增长率（OECD 主要国平均值、实际值）

资料来源：OECD、国际货币基金组织。

图 9-4 表明了美国、日本和德国三个主要国家的经济增长率调整后利率的变化情况。

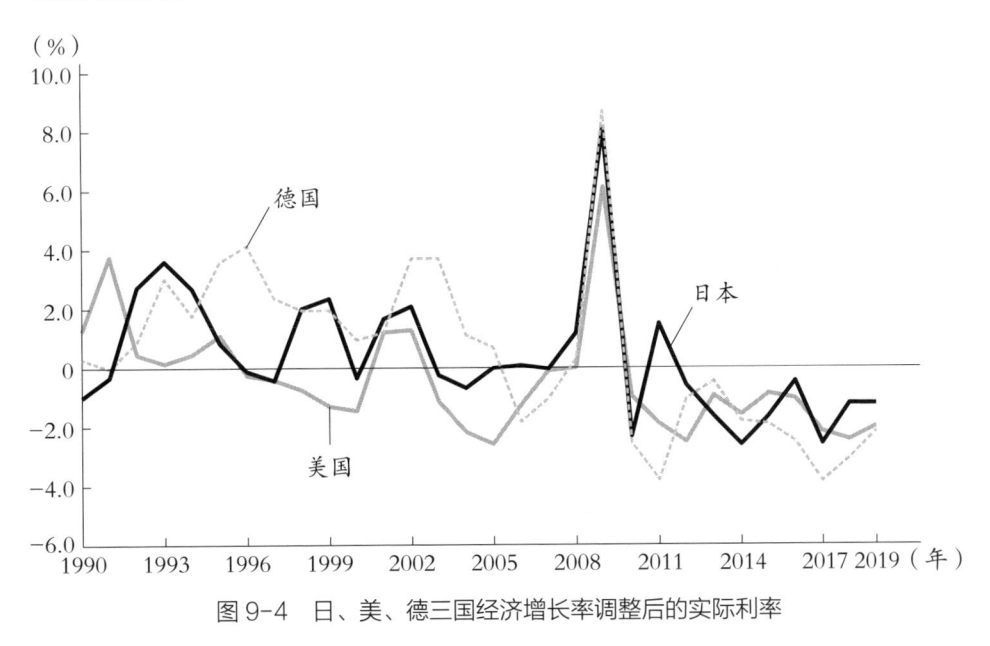

图 9-4　日、美、德三国经济增长率调整后的实际利率

资料来源：OECD、国际货币基金组织。

首先值得注意的是，雷曼事件发生后的 2009 年，这三个国家的经济增长率调整后，实际利率均大幅提高。这是由于受危机的影响，导致经济增长率大幅下降。就危机前的特征而言，日本和德国大部分时期的实际利率均为正值，表明其实际利率高于经济增长率。而美国则有许多负增长时期，20 世纪 90 年代末期的信息科技网络泡沫时期和 2005 年前后的房地产泡沫时期，其实际利率均低于经济增长率。从理论上来看，作为经常收支盈余国的日本和德国的实际利率看似低于经常收支赤字的美国，但现实却恰恰相反。在美元强势的背景下，美国兼备流动性强且基础雄厚的金融市场，能够吸引世界各地的低收益资金。这既可以说是美元作为基础货币的优势，也可以说是反映了采取紧缩政策的日德和始终采取宽松政策的美国之间的差距。

进入 21 世纪第一个十年，三国经济均为负增长。其中德国负增长值最为严重，德国经济尽管表现强劲，但是为了重建遭遇财政危机的欧洲经济，欧洲中央银行继续实施宽松政策，此时的德国正好反映这一实情。美国自 2009 年实施量化宽松政策以来，实际利率一直低于经济增长率，2015 年取消零利率后，也依然保持这一状态。这说明不仅是金融政策，经济结构性因素也会影响低利率。在日本，2013 年日本银行开始实施量化宽松政策后，其实际利率始终低于经济增长率。当时这三个主要经济体的实际利率均始终低于经济增长率。

◎ 实际利率下降幅度高于经济增长率下降幅度的原因

引发历史性低利率的真正原因是什么呢？人们首先想到的应该是低经济增长率。不管是从理论上还是经验上而言，经济增长率和实际利率都是相互关联的。图 9-3 明确表明，人口增长率的下降和技术进步率放缓会拉低经济增长率，进而使实际利率下降。

然而，重点是利率的下降幅度超过了经济增长率的下降幅度。2010 年以来，经济增长率未降至长期停滞论中提到的程度。反倒是实际利率大幅下降,低于经济增长率的下降幅度,这一状态正演变为新常态。这意味着,除了经济增长率,还有其他原因促使实际利率下降。

首要原因是货币宽松政策的影响。日本、美国和欧洲的金融当局旨在恢复金融危机后的经济,因此采取量化宽松政策。日本以通货膨胀率为目标,中央银行实施大规模量化宽松政策,即以每年80万亿日元的速度长期购买国债。美国受到金融危机后的重大经济衰退影响,美联储将美国联邦基金利率调整为零,并实施三轮大规模的量化宽松政策。为避免财政危机,欧洲中央银行于2012年购买了大量长期国债,并于2015年1月采取量化宽松政策。2013年后,日本在量化宽松政策方面将国债的名义收益率调整为零,加之通货紧缩趋势放缓,因此实际利率下降。受到中央银行购买长期国债的影响,日本、美国和欧洲的10年期国债收益率大幅下降,已经达到货币宽松政策拉低实际利率的效果。

债务过剩与实际利率的下降可以说是雷曼事件的后遗症。21世纪最初几年,发达国家的公司和家庭利用房地产热潮,大量贷款,但当房价暴跌时,他们瞬间陷入债务过剩的窘境。金融机构不仅不会发放新的贷款,而且还会不断要求他们偿还现有债务,所以当事人必须重新制订投资和消费计划。债务过剩会减少新的资金需求,并且会使实际利率下降。阿蒂夫·米安领导的小组对家庭债务和经济周期进行了研究,结果证实"债务周期"确实存在。对以发达国家为主的30个国家的面板数据进行分析,得出如下结论,即1960—2012年家庭债务(占国内生产总值百分比)的增加,导致同时期国内生产总值增长率也在上升,但却导致三年后国内生产总值增长率下降。

上述两个主要因素是商业周期不景气时的特有现象,随着经济从危机中恢复,该现象就会消失。然而,如果是经济中的结构性因素导致低利率,情况则大不相同。实际上,就在萨默斯敲响警钟后不久的2014年,如果是周期性因素造成的低利率,那么问题就应该被解决。

实际上,早在金融危机发生之前,2000年时,低利率问题就日益突出。里卡多·卡瓦列罗(Ricardo Caballero)领导的研究小组最先探讨低利率问题。金融发展曾经被认为是经济发展的前提。可是在20世纪90年代，陆续有一些新兴国家在未经历金融发展的情况下就实现了经济增长，颠覆了固有观念。此外，若以购买力平价的国内生产总值来衡量，截至2010年，新兴国家国内生产总值的全球占比已超过50%（1980年时为32%~33%）。换言之，国内金融市场不发达、外部资金需求不高的国家，其当前的国内生产总值规模已过半。根据第8章内容，就国内生产总值除以贷款余额所得出的金融发展指标而言，新兴国家明显低于发达国家。从全球平均水平来看，金融发展缓慢的新兴国家的经济增长意味着其金融发展正走向停滞。"金融发展放缓"是全球经济的资金需求增长率放缓、实际利率低迷的主要原因。

新兴国家的高储蓄率与金融发展放缓密切相关。2005年联邦储备银行的年会上，当时时任美联储理事的伯南克批评道，过度储蓄国家的资本流入正在抹杀货币紧缩效果，并指责这些国家是过度储蓄。

该事件可以追溯到亚洲金融危机。20世纪90年代，泰国、印度尼西亚和韩国等亚洲国家利用外资发展经济，均为典型的追赶型经济体。然而，当海外金融机构大规模撤资时，亚洲经济瞬间崩溃。亚洲各国从危机中吸取教训，减少外资借款，转向依靠留存收益的经营模式，并以出口导向型增长为目标。新兴市场国家从经常收支赤字国转向经常收支盈余国，全球规模的资金流动过剩导致实际利率下降。

◎ 企业储蓄率的上升与信息通信革命的影响

当研究分析不断增长的储蓄明细时，你会发现一些有趣的事情。由魏尚进带领的中国研究人员小组，以66个国家的数据为样本进行分析，寻找全球经济失衡的背景时，发现与经常收支盈余密切相关的不是家庭储蓄率，而是企业储蓄率。正如本书第8章"国际资本配置之谜"章节中的内容，新兴国家在企业储蓄率的热潮下，实现了在经常收支盈余下的高增长。

实际上，企业储蓄率的增长并非新兴国家的特有现象。卢卡斯·卡拉巴博尼斯（Loukas Karabaronis）和布伦特·尼曼（Brent Neiman）指出发达国家的企业储蓄率上升幅度明显。图9-5描绘了OECD中23个主要成员国储蓄率的平均值。企业储蓄率的计算方法是民间储蓄率扣除家庭储蓄率。在人口老龄化的发达国家，民间储蓄率即家庭储蓄率与企业储蓄率之和，一直稳定在20%左右。具体来看，家庭储蓄率呈下降趋势，2018年的数据显示家庭储蓄率仅有6%左右[①]。相比之下，企业储蓄率呈上升趋势，几乎达到15%。包括美国、日本和德国在内的许多国家，企业储蓄率高于家庭储蓄率。此外，纵观中国2005—2014年的储蓄平均值，企业储蓄率和家庭储蓄率几乎均为22%。在此情况下，在当时的经济中，企业储蓄在储蓄中占据主导地位。

我们很难判断企业储蓄的增加是暂时性现象还是未来趋势。值得注意的一个事实就是，引领信息通信革命飞速发展的苹果、谷歌、脸书和亚马逊[②]，这些企业因其充裕的现金流也很有名。这些企业被称为GAFA[③]，他们通过"零边际成本"的规模效益得以大幅提高市场集中度，从而创造巨大利润。由于企业利润往往会集中在部分企业，因此会减少整个经济对外部资金的依赖。现金流充裕的企业能够提高收益，可以利用留存收益进行投资，无须外部资金。低收益的企业集团需要外部资金，但融资较困难。信息通信革命使得企业收益的差距不断扩大，减少了其对外部资金的总体需求，这实际上是实际利率降低的主要原因。

[①] 2010年以后，家庭储蓄率一直没有停止下降。对于这种现象，人们提出两种假说。第一，因金融危机造成的债务过剩的影响，贷款减少提高了家庭储蓄率。第二，长寿的趋势提高了家庭储蓄率。仔细观察数据会发现，美国与其他22个国家的平均家庭储蓄率呈鲜明对比。2010年以后，美国呈上升趋势，而其他国家呈下降趋势。考虑到美国是这些国家中老龄化速度最慢的国家，因此很难证实长寿化理论，但据说可以有力地证实债务过剩理论。

[②] 已更名为元宇宙。——编者注

[③] GAFA是苹果、谷歌、脸书、亚马逊四家巨头公司英文名首字母的合称。——编者注

(%)
25

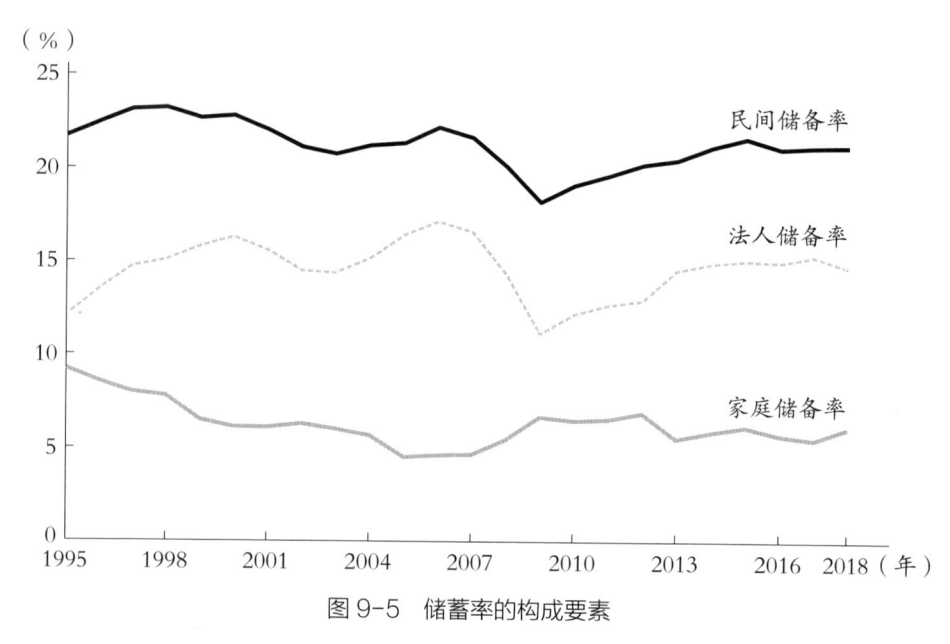

民间储备率

20

法人储备率

15

10

家庭储备率

5

0
1995　1998　2001　2004　2007　2010　2013　2016　2018（年）

图 9-5　储蓄率的构成要素

资料来源：笔者根据 OECD、国际货币基金组织数据制作。

信息通信革命降低实际利率的机制不仅如此。从 GAFA 代表的信息通信企业的资产来看，机械和建筑物等物质资产所占的比例较低，而无形资产所占的比例较高。对于谷歌而言，其资产应当是储存庞大数据的数据中心。

资产内容的变化对企业融资也有较大影响，技术进步也可能使企业更难进行融资。土地和建筑物等有形资产可以在市场上买卖，但大数据等无形资产的市场化程度较低，不能作为抵押资产。因此，金融机构不能向以无形资产为担保的企业提供资金。"技术与金融错配"使得企业对外部资金的依赖减少、实际利率降低。

简而言之，周期性因素（如日本、美国和欧洲的超宽松货币政策和发达国家的债务过剩）与结构性要素（例如金融发展停滞不前、全球性储蓄过剩、不依赖外部资金的信息通信产业的出现，以及无形资本扩大造成的技术和资金的不平衡等）的复杂组合，使得实际利率呈持续下降趋势。如果这种状态持续下去，那么以实际利率高于经济增长率为前提建立的主流宏观经济理论将被改写。这对于坚信主流理论学派的经济学家而言，只能说是一场噩梦。

第 9 章
从"雷曼事件"到"新冠危机"

安全资产短缺与美元霸权

◎ 提高安全资产意愿的奈特不确定性

有人认为,金融市场的日益全球化会降低投资者面临的风险。这是因为投资者可以将其金融资产分散到世界各地,从而享受降低风险的益处。实际上,过去 20 年左右的时间里,金融法规与障碍已经在很大程度上被消除,通信技术的发展,明显缩小了国家间的信息差距。因此,投资者的国际投资环境也明显改善。然而,全球化并非一定会减少投资者的风险。随着国际间金融和资产市场的融合,风险更容易传播到其他国家。美国的金融危机瞬间席卷欧洲市场、希腊金融危机随即蔓延至其他欧洲各国,这均是强有力的范例。

全球化下的世界经济错综复杂。人们难以预测国际间风险传播的过程,全球经济发展正面临着前所未有的不确定性。弗兰克·奈特(Frank Knight)将可预测客观概率分布的不确定性称为"风险",将不能预测概率分布的不确定性称为"真正的不确定性"。如今,后者被称为"奈特不确定性"(Knightian uncertainty)。

当奈特不确定性提高时,个人、企业和国家都不会选择使用最新金融技术提高其资产组合的风险分散性,而是选择持有安全资产这种原始方法。

"大灾难"就是指那种很少发生,但一旦发生就会损失惨重的难以预测规模的风险典型案例。罗伯特·巴罗(Robert Barro)分析了资产价格对过去大灾难的影响程度。巴罗以包括 OECD 的 20 个主要成员国在内的 35 个国家为研究对象,发现过去 100 年间,国内生产总值累计下降 15% 以上的案例高达 60 起。这里涵盖的灾难有第一次世界大战、经济大萧条、第二次世界大战和金融危机。危害规模最严重时达到 64%(1944—1946 年的德国),而平均值为 29%。研究结果还显示,发生重大灾难的可能性会使安全资产的收益率降低 0.3%~0.4%。

随着全球风险的增加，人们会更趋于保守，对安全资产的需求将会增加。但是投资者不会毫无选择地购买任何国家发行的国债。安全资产的供应看似简单，但其不仅仅需要在国内流通，在国际上流通更加困难。整个金融制度的质量受到考验，包括稳定的汇率体系、高流动性的金融市场、作为国际抵押的外部资产和值得信赖的国债市场。卡瓦列罗和法里指出，新兴国家缺乏流动性高且资金雄厚的金融市场，所以"缺乏创造安全金融资产的能力"。

因此，新兴国家的经济越增长，国际性安全资产就越会陷入短缺的窘境。事实上，全球经济失衡和安全资产短缺的关系密不可分。经济加速增长的亚洲国家与资源价格飙升的资源丰富国家越是购买安全资产，美国就越是寻求更大的经常收支赤字。然而，进入21世纪，按购买力平价计算，美国占世界生产总值的份额已降至20%以下，美国政府已无法提供能够满足经济日益增长的新兴国家所需的安全资产。美元债券价格上升，实际利率下降。

历史性低利率是指国债等安全性高的资产收益率低。换言之，即安全资产短缺。由此，我们可以很容易地联想到，关于国际上使用的安全资产可以直接理解为国际货币的话题。从这一角度而言，我们需要重新审视国际货币问题。

前面已经提到，全球经济失衡最终将以金融危机落幕。经济加速增长的亚洲国家与资源价格飙升的资源丰富国通过经常收支盈余中获得的资金购买安全资产。仿佛是为了弥补安全资产的短缺，金融市场出现了意想不到的变化。民间金融机构开始提供证券化商品形式的"安全资产"。证券化商品是指，抵押住房贷款产生的固有风险高的金融商品。这种市场反应出现了反作用。证券化商品非但没有成为像国债一样的安全资产，相反，它的价值在房地产泡沫破裂后暴跌，最终演变成全球性金融危机。

全球经济失衡被比喻成布雷顿森林协定，有些人认为应该将它正式命名为"新布雷顿森林协定"。美国拥有发行国际货币的特权，在金融领域相对有优势，因为美元拥有超出自身的价值，所以可以吸引到世界各地的投资，从而获利。另外，亚洲国家在制造业方面具有比较优势，他们希望维持对本国货币的低评价，实现出口导向型增长，通过积累大量以美元定价的外汇储备来支撑"强势美元"。可是，这种观点只能是临阵磨枪。

正如凯恩斯和特里芬所言，安全资产短缺代表着单一经济体的货币作为储备货币的作用是有限的，所以，全球经济不平衡可以被理解为一种警告，即以美元为主要货币的国际金融体系本身已经达到极限。

◎ "不作为之罪"

国际货币需具备三种功能，分别是国际计算单位、国际结算方法和国际储备方法。基于这些功能，我们来探讨衡量国际货币在国际上使用程度的指标。

表9-2中的"国际结算"一行表示金融机构交易中使用外汇的国家占比。该指标重点关注国际结算方法。美元占比42.4%，欧元占比19.5%，日元占比9.5%，英镑占比6.4%（数据来源：国际清算银行，2016年）。美元占比居首位，欧元第二位，日元位居第三位。作为参考，我们比较一下全球经济中国内生产总值占比（按购买力平价计算），每个国家和地区的货币占比都高于国内生产总值占比。美国的趋势更为明显。以金融危机为分水岭，可能大家的印象是欧美发达国家发展势头减弱，而新兴国家的增长势头增强，但是，在国际货币势力图中并未表现出这种影响。

表9-2 货币与国内生产总值的构成比

	日元	美元	欧元	英镑	人民币
国际结算	9.5%	42.4%	19.5%	6.4%	—
外汇储备	4.2%	64.0%	19.7%	4.4%	1.1%
国内生产总值	4.4%	15.5%	15.0%	2.3%	17.8%

资料来源：国际货币基金组织，2016年。

"外汇储备"一行表明各国政府外汇储备中的货币占比。该指标重点关注国际储备方法。美元强势更加明显。2016年年底的货币占比中，美国以

64%居首位，第二位欧元约占20%，第三位是英镑和日元，约占4%（数据来源：国际货币基金组织，2016年）。截至2015年年底，人民币成为"特别提款权"（SDR）的构成货币，其占比仅为1%。尽管就出口贸易额而言，中国已经超过美国成为世界第一，但是作为储备货币，人民币尚未被世界认可。

"美元霸权"的时代仍在继续，且没有迹象表明会有一种货币超越美元。继美元之后的货币是共同货币欧元，金融危机之后的欧洲财政危机导致欧元贬值，以欧元定价的国债也失去了安全资产的地位。提到日元，由于过重的财政负担导致日本国债收益率偏低，日元几乎没有发挥国际流动性的作用。

提供国际性安全资产必须兼备以下几个条件，分别为稳定的汇率体系、高度流动性的金融市场、作为国际抵押品的对外资产，以及透明性高的国债市场。我们需要关注货币的数字化，但为了将本国货币提升至国际货币地位，我们更应该关注国际信誉而不是先进技术。目前，只有德国政府满足上述所有条件。德国国债以欧元计价，不仅是在国际上，在欧元区内也作为安全资产被广泛使用。

新冠疫情的冲击

◎ 诱发金融危机的可能性

2020年，一场极少发生、一旦发生就会损失惨重、难以预测规模的风险席卷全球。新冠病毒的传播剥夺了人们的行动自由，冻结了经济活动。全球国内生产总值增长预计将从上一年的3%降至–6%，单年降幅接近10%（国际货币基金组织调查结果）。我们可以从图9-6中对比出2020年全球国内生产总值增长率下降幅度的严重程度。图中显示2009年全球经济衰退时的全球国内生产总值增长率低于–2%，与危机前峰值的2007年相比，仅下降6%左右。

新冠病毒引发的感染传播正是奈特不确定性。新冠病毒让人们突然开始直面生命的危险。焦虑和恐惧的上升导致人心惶惶，促使人们逃向安全资产，导致实际利率下降。在21世纪，金融发展停滞、全球过度储蓄、技术与金融发展不协调等结构性因素错综复杂，已经导致实际利率呈下降趋势。现在又增加了推进实际利率下降的因素。

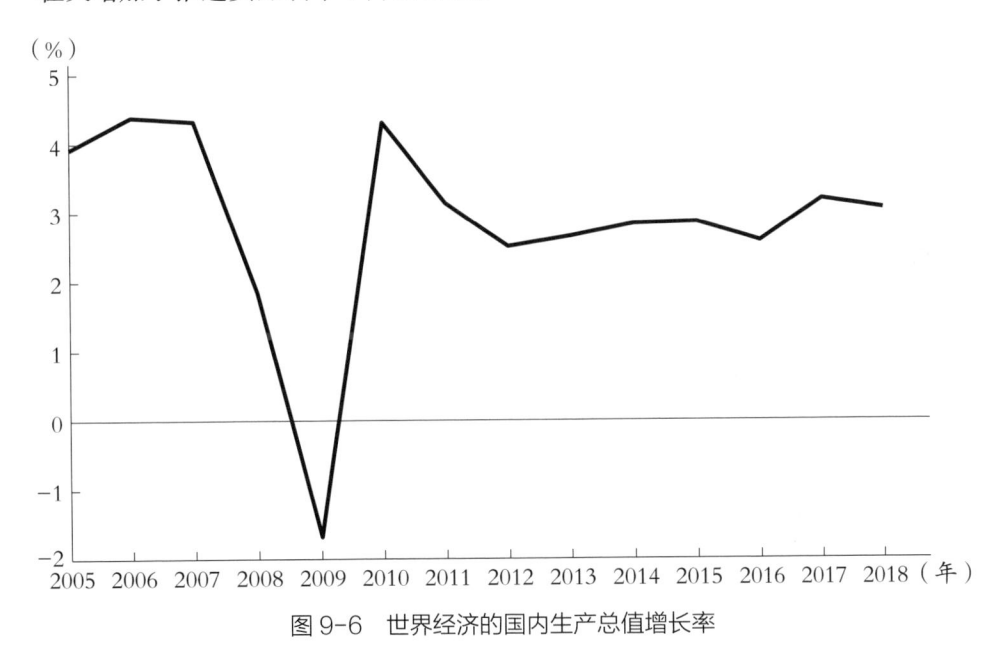

图 9-6　世界经济的国内生产总值增长率

资料来源：国际货币基金组织。

许多国家不顾一切地采取大规模财政扩张。OECD 称，37 个成员国的债务余额预计增加 17%，从 2019 年的 69.6 万亿美元增至 2021 年的 81.6 万亿美元。债务余额的急速膨胀通常会引起人们对更高利率的担忧，但与 21 世纪第一个十年相比，当前实际利率低于经济增长率的全球经济状况也许是幸运的。对于安全资产的需求应该可以吸收大量国债。更多国家会为了用低利率消化掉国债，而采取零利率政策。未来，货币化与低实际利率的状态将会持续。

令人担忧的是各国政府是否能够坚定立场，即便这只是一种应急措施。假设只是暂时性的财政扩张，即使规模很大，在全球性过度储蓄的背景下也能够发行低利率的国债。本书第 12 章会讲述更多细节。许多研究指出，财政乘数的数值并不大。如果经济复苏效果不明显，导致长期财政扩张，事态可能会恶化。我们不能保证袭击欧洲的财政危机不会再次发生。即使不发生财政危机，在全球性通货紧缩和低增长率的背景下，一旦政府债务增加就很难减少。这可能会导致经济长期停滞持续下去。

回顾过去，当金融体系崩溃，企业、家庭和银行背负巨额债务时，危机后的经济停滞状况都较为漫长。新冠危机，源于独立于经济的外部冲击。最初，人们乐观地认为经济会很快复苏。然而，随着疫苗开发与接种的延期，悲观主义情绪蔓延。这很可能导致企业和金融机构破产频发，诱发二次伤害形式的金融危机。情况如果照此发展下去，危机将会长期化。

金融体系成熟的国家往往受到金融危机和泡沫破裂的经济损害较小，如此，人们预测医疗系统完备，可以采取有效防疫措施的国家的经济损失也会比较小。正是金融和医疗的差异，经济社会的稳定性决定了不同国家和地区应对危机能力的差异。新兴国家的医疗制度不完善，防疫措施也不能充分应对疫情，所以损失会较大，这也会成为危机影响长期化的主要原因。金融危机后，新兴国家损失少，能够引领全球经济，将国内生产总值增长率恢复至3%，但是，新冠感染范围扩大，一旦波及人口众多的新兴国家，例如印度、巴西和俄罗斯等，那么将改写新兴国家引领世界经济的现状。

◎ 应对需求的结构性变化

新冠危机明显将在短期内使全球经济停滞。那么危机之后全球经济发展水平能否恢复到从前呢？其结论是，没法恢复至从前。从危机中复苏的经济将不同于曾经的经济状况。

城市化推进集聚化，而集聚效应与经济增长密切相关。城市已成为大规模生产和消费的港湾，大城市的出现带来巨大的需求，并催生出各种各样的服务行业。大城市吸引优秀的人才，人力资源集中到大城市和研究机构，从而实现技术进步。

新型社会要求人与人之间保持物理距离，这样未来的发展方向就不得不否定带来经济增长的集聚效应。对人与人之间的物理距离增加限制的话，人们就必须改变在密集环境中工作、饮食和娱乐等现有的生活方式。

通过此次新冠危机，我们意识到曾经对集聚效应的评价过高。人口向大

第9章
从"雷曼事件"到"新冠危机"

城市的单向集中，也凸显出集聚效应带来的外部经济损失，例如通勤时间长和交通拥堵。远程办公和在线办公给我们带来新的工作方式和重新思考平衡工作和生活的启发。

新型社会规范要求人与人之间保持物理距离，这将改变人们的行为，迫使我们改变工作方式，这应该也会改变组织形式吧？在这种猛烈的势头下所衍生的需求转变，使得集聚型行业和产业瞬间衰退，而适应新模式的产业逐渐抬头。需求的结构变化瞬间推进经济的新陈代谢，同时也刺激了创新。通常情况下，以一定速度缓慢产生的创新浪潮可能在短时间内聚集起来。正如安德鲁·施莱弗曾经预言的，集聚式创新可以导致需求和供应的急剧扩张，从而带来经济的大推动力。

这场突如其来的危机，伴随着结构性的需求转变，这使得政府措手不及。政府能做的就是不干预经济的新陈代谢。危机爆发时，大多数意见都是无条件地支持通过金融和财政援助救济企业，但从定义上而言，援助显然仅是一种临时措施。我们要在多大程度上支持那些未适应需求转变的企业呢？公共干预不能抑制那些足够应对需求转变的新企业的诞生。

过去十余年间发生的最重要的一件事是，看似不值得重视的历史性低利率。长期的低利率支撑了日本、美国和欧洲常态化的扩张性货币政策，累积的政府债务以及金融市场薄弱的新兴国家的经济增长。造成低利率的原因有多种可能性，包括金融发展停滞不前、全球性过度储蓄、不依赖外部资金的信息通信产业的崛起，以及因无形资本的扩张而引发的技术与金融错配等。只要这些因素长期存在，低利率也将会持续下去。如果这样的时代一直继续，那么以实际利率高于经济增长率为前提建立起来的主流宏观经济理论将被大大改写。

接下来，由新冠病毒的扩散而引发的危机将是对这十余年的总结。短期内国内生产总值下降的影响将超过雷曼事件。应对这场危机不可避免地需要动用大规模财政。历史性低利率的背景下，应当会发行大量国债吧？

第 10 章

泡沫是否可控

如果我们"只在泡沫破裂后才开始意识到它的存在",那么,一旦泡沫全面爆发,除了只能意识到崩溃后的风险,并强行遏制它,我们别无选择。事实上,如果我们关注不动产贷款扩张等信用扩张的征兆,泡沫的迹象就会显现出来。在本章中,笔者想谈谈经济政策是否真的能够控制泡沫。

虽然金融监管在一定程度上有助于提前防止泡沫发生,但它却有着成为新泡沫温床的尴尬性质。我们很容易认为金融紧缩可以有效抑制泡沫,但过去的历史表明,金融紧缩有引发泡沫的风险。因此,一旦泡沫膨胀,就很难用政策来平息。作为抑制泡沫的新方法,笔者想提出一种可能性,就是通过鼓励不动产、股票和国债等资产之间的替代来平息泡沫风险。

金融监管是否万能

◎ 泡沫膨胀的抑制手段

在泡沫时期,银行信贷的增长速度超过实体经济的增长速度。作为遏制不动产贷款膨胀的手段,金融监管的作用受到重视。

金融监管从基于规则设定金融机构自有资本和流动资产的规模下限,到直接限制借款人的贷款和资产比率以及贷款和收入比率,方法可谓多种多样。前者在和平时期以适度监管为中心,在泡沫时期,后一种方法则被互补地用于抑制信贷膨胀。

最重要的是,自有资本管制起着核心作用。自有资本管制要求银行对高风险银行资产(如贷款)持有一定的自有资本。这项监管政策旨在通过防止贷款过度膨胀来确保银行的稳健性。

第10章
泡沫是否可控

如果自有资本管制在20世纪80年代应用于日本银行，那么随后的日本经济将有所不同。当时，如果排除因泡沫而不断膨胀的股票收益，日本银行的自有资本则处于不足状态。然而，由于大藏省主导的"护送船团模式"的保护性管理，实际上的资本严重不足并未引起经营恐慌。如果当时的日本政府转向监管性管理而不是保护性管理，便可遏制房地产贷款，土地价格的上涨也将被抑制。

◎ 监管所产生的问题

自有资本管制作为一种政策手段，可有效地提前消除泡沫萌芽。然而，一旦引发了资产泡沫，操作将会变得困难。下文将指出自有资本管制存在的三个问题。

第一个问题是，所谓的"监管的正循环"性质。当银行开始要求一定的自有资本时，贷款将受到自有资本的限制。在经济繁荣时期，银行的自有资本会增加，因此，监管实际上不会引起限制，但随着经济恶化，自有资本也会减少，而监管将抑制贷款，加剧经济萧条。如此一来，监管可能会扩大商业周期的幅度。

这种性质对泡沫周期意义重大。这是因为在泡沫时期，被称为监管操作关键的资产评估将变得困难。金融监管的近期趋势是，最好尽可能以接近市场价值的市值会计来评估银行资产。然而，在资产市场价格与内在价值严重背离的泡沫时期，严格采用市值会计是否可取，笔者对此持疑。执行市值会计可能导致银行和监管机构低估资产高估的风险，从而使贷款过度宽松，由此监管反而可能促使信用扩张。如果泡沫破裂，资产抛售可能导致市场价格低于其内在价值。严格执行监管可能会加剧信用紧缩，从而使金融危机更加严重。

为消除监管的正循环弊端，在泡沫尚未全面爆发时，最好临时搁置市值会计，并将其改为按账面价值评估资产的购置成本会计。然而，在泡沫经济中要求监管机构做出适当的对应，在技术上可能并不容易。尽管如此，我们仍然应当谨记：在泡沫经济和金融危机的旋涡中，坚持市值会计是一项愚蠢的政策。

第二个问题是，难以划定哪些金融机构应受监管，哪些金融机构不受监管。存款银行之所以受到监管，是因为它的破产蕴含着导致信贷网络崩溃的风险。然而，正如金德尔伯格所关注的个人征信的意义作用，除存款银行之外，其他金融机构都可能进入信贷网络。

可以说，在传统银行体系之外，影子银行推动了引发雷曼事件的证券化。正如投资银行是否应该受到监管经常引起争议一样，当不受监管的金融机构开始承担信贷网络时，监管机构就不再能够控制信贷。

第三个问题是，监管将产生新的金融机构和信贷来源。金融机构设立金融子公司以规避监管是常见的手段。金融监管在每次金融危机后都会朝着更加严格的方向发展，从长远来看，这是监管机构试图加强监管和金融机构试图规避监管的猫鼠游戏。

在日本泡沫经济时期，大藏省指导银行限制不动产贷款，导致住房金融专业公司（即"住专"）的产生，而这些替身公司则加剧了不动产贷款，这是众所周知的。2003年10月，美国监管机构将自有资本风险评估范围限制在银行母公司，实际上排除了子公司资产的风险评估。对母公司（银行的主体）保持监管，对子公司放松监管导致子公司大量发行ABCP，并产生了影子银行这样的"怪物"。监管有着成为新泡沫温床的尴尬性质。

加息是否有效

◎ "美联储观点"与"国际清算银行观点"

2002年，美联储主席格林斯潘在怀俄明州杰克逊霍尔举行的堪萨斯城联邦储备银行主办的一次研讨会上表示，"往往是泡沫破裂后，我们才开始意识到它的存在"。当资产市场过热时，我们很难提前判断这是否为泡沫。强有力的加息也许能够平息泡沫，但也会使经济恶化，在最坏的情况下，它可能会引发金融危机。多番考虑之下，我们别无他法，只能在泡沫破裂后再处理它。因此，格林斯潘真正的意思或许是说，中央银行对泡沫起不到多大作用。

在泡沫经济时期，货币政策的立场存在两种相互矛盾的观点。"美联储观点（Fed view）"认为，中央银行应把价格稳定放在首位，而不是干预市场，以积极控制泡沫。其宗旨是，中央银行只有一种政策工具，即利率政策或量化宽松政策，不能同时追求价格稳定和泡沫控制两个政策目标。

伯南克和格特勒报告了一个模拟结果，即当提高泡沫名义利率的政策规则纳入货币政策时，经济将更加不稳定。这项研究从理论上支持了货币政策"鱼与熊掌不可兼得"，据说对美联储的政策管理产生了不小的影响。

相对地，"国际清算银行观点"（BIS view）认为，中央银行对资本泡沫置之不理并且不采取任何积极行动是很奇怪的。国际清算银行观点主张政府应该采取一些措施，以尽量减少泡沫破裂造成的金融危机的成本，而中央银行也应该积极应对泡沫。一些支持国际清算银行观点的论文描述了通过政策实现泡沫软着陆是否可能，正如我们在一级方程式赛车中看到的轮胎慢慢漏气一样。

那么，国际清算银行观点到底如何看待抑制泡沫的政策工具呢？遗憾的是，这一观点并未明确回答他们所考虑的政策工具是货币政策还是金融监管。该观点的弱势正在于此。

格林斯潘表示，他怀疑中央银行是否有政策工具来适当控制泡沫。事实上，在1999年，美联储小幅加息，批评互联网泡沫是"毫无根据的狂热"。然而，加息反而导致资产市场过热。根据这一经验，格林斯潘对泡沫时期的金融紧缩持谨慎态度。

◎ **重复小幅加息，产生反作用**

公众可能想当然地认为，货币紧缩在平息泡沫方面总是有效的。然而，从理论上讲，情况并非总是如此。下面让我们使用第 2 章中描述的决定股票价格的套利公式进行简单说明。将上次记载过的公式重现，套利公式表示如下：

$$本财年股票价格 \times (1+ 国债收益率) = 分红 + 下一财年股票价格$$

当套利公式成立时，购买股票的成本和获得的利润是相等的。此处的成本以机会成本表示，是指购买其他资产（如国债）而不是购买股票时获得的利润。具体而言，这等于本财年的股票价格乘以（1+ 国债的收益率）。另外，利润代表持有股票一年所获得的利润，为分红加下一财年的股票价格。如果两边除以本财年的股票价格，则公式如下：

$$1+ 国债收益率 = \frac{股息}{本财年股票价格}（分红收益率）+ \frac{下一财年股票价格}{本财年股票价格}（资本收益）$$

左边是国债收益率，以毛利率（包括本金）表示。右边是股票收益率，由分红除以本财年股票价格获得的"分红收益率"和以本财年到下一财年股票价格上涨率表示的"资本收益"之和表示。

当中央银行加息时，国债收益率将上升，因此，为使套利公式能够继续成立，右边的利润部分也必须上升。那么，到底分红收益率和资本收益哪个会上升呢？

在一个股票价格没有泡沫的世界里，人们预计股票价格通常由分红收益率决定，而加息是由分红收益率的上升来调整的，而这需要通过股票价格的下跌来实现。这就是中央银行加息后股票价格下跌的理论机制。

但是，如果股票价格出现泡沫，也就是说，如果投资者预计资本收益会影响股票价格，那又会怎样？从公式中可以明显看出，如果加息发生，资本收益项增加，即使股票价格不下跌，套利公式也会成立。如果中央银行加息，市场可能会认为政府承认泡沫。如果对泡沫持疑的投资者开始相信泡沫，他们不仅不会在市场上抛售股票，反而会有更多的投资者竞相购买。如此一来，加息不仅不会压低股票价格，反而会制造泡沫。我们经常看到，泡沫追逐小幅加息的现象，事实上，用套利公式不难解释这一现象。

◎ 早期加息有效

从这一惊人的结论中，我们可以得出以下政策影响：在泡沫的早期阶段，加息对抑制股票价格是有效的。因为在该阶段，市场上大多数投资者相信股票价格是由其内在价值决定的。然而，如果泡沫持续下去，市场将有更多的投资者相信资本收益决定股票价格，因此，加息不仅不起作用，而且有可能加速泡沫膨胀。

如果中央银行断然实行强有力的加息以抑制资产价格的上涨，泡沫可能会破裂，不久之后，金融危机和大萧条的混乱随即而来。由于担心这种情况发生，中央银行试图通过逐步重复小幅加息来平息泡沫，但结果与预期恰恰相反，这反而是火上浇油。格林斯潘说，他不知道货币紧缩会导致什么样的股票价格走向，这并非借口。

最近的研究也表明，货币紧缩可能会加速泡沫膨胀。霍尔迪·加利（Jordi Gali）在研究1960年以来美国股票价格与货币政策之间的关系时指出，以1990年为界，货币紧缩和股票价格之间的关系可能发生了变化。报告指出，尽管在1990年之前可以确认普通经济学中设想的货币紧缩导致股票价格下跌的关系，但自1990年以后，货币紧缩反而会使股票价格有上升趋势。

日美中央银行的经验

本节将对日本和美国的经验进行回顾，看看中央银行如何应对泡沫。需要强调的是，在日本，人们往往认为货币政策在泡沫经济时期的作用很大，但这里存在误解。如第6章所述，北欧和东亚等发展中国家及地区由于"国际金融三元悖论"的制约，放弃了货币政策的自由度，强调汇率稳定。货币政策的意义仅限于允许汇率波动的美国和日本等经济强国。

◎ 日本中央银行在泡沫初期和泡沫破裂后的评估

首先，让我们回顾一下日本的经验。如图 10-1 所示，日本中央银行在 1989 年通过提高贴现率转向货币紧缩。泡沫发生在 1986 年左右，从泡沫发生到应对大约经过了三年，并且，当 1987 年土地价格泡沫全面爆发时，为优先考虑国际合作，日本中央银行降低了贴现率，这无疑是火上浇油。如果 1987 年日本中央银行推翻与美国的政策协调而转向加息，情况就会发生很大变化。在泡沫的早期阶段，许多投资者认为地价是由其内在价值决定的，加息很可能对抑制地价有效。

图 10-1 日本泡沫时期的货币政策

资料来源：日本中央银行。

直至 1989 年，日本中央银行总算采取了及时行动。日本中央银行从 1989 年 5 月将贴现率从 2.5% 提高至 3.25% 为开端，此后又进行了四次上调，1990 年达到 6%。然而，泡沫已经全面爆发，投资者认为资本收益决定土地价格，他们控制了市场，泡沫不再有软着陆的空间。如果中央银行加息，就到了只能使泡沫破裂而别无他法的阶段。事实上，土地泡沫已达到顶点，加上同一时期出台的房地产相关贷款总量控制便随之破裂。

前述伯南克和格特勒论文也提到了日本泡沫的经验，并得出在 1988 年将政策利率从当时的4%左右提高到8%就可以抑制泡沫的结论。在泡沫已经全面爆发阶段,这项讨论的合理性仍值得怀疑。如果将政策利率提高到8%,土地价格泡沫可能会进一步加速膨胀,泡沫破裂的经济损失可能更大。无论如何,在1988年通过货币政策控制泡沫膨胀处于不可能的阶段,可以说成败早已确定。翁·白川·白塚认为,根据伯南克和格特勒的这一模拟结果,在当时价格稳定的经济环境下将政策利率从4%提高到8%的政策在政治上是不能接受的。

许多人指出,当泡沫破裂时,日本中央银行的反应是迟缓的。然而,究竟是因何而迟缓,我们很难得出结论。在这里,笔者想通过比较经济增长率下降和贴现率下降的速度来考虑放松速度的指标。回顾第3章的讨论,泡沫的产生是因为经济最初处于"实际利率 < 经济增长率"的状态,即使泡沫破裂,经济也不会回到"实际利率 > 经济增长率"的状态。如果政策当局的反应滞后,政策利率和增长率之间的关系变得像"实际利率 > 经济增长率"的状态,这意味着实际利率仍然高于经济现实,放松速度缓慢。

然而,缓慢的货币宽松政策并非日本随后长期萧条的主要原因。应对金融萧条的政策首先应是对金融机构的不良债权处理,货币政策应放在次要位置。在搁置处理不良债权的情况下,即使迅速降息,资产负债表恶化的金融机构也无法增加贷款,所以效果是有限的。

◎ 泡沫过热是否由于反应迟钝导致

接下来,让我们来看看美国的案例。如图10-2所示,美联储在2004年第二季度将联邦基金利率从1%上调至2006年第三季度的5.25%。格林斯潘说"泡沫破裂后我们才开始意识到它的存在"。在2年左右的时间里,联邦基金利率提高了4%以上,但房地产泡沫是在2003年第一季度左右全面爆发,美联储的反应推迟了近一年。自2002年以来,随着名义国内生产总值增长率的上升,货币宽松政策仍在继续,增长率与联邦基金利率之间不断扩大的差距持续到2004年。随后,这种反应的迟钝导致房地产泡沫过热而遭到指责。

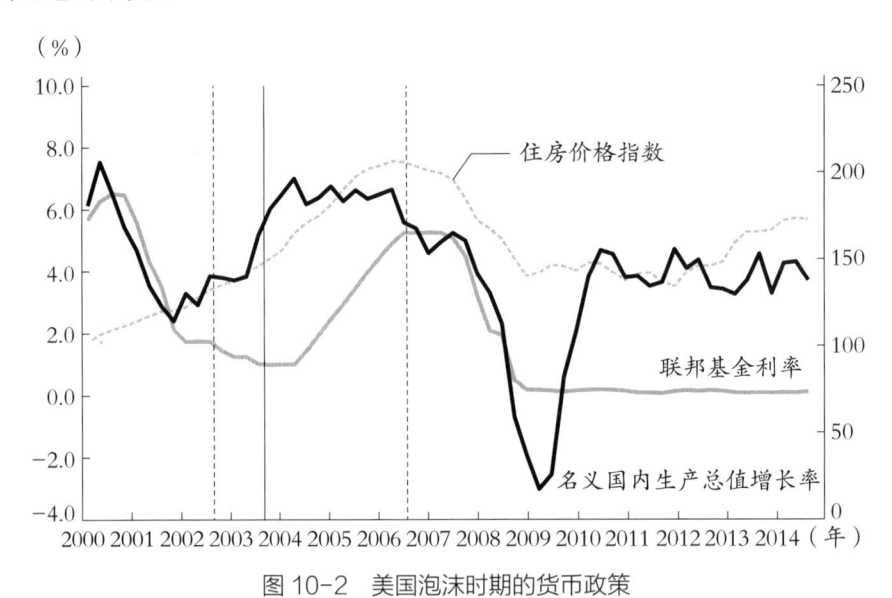

图 10-2　美国泡沫时期的货币政策

资料来源：美联储，凯斯-席勒指数。

约翰·布赖恩·泰勒（John Brian Taylor）使用自己设想的金融当局政策反应函数（俗称"泰勒规则"）来计算美联储在这一时期的目标联邦基金利率。如图 10-3 所示，他衡量的目标利率比实际利率高出 2% 左右，泰勒对此批评表示，如果美联储根据自己设想的政策规则"正确"地实施货币政策，那么房地产泡沫本来是可以避免的。这里的评估可没那么简单。事实上，在 2004—2006 年实施货币紧缩时，房价飞涨。正如泰勒所声称的，如果紧缩货币，泡沫可能在早期阶段就收敛了，相反，紧缩也可能进一步刺激泡沫。尽管多次上调联邦基金利率，但 10 年期国债收益率并未整体上升，格林斯潘对这种意想不到的市场反应表示不满，称其为"难解之谜"。如今回过头来看，新兴经济体大量购买美国国债是导致这一结果的主要原因。在经常账户失衡的背后，我们不能否认资本的流入可能加剧了房地产泡沫。原本使用泰勒规则的思维实验是以和平时期没有泡沫的经济为前提的，其在泡沫经济中的有用程度尚待观察。

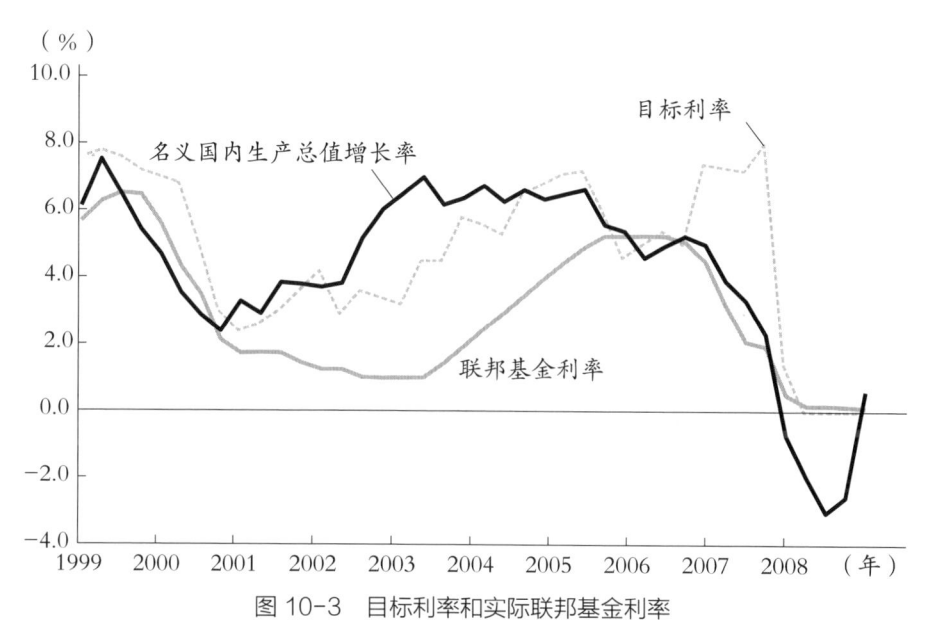

图 10-3　目标利率和实际联邦基金利率

资料来源：美国联邦储备委员会。

◎ 前瞻性指导和资产购买

2007 年房地产泡沫破裂，次年美国发生金融危机，美联储改弦易辙，下调联邦基金利率。美国实施宽松政策的步伐极其迅速，似乎是配合着经济增长率的下降而下调了。然而，联邦基金利率不久就达到零下限，无法跟上陷入负值的经济增长率。如果这种情况持续下去，尽管泡沫破裂使经济重新回到"实际利率＜经济增长率"，但如果由于零下限而出现"实际利率＞经济增长率"的状态，实际利率高于经济现实，将可能进一步加剧危机后的经济衰退。

至此，美联储考虑采取多种政策措施。他们所选择的是"前瞻性指导"（forward guidance）和大规模资产购买。前瞻性指导是指不仅降低给定时间的联邦基金利率，而且还试图通过引导对未来联邦基金利率的预期来降低长期利率，从而增强需求复苏效果的政策。这一政策可以理解为中央银行宣布将长期维持零利率政策。日本中央银行早在 21 世纪初期就实施了这一政策，就是众所周知的"时间轴效应"。美联储的另一个政策是量化宽松。日本中央银行试图通过从市场大规模购买金融资产来影响实际利率。

此后，联邦基金利率维持在接近零的水平，日本中央银行三次大规模购买金融资产，继续为市场提供流动性。第一期于2008年11月至次年6月实施，总金额达1.75万亿美元（约190万亿日元），其中约30%购买美国国债，约70%购买抵押贷款支持证券。第二期于2010年11月至次年6月进行，总金额达6000亿美元（约66万亿日元），其中几乎所有资金都用于购买美国国债。第三期于2012年9月至2014年10月实施，总金额达8500亿美元（约100万亿日元），其中美国国债和抵押贷款支撑证券的购买额大致相同。然而，美国并不是无限制地实施量化宽松政策，而是谨慎实施，以免过度。2012年冬季，当量化宽松政策开始显现效果时，联邦公开市场委员会（FOMC）表示："除非通胀率超过2.5%，否则我们将把联邦基金利率维持在接近于零的水平，直到失业率降至6.5%以内"。2013年，日本房价触底反弹，危机后的经济衰退也渡过了难关。

◎ 中央银行可以采取的两个行动

根据日本和美国的经验，中央银行可以采取下述两个行动来抵御泡沫。首先，要尽早发现泡沫，通过加息来消除泡沫的萌芽。在早期阶段，许多人预计资产价格是由其内在价值决定的，因此加息很可能有助于平息泡沫[1]。对美国而言，这一时期是在2002—2003年，而日本是在1986—1987年。随着泡沫的持续，越来越多的人预测市场势头旺盛，价格将走上泡沫之路。如此一来，加息不仅没有效果，而且可能会加速泡沫膨胀。到这一阶段，中央银行已经无能为力了。

---

[1] 然而，国家的政治领导人在做决策时会受到许多限制，对泡沫的早期应对是一项干涉经济繁荣的政策，因此实施起来并不容易。曾任美联储主席的威廉·麦克切斯尼·马丁（William McChesney Martin）将中央银行工作的困难描述为"美联储的工作，就是在聚会气氛开始升温时，把酒碗拿走"。中央银行本应保持独立性，却受到政治的约束。

另一个行动是，中央银行要在泡沫破裂后立即降息，标准是政策利率低于经济增长率。如果增长率为负值，则政策利率应毫不犹豫降至零。此外，伴随着大规模购买资产，是否应该深入实施量化宽松政策尚待讨论。美联储在量化宽松政策中不仅购买了大量美国国债，还购买了大量抵押贷款支持证券，但必须指出的是，这实际上相当于直接从陷入危机的银行购买不良债权。

利用泡沫更迭

◎ 比股市泡沫更严重的不动产泡沫

在市场受到狂热支配的泡沫时期，金融监管和货币政策作为控制泡沫的政策工具，其有效性是有限的。尤其是在货币政策方面，如前所述，加息反而有加剧泡沫膨胀的风险。

如第3章所述，只要泡沫以与经济增长率相同的速度膨胀，泡沫就会持续下去。正如前文所述，当有多个泡沫资产时，以与增长率相同的速度膨胀的是"多个泡沫的总和"，因此单个泡沫不必以与经济增长率相同的速度增长。

图10-4显示了股市泡沫（BS t）和房地产泡沫（BH t）虽然分别呈现随机走势，但其总和（BS t + BH t = Bt）却收敛到一定值的情况。在这里，当股市泡沫强劲时，房地产泡沫似乎停滞不前，而当股市泡沫停滞不前时，房地产泡沫则表现强劲。因此，如果多个泡沫之间存在这样的关系，即使很难控制泡沫的总体规模，也可观察政策是否能够改变单个泡沫的份额。

以艾伦·泰勒为首的研究组利用17个主要国家140年的长期数据，比较了房地产泡沫和股市泡沫所带来的影响。根据他们的报告，以国内生产总值损失衡量，房地产泡沫破裂对经济造成的损害比股市泡沫破裂对经济造成的损害更严重。不难想象，房地产泡沫的背后是银行的信贷膨胀，其崩溃将导致银行体系的运转失灵。

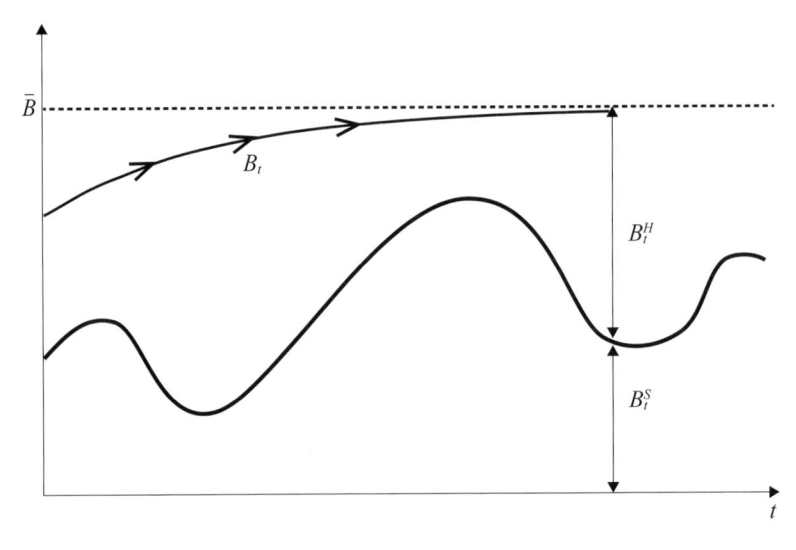

图 10-4　泡沫更迭

美联储前主席格林斯潘因通过制造房地产泡沫而避免了因互联网泡沫破裂而造成经济成本的扩大而受到赞扬，但如果这是真的，那么他的做法是很糟糕的一种做法。

◎ **泡沫的自动稳定器**

回顾日本的泡沫，东证一部的股票市值与泡沫开始的 1985 年年底相比，到 1989 年年底的高峰期，其上升幅度达 408 万亿日元。还是与 1985 年年底相比，到 1990 年的高峰期，地价市值的增幅高达 1418 万亿日元，是股票市值的 3 倍多。如果在 1985 年加强土地保有税，同时对持股实行税收优惠政策，那么流入土地市场的部分资金就会被股市吸收，地价的上涨就会有所减缓。日经平均股票价格可能达到 5 万日元左右，土地泡沫的膨胀就会相对放缓。股市泡沫破裂的危害一般仅限于富裕阶层的损失，而如果土地价格泡沫破裂的影响较小，不良债权的数额也将变小，银行体系的功能下降将得到预防。由此，泡沫破裂造成的经济损失将更小。

然而，有些人可能会觉得通过煽动股票价格上涨来保护银行体系是一种相当粗暴的方式。是否存在更温和的政策呢？关于货币政策的有效性，如之前所述，加息的效果是有限的，但关注加息过程中向市场供应的国债余额有所增加的效果，我们可以看到不同的一面。正如第 3 章"泡沫更迭"中所指出的，自 20 世纪 90 年代以来，数据走势看起来似乎是大量发行国债引发了地价下跌。这一事实表明，为安全资产创造一个托盘，可缓解资产泡沫的飙升。

在 20 世纪 80 年代的泡沫经济时期，当时的财政重建出乎意料地顺利进行，1990 年，日本政府债务余额占国内生产总值的比例降至 60%。如果财政重建没有进展，银行持有大量发行的国债，那么从银行流向土地市场的资金应该比实际要少。因此，若财政重建未取得进展，土地价格泡沫的规模就会变小，随后的经济损失也会变小。具有讽刺意味的是，财政重建加速了泡沫。即使到了 21 世纪第一个十年，事实也证明了国债控制资产泡沫的可能性。在 21 世纪最初几年房地产泡沫的盛行时期，发达国家中房价没有高涨的是日本、意大利和德国三个国家。撇开聪明的德国不谈，日本和意大利的共同点是，这一时期其政府债务余额占国内生产总值的比例明显较高。21 世纪第二个十年也是如此。尽管实际利率高于经济增长率，但资产市场相对稳定，这与许多发达国家政府债务余额的显著增加不无关系。换言之，政府债务余额占国内生产总值的高比例是稳定泡沫的自动稳定器。

本章讨论了经济政策能否控制泡沫。金融监管和货币政策对于提前防止泡沫是有效的。然而，一旦引发泡沫，这两种政策不仅不起作用，有时反而会给泡沫火上浇油。货币政策在泡沫初期是有效的，但在泡沫全面爆发后加息可能会加速泡沫膨胀。笔者也阐述了抑制泡沫的新对策，就是通过鼓励不动产、股票和国债等资产之间的替代来降低泡沫风险的可能性。如果增加金融危机风险的最大因素是房地产泡沫，那么可以积极考虑用股市泡沫替代的政策。此外，国债的存在本身作为泡沫经济的稳定器发挥着作用。

第 11 章

通货紧缩
与流动性陷阱

日本零利率政策已实施近20年，却依然不知货币政策应往何处去。这是日本坚持主流经济学，而主流经济学却无法解释长期零利率而产生的悲剧。本章将运用"低利率经济学"来论述日本长期存在的流动性陷阱与通货紧缩。在零利率的背景下，货币和国债实际上是相同的资产，具有经济学意义的货币总量是"政府净债务额"，即货币与国债的总和。令人惊讶的是在增加政府净债务引发通货膨胀方面，无论是提倡扩大基础货币的通货再膨胀论者，还是主张提高利率的新费雪论者，都得出了相同的结论。

流动性偏好与货币需求

当我们把一种商品称为货币时，它应具备三个职能。首先是"价值尺度"职能，它是一个通用单位，可对产品的价值进行评估；其次是"流通手段"职能，它能够顺利处理商品交换；最后是"储藏手段"职能，它可以保持安全且高流动性资产的价值。凯恩斯在其著作《就业、利息和货币通论》（The General Theory of Employment, Interest and Money）中表示：

我们对上述区分的三种流动性偏好将做如下定义：交易动机（transaction motive），即个人、公司进行的日常交易需要现金；预防性动机（precautionary），即应对未来不确定性需持有占总资产一定比例的现金；投机性动机（speculative motive），即通过在未来可能发生的事件上超越市场而获利的欲望。（凯恩斯，《就业、利息和货币通论》，1936年，第13章，第170页，笔者译）

第 11 章
通货紧缩与流动性陷阱

基于交易性动机和预防性动机的货币需求，在凯恩斯主义之前的古典经济学中已有讨论，这并不少见。值得注意的是，基于第三个投机性动机的货币需求，凯恩斯认为资产需求明显不同于结算需求。在凯恩斯主义货币理论中，明确认同宏观经济学中关于货币资产需求的观点，而将货币视为一种结算手段的古典学派则完全不同，他们认为货币不过是实体经济的面纱。

凯恩斯将"流动性偏好理论"与极端经济衰退相结合，他在相关著作中论述了"流动性陷阱"（Liquidity trap）。当名义利率降低到一定水平时（凯恩斯认为是 2% 左右），那些认为国债价格已经足够高的人预测价格不会再涨了。如此一来，中央银行提供的所有基础货币都将以现金形式存储。额外供给的货币将被消耗，不会产生对国债的需求，因此国债价格的名义利率不会进一步下降。换言之，货币政策将不再奏效。那么，金融当局便没有使用货币政策来复苏经济的空间，也就无法走出经济衰退陷阱，因此称为"流动性陷阱"。

凯恩斯认为，利率下限是在国债市场中人们的预期与货币流动的便利性相结合所产生的市场现象。而"零利率下限"（zero lower bound）是指政策利率不能低于零的技术规定，严格意义上，两者并不完全相同，但是两者都主张在利率降至下限时，金融当局没有进一步降低利率来复苏经济的施展空间，从这一点而言两者几乎是相同的。

20 世纪 30 年代的美国出现了世界上首次流动性陷阱。1929 年大萧条来袭时，美国信贷体系崩溃、资金需求急剧下降、经济通货紧缩、名义利率亦下降。在 20 世纪 30 年代的大部分时间里，美国经济的名义利率几乎为零。然而，随着第二次世界大战结束，世界经济基本处于通货膨胀状态，实际上流动性陷阱也不复存在。

20 世纪 90 年代，流动性陷阱在日本再度出现。日本中央银行为摆脱泡沫经济崩溃引发的经济衰退，不断降低通知贷款利率（call rate）。然而，这并未阻止资产价格的下跌，经济也持续衰退。人们在长期经济衰退中产生通货紧缩的心态，促使投资者倾向于选择安全资产。日本中央银行不得不进一步降低利率，在1995年将政策利率下调至0.5%，1999年进一步将其调整到接近于零的水平，执行所谓的"零利率政策"。此后，除个别时间段以外，日本的名义利率几乎为零。

"益"零利率与"弊"零利率

首先来观察日本陷入流动性陷阱时的货币需求走势。在图11-1中，实线表示家庭和非金融法人企业持有的现金余额除以名义国内生产总值所得的值，虚线表示政策利率。政策利率是变量，1995年之前使用的是中央银行基准利率，其后使用的是通知贷款利率。

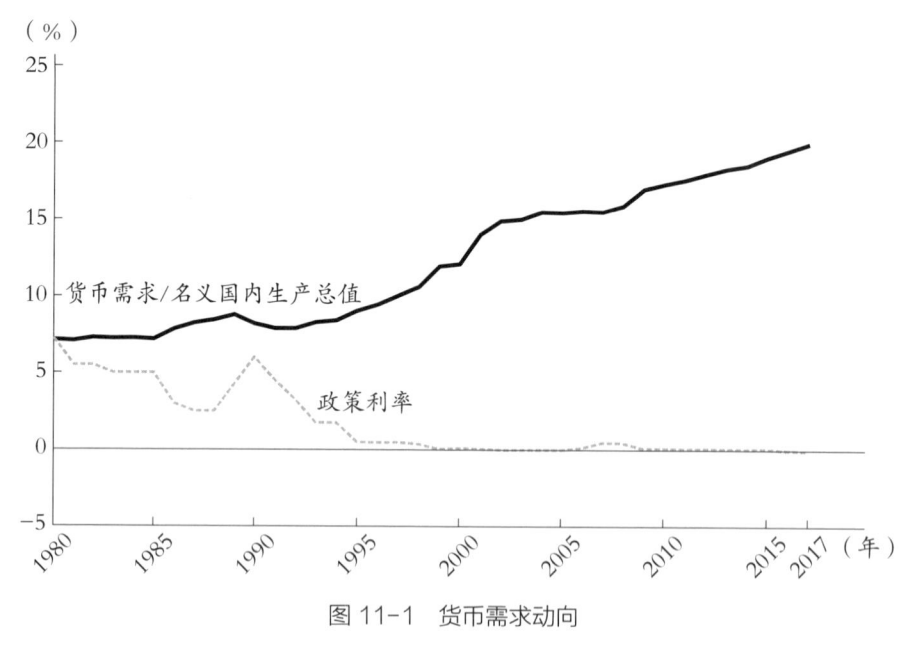

图 11-1 货币需求动向

资料来源：日本中央银行。

如果将现金余额仅仅用于结算，则现金余额与名义国内生产总值的比率应该是一个相对稳定的数值。事实上，截至1994年，政策利率一直超过1%，该比率稳定在7%~8%，反映出货币需求主要取决于结算需求。从1995年开始执行超低利率政策后，这一比率开始随着时间的推移而上升，1999年执行零利率政策以来，该比率仍然持续上升，直到 2017 年上升到 20% 左右。由此可发现，在零名义利率下，货币需求超过结算需求。换言之，在零名义利率下，人们对货币产生需求。这种货币需求完美地展现了流动性陷阱的本质。

那么，作为资产的货币需求究竟有多大呢？让我们粗略计算一下"衣柜存款"。自 1995 年开始执行超低利率政策时，家庭和非金融法人企业持有的总现金约为 45 万亿日元。此后的 20 余年，该现金总额在 2017 年增长至约 109 万亿日元。1995 年现金余额比（与名义国内生产总值的比率）接近 9%，此后用于结算所需要的现金不太可能出现大幅减少或增加。2017 年名义国内生产总值约为 545 万亿日元，如果将其中 9% 用于结算，约需 49 万亿日元。即使保守估计，扣除 60 万亿日元作为货币需求，也可看出"衣柜存款"增多了。[1] 60 万亿日元已占到日本名义国内生产总值的 11% 左右，这是相当大的规模。持有货币也可以说是持有泡沫资产，这不会产生任何社会效益。如果同样规模的资金用于民间投资、积累资本，那么国内生产总值将大幅提升。换言之，"衣柜存款"阻碍了资本积累，产生了排出效应。

如果货币积累并非理想的资产积累方式，那么，应当如何考虑社会最优货币储备水平呢？弗里德曼提出"最优货币供给"的观点，回应了这一问题。

弗里德曼在讨论货币的职能时，考虑到了作为商品交换媒介的结算需求。货币用于结算的好处不言自明，它可以把人从物物交换的麻烦手续中解放出来。但是，为了结算而持有货币就要放弃持有生息的金融资产，这意味着牺牲利息收入的机会成本。人们面对这种权衡，每天都在不断地决定自己的货币持有量，但弗里德曼提出了一个非常简单又大胆的建议。

除了金、银等贵金属货币外，生产纸币的边际成本极低，几乎为零。另外，从货币需求的边际利润考虑，只要名义利率为正，意味着货币需求会

---

[1] 在此期间，以信用卡和电子货币普及为代表的支付方式日趋多元化，预计现金结算正逐渐减少。

产生机会成本。因此他认为，如果可以降低名义利率，最大限度地降低持有货币的机会成本，那么结算效益在整个社会中将是最大的。最终得出名义利率为零时的货币量就是最优货币量的结论。这就是著名"弗里德曼规则"（Friedman rule）的核心内容。

讨论局面一时间陷入混乱。有人认为，如果零名义利率是最理想状态，那么流动性陷阱也是一种理想状态。结束这一混乱局面的有力观点是，"弗里德曼规则"仅考虑了货币多个职能中的结算需求，而完全没有考虑货币的资产需求。因此，需要将"弗里德曼规则"与持有货币的流动性陷阱分开考虑。换言之，即使名义利率为零，也存在"益"零利率与"弊"零利率。

流动性陷阱

◎ 克鲁格曼模型

从传统角度而言，流动性陷阱是在以有效需求原理为核心概念的国民收入决定论框架内探讨的问题。在工资具有下行刚性且商品总需求普遍低于总供给的情况下，刺激总需求的货币宽松政策是有效的。如果中央银行增加基础货币，压低名义利率，可迎来投资机遇，刺激经济增长，但是，一旦利率达到下限，便不会进一步下跌。这是由于额外供给的货币不会刺激对债券的需求。简而言之，当经济陷入流动性陷阱时，货币政策便不再奏效。[1] 围绕着如何摆脱长期通货紧缩衰退的争论有很多。

引起热烈讨论的是克鲁格曼。克鲁格曼超越传统的凯恩斯理论，指出人们做决定不仅要考虑现在，还应考虑未来。他认为，即使保持名义利率为

---

[1] 此前曾有过使用总需求和供给分析来确定短期的物价水平和通货膨胀率的讨论。价格水平的确定是为了消除短期的国内生产总值缺口。该观点最近在"新凯恩斯主义"理论中才得以完善，该结论结合了价格黏性，建立了一种将产出缺口与通货膨胀联系起来的理论机制。

零，只要中央银行宣布现在和未来都将扩大基础货币，就会调动人们的未来预期，不仅仅是未来的物价水平，甚至当前的物价水平也将抬高。日本经济究竟能否通过实施大规模货币宽松政策而跳出流动性陷阱呢？这一政策建议引发了货币政策专家的关注与争论，并将对此后的政策动向产生影响。

与此同时，改善预期的政策也遭到批评。货币政策专家迈克尔·伍德福德（Michael Woodford）担心，即使能够跳出流动性陷阱，使经济走上正轨，但人们若认为中央银行将收紧货币政策，那么政策效果也会随之消失。换言之，若想让这一政策发挥作用，需要让人们认为日本中央银行跳出流动性陷阱、经济步入正轨后也会继续实施货币宽松政策。这与经济学家的预想有所不同。虽然难以判断人们对未来政策会在多大程度上存在理性预期，但可以肯定的是，人们的预期对跳出流动性陷阱起到重要作用。

经济学家对克鲁格曼的理论模型予以批评。首先，他将实际利率为负的经济体作为分析的原点。负实际利率意味着通过借款即可获利，这一设定显然与日本经济现实不符。日本经济在过去 20 年一直处于通货紧缩状态，这意味着人们仅仅通过持有货币便能获利。货币是一种几乎没有风险的高流动性资产，其收益率可视为实际利率的下限。简而言之，日本在通货紧缩经济衰退期的实际利率为正。

但是，克鲁格曼并不认为实际利率永远为负。在其模型中，假设实际利率为正，经济将恢复正常。该假设又备受批判。这是由于在其模型中，流动性陷阱被视为经济周期的衰退阶段，被视为一种即使放任不管也能解决的短期现象。若果真如此，即使不采取强有力的量化宽松政策，经济最终也会回归正轨。在克鲁格曼发表论文的 1998 年前后，人们并未对其理论产生怀疑，但日本陷入流动性陷阱已长达 20 年，是一个长期现象。因此，认为克鲁格曼模型能够解释日本经济的人数正在逐年减少。

◎ **无法解释长期零利率的主流经济模型**

克鲁格曼模型试图通过假设一个临时负实际利率来解释流动性陷阱而遭

到了批判，但实际上，其遭受批判是因为克鲁格曼使用了同质个体永远存在的主流经济模型。

在同质个体永远存在的主流经济模型中，如何解释货币需求呢？通过设置持有货币可以从物物交换的麻烦程序中解放；不持有一定货币就不能消费的制约条件来说明人们为了结算而需要持有货币，这里讨论的是作为支付手段的货币需求。由于名义利率是持有货币的机会成本，货币需求随着名义利率的下降而增加。

当名义利率下调为零时，用于结算的货币将会饱和，名义利率不会进一步下降，超过饱和点供给的货币将全部用于其他需求。在此，本文用表达名义利率和实际利率关系的费雪公式来解释这一点。如下关系是成立的。

名义利率 = 实际利率 + 预期通货膨胀率

名义利率是以货币单位计量的利率，实际利率是以商品单位计量的利率。当人们认为会发生通货膨胀时，两者是不一致的。上述关系是一种恒等式，因此总是成立的。然而，由于未说明因果关系，所以出现了不同的解读方式。传统的解读方式是预期通货膨胀率决定名义利率。实际利率不同于通货膨胀等货币因素，它是由长期经济因素决定的，所以，可以把实际利率视为一个定值，预期通货膨胀率的变化反映在长期的名义利率上。这就是"费雪效应"（Fischer effect）。

对此，我们也可以从反方向进行解读，即名义利率决定预期通货膨胀率。采取这一立场的学者被称为"新费雪主义"（Neo Fischerism），近年来该观点逐渐盛行。当某种货币政策长期执行时，如果人们认为对实际利率不会产生影响，并形成预期，那么名义利率的变化将直接引起预期通货膨胀率的变化。

如此一来，上述公式便可帮助我们理解名义利率长期为零的经济体中到底发生了什么。从公式中可明显看出，即使实际利率为2%，当名义利率为零时，预期通货膨胀率也必然为负2%。价格每年以2%的速度下降，这意味每年的通货紧缩为2%。换言之，同样的货币额度所能购买的商品数量每年

第 11 章
通货紧缩与流动性陷阱

以 2% 的速度增长，相当于货币价值以 2% 的速度提升，即 –2% 的预期通货膨胀率意味着货币的年收益率为 2%。此外，在资本市场完备的前提下，由于实际利率等于资本回报率，所以在名义利率为零时：

资本收益率 = 货币收益率

也就是说，费雪公式可用资本收益率等于货币收益率的公式代替。这里的货币收益率如前所述，它代表货币升值的收益，即预期通货紧缩的资本收益，因此货币将被作为泡沫资产持有，该公式正是真实资本和泡沫资产的套利公式。

总之，正如第 3 章中所论述的，所谓的名义利率长期为零是指，人们不仅持有实物资产，而且还持有泡沫资产的泡沫经济。以萨缪尔森为代表的"世代交叠模型"以最简单的方式描述了这一情况。该模型假设人们生活在少年和老年两个时期，并对该模型处理经济泡沫的优越性、将货币作为储蓄手段之一的情况进行了说明。另外，在不可能存在庞氏骗局且排除泡沫发生可能性的代表性行为人模型中，货币将不会被作为泡沫资产持有，资本收益率永远不会等于货币收益率。主流经济学存在无法描绘出长期均衡零名义利率的局限性。

那么就有人提议使用"世代交叠模型"，但这并不可行。将人生 60 到 80 年的寿命分为两个时期的"世代交叠模型"套用于实体经济，那么第一时期的长度最短约为 30 年。暂且不论其定性问题，将实际数据代入定量理论模型中进行实证分析，对第一时期设定为 30 年的批判不绝于耳。

主流经济学与流动性陷阱不相容。正如克鲁格曼煞费苦心地提出的措施一样，将流动性陷阱视为一种最终会消失的短期现象，虽然该观点已在学术界占据主导地位，但是这对日本的货币政策而言是不幸的。姑且不论通过该方法分析美国结束近 7 年零利率的适用性，该观点不能适用于陷入流动性陷阱长达 20 年的日本。

◎ 长期均衡的流动性陷阱

许多研究人员拘泥于主流方法而郁郁寡欢，想要找到突破口往往需要非凡的创造力。村濑英彰使用"世代交叠模型"将流动性陷阱描述为长期均衡。如果是股票市场功能失调导致净资产收益率低，那么人们更倾向于选择"对货币的逃避"而不是股权投资，经济长期停滞和通货紧缩将同时发生。①将日本经济长期停滞视为泡沫经济，在本质上是因为它能从失业率增加思考经济停滞的凯恩斯主义经济衰退。即使实现了充分就业，只要金融市场出现致命问题，经济资源便得不到有效利用，并会以持有货币的形式浪费掉，导致经济无法增长。

如果说日本经济是泡沫经济就能解释通货紧缩和经济长期停滞，这也意味着 20 世纪 80 年代的资产泡沫和 20 世纪 90 年代以来的通货紧缩密切相关。泡沫经济崩溃并非因为经济恢复正常且利率超过经济增长率。即使泡沫破裂，利率低于经济增长率的泡沫经济仍将继续存在。如果投资持续低迷，为弥补储蓄过剩，将产生货币的资产需求。

如果运用"低利率宏观经济学"，在人类永存的经济中，无须三十年，一年便可达成一个经济周期。②理论上而言，如第 3 章命题 4 所述，当金融市场不完善时，在动态有效的经济中也会出现泡沫，一般均衡理论中的"经济增长率＝实际利率"成立。更甚之，当中央银行因金融宽松政策而将名义利率下调为零时，货币将被作为泡沫资产持有，并且可以在实物资本之间套利，"实际利率＝货币收益率（通货紧缩率）"成立。如此一来，便可得出下述结论：

命题 5：当金融市场不完善且中央银行将名义利率维持在零时，货币将

---

① 资金外逃是一种长期存在的现象，不同于发生金融危机时经常紧急疏散安全资产的"质量外逃"。

② 如第 3 章所述，杜鲁门·布利（Truman Bewley）指出，当实际利率低于主观折扣率且资金借贷市场有限时，在人类永生的经济（即一年为一个经济周期的模型）中，人们对货币将产生储备需求和投机需求。若进一步扩展杜鲁门·布利模型，名义利率将长期为零，将货币作为资产持有的状态可以描述为一种均衡状态。

作为泡沫资产被持有，经济增长率等于物价下跌率（通货紧缩率）。

这一结果非常符合日本经济的现实，过去20年，日本经济增长率不足1%，通货紧缩率平均也不足1%。这一结论具有令人吃惊的政策性含义。如果中央银行将名义利率调整为零，引发的将不是通货膨胀而是通货紧缩。如果中央银行无限期地将名义利率调整为零，将产生对货币的资产需求。对货币的资产需求将带来通货紧缩，即"衣柜存款"的货币价值将随着经济增长而增加。如此一来，"衣柜存款"将经济增长与通货紧缩联系起来。坚信"高利率宏观经济学"的学者可能会产生"利率已经下调为零，为何却依然会发生通货紧缩"的疑问。在"低利率宏观经济学"中，其逻辑恰恰相反。由于将利率下调为零，因此引发了通货紧缩。

伯南克的挑战

◎ 货币宽松政策可能会引发通货紧缩

实施货币政策的基本思路是下调利率，资产会从性价比低的债券转向性价比高的实物资产，如此便能使经济好转。在经济好转的情况下将名义利率调整为正利率。名义利率为零是一个转折点，经济环境在此时会突然发生变化。一旦名义利率为零，持有货币的机会成本就为零，人们持有货币不仅用于支付，也是为了储蓄。资产选项中不仅有债券和实际资本，还增加了货币，资产组合逐渐复杂化。我们需要考虑的是，在名义利率为零时，这三种资产之间将会发生怎样的转化。

须注意的是，如果名义利率持续为零，就会刺激人们放弃实际资本转而持有货币。如此一来，货币宽松政策不但没有因为经济复苏而提高物价，反而起到了压低物价的作用。当经济前景不明朗时，可能会发生从资本到货币的资产转移。此时，中央银行必须进行诱导预期，以便货币宽松政策的实施不会引发货币外逃，因此，实施对预期起作用的政策具有重要意义。这就是名义利率为零的情况下实施量化宽松政策的难点。

让我们回顾一下美国量化宽松货币政策的实施发展历程。如图 11-2 所示，美联储以受金融危机影响的国内生产总值增长率相同的步调，将联邦基金利率下调至接近零的水平。美国联邦储备委员会主席伯南克迅速对危机作出反应。值得注意的是，尽管联邦基金利率长达七年一直保持在接近零的水平，但通货膨胀率并未低于 2%，从而防止了经济陷入通货紧缩。我们将伯南克政策带入费雪公式，如下：

名义利率 = 实际利率 + 预期通货膨胀率
　0%　　　　　-2%　　　　　　2%

也就是说，美国连续七年将实际利率压低至 -2% 以下。棘手的是，如上所述，该公式也可以改写为"资本收益率 = 货币收益率"。那么，资产的吸引力在资本和货币之间并无区别。当名义利率维持在零时，人们可能会选择持有货币。如此一来，资金将无法展开循环，经济将停滞不前。然而，美国经济并未陷入流动性陷阱，其原因就在于，尽管名义利率为零，但是人们也并未储蓄货币。

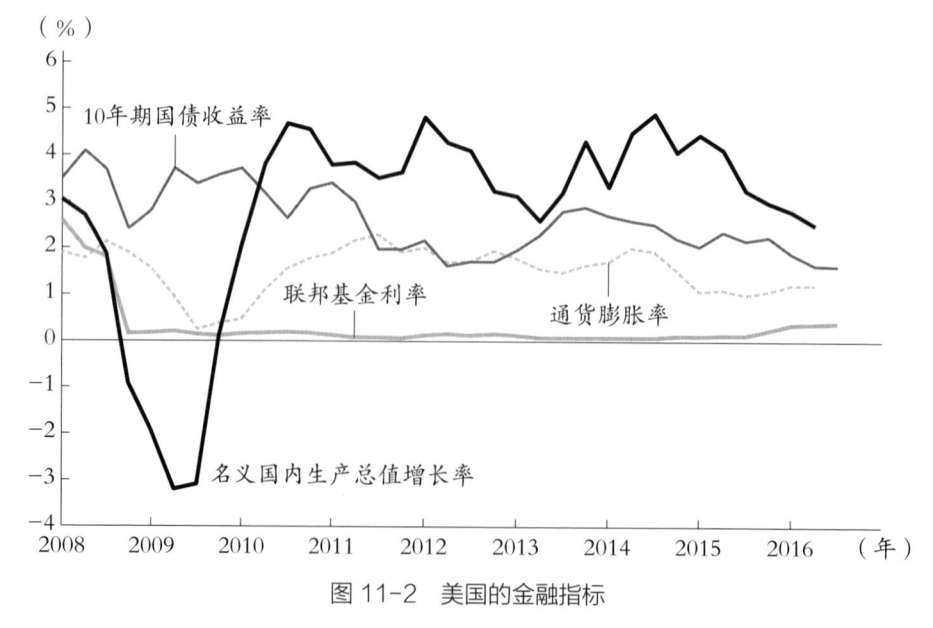

图 11-2 美国的金融指标

资料来源：美国经济分析局、美国联邦储备委员会。

◎ 让人们产生量化宽松政策最终会结束的预期

那么伯南克是如何结束量化宽松政策的呢？他让人们产生了量化宽松政策不会永远持续下去的预期。伯南克深知日本的经历，明白零名义利率持续的时间越长，利率正常化和反复提及的"退出战略"就越会成为防止流动性陷阱的机制。这是因为，如果人们认为名义利率总有一天会上升，那么将持有货币作为资产则是一种损失。

伯南克的继任者珍妮特·耶伦也于2013年的联邦公开市场委员会上发表声明称，"我们将继续保持美国联邦基金利率接近零的政策，直到失业率降至5%以下且通货膨胀率不超过2.5%。"耶伦一边表示在零名义利率情况下继续实施大规模量化宽松政策，一边通过设定契合实际的目标，巧妙地向市场发出不会无限期实施这一政策的信号。

同时，美国也是幸运的，金融危机在全球蔓延使美国成为资金的避风港。通常，当实际利率达到 −2% 时，会发生资金外逃。如果危机没有蔓延到欧洲，情况可能会不大相同。从商业习惯和安全层面来看，美国不同于日本，美国人没有携带现金的社会习惯，这也在一定程度上推动了美国经济的复苏。2012年下半年，纽约等大城市的不动产市场开始有所回暖，经济一出现复苏迹象，美联储就迅速提出利率回归正常化以及扩大出口的发展路径。

◎ 耶伦决定取消零利率

2013年1月，纽约道琼斯工业平均指数（DJI）突破了危机前的峰值13 900美元，美国失业率降至8%以下，股票价格、房价均恢复了正常。然而，利率正常化的宣言并未迅速带来取消零利率政策的结果。2014年2月就任美联储主席的耶伦依然没有放弃探索长期量化宽松政策的退出策略，她在维持零利率政策的同时，也在缩减量化宽松规模。对退出战略的市场预期引发长期利率（10年期国债收益率）走高，身为劳动经济学家的新任美国联邦储备委员会主席重视恢复就业，对退出策略持谨慎态度。

2015年美国经济继续保持强劲势头，纽约道琼斯工业平均指数创下历史新高。这是结束长期零利率政策的最佳时机，但美国担心同年6月发生在上海的股市暴跌会影响全球股票价格，因此放弃了提升利率的机会。中国政府连续三天贬值人民币，货币危机引发全球金融危机的恐惧支配着市场。耶伦主席在联邦公开市场委员会新闻发布会上表示，就美国经济而言，提高利率是合适的，但考虑到不确定的海外形势，年内提高利率的可能性将存在，但目前决定利率保持不变。随后，股市动荡结束，2015年12月16日，在联邦公开市场委员会的新闻发布会上零名义利率被宣布取消。如此一来，美国零利率时代结束。

从物理意义上的时间而言，长达七年的量化宽松政策是一场长期的较量。然而，从质量上讲，这是一项"短期"政策。因为美联储不断地向市场传达"无意永远执行这一政策"的信息，这意味着在利率正常化之前，这是一项紧急避难性政策。

从10年期国债收益率的变动中可以看出，市场将长达七年的零名义利率视为利率正常化前的"短期"政策。尽管美国长期出现短期零利率的现象，但在整个期间内利率最低保持在1.5%。正因此，实际利率被压低至-2%，也没有出现资金外逃，这为美国经济复苏铺平了道路。

◎ **美国量化宽松政策为何能够成功**

美国成功地告别了零利率。政府的管理手段固然十分出色，但不可忽视其背后还暗含着一些其他因素。让我们将美国与日本进行对比以便进一步分析。

第一个因素是，在美国，提供风险货币的资本市场较为发达。当股票价格下跌时，投资银行为向股东保证高净资产收益率，会动用力量促使公司合并、重组。自约翰·皮尔庞特·摩根（John Pierpont Morgan）以来，美国的传统股东资本主义即使在危机后也从未动摇过，这具有重大意义。这使得当利率下降时，资金极易从债券流向资本。

但是，日本提供风险资金的渠道较少，商业银行继续向低净资产收益率的企业放贷，因此净资产收益率永远处于低位，股票价格持续低迷。即使下调利率，资金也不会从债券流向资本。抛开"企业究竟属于谁"这一根本性问题，不顾低净资产收益率的企业文化以及支撑这一企业文化的扭曲的企业管理也妨碍了货币政策发挥效果。

第二个因素与美元是事实上的基础货币有关。许多国家将本国货币与美元挂钩，以美元计价的金融资产遍布全球。货币宽松政策提供的美元不会留在国内，而是流向国外，这将带来全球资产价格上涨。美元过剩会在新兴市场上产生泡沫，而泡沫资金又会回到美国股市。那么，美国可以通过金融全球化享受反馈效应。

相比之下，尽管日本净外债位居全球首位，但日元几乎没有国际化，国外几乎没有以日元计价的金融资产，也就无法期待这种反馈效应。据说美联储在此次量化宽松政策中提供了超过4万亿美元的基础货币，日本量化宽松政策提供的基础货币约为500万亿日元，规模大致相当。但是，相较于美国量化宽松政策下的货币遍布全球资本市场，我们较少听闻日本量化宽松政策下的货币对世界资本市场产生了多大影响。日本金融市场与海外市场并未真正联结。

第三个因素是美国经济在量化宽松阶段并未陷入通货紧缩，这与需要摆脱通货紧缩的日本有较大不同。在未发生通货紧缩的美国，安全资产的收益率不存在下限。这意味着在发生持续1%通货紧缩的日本，仅仅是持有货币便可以赚取1%的利润，因此就货币政策而言，很难做到实际利率低于1%。美国却不存在这方面的限制，其实际利率可以被压至 –2%。在日本却需要"说服"持有"衣柜存款"的人，让他们对货币"放手"。在美国只要监管得力，不让人们产生通货紧缩的预期即可。

量化质化宽松货币政策

◎ 日本中央银行行长黑田东彦的"宏伟实验"

民众对长期挣扎在通货紧缩中的日本中央银行感到失望，这种挫败感正在不断积累。2012年夏天，时任日本中央银行行长的白川方明表示，通货紧缩不仅是日本中央银行实施的相关政策导致的，也有少子老龄化等经济结构性变化的因素。国民因此将矛头指向了中央银行行长。或许媒体认为行长作为货币管理人却逃避责任，也"炮轰"了白川行长。在紧张的氛围中，白川行长未到任期就被迫辞职。正如体育报纸中报道的一位职业棒球教练被迫辞职一样，国家的中央银行行长在媒体压力下被迫卸任。随着2013年3月19日行长的辞职，中央银行失去了其独立性。

黑田东彦继任日本中央银行行长，他表现出摆脱通货紧缩的非凡干劲儿。自他2013年4月就任行长以来，日本中央银行实施了一项名为"量化质化宽松货币政策"的大规模货币宽松政策。黑田东彦上任后宣布，2年内通货膨胀率将被控制在2%，为诱导通货膨胀预期，日本中央银行承诺每年完成以长期国债为主的80万亿日元买入操作。

该政策拥有三大支柱。首先，设定2%的通货膨胀目标；其次，向国民承诺在保持名义利率为零的基础上继续提供基础货币；最后，为提高通货膨胀预期，采取完全不触及退出的策略。如今想来，这是一个赌注。

通常货币政策会由进入到退出进行循环。日本中央银行采取的策略是向市场承诺将继续实施量化宽松政策直到实现通货膨胀目标，却不涉及退出路径或利率正常化。许多专家一直批评它缺乏明确的退出计划。这也与美联储的策略形成鲜明对比，在2013年前后，当美联储看到经济有从金融危机中恢复的苗头后，就即刻开始呼吁利率正常化，并寻求退出策略。

黑田东彦"宏伟实验"的目的在于提高预期通货膨胀率，压低实际利率，增加投资，从经济复苏走向物价上涨。这项政策的弱点是缺乏理论根据，因此被调侃成"宏伟实验"。

被称作"通货再膨胀派"的积极货币宽松观点对这一金融政策产生影响。关于通货再膨胀派的主张，一言以蔽之，是日本中央银行大规模扩大基础货币以消除通货紧缩。甚至通货再膨胀论者认为，如果中央银行保持零名义利率并提出通货膨胀目标，实际利率便可以任意压低。我们可以用费雪公式来解释：

名义利率 = 实际利率 + 预期通货膨胀率
0%　　　　-2%　　　　2%

第 11 章
通货紧缩与流动性陷阱

根据通货再膨胀派的设想，如果中央银行保持零名义利率、大幅上调基础货币，人们则会相信 2% 的通货膨胀目标，所以实际利率可以压低至 –2%。如果增加投资能够拉动经济复苏，实际利率就会上升，这时结束零名义利率即可，通货膨胀就会趋于稳定。

◎ **长期零利率政策的意外结果**

在较短时间内，商品和服务的价格变化不大。在短期内，货币政策可以通过调动名义利率来控制实际利率，但是，随着时间的推移，商品价格会恢复弹性。最终实际利率会回到原来的水平，因此货币政策无法长期压低实际利率。这种想法是出自标准货币政策的见解。

如果中央银行拉长零名义利率的时间，就无法控制实际利率，实体经济将回归至原本水平。如此一来，费雪公式的解读方式将会发生变化。例如，如果实际利率回到 2%，预期通货膨胀率将为负，如下所示：

名义利率 ＝ 实际利率 ＋ 预期通货膨胀率
0%　　　　2%　　　　　–2%

总之，如果量化宽松政策长期持续下去，这不仅与通货膨胀目标不相兼容，还将导致经济无法摆脱通货紧缩的恶果。短期内可以调动实际利率，但是长期却行不通。成功实现"量化质化宽松货币政策"，关键在于如何使长、短期政策相匹配。量化宽松政策常被称为至一项速战速决型政策，其原因就在于此。

人们对通货紧缩的认识阻碍了调动预期的政策。截至 2013 年，日本已经历了大约 15 年的通货紧缩。人们开始对通货紧缩习以为常，大规模"衣柜存款"的货币资产需求较好地证明了这一点。在持续通货紧缩的经济体中，"衣柜存款"实际上就可以获利。如果想将实际利率压低至 –2%，就必须要改变人们关于"衣柜存款"的预期，并说服他们释放资金。

2% 的通货膨胀目标无疑会促使人们释放手中的货币，但是，在不表明退出策略的情况下继续保持零名义利率政策反而会激励人们持有货币。人们的预期会转向何处？"量化质化宽松货币政策"是否成功地打出了促进人们形成对货币需求预期的政策呢？

从图11-1"货币需求动向"来看，人们似乎并不相信2%的目标。如果相信，现金需求应该会减少。然而，自2013年以来，人们对货币的需求却一直在增加。相反，通货紧缩预计还将持续较长一段时间。遗憾的是，人们对维持零利率政策的反应比对通货膨胀预期政策目标的反应还大。人们在政策手段和政策目标不一致的情况下会选择相信政策手段，这也是自然的。

数据的变动趋势也证实了上述推论。如图11-3所示，实线代表"居民消费价格上涨率（总体）"，虽然最高时约1.5%，但在2016年又回到了通货紧缩状态。尽管它最高升至约1.5%，但这是由于日元贬值形成的成本推动型通货膨胀，而不是经济好转带来的需求拉动型通货膨胀。虚线代表除去进口产品（如油价）影响的物价上涨率，即使在峰值时也未达到1%。从后者的指标来看，通货紧缩的回归并不那么明显。从向市场供应高达数百万亿日元基础货币的角度看，效果可以说是微乎其微，更不用说通货膨胀目标尚未实现。起初，黑田行长将政策效果的时限设定在2年内，但是在无法完成2%的通货膨胀目标时，他延长了期限。

在没有明示退出计划的前提下，随着时间的流逝，人们会认为名义利率将会长期为零，因此继续持有货币。随后，经济又恢复到通货紧缩。就像黑田行长决定将政策效果限定在两年以内一样，这只不过是一项短期速战速决型政策。

鉴于长期通货紧缩的现实，或许不能将目标设定为2%。设定一个在过去30年间都没有实现的目标，虽然能显示出日本中央银行的"干劲儿"，但日本国民并未受到鼓舞。不管日本中央银行的干劲儿如何，人们意识到政策可能需要一些时日才能奏效。人们认为货币宽松政策会持续很长时间的同时，又接受中央银行无法控制实际利率的论调，那么继续零利率只会导致通货紧缩。也许从一开始就别无选择。

图 11-3 消费者物价上涨率（综合）

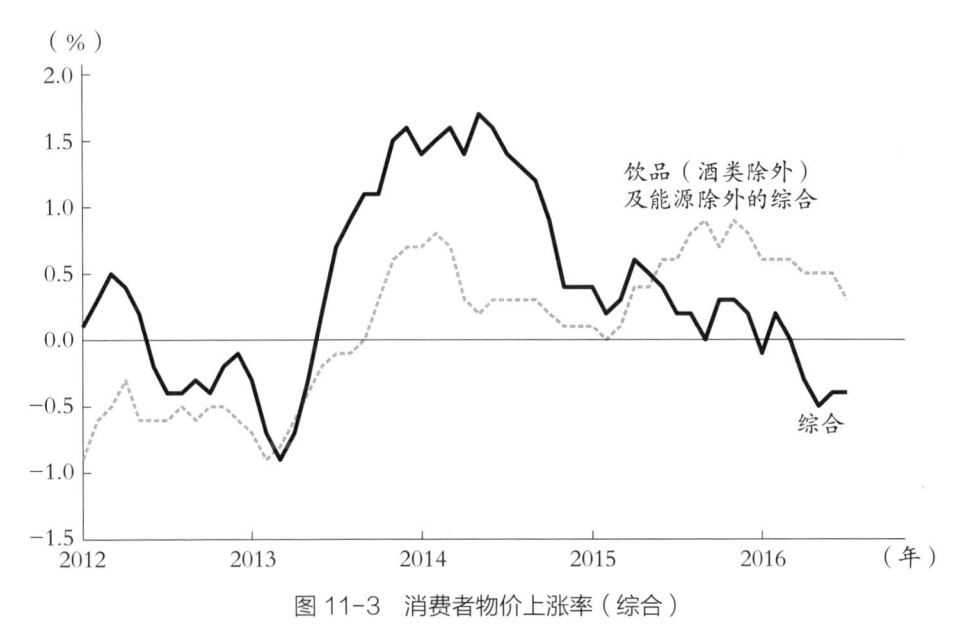

资料来源：日本中央银行。

实行负利率

◎ 无效且危害极大的负利率

日本中央银行在通货膨胀目标难以实现的情况下，在 2015 年 1 月 29 日的决策会议上决定对金融机构的活期存款实行负利率，其目的是降低总体利率并增加总支出，但事情并没有那么简单。就结果而言，这是一个非常糟糕的政策。因为可以为负的空间最多不过 0.1%～0.2%。如果因为实际利率最多只能下降 0.1%~0.2% 的政策而引起骚动，那是多么失策。

由于货币资产不能将利率定为负值，因此负利率幅度是有限度的。当名义利率为负值时，人们将会提取银行存款并持有货币。如果没有人在银行存款，银行的资金将会枯竭，无法向企业放贷。利率降低时贷款会增加，只不过是在利率为正时才会出现；当利率为负时，相反，信贷会收缩。从欧洲的成功案例来看，日本中央银行似乎已经断定如果有一定的货币持有成本，即使存款利率稍微为负也不会产生混乱，但是其预测存在偏离。日本持有货币的成本较低。持有货币的成本是由广义上的金融结构决定的，比如银行之间的竞争条件、储户的等级分布、使用现金的习惯等。日本不同于欧洲，因此，同样的政策在日本和欧洲有着不同的反应。

更糟糕的是负利率政策还有副作用。人们很容易认为，如果实行负利率，贷款利率会下降，贷款会增加。但要做到这一点，存款利率也必须为负，只有这样，银行才能确保收益。考虑到日本银行所处的环境，几乎不可能将存款利率调整为负。

许多业务基础不牢固的地方银行害怕存款外流引起信贷不安全和商业危机，极度担心存款利率从零转为负的一瞬间，存款人或许就会取出存款。此外，财务管理本身也易引发道德风险。当银行陷入危机时，政府更倾向于救济大银行。因此，即使没有贷款方，银行也有动力维持其现有规模。与此同时，地方性银行认识到将来自己一定会被重组、吸收或合并，存款规模大则有利于重组。因此，在生存边缘挣扎的银行会选择高估存款减少的风险，缩小利润保存款规模。在零利率制约方面，最大的障碍不是政策零利率的约束，而是存款零利率的制约。

◎ "量化质化宽松货币政策"的结束

总体而言，在降低整体利率方面，日本并未完全失败。10年期国债收益率下跌，由正转为负。最初，人们认为负利率政策会引起市场动荡，投资者会购买国债来紧急避难。但是，此后一段时间内国债收益率一直持续低于零。如此一来，国债收益率的下降产生了挤压银行利润的副作用。遗憾的是，国债运营管理是银行的主要收益来源之一，贷款收益有限。对于需要维持一定自我资本的银行而言，失去主要收益来源就意味着降低了其放贷风险的承受能力，进而不愿扩大贷款。

当存款利率达到零下限时，如果贷款利率因货币政策持续宽松而持续下降，那么银行利润将减少。对于需要维持一定自我资本的银行来说，承担风险并非易事。贷款利率下降可能会增加相对安全的住房贷款，但银行没有余力承担风险，拉动未来经济增长的设备投资贷款不会增加。总之，负利率不会增加贷款。

最后，让我们回到国债的问题上。事实上，可以通过利率预期理论来解释国债收益率的下降。随着负利率政策出台，人们预计量化宽松政策将会延长。如果人们预计短期名义利率在 10 年内接近于零，那么收益率曲线将完全趋于平缓，长期利率也将接近于零。若用费雪公式来理解，相当于又恢复了通货紧缩。可以说，负利率的出台结束了"量化质化宽松货币政策"。

操纵长期利率

◎ **政策的本质性转变**

2016 年 9 月，日本中央银行总结了迄今为止量化宽松政策的效果，在此基础上引入"长短期利率操纵的量化质化货币宽松政策"的新框架。在维持当前量化宽松政策的同时，设定的新目标是将已经跌入负值的 10 年期国债利率提升至 0% 左右。该政策的目的是通过建立收益率曲线来减轻负利率的副作用，并增加金融机构的获利机会。或许中央银行希望通过以长期利率为目标来减少购买国债，但缺乏明确的意图，导致其前后矛盾。

将长期利率维持在零水平作为实际政策目标，意味着政策在三个方面发生了根本性转变。第一方面，将长期利率作为操作目标无非是将货币政策定位为长期政策而非短期政策。量化质化宽松货币政策最初是一项为期两年的短期政策，但效果不明显，最终慢慢地转为长期政策。货币政策应该是教科书式的，通过调动短期实际利率来实现政策效果的短期政策。

第二方面，将长期利率设定为零，从利率的"预期理论"角度看，相当于宣布零利率政策将持续 10 年。将零利率政策保持 10 年意味着要从长期关系中理解费雪公式。从长期来看，实际利率为正数固定值，中央银行将名义利率维持在零时，那么物价上涨率必然为负。日本中央银行提出的新计划只不过是一项加强回归通货紧缩的政策。

◎ 财政货币化只是时间问题

第三方面存在的风险最大。中央银行一旦出台直接控制长期利率的政策，中央银行陷入被迫无限期购买国债的财政货币化只是时间问题。

中央银行控制长期利率意味着中央银行要对财政健全负责。这打破了政府负责财政、中央银行负责金融的财经分离原则。

从新冠疫情的冲击可以清楚地看出，高达约80万亿日元的大规模财政扩张是在中央银行以高价，即零利率购买国债的前提下实行的。具有讽刺意味的是，中央银行为控制长期利率寻求政府的财政协作。而政府不能拒绝，由此，也就是说两者将变为从属关系。这意味着财政货币化已经开始。

通货紧缩是实体经济现象吗

◎ 20多年间，名义国内生产总值增长率为零

日本经济在过去20年一直受到通货紧缩的困扰。物价下跌的通货紧缩成因之争，虽有百家争鸣之感，却尚未找到决定性因素。

有一些事实虽然不被强调，但是却非常重要。如图11-4是日本经济在过去20年的名义国内生产总值走势。

虚线为实际数据，实线为经1998年和2014年消费税增税后修正后的数据。令人惊讶的是，在日本执行零利率的20年间，名义国内生产总值规模几乎未发生变化。这一时期，实际国内生产总值增速平均不到1%，物价下降幅度也不到1%。世界上可能只有日本的名义国内生产总值水平在过去20年几乎不变吧。

难以分辨出通货紧缩是一种实体经济现象还是一种货币现象。首先，让我们将通货紧缩视为一种货币现象。正如命题5所示，对货币的资产需求随

着经济增长，货币的价值会提高，因此"衣柜存款"将经济增长与通货紧缩联系在一起。在泡沫经济中，经济增长率与物价下降率（通货紧缩率）相等。即当国内生产总值增长率为1%时，通货紧缩率也为1%，因经济增长而增加的国内生产总值会因通货紧缩而消失，所以名义国内生产总值增长率为零。泡沫经济理论非常清楚地解释了名义国内生产总值不变的原因。

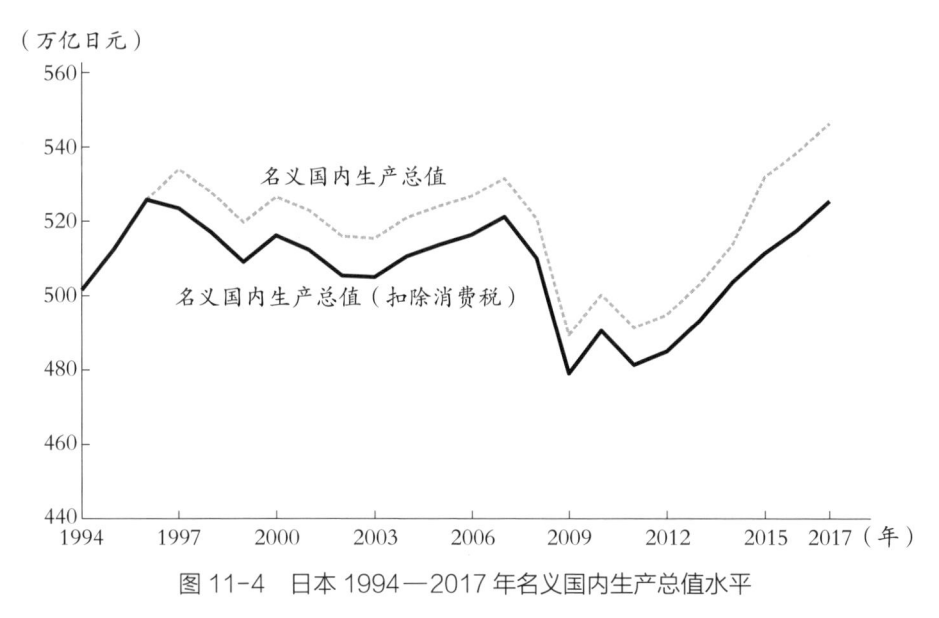

图 11-4　日本 1994—2017 年名义国内生产总值水平

资料来源：内阁府的《国民经济计算年报》。

◎ 提高生产力的通货紧缩

接下来，让我们将通货紧缩视为一种实体经济现象。日本人口增长率几乎为零，1%的国内生产总值增长几乎是靠全要素生产效率提高产生的。如此一来，企业提高生产力的努力将被产品价格下降消耗掉。本文试图提出"提高生产率的通货紧缩理论"。

著名理论"巴拉萨-萨缪尔森效应"描述了生产力提高与价格水平之间的关系。该理论主张用单位劳动者生产量的"劳动生产率"差异来说明国际物价水平的差异。

该理论首先将生产的商品分为贸易商品和非贸易商品。贸易商品一般是指出口海外或从海外进口的货物，包括汽车、个人计算机、服装等。非贸易商品是物理上难以跨越国界移动的货物。例如，在餐厅提供的晚餐和在小酒馆提供的菜品，这些不能出口至国外。

需要注意的是，贸易商品与非贸易商品的定价机制不同。仅在国内买卖的非贸易商品价格由国内市场决定。然而，贸易商品市场是全球性的，价格由全球市场决定，因此，对于每个国家而言，价格几乎是不变的。比如 iPad 的价格在全球范围内几乎一样，一个国家的供需情况对价格几乎没有影响。事实上，这种定价差异，对于思考提升生产率的影响起到决定性作用。

假设贸易商品行业的劳动生产率提高。由于生产力提高，利润增加的公司将努力增加就业，劳动力市场上会出现需求过多，名义工资会上涨。但事情并没有就此结束，工资上涨的影响也将蔓延到生产力未提升的非贸易商品行业，如果非贸易商品行业不上调工资就会失去劳动力，因此非贸易商品行业只能被迫接受上调工资，并提高生产商品的价格以求生存。一般价格水平是贸易品价格和非贸易品价格的加权和，所以贸易商品行业生产率的提高拉高了一般价格水平。这是"巴拉萨–萨缪尔森效应"的核心所在。

但是，仔细一想，就会发现有些不正常之处。并非只有贸易商品行业会提高劳动生产率，非贸易商品行业应该也会提高劳动生产率。那么，让我们思考一下，如果非贸易商品行业提高劳动生产率，会怎样呢？非贸易品价格上涨，一般物价水平也会上涨吗？答案是否定的。

关键是贸易商品行业生产效率不变，名义工资也不会改变，那么，在非贸易商品行业提高生产率的情况下，即使不提高工资也不用担心劳动力被贸易商品行业抢走，因此工资将保持不变。如此一来，企业把提高生产率带来的利润用于扩大市场份额，以求得更大的利润。然而，市场份额的增加会引起激烈的价格竞争，结果商品价格会一直降至利润为零。换言之，提高劳动生产率的努力几乎被商品价格下跌消耗掉。

结果竟然与"巴拉萨–萨缪尔森效应"相反，提高非贸易商品行业的生产率丝毫不影响名义工资，非贸易商品价格下降也拉低了一般价格水平。小酒馆供应的饭菜质量在提高，但价格不但没有上涨，反而在下降。为便于比较，表 11-1 对此进行了总结。

表 11-1 劳动生产率提升的效果

	名义工资	非贸易商品价格	价格水平	实际工资
贸易商品	上升	上升	上升	上升
非贸易商品	不变	下降	下降	上升

生产力变化差异的影响，首先体现在劳动力市场上。这种差异与非贸易商品价格变化方向完全相反、对价格水平的影响也是相反的。然而，实际工资在所有情况下都会上升。无论是贸易商品还是非贸易商品，提高生产力的好处都在于，以增加实际工资的形式使劳动者受益。但是，两者实现实际工资上升的过程却大为不同。在贸易品行业提高劳动生产率，物价水平会上升，名义工资会上升得更多。在非贸易品行业提高劳动生产率，名义工资保持不变，但实际工资随着物价水平下降而上升。

当然，如果说提高生产率的通货紧缩理论解释了日本的通货紧缩，那未免有些言过其实。非贸易商品约占商品总量的 80%，因此，即使贸易商品行业的生产率没有提升，也可以解释 1% 通货紧缩中的 0.8%。此外，一般认为贸易商品行业的生产力增长率为正，"巴拉萨－萨缪尔森效应"在一定程度上起到压制通货膨胀的作用，通货紧缩的解释力下降。然而，为了生存下去的居酒屋连锁店越是努力提高生产力，通货紧缩就越进一步加剧，这在理论上也是十分可能的。

实体经济与货币总量

◎ 金钱观与信用观

是否应将影响物价、名义国内生产总值和实际国内生产总值的货币总量

（monetary aggregates）理解为基础货币、M1 等狭义货币，还是理解为 M2、M3 等广义货币？对此，存在诸多争论。

曾经以弗里德曼为代表的货币主义者基本主张以货币数量论为前提的"货币观"（money view）。人们认为，中央银行可以通过控制基础货币来稳定经济。其背景是在第二次世界大战前主要国家的经济中，中央银行控制着银行部门，银行信用的增长与基础货币的变动挂钩，银行信贷的作用较大。但事实上，在大萧条时期，信用紧缩的影响非常大。

第二次世界大战后，基础货币与银行信贷的关系发生了变化。一旦通过扩大存款保障体系建立银行信用，银行将能够在没有中央银行信用支持的情况下筹集资金。自 1970 年以来，银行信贷的增长远远超过了基础货币的增长，由此引发了人们对传统货币主义观点的质疑。这种质疑信用观（credit view）的想法有抬头的趋势，所谓的信用观是广义货币对应的银行信用和银行资产规模对实体经济产生影响。货币数量论所倡导的简单关系已被银行体系的发展所掩盖，人们开始认为以银行信贷为后盾的广义货币会影响价格。人们也认识到基础货币和狭义货币的影响是有限的，中央银行是通过操作政策利率和存款准备金率来间接影响广义上的货币总量。中央银行执行的货币政策是根据通货膨胀和国内生产总值缺口变化来调整政策利率，逐渐不再考虑货币总量问题。

◎ 华莱士的"货币中性论"

货币总量之争在波折中向前发展。随着名义利率接近于零，银行持有超过存款准备金的超额准备金，这使得金融当局难以约束银行行为。如此一来，一国的银行信贷、名义国内生产总值就几乎失去了与基础货币规模的对应关系。

日本中央银行通过量化质化宽松货币政策大规模扩张基础货币，为重新考虑这一问题带来机会。让我们看一下图 11-5。在日本中央银行大规模购买的背景下，2012 年 147 万亿日元的基础货币，到 2017 年达 502 万亿日元。2012 年 500 万亿日元的名义国内生产总值，到 2017 年升至 545 万亿日元。基础货币增加了 241%，但国内生产总值只增加了 9%。

图 11-5　2000—2017 年日本货币总量占名义国内生产总值比例

资料来源：日本中央银行、内阁府的《国民经济核算年报》。

最下面的曲线表示基础货币除以名义国内生产总值的值。以 2012 年前后为界，之后该值急剧上升，无法看出基础货币与名义国内生产总值之间的稳定关系。应该没有人看到这一数字会觉得名义国内生产总值与基础货币之间存在一一对应的关系吧。

随着名义利率接近零，国债成为新货币的候补。国债是众多金融资产中最安全、市场规模大，且兼有流动性和安全性的金融资产。在金融机构之间进行交易时，自然而然地将国债视为与货币密切相关的资产。因为中央银行发行的现金和政府发行的国债都是政府债务。将政府视为母公司，中央银行就是其子公司，而从合并财务报表的角度来看，无论发行主体是谁，都是同一实体的债务，并且当名义利率为零且收益率不存在差异时，现金与国债被视为极其接近的金融资产。

将基础货币和国债的发行额之和定义为"政府债务"。自 2013 年以来，国债因财政整顿而仅有少量增加，但与此同时，基础货币却大幅增加，两者之和的总债务大幅增加。例如，2012 年的总债务额为 1155 万亿日元，2017

年达到1757万亿日元。如上面的曲线所示，政府债务除以名义国内生产总值的值也在猛增，两者之间似乎并不存在稳定关系。

事实上，日本中央银行从市场上购买国债已经实现了基础货币的大幅增加。换言之，量化宽松政策导致日本中央银行债务增加的同时，也增加了其资产总额。因此，为了计算政府和日本中央银行合二为一的政府债务，量化宽松政策带来的基础货币增长量需要分开计算。

对政府而言有意义的并非债务，而是减去中央银行持有国债所产生的资产增量后得出来的净债务。"政府净债务"自2013年以来并未大幅度增加。例如，2012年的政府净债务为1077万亿日元，2017年为1298万亿日元。这也是中央银行通过操作国债实施量化宽松政策的自然结果。换言之，只要在中央银行的购买操作中进行基础货币的大规模发行，政府的债务就不会发生变化。在图11-5中，位于中间位置的曲线是表示政府净债务除以名义国内生产总值的值。自2013年以来，它一直相当稳定，我们终于找到了与实体经济有稳定关系的货币总量。

综上所述，自2013年量化宽松政策大幅增加基础货币以来，与名义国内生产总值有稳定关系的货币总量不是基础货币或政府债务总额，而是政府净债务。在一个陷入零名义利率流动性陷阱的经济体中，最有意义的货币总量可能是政府和中央银行的净债务之和。这一发现与在零名义利率下，国债和货币可以视为同质的金融资产观点相呼应。如此一来，就可以理解为什么尽管基础货币快速增长，但量化宽松政策的效果却并不明显。实际发生的事情正如华莱士提出的"货币中性论（neutrality theorem）"中所预测的那样，改变同质政府债务的构成对实体经济并无影响。

货币政策是否已走到穷途末路

◎ 异于凯恩斯主义的零利率世界

货币宽松政策的目的是降低实际利率，刺激经济增长。在关于货币政策的辩论中，以下假设被认为是理所当然的，即只要降低名义利率，实际利率就会自动下降。至少日本中央银行固执地相信了这一假设并实施负利率政策。但是，无效的货币政策足以质疑这一假设。

经济环境在名义利率为零前后可能发生剧变。在名义利率接近零时，驱动宏观经济的机制可能与简单的凯恩斯主义有所不同。这样一来，如果不考虑接近零时出现的新因素，就会有误导政策的风险。在新的因素中，降低名义利率不仅不能拉低实际利率，而且还有可能会提升实际利率。

稍加考虑一下，就会注意到至少有两条路线将会提升实际利率。第一条路线涉及降低名义利率对银行利润的影响。当名义利率为正时，降低名义利率会导致贷款和存款利率以大致相同的步调下降，银行能够保持利润、增加贷款。但是，当存款利率达到零下限时，即使降低贷款利率也无法将存款利率降为负。货币宽松政策将降低银行的利润率，给银行的利润带来压力。失去"未来资本"的银行为了规避自有资本规制的约束，只能减小放贷规模。中岛清贵领导的研究小组通过导入日本2016年的负利率数据，最终得出日本执行负利率后银行贷款有所减少的实证结果。将名义利率降至零以下的政策将会减少贷款。美国在类似的背景下，如果进一步降低名义利率，减少银行贷款的"反向利率"（reversal interest rate）假说就会逐渐兴起。

第二条路线涉及"衣柜存款"。当名义利率为正时，降低名义利率会将资产从性价比低的债券转移到性价比高的实物资产，但是一旦名义利率达到零时，经济环境就会发生巨变。资产选项中除了债券和实际资本外，又增加了货币，这使资产组合愈加复杂化。

持有货币的机会成本变为零时，人们持有货币不仅为了结算，也为了储存。随着零名义利率政策的延长，对"衣柜存款"的渴望引发人们对货币的需求。正如第3章所论述的，当人们对作为泡沫资产的货币有需求时，实际利率会上升，人们才会放手实物资本。

延长零利率政策本身就存在拉高实际利率的力量，但是零利率的长期化会与货币政策的初衷相反，从而降低货币政策的有效性。这里需要注意的是，降低名义利率以提高实际利率的两条路线都是日本特有的。第一条路线是以牺牲利润为代价来阻止银行存款下降的"意外"行为。第二条路线是与国际相比，家庭货币需求较高相关。在日本未能成功应对泡沫的背景下，当日本元素像楔子一样刺进宏观经济时，现有的经济政策似乎并不能应对上述情况。

这涉及宏观经济发展史的深层问题。正如历史学领域有欧洲中心论一样，经济学领域也有一个以美国为中心的思想。因为经济学会的中心在美国，所以这也是必然结果。这种倾向在宏观经济学中尤为显著。宏观经济学的诞生是为了解释美国经济的现实。美国经济是世界上市场理论贯彻最彻底的经济体，其劳动力市场和金融市场都极为单一。

日本经济学一直在努力以美国经济学为蓝本进行追赶，美国经济学有值得学习的地方，也有不应学习的地方。将美国的经济理论嵌套在日本身上，或许是金融市场、劳动力市场的差异，无论如何都显得不适合。无法轻松地将具有普遍性的经济学理论嵌入日本特有的经济构造中。这难道是日本人不够聪明吗？

流动性陷阱的应对之策

穷途末路的货币政策是否还能迎来转机呢？换言之，日本有摆脱通货紧缩的秘诀吗？发行基础货币的步伐正在放缓，虽然有退出的动向，但日本中央银行似乎并不打算解除零名义利率，也不再提及2%的目标。尽管如此，日本学者仍然痴迷于对负利率的深入研究。本应是短期性政策却渐渐地拖成长期政策，日本只是惰性地延续着货币宽松政策而已。可以肯定地说，已经不存在什么可靠的经济理论。如果存在，应该已经使用该理论开始和市场进行交流了吧。如果没有航海图，那么不管什么时候遇到海难都不稀奇。

让我们继续思考如何摆脱流动性陷阱。被称为"新凯恩斯主义经济学"的主流宏观经济学着眼于美国经济，将流动性陷阱视为短期现象，这难以适用于日本。此外，主流经济学将流动性陷阱的经济成本描述为非自愿性失业。这同样是对美国在雷曼事件后不久，失业率接近10%的现实回应。我们应该如何看待日本在相对较低的失业率下所产生的通货紧缩衰退呢？

◎ 泡沫经济与凯恩斯主义衰退

为解释长期零利率，斋藤诚提出一种不均衡方法，它类似于岩井克人的不平衡动态。他认为，凯恩斯经济衰退造成的商品和劳动力市场供应过剩将提供零利率和资产市场的过剩需求，从而产生对货币的旺盛需求。有趣的是，斋藤诚提出将"商品和劳动力市场的过剩供给＝资产市场的过剩需求"作为综合预算制约，而将"储蓄＝投资＋泡沫"描述为泡沫经济中储蓄和投资的均衡公式，虽然均衡论和不均衡论有不同，但外表相似。两者都是由失业造成的商品过剩或储蓄过剩创造出货币需求的接盘。

斋藤诚理论的有趣之处在于，探讨凯恩斯经济衰退与利率低于增长率是否可以兼顾。笔者对此偶有论述，当金融市场存在一些不完善或摩擦时，利率会低于增长率。如果劳动力市场摩擦会导致实际利率降低，那么泡沫经济与伴随非自愿性失业的凯恩斯经济衰退有着很高的亲和力。可以想到以下机制，出于某种原因，若实际工资仍然高于平衡劳动力市场的水平，则就业率会下降，劳动和补充生产要素的物质资本回报率将被压低，实际利率最终下降。

如此看来，长期零利率环境下的泡沫经济，一部分是由凯恩斯式衰退造成的，一部分是由金融市场不完善造成的。倘若真是如此，"长期零利率是凯恩斯经济衰退的结果"这一观点是肤浅的。即使就业接近充分就业水平，斋藤诚理论意义上的商品和劳动力市场失衡消失，但泡沫经济意义上的储蓄和投资失衡仍然存在。货币需求依然强劲，我们不能简单地在充分就业后立即放弃零利率战略。

◎ "低利率经济学"的应用

根据截至目前的探讨，让我们运用"低利率经济学"来考虑日本的长期流动性陷阱。正如第3章所论述的，泡沫经济中储蓄和投资可以用公式"储蓄＝投资＋泡沫"来表示。在零利率持续存在的情况下，作为资产需求的货币是泡沫资产，反复再融资的国债也是泡沫资产。由于基础货币是现金，它与国债余额之和就是泡沫之和。严格来说，两者之和扣除中央银行持有的国债后的政府净债务与泡沫资产相当，因此泡沫经济中的储蓄和投资的公式可以改写成如下形式[①]：

储蓄＝投资＋政府净债务/物价水平

根据上述公式，可看出政府净债务的规模影响价格水平、投资和国内生产总值。特别有两点值得注意。一是除非政府净债务发生变化，否则一切都不会改变。量化质化宽松货币政策被称为一个宏大的实验，但它不是赌博。只要基础货币的扩张采取以货币替代买入国债的形式，政府净债务就不会发生变化，因此不会影响物理变量。另一个是以某种方式改变政府净债务的政策将成为克服通货紧缩的突破口。如果储蓄和投资未发生变化，显然用政府净债务除以物价水平得到的实际价值而计算出的政府净债务也将是一个定值。若改变解读方式，如果政府净债务增加，那么物价水平也会随之增加。

让我们思考一下增加政府净债务的具体方法。首先想到的是量化宽松政策，即扩大基础货币的政策。如上所述，只要通过买入国债实现基础货币的增加，净国债就不会发生变化，物价水平也不会发生变化。但是，如果中央银行向国民发放现金，它可以在不减少市场上国债的情况下增加基础货币，同时也会增加政府净债务。这种货币供应方式因为像直升机从空中撒传单，所以被称为"直升机撒钱"（helicopter money），除了实施方法存在争议之外，

[①] 如果储蓄除以实际国内生产总值所得的值为储蓄率，投资除以实际国内生产总值所得的值是投资率，则公式可以改写为：（储蓄率－投资率）×实际国内生产总值＝政府净债务/物价水平。鉴于储蓄和投资率是稳定的，我们可看作实际国内生产总值乘以价格水平与名义国内生产总值和政府总净债务之间的关系。总之，它可以解释与名义国内生产总值有稳定关系的货币总量，自2013年在通过量化质化宽松货币政策下大量扩张基础货币以来，它一直是政府的净债务。

第 11 章
通货紧缩与流动性陷阱

"直升机撒钱"能够增加政府净债务并提高物价水平。这一结果并没有令人耳目一新之感。

让我们使用该方法思考对预期起作用的策略。假设中央银行承诺从明年开始实施"直升机撒钱"。由于是"明年以后"的事情，因此今年的基础货币保持不变。

如果人们知道政府净债务会在下期以后增加，物价迟早会涨的预期提高了商品的价格水平。另外，本期的政府净债务名义额度不变，所以政府净债务的实际价值会下降。用来购买政府净债务的资金实际额度减少在经济中产生剩余资金，压低实际利率。如此一来，将刺激投资。总之，维持零利率，通过利用通货膨胀预期的货币宽松政策能够改善经济。

该政策的思路与中央银行承诺未来扩大基础货币规模就可以摆脱通货紧缩的克鲁格曼的观点高度契合。然而，这里的量化宽松政策并不涉及退出策略。这与克鲁格曼利用退出零利率政策作为鼓励通货膨胀预期的机制形成鲜明对比。假设经济产生泡沫，即使不改变零利率也能通过货币宽松政策来提高物价。

通货再膨胀论者曾说过，如果在零名义利率下，中央银行扩大基础货币规模，会提升通货膨胀率，压低实际利率。他们的观点是正确的，然而，问题在于，需要将增加政府净债务额引起的物价上涨与通货膨胀引起的物价上涨区分开来。看似通货膨胀率暂时上升，但只要维持零利率，政策结束的同时，经济就会回归通货紧缩。另外一种增加政府净债务的方法是通过解除零利率、提高名义利率的退出政策。因为这是一种伴随着提高利率的政策，中央银行会采取开展抛售、向市场供应国债、回收货币的"紧缩措施"。

一旦提高利率，就要增发新国债以支付增加国债成本利息。政府净债务增加，物价也随之上涨。退出零利率后，物价水平还会稳步上升，经济不会再次陷入通货紧缩。这一政策与新费雪主义主张的提高名义利率会导致通货膨胀的观点高度契合。此外，在拥有大量"衣柜存款"的日本，可以期待更好的效果。如果上调名义利率，"衣柜存款"的优势将消失，人们就会放出手中的货币。作为泡沫资产的货币需求减少会产生盈余资金，降低实际利率，这样会刺激投资。简而言之，提高利率会引起通货膨胀和经济复苏。这看似荒谬，但在逻辑上并无任何问题，且有实证研究支持这一理论假设。林文夫和小枝淳子通过引入日本的数据，预测提高利率将带来通货膨胀和经济好转。

◎ 量化宽松政策与退出政策的比较

要求增加基础货币的再通货膨胀论者和要求提高利率的新费雪论者在增加政府净债务、提高物价方面是相同的。不管是现金还是国债，只要增加政府净债务，都能提高物价水平。但是，二者提高物价的时间过程存在较大不同，下文将详细进行探讨。

首先，这两项政策在公信力方面存在较大差距。应当谨记，人们对政策的信任支撑着没有货币和国债支持的"合格抵押品"泡沫经济。退出政策被称作利率正常化的"正常"政策，是一种不损害政府信任的可持续政策。

量化宽松政策在信任度方面存在问题。使用"直升机撒钱"方式提供基础货币的典型方法是由中央银行直接承接国债，扩大预算赤字。"当政府开始实施一项禁止政策时，缺乏支撑'合格抵押品'的国债会永远持续扩张"，这一观点显得过于乐观。"直升机撒钱"只是一项短期政策，存在让民众对政府产生不信任风险的政策自然不会长久。这样一来，在"撒钱"的同时，通货膨胀率会上升，在政策结束的那一瞬间，经济又会重新回到通货紧缩。

综上所述，提高利率是一项可以长期持续实施的政策，也能确保通货膨胀率持续上升。量化宽松政策只是短期政策，政策一结束，经济就会回归到通货紧缩。如此看来，在量化宽松政策和退出政策中提高长期物价的方法就会有所不同。

◎ 退出政策中提高利率的实效性

退出政策也存在死角。新费雪主义认为，如果提高名义利率将迅速导致通货膨胀，那么就没有必要担心实际利率的上升。但是，真的会如此顺利吗？为了使这项政策奏效，必须保证政策利率一旦上调，就永远不会归零，即它是一项"长期"政策。一旦提高利率，只有当市场迅速形成永远不会回到零的预期时，这一政策才会奏效。如果日本中央银行宣布将持续提高利率，但市场预期利率会最终因国民的批判而回落至零，那么不仅会引起通货膨胀，而且名义利率的上升还有可能推高实际利率，从而导致经济崩溃。对于长期处于零利率时代并认为零利率属于正常现象的日本人而言，如何规避上述风险，并将提高利率与通货膨胀挂钩是一个问题。①

此外，还应注意的是，提高利率会增加财政风险。从"财经"分离角度来看，对财政稳健性的担忧缩小了货币政策的选择空间。这种看法似乎有些奇怪，但是在考虑日本公共财政的实际情况时，如果在无法确保财政稳健性的前提下提高利率，难以获得市场的信任。日本经济存在一个制约因素，即提高利率需要与财政整顿相结合。

担忧远不止于此。退出政策固然是一项长期可持续的政策，但需要在起步阶段谨慎行事。

日本中央银行从市场上大规模购买国债的结果是基础货币占政府净债务比重增大。截至2020年5月，基础货币达到531万亿日元，但实际现金数额仅为116万亿日元，因为剩余的415万亿日元基础货币被金融机构作为日本中央银行的活期存款持有，这在经济学上不能说是严格意义上的现金。因为其中的大多数是为超额准备金付利的，对负利率起作用的只是其中一小部分。也就是说，实际上超额准备金是带利息的现金，换言之，是无期限国债，就像曾经英国发行的"孔元"（consol）。孔元在18世纪发行于英格兰，它是一种基于合约的永续债券，利息是永久支付而不是赎回。金融机构不以"现金"形式持有超额准备金。

---

① 目前尚不清楚是什么机制在起作用，但是量化宽松政策确实导致实际利率有所下降。这意味着方向机制可能通过卖出操作出售国债起作用，产生实际利率暂时上升。在零利率的背景下，改变货币和债券之间的平衡是否会改变实际利率的机制，目前在经验或理论层面均尚不清楚。

在考虑退出政策时，需要将家庭持有的现金和金融机构持有的中央银行活期存款准备金的部分分开来考虑。如果目标是消除经济中作为泡沫资产的货币需求，重点应该是消除占国内生产总值 12% 的"衣柜存款"。换言之，收款的对象应该是"衣柜存款"。

◎ 退出政策的实施程序

需要按照两个阶段实施退出政策。首先，在维持零利率的同时，进行卖出操作收取"衣柜存款"。诱导人们将"衣柜存款"存放进银行，日本中央银行通过出售国债收取银行回收的现金，这个阶段政府净债务没有变化。下一步，在顺利回收"衣柜存款"的基础上开始提高利率。分两个步骤进行的原因是，如果中央银行在"衣柜存款"不变的情况下提高利率，有可能导致人们一下子放出货币，给经济带来较大的通货膨胀压力。根据斋藤诚的估计，如果中央银行在当前经济下提高利率，家庭对货币的需求降低一半，通货膨胀率将增加近 100%。事实上，退出零利率，预计家庭的货币需求将会减半，如果突然提高利率，不可否认存在这种可能性。在保持政府净债务净余额不变的情况下，需要通过以国债代替货币来降低通货膨胀风险。

国债可以以正名义利率获利，但现金只能从通货紧缩中获利。为制造长期的通货膨胀，需要从经济中剔除只能通过通货紧缩才能获利的"衣柜存款"。无论如何，"衣柜存款"是向正常经济过渡过程中的不稳定因素。为避免混乱，明智的做法是通过卖出操作吸收过剩的现金。

此外，在维持零利率的同时，还需要一些机制来回收货币。中央银行应该掌舵"利率正常化"，暂时保持零利率不变，但向社会宣布将在某一时间提高利率。提高利率的时间点无须明言，只要市场确信名义利率最终会回到正值，人们就会放手货币。即使在利率为零的情况下，人们也会释放"衣柜存款"。中央银行密切关注货币需求萎缩的进程，通过卖出操作来回收现金。

首先，我们的目标是从"弊"零利率转为"益"零利率。不要急于采取退出政策来减少家庭对货币的需求。在通货膨胀预期形成且货币需求充分减

第 11 章
通货紧缩与流动性陷阱

少的时候提高利率即可。通过这一过程，提高利率来确定经济的通货膨胀基调，不会对经济发展造成干扰。

假设日本银行能够迅速收回 60 万亿至 70 万亿日元的"衣柜存款"，下一步便是以出售的方式将超过 400 万亿日元的超额准备金抛向市场。究竟能否找到 400 万亿日元的国债买家呢？倘若找不到买家，国债价格暴跌，财政会突然面临崩溃。另外，支持日本公共财政政策的只不过是量化宽松政策。那么果真如此吗？从结论上而言，不必如此担心。

如上所述，量化宽松政策实际上是一种改变国债期限构成的扭曲操作，而非货币兑换国债的正常操作。超额准备金付息是有息现金，换言之是无期国债。

在实施量化宽松政策前，10 年期国债的收益率约为 0.4%。可以认为国债被约 0.1% 的孔元所取代。超额准备金归零意味着国债通过卖出操作抛向市场，当收益率恢复至 0.4%～0.5% 时，金融机构有望将超额准备金降至零，回购长期国债。

但是，情况有可能随着国债市场环境变化而变化。首先，需要考虑的是，全球低利率时代何时结束，实际利率何时开始上升。随着日本金融机构选择高收益的外国资产，长期国债的收益率也将上升。然而，正如第 9 章所述，全球低利率预计还将持续一段时间。

日本金融机构运营能力的提升是影响环境变化的另一个因素。提升运营能力后的日本金融机构甚至不会关心收益率为 0.4% 的长期国债。然而，不知是幸运抑或不幸，这并未在日本发生。因为我们拥有超过 400 万亿日元的超额准备金却没有地方投资。银行受到严重财务恶化的打击，贷款人数不断减少，除国债外，即使银行利息较低，也找不到地方投资。除非我们可以预期未来日本金融机构的投资能力会大幅提升，否则在收益率升至 0.4% 时，金融机构将迅速回购长期国债。此外，如果一家银行不购买收益率为 0.4% 的国债，这并非一件坏事，而是一件备受欢迎的好事。因为银行追求比国债更高的收益意味着，银行能够遏制住金融恶化趋势，并开创出新的金融业务。

日本中央银行应该做的工作是宣布需要一定时间来实现利率正常化，重点减少"衣柜存款"，并将经济从"弊"零利率转为"益"零利率。虽然没有必要通过宣布何时将名义利率转为正，但是有必要让公众相信，零利率一旦解除，就永远不会归零。

零利率政策持续了20多年，给公众留下了零利率政策是正常经济状态的印象。实际上，在大学里授课时，要让学生们相信经济正常的情况下是正利率，已经变得越来越难。要让人们相信永远退出零利率政策需要做很多工作。日本中央银行提出的利率正常化可能并不能令人信服。中曾根康弘任首相时，向国内外展现了推动政府行政和金融改革的决心，被称为"合理化先生"的道子俊夫作为负责人亲临现场，能够在货币政策中与市场进行对话，发挥着重要作用。日本应该在对内外展示政策方面多花费精力。

货币政策、财政政策、通货政策三位一体

◎ **刺激经济举措的重疾**

以单纯的凯恩斯模型为基础的经济政策完全陷入僵局。过去30年，宏观经济政策一直追求短期的经济效果。虽然取得了小幅增长的成果，但付出的代价却是巨大的。它使货币政策缺乏自主性，人们对公共财政失去信心，低利率经济体带来的未来不确定性，以及对美元的持续依赖。此外，在缺乏需求下采取的刺激措施削弱了市场纪律，也削弱了日本经济的核心力量。

必须将宏观经济学中的短期和长期政策区分开来。短期政策是把国内生产总值提高到实现充分就业的水平。长期政策是提高充分就业国内生产总值增长率。前者是关于"水平"，后者是关于"增长率"，概念具有根本性不同。单纯的凯恩斯模型考虑的是短期宏观经济，是一条通向充分就业的道路，而完全没有提及经济增长。技术进步和资本积累拉动经济增长，显而易见，凯恩斯模型中没有提及促进增长的因素。重复实施扩张性财政和货币政

策能够提升增长率的观点是一种误解，没有区分"水平"和"增长率"之间的差异。如果这一观点是正确的，日本的经济增长率应该是发达国家中最高的，因为日本是多年来因预算赤字扩大而导致政府债务占国内生产总值比率最高的发达国家。在凯恩斯主义主导下的"短视"且"狭隘"的经济刺激措施将日本经济推向长期停滞的泥潭。

"短视"是指对短期收益和长期成本之间的权衡缺乏深入了解。缺乏长期成本考虑的政策将给未来的经济带来负担。一再扩大财政赤字的经济措施，虽然增加国债额换取了经济小幅回升，但削弱了公共财政的稳健性和灵活性，至今都无法将财政支持合理分配到经济增长上。

"狭隘"意味着我们对政策波及过程了解甚少。换言之，即没有正确地理解宏观经济模型。零利率的处方不一定是凯恩斯主义政策。如果经济长期停滞的结果是经济陷入泡沫泥潭，那么则需要另辟蹊径来克服经济衰退。

在货币政策的讨论中有一个经典的例子。体现视野"狭隘"的是在金融政策的波及过程中欠缺零利率压缩银行收益的观点，它忽略了"衣柜存款"对金融市场的影响。如果打开视野，就会发现把名义利率固定为零，实际利率自然会下降这种观点过于乐观，放弃零名义利率反而能够有效降低实际利率。

狭隘的视野不仅限于国内经济的波及过程。尽管日本正在推进经济的全球化，但在政策讨论中缺乏国内外经济逐年加深相互依赖的观点。鉴于全球经济的一般均衡后果，一项看似对国内经济有利的政策很可能最终会对国内经济产生负面影响。相反，看似对国内经济不利的政策最终可能会产生积极影响。

◎ 日元国际化为何重要

正如在第 8 章的论述，根据国际资本流动的简单理论，资本应该从资金充足的国家流向资金不足的国家。如果它不流动，则意味着存在一些障碍和摩擦。日本的过剩资本没有流向海外，而是以低收益率在国内流动。事实上，在1835万亿日元的家庭金融资产中，有高达1130万亿日元以名义收益率为零的现金和银行存款形式持有。

日本的过剩资本没有流向海外的障碍是外汇风险。得益于日本是经济高速发展且临近亚洲各国的国家，应该有很多收益率高于国内的国外资产。如果能够消除外汇风险，日本的盈余资金将会投资国外。日本资产持有者和中产阶级应该有机会选择高收益资产。亚洲国家也可以通过资本流入促进自身经济增长。随着亚洲国家的发展，日本将从直接投资和出口中受益更多。

降低外汇风险的强有力手段是"日元国际化"。如果在海外交易中增加日元结算，日本企业就不必担心外汇风险。遗憾的是，每次出现这种观点时，因外国投资者的日元需求增大推动日元升值，抑制出口而评价不佳。但是，本国货币国际化对资源配置的影响，延伸到以金融市场和资产市场为中心的整个经济市场中，而不仅仅限于汇率。

推动日元国际化意味着增强日元的国际结算职能和存储职能，特别是提高作为高安全性存储手段的海外日元资产的需求。这两种职能是相辅相成的，结算职能的增强，提高了日元作为存储手段的价值。提高日元存储手段的价值，也能提高其结算职能的价值。提高日元作为国际货币的便利性将进一步把日本经济与国际金融联系起来，能够扩大商品和金融的获利机会。

日元国际化带来的最大益处是稳定汇率。随着日元在国际上的使用和流通量的增加，外汇市场变得更加密集，日元汇率趋于稳定。汇率稳定是宏观稳定政策的基石。这一点可以从小型经济体苦于汇率波动，为稳定汇率甘愿放弃货币政策自主权的事实中可见一斑。预计日本未来的国内生产总值的国际份额将会下降，对此需要予以充分考虑。如果日元市场的国际性存在度下降，汇率也可能变得不稳定。日元的国际化远远落后于美元，事实上大部分国债是由国内投资者持有。本国货币国际化无非增强本币作为国际储存手段的职能而已。

正如第3章泡沫理论中所论述的，国内持有货币和国债等泡沫资产会造成挤出和抑制企业资本投资。换言之，"国债国际化"迟缓是实际利率居高不下的原因。如果海外持有国债势头强劲，国内金融市场对国债的需求减少，实际利率将下降，产生的盈余资金将用于投资。从增长战略的角度来看，国内持有对增长没有贡献的国债并非一个明智的选择。

我们还应注意到，长期零利率延迟了日元的国际化进程，导致实际利率处于高位。名义利率为零，外国投资者将不会购买日本国债，若取消零利率政策，日本国债的海外持有率将上升，实际利率下降，资金将会转向资本投资。

当前进入了国际资本双向流动的时代。海外资本流向日本股市的同时，国内资本也在流向海外股市。从理论上讲，如果某一国家的资本流入日本，同时日本的资本也流向该国，则可以抵消外汇风险。通过应用交叉衍生品的概念，持有日本国债的国家可以向日本提供以日元计价的金融资产，而不会有日元走强的风险。亚洲国家完全有可能面向日本设计以日元计价的金融产品。例如致力于印太地区发展的投资信托和以亚洲基建投资的利润为担保的安全资产等。从这一角度来看，日本政府应该努力使日本国债成为国际安全资产，并鼓励亚洲及印太地区的政府和中央银行持有日本国债作为外汇储备。

如此考虑，便会意识到日元国际化的诸多益处。对于像日本这样的资产大国而言，不在本国货币国际化的前提下制定宏观经济政策本身是不合理的。正如"国际金融三元悖论"所表明的，资本流动自由化、固定汇率制度和货币政策独立性是不可能并存的。就日本而言，由于采用了浮动汇率制度，而放弃了固定汇率换取资本自由流动和独立的货币政策。然而，日元的持续升值让工业界给货币宽松政策带来了巨大压力，在过去20年的大部分时间里，名义利率都接近零的水平。换言之，货币政策在采取浮动汇率制度的同时又失去了自主权。

造成这种情况的原因是对外资产充裕，日元走强。就如被称作"紧急日元"一样，当本国面对对外冲击时该国才会购买日元。但是货币强劲也并非坏事，糟糕的是，尽管日元坚挺，但日本政府并没有强烈的日元国际化意愿。

◎ 货币政策与金融、财政政策挂钩

如此看来，我们在思考金融政策和财政政策时，必须要考虑货币政策。若进一步拓宽视野，则会发现三项政策是环环相扣的。金融政策和财政政策停滞不前是因为缺少货币政策这一核心。只有将金融政策、财政政策、货币政策三者视为三位一体，才能看出什么样的宏观经济政策才适合日本经济。

促进日本经济增长的财政、金融、货币政策如下。金融政策明确取消零利率，并将 10 年期国债收益率从目前的零水平控制在约 1.0%，通过提高利率将占国内生产总值 12% 的"衣柜存款"清零，有效促进海外市场持有日本国债。通货战略需要确保政策效果，鼓励亚太地区各国政府和中央银行持有日本国债作为外汇储备。不言而喻，通过强化财政纪律来增强海外市场对日本国债的信心是不可或缺的。

"衣柜存款"降为零，国债持有率从当前的 95% 降至 80%，实际利率会降至 1% 左右。比起深化实际利率，只能下降 0.1% 的负利率效果要强很多。

提高利率看似会抑制经济发展，但考虑到日本经济中"正确的"宏观经济的一般性均衡，它是一种促进经济发展的措施。当我们深入思考的时候，正确答案可能与直觉完全相反。如果推着它不走，那么我们可以试试牵着它走。

在本章中，我们运用"低利率经济学"尝试对长期陷入流动性陷阱的经济体进行阐释。在理性泡沫经济中，资产泡沫、货币和国债具有相似的理论结构。如果把"衣柜存款"看成是对泡沫资产的需求，那么长期零利率状态就是通货紧缩和经济长期停滞并存的泡沫经济。如果从泡沫经济角度考虑，主张扩大基础货币的再通货膨胀论者和主张提高利率的新费雪论者在本质上都是增加政府净债务导致通货膨胀。从凯恩斯经济学理论的角度来看，降低利率是一种刺激经济的措施，但从泡沫经济理论的角度来看，日本经济的一般均衡则完全不同。正是提高利率将日本经济从对货币和国债的需求中解放了出来，通过降低实际利率来恢复经济，并促进经济增长。

第 12 章

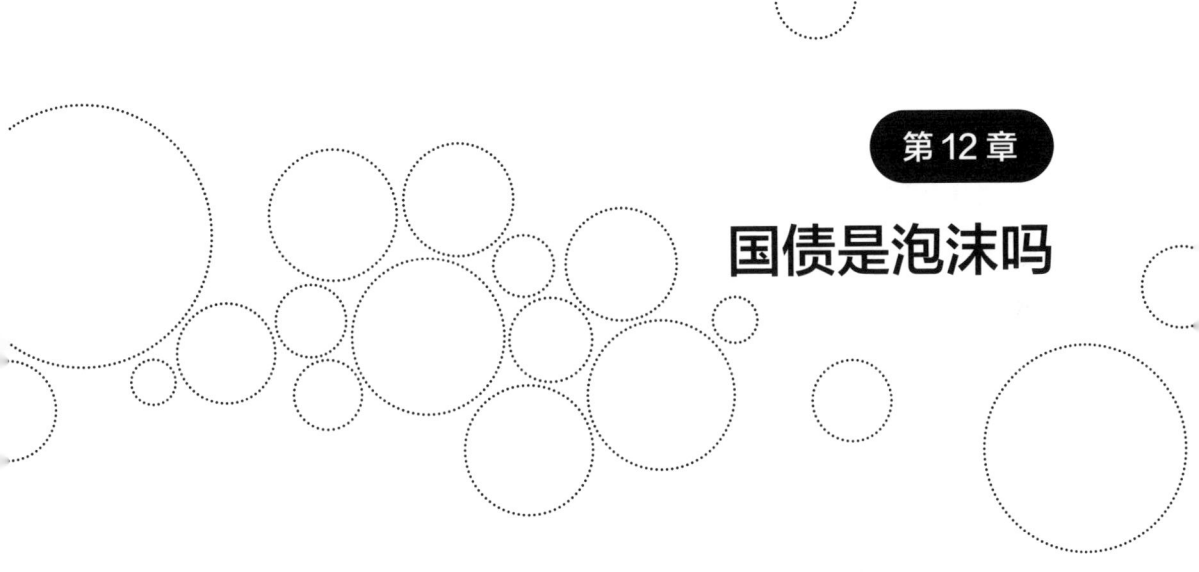

国债是泡沫吗

关于如何看待国债收益率低迷这一问题，假如主流经济学派声称的"高利率经济学"是正确的，那么国债的信用度就取决于能否借助未来的税收进行偿还。这难以解释财政赤字和高昂的国债余额并存的现实。本章探讨以"低利率经济学"为基点时，审视财政稳定性的视野将会如何发生变化。其中利率与经济增长率的关系对财政稳定性产生了较大影响，国债稳定性的理论也与泡沫理论具有较大相关性。同时对日本国债收益率的问题与物价水准的财政理论进行了探讨。

国债的"可靠的担保"

◎ 英国银行的设立与国债市场的诞生

通过发行国债确保国家财政安定的机构始建于17世纪下半叶的英国。在当时战火纷飞的欧洲，王室成员为应付逐年上涨的军费，尽管想尽办法筹措资金，也经常无法避免国库空虚的局面。英国王室也不例外，在与法国的连年战争中，其对军费的筹措已经束手无策。幸运的是，英国通过1688年的光荣革命使荷兰执政[①]（威廉三世）成为自己的盟友。在当时，荷兰是欧洲繁荣程度首屈一指的国家，因此为高端的金融技术知识与人才的活跃创造了条件。与威廉三世国王一起从荷兰来到英国的犹太金融家开始在伦敦开办证券交易所，同时也将荷兰国内以民间资金补贴公共债务这一方法带到了英国，成立了专门收购国债的金融机构，这就是英国银行。英国银行在最初并不是

---

① 荷兰执政威廉三世英国国王。——编者注

中央银行，1964 年，英国议会决定设立英国（国家）银行这一机构，政府以港口使用税作为担保，以 8% 的利率向该银行贷款 120 万英镑。

在英国银行的业务步入正轨后，从荷兰来到英国的投资家开始进行小额出售国债的中介业务，此后从未发生过违约情况，英国国债的信用度逐渐提升，政府对军费的筹措也不再左支右绌。在百年战争以后，资金筹措能力上的差别最终帮助他们在与敌对国法国的战争中取得了胜利。

坐拥欧洲金融市场圣城的英国金融市场的起源就是从这里开始的。英国是最早以企业债券和股票交易为中心建立金融体系的国家，而以法国、德国为代表的国家则以银行中心建立了金融体系。有研究者将两者进行对比，但这种从种族的视角出发进行的比较是肤浅的。与该体系的确立相关的是从荷兰来到英国的犹太人。

更需要注意的是，为何犹太人选择了以市场为中心的经济制度，这与他们作为少数族裔的边缘性地位及被歧视的历史有很大关联。犹太人没有基于农耕文明的密切的人际关系，这使他们在任何地方从事商业活动都会处于不利地位。为了确保商业活动的公平性，比起重视人际关系的当面交易，他们更倾向于选择可以确保"匿名性"的市场。网野善彦认为，市场并非维持亲厚的人际关系的地方，相应地，这也保证了交易的公平性。由于设计者多为犹太人，英国的金融体系自然就具有了遵守规则、以市场为中心的特点。

◎ 国家财政的信用

我们将话题转回到财政方面。虽然建立了国债市场，但国债并非一把万能钥匙，只有在金融技术这个硬件方面具有信用，金融才能发挥它的效力。税收这个"可靠的担保"，才是国债信用度的根本来源。财政的稳定性，取决于能否借助未来的税收偿还国债。

思考财政稳固性的要点在于，不仅要立足于当下，更要放眼于未来，即"财政的不同时段的研究"这种方法。严格来说，从税收中扣除政府预算的基本财政收支（通常被称为初级平衡）的预期值与当前的价值进行折价，所得数额是否能与实际的国债余额相均衡，是决定国债信用度的关键。有一种看法是，只要国债可以改换贷款，那么无论如何它都能维持财政运转，但以这种方法进行考察，通过改换贷款筹集的资金的当前价值可能变为零，它的价值也会无法估定。因此，改换贷款并不可行。

根据该观点，通过发行国债来填补财政赤字的国家，未来总有一天不得不通过加税来减少国债余额。如果不努力恢复财政，国债价格的下跌将会导致国债利率飙升，在最坏的情景下，国家的支付力就难以为继。进而，财政缩水导致国内需求减少，发生通货膨胀并产生经济危机，为避免金融危机波及自身，资本会选择流向海外，致使经济全线崩溃。

该观点意在说明，国家财政的信用度与政府进行税费改革和削减年度支出的决心密切相关。假如国民能够确实认识到自身与国家的未来休戚与共，那么在财政恶化的情况下，本应理性的国民是可以接受税收的增长的，这样就避免了财政的崩溃。然而，阅读卡门·莱因哈特与肯尼斯·罗格夫对历史上的经济危机始末的详细记载，我们会发现，在回顾经济危机历史的224个事例中，人们往往不断坐视财政的膨胀，并且这一情况仍然在持续。就像詹姆斯·布坎南（James Buchanan）在《赤字中的民主——凯恩斯勋爵的政治遗产》（*Democracy in Deficit: The Political Legacy of Lord Keynes*）中表明的那样，在现代民主主义的政治活动中，政治家总是倾向于推行公共事业这样的福利政策以获取人气，选民们也无法清晰地意识到这本身的税收负担，因此向公众寻求使他们痛苦的财政改革的推进也有极大难度。

关于财政稳定性的验证

◎ 关于财政的不同时段研究的方法

在一项早期的研究中，研究者使用了"财政的不同时段研究"这一方法说明了通过改换贷款筹集到的资金可能会在当下的时间点价值归零。以美国的财政为研究对象，无法证明改换贷款后价值归零这个假说是错误的，因此，国债的价值也就是政府对改换贷款的资金筹措能力的反映。在日本国内也通过几次这样的证明，对国债改换贷款的效用得出了结论。

财政的不同时段研究虽然在理论上具有优势，但在实际应用中还要面临一些很大的壁垒。为了估测未来国债折价后的价值，未来的财政收支、增长率和国债收益率都是必不可少的信息。然而在实际操作中，无法对未来的变量进行预测，细微的偏差就会导致极大的测算差异，从而导致结果缺乏可信性。更加困难的是，关于未来的基本财政收支转换为当前价值的"贴现率"问题。如果以国家财政作为考察对象，未来的政府税收与经济增长率基本上是成比例上升的，所以需要采用排除经济增长率的影响的贴现率，也就是"国债收益率—经济增长率"。也就是说，如果贴现率为负值时，就无法对其价值进行计算。在这种情况下，重视利率和增长率之间大小关系的合理泡沫经济理论就有较高的适用性。

从第二次世界大战之后到1960年这段时间内，美国为了尽可能偿还战时发行的国债，美联储和政府之间曾经有一段被称为"同步"的协作时期。美联储大量买入国债，将其稳定在2%左右的利率，在此期间经济的增幅大概在4%左右，如果认真考虑这个数据，就会得到贴现率为负的结论。

◎ 确保稳定性的"博恩条件"

为了解决贴现率的问题，研究者从实际应用的视角出发提出了几种方案。亨宁·博恩（Henning Bohn）的看法是，如果债务余额与国内生产总值的比率大致维持在某个范围内，就可以认为财政水平是稳定的，这个稳定性的保证条件在于，政府债务余额（对国内生产总值比率）增加的同时，基本财政收支（对国内生产总值比率）的改善程度优于支付利息的增加部分（严格来说，就是从国债收益率中扣除经济增长率的部分）。如果符合这一条件，债务余额（对国内生产总值比率）就会稳定在一定的区间，可以维持财政水平的稳定，这个条件就被称为"博恩条件（Bohn condition）"。它的优势是，在不需要考察贴现率的单位，也就是不需要考虑国债收益率和经济增长率的大小关系的场合下也可以使用。博恩以美国财政的长期数据为样本对其理论进行验证，结论认为，在1916—1995年，美国财政运行的稳定性良好，另外，在此期间，美国基本财政收支（对国内生产总值比率）呈现为1.2%的亏损状态而非盈利状态。也就是说，较低的国债利率成了美国财政的支点。

为了确保博恩条件的成立，政府在增加债务余额的同时也必须改善财政收支。财政收支的改善意味着，当政治家提出增加税收或减少支出的改良方案时，民众可以通过选举接受。政治，进一步说，是支持政治家的主张的选民意愿，对于财政收支的改善起着关键作用。"财政反应函数"就是为了说明经济规律是否在政治决策的支配下运作，以及在政府债务余额（对国内生产总值比率）增加的情况下，基本财政收支（对国内生产总值比率）如何变化的概念。自博恩以后，出现了很多计算财政反应函数的研究。恩里克·门多萨（Enrique Mendoza）领导的研究小组使用经济合作与发展组织（OECD）中23个主要国家的数据，对1970—2007年这23个国家的平均财政反应函数进行了估算。他们得出的结论是，当政府的债务余额（对国内生产总值比率）在40%~150%的区间内，随着政府债务余额的增加，基本财政收支（对国内生产总值比率）也呈上升趋势，也就是说符合经济规律。

与他们的研究相比，图12-1的实线图扩大了样本的范围，将包括欧洲债务危机在内的1980—2014年纳入了研究范围。

当政府债务余额（对国内生产总值比率）在70%~190%的区间内，政府债务与基本财政收支呈正相关的关系，此外财政盈利的最高点为190%，这一数据高于门多萨等人150%的估算结果。这可能表明，在吸取了危机的教训后，各国都已经认真对待财政的重建工作。[①]

[①] 另外，陷入危机的5个国家（希腊、意大利、爱尔兰、西班牙、葡萄牙）在2010—2012年推进的财政重建与其说是自主的，不如说是由"三驾马车"主导的，需要在排除这个影响的基础上进行进一步的计算。

第 12 章
国债是泡沫吗

有趣的是，图 12-1 并不是单纯的右上斜曲线，同时也有右下斜的部分。让我们来思考一下导致图表形成非线性的原因。

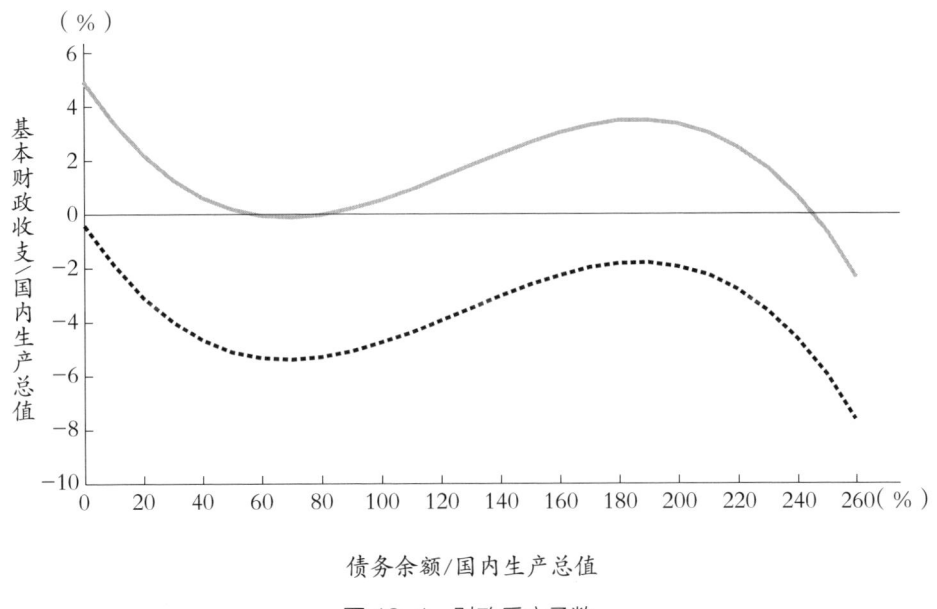

图 12-1　财政反应函数

在政府债务余额（对国内生产总值比率）较低的范围，财政规律似乎没有很好地发挥作用，当债务水平较低时，公民对财政改革基本上漠不关心。但问题的关键不在于此，值得留意的是，经济规律在超过 190% 的范围无法有效运作。随着债务余额的过度增长，频繁进行财政改革的不受欢迎的执政党将会被迎合民粹思潮的党派取代，这预示了福利政策式的财政卷土重来的危机。当债务余额在一个较高的程度时，它的进一步增加会使财政收支更加恶化，这种现象就是"财政疲劳"（fiscal fatigue）。

财政反应函数另一个值得注意的特质是，通过对估算函数的运用，可以实现对政府可以发行的债务余额的上限，即"债务上限"（fiscal limit）的预测。国家究竟能发行多少债券，换言之，国债余额能够增加的边界在哪里，这是对维持国家财政的稳定来说最需要知道的信息。

门多萨等人利用估算的反应函数对各国债务上限进行了推测。虽然由于经济增长率、基本财政收支和债务余额等财政变量、反应函数的差异，使各国的债务上限值存在波动，但大致都在 150%～200% 这一相对较高的数字区间内。同时政府债务余额（对国内生产总值比率）如果在债务上限以下，就说明财政的稳定性大致是有保证的。在 2010 年的时候该稳定性标准受到质疑的国家是 157% 的希腊和 193% 的日本。希腊在此之后经济崩溃，而日本在 2021 年经济发展仍然处于良好状态。

日本国债收益率之谜

◎ 完全不符合标准理论

从理论来看，日本经济没有崩溃只能说是不可思议。而实际上不仅没有崩溃，日本的国债收益率反而极低，似乎根本没有财政风险。

在图 12-2 中，横轴代表 10 年期名义的国债收益率，纵轴代表政府债务余额（对国内生产总值比率），各点代表经济合作与发展组织中 23 个主要国家 2000—2012 年的平均水平。以 2012 年为分界，是因为这一时期日本国债市场的功能被认为运作良好。在 2013 年以后，随着量化宽松政策的实施，日本中央银行开始以近于零的收益率收购国债，政府债券收益率不再反映市场的实力。

如果经济理论的推测是正确的，国债收益率和债务余额理应呈正相关。当债务余额的水平提高，国家财政违约的风险也随之增加，投资者就会要求国债的更高收益率。在国际金融市场上，新兴经济体和发达经济体的债务余额比率超过 60% 和 100% 的情况下，会被认为债务余额比率已经处于危险区域。在因希腊的财政危机而被卷入多米诺骨牌式的财政危机的四个欧元区国家中，意大利和葡萄牙的债务余额比率已经超过 100%，这被认为是财政危机发生的主要原因。西班牙和爱尔兰的情况稍有不同，虽然债务余额比率略低于 100%，但由于政府试图援助国内的金融机构导致财政的急剧恶化，这成了危机发生的直接原因。

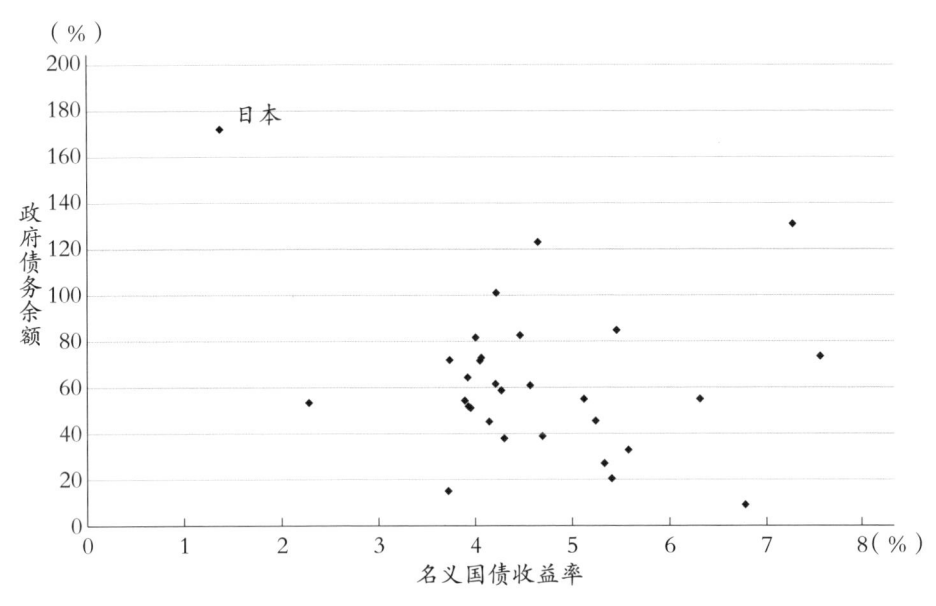

图 12-2　名义国债收益率与政府债务余额

资料来源：经济合作与发展组织。

日本债务余额在所有数据中最高，约为180%，国债收益率最低，不足2%，如果认为风险和利率的正相关关系是理所当然的规律，那么日本的情况看起来就是不可能的。

◎ 解开谜题的假说

日本的国债收益率之低一直被称为"国债收益率之谜"，为解释这一谜题，目前已有几种假说。

第一，日本的消费税率为10%，低于其他发达国家，因此还有上调的余地。考虑到欧洲各国的消费税都在20%以上，日本10%的消费税仍然很低，有很大的上调税费的余地，投资者普遍认为消费税还有增加的可能，因此降低了国债破产的风险。

第二，另一种看法是持续20年以上的宽松货币政策降低了国债收益率。1999年以来，日本中央银行一直实施的政策是将隔夜拆借利率实际上维持在零，以此来降低长期利率。植田和男以1999—2003年为研究样本，得出了日本中央银行实施的零利率政策将长期利率降低了 0.3% 左右的统计结果，这说明市场预期的"时间轴效果"可能是存在的。另外，2013 年 4 月开始实施的购买长期国债的量化宽松政策，进一步降低了长期利率，将政策实施初期 0.4% 的长期利率在 2017 年降低到了接近 0%。

第三，还有一种观点认为，国内投资者持有 90% 以上的国债，这是导致国债收益率低的原因。与其他主要国家相比，日本的国债持有率明显偏高。在美国、英国及德国，国债的国内持有比率在 50%~60%，海外投资者的持有比率在 40% 左右。这一观点的依据是，国内投资者不像国外投资者一样要求更高的收益率，更能维持较低的回报率。通常来讲，外国投资者要求更高的收益率是有理可循的，因为当国家陷入债务危机时，对国内债务的偿还将优先于对国外债务的偿还。需要补充的是，得益于出口驱动型经济结构，日本的通常收支长期处于盈利状态，这种盈利积累的结果使日本持有充足的对外净资产。即使海外投机者抛售日本国债，削减充足的外汇储备也能应对来自市场的攻击。也就是说，充足的外汇储备以及对外资产对保护国债市场免受外国投资者市场的冲击起到了缓冲的作用，从而有利于降低国债收益率。

尽管我们无法直接判断市场是如何进行评价的，但在这个国际金融市场处于自由开放的时代，为什么日本投资者仍然倾向于购买收益率较低的日本国债呢？让我们来看看实际持有国债的主体构成。

图 12-3 显示了 2012 年日本国债持有者的份额占比，2019 年之后，由于量化宽松政策，日本银行持有 50% 以上的国债，持有者结构发生了巨大变化。但即使如此，确定量化宽松政策之前的持有者结构也能使我们了解日本国债市场的一些重要信息。

在此列举以下几个特征。首先，在大额持有者中，日本国内的金融机构占绝大部分，中央银行、私人银行、私人保险公司、公共金融机构、公共养老基金、私人养老基金合计高达 87%。其次，通过进一步分析可以发现，作为政府金融机构的中央银行、邮政银行、日本邮政保险等公共金融，包括养老金、公积金管理机构的独立行政法人在内的公共养老基金占比 45.6%。受政府严格监管的民间银行、民间保险公司共占比 37.9%，海外投资者与个人只占 3%~4% 这个极低的比率。概括起来，共有两个明显特征：首先，与政府联系越密切的金融机构往往持有国债的比率更高；其次，国债份额与外资份额之间存在负相关，例如，邮政银行的资产 80% 是以国债形式持有的，海外的资产份额占比几乎为零。

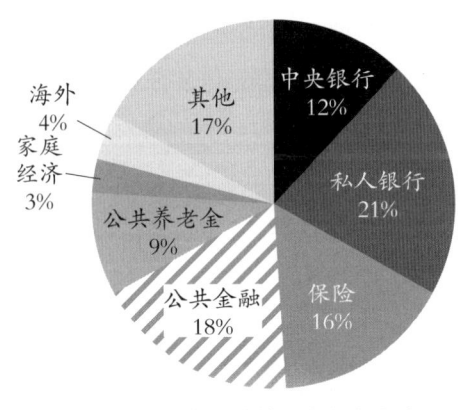

图 12-3　日本国债持有者份额占比

资料来源：日本中央银行。

我们可以认为管制的影响进一步加剧了这种趋势，在对资本进行管制的框架内，银行具有大量购买政府债券的动机，一般的贷款会受到管制的影响，但购买国债则不受限制。银行在持有大量存款的同时，贷款却停滞不前，剩余资金基本都用来购买国债，银行从而成了国债的接受者。

从国债份额与外资份额之间的负相关性可以看出，持有较高国债份额的金融机构是否得到了适当的经营管理，是一个令人担忧的问题。政府系统的金融机构从成立之初就与特定的政府机关有着密切联系，主要的人事管理都是由相关政府机构进行指派的，这些原本就以国家公务员行事标准为标准的人容易以保守态度应对风险，而且也缺乏资产管理的知识，这使他们很容易成为合适的国债接受者。纵观机构整体，从海外资产的持有数目就可以看出，他们并没有积极任用熟悉资产管理知识和技术的专业人才。2013 年养老金、公积金管理机构独立行政法人的改革表明了这一事实，缺乏专门性人才的机构在养老金的管理方面往往忽视了长远的利益。

◎ 持续购买高价国债的国内投资者

我们在上文讨论了导致低收益率的几个原因，特别需要留意的是第三个观点中关于持有结构的部分，这就是说，与其说是财政的低风险导致了国债的低收益率，不如说国债市场的收益率可能尚未达到一个合理的水平。

接下来，我们将探讨海外市场的套利是否对日本国债利率的形成有效。

图12-4显示了四个国家10年到期的国债名义收益率的比较，美国、英国、德国这三个国家的收益率一直很接近，而且它们的走势也有着较强的相关性。这说明以上三个国家的国债之间有套利行为。

独辟蹊径的是日本国债。它的收益率明显偏低，似乎与其他市场也没有关联。由于信用和流动性高，发达国家的国债市场是一体化程度最高的市场之一，收益率之间的差距一般难以持续很长时间。如果两国汇率的预期变化向某个方向倾斜，收益率就可能产生差距。然而却很难想象在这些主要国家中，某种货币的价值会在一段时期内持续上升（或贬值）。实际的情况是，没有人可以预测10年后的汇率，也不存在10年期的外汇期货市场。长期债券的交易通常容易忽视汇率的影响，从图中可以看出，尽管英国、美国和德国的汇率不同，但它们的收益率较为接近。

该图说明，尽管收益率低于美国国债、英国国债和欧元债券，但仍然有投资者持续购买日本国债。也就是说日本的投资者比起便宜的美国国债，仍然选择购买价格较高的日本国债。在以发行余额衡量市场规模的情况下，美国国债比日本国债占有更大的份额，假如日本投资人的动机是为了规避风险并获得预期的利润，那么他们至少应当持有同等份额的美国国债与日本国债。2012年的数据显示，投资者持有900万亿元以上的日本国债，而只持有110万亿日元（当时1美元≈157日元）美国国债。这种资产利用偏向本国的现象被称为"家族偏向"（home bias），产生这种现象的原因最可能是，持有大量国债的金融机构的运转能力较为低下。

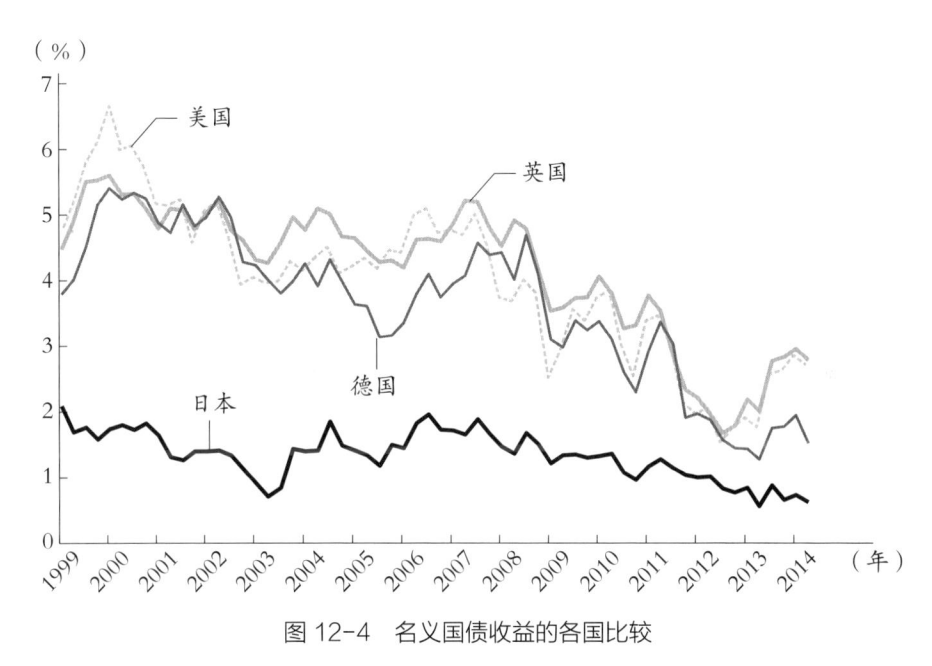

图 12-4　名义国债收益的各国比较

资料来源：国际货币基金组织。

安全资产的匮乏

◎ 财政风险之无法抵抗投机交易

如果说，运转能力低下的投资机构中的投资者持续用高价购买国债才导致了日本国债收益率的低迷，那么，仍然留有这样的疑问：为什么不对巨额债务余额可能带来的财政风险进行评估呢？

以下是我与某大型银行的财务主管的谈话摘录。对于我"为什么银行在知道风险很高的情况下仍然要买入低收益率的国债"这一提问，对方的回答令人感到意外："这我倒要请教你，除了国债之外我们还有什么可买的东西呢？"因此，"考虑到不良债权的风险，不能随意增加贷款数量，股票的价格经常剧烈震荡，也不能用来代替国债，有人想当然地认为可以持有美元债券或其他海外资产，但日元汇率的走势是不确定的，同时也有升值或贬值的风险。因此，国债是无可替代的安全资产。"

这位财务负责人的观点可以归纳成：国债本来就是安全性最高的金融资产，即使它在目前的情况下安全性逐渐下降，但至少在日本的投资环境中，仍然没有可以替代国债的安全性更高的金融资产。

事实上，我们周围的金融风险环境远比教科书中所讲授的更为复杂，日本人将国债作为安全资产的首选，而且，如果国债的安全资产地位发生动摇，投资人的反应将无法预料。按照教科书的理论来讲，为了抵御投机交易的财政风险，应该将资金转移到其他安全性更高的金融资产上，那么安全性更高的资产是什么呢？银行存款和股票这类国内资产可能会受到财政崩溃的影响，一旦发生财政危机，就会导致股市崩盘，包含大量国债的银行存款也无法保证其安全性，也就是说，缺乏可以抵御投机交易风险的国内资产。

那么海外资产又是如何呢？如果财政风险变得现实化，投资者可能会在了解汇率风险的情况下放弃日本国债选择美国国债。如前所述，国债持有人基本上是金融机构和养老基金等大型投资者，他们都持有大量的国债，为了逃离沉船，他们有可能会竞相抛售国债。于是大量日元涌入外汇市场，造成日元暴跌。一旦发生财政危机，在恐慌心理的驱动下，只能卖出少数金额的时候，日元兑换外币的比率就会暴跌，这就是抛售行为的外部因素。抛售失败的投资者，也会在兑换美国国债的过程中蒙受巨大的汇兑损失。[①]

那么，从危机尚未来临的时候开始减少国债、大量持有海外资产，不是一个更好的选择吗？但日本的金融机构并没有很多具备资产管理知识和经验的专业投资者，因此他们仍然持有大量低收益国债，最终即使可以用外国资产来替代，仍会因为日元暴跌而蒙受汇兑损失。因此我们不得不作出以下结论：对持有日本国债的投资者来说，并没有可以替代国债的安全资产来规避投机交易的风险。

[①] 这个论点有一个需要注意的地方，它的讨论前提是，海外资产是以外币结算的，但日元存在的问题是没有积极推进国际化，如果认真推动了日元的国际化，那么可能就会有以日元为结算单位的高安全性的海外资产，这个讨论就会有完全不同的走向了。

第 12 章
国债是泡沫吗

◎ 事实上并不安全的日本国债

按照标准的资产定价理论来讲，风险资产的收益是由作为替代资产的安全资产的套利来决定的。例如，当安全资产的收益率为 2% 时，如果国债作废的概率为 3%，由于增加了风险的溢价，利率就会上升到 5% 左右。然而在事实上缺乏替代性的安全资产的情况下，风险资产的收益率是如何确定的，至今几乎没有任何分析。

可以这样说，当一个经济体制缺乏可以抵抗投机风险的安全资产时，资产价格理论的常识往往会被颠覆。国债收益率将不能再反映可能存在的财政风险。在上面的例子中，如果替代性资产的价格受财政崩溃的影响下降到一半，那么在 3% 的国债收益率中只有 1.5% 能反映出风险的溢价，上升至 3.5%。在极端的情况下，如果替代性资产全部作废，国债收益率就完全不能反映风险的溢价了。也就是说，即使濒临财政崩溃，国债也可以将收益率保持在 2% 而不会大幅下跌。因此，如果说财政状况运行良好，反而是在遮蔽问题的严重性。随着债务余额的增长，收益率却没有同步上升，懈怠的政府就不会选择进行财政改革，而是试图拖延经济崩溃的时间。这样，在将来的某一天中即使收益仍然较低，也会陷入债务违约的境地。到了这个阶段，由于发行了本来不应该发行的过量债券，财政崩溃将会带来更大的经济损失，这就是所谓的温水煮青蛙。

即使收益率看起来很低，也不能说明国债就是安全资产。那些受到政府保护的和本应该在时代的潮流中被淘汰的金融机构，被作为国债的承担者保留下来，构成国债市场的都是这些没有运作海外资金能力的金融机构，它们面临的问题是"安全资产的缺乏"，市场信息不能正确地反映在价格变动中。如果价格的变动可以如实反映市场信息，那么债务余额的增加就会导致收益率飙升，面临支付成本增加压力的政府就会被迫进行财政改革，停止发行新的国债，但这个机制没有起到作用，也就是说市场规律没有发挥作用。

"尽管债务余额（对国内生产总值比率）很高但收益率很低"这一命题的设置本身就是错误的，实际上因果逻辑恰恰相反。如果我们认为债务余额的增加正是市场机能被削弱的结果，那么问题就变得容易理解了。在收益率没有上升的时候，政治家就会理所当然地推迟财政改革，财政改革的激励措施没有发挥作用，最终导致了国债的大量发行。政府被眼前的低收益率蒙蔽了双眼，损害了国债市场的活力，因此，只有日本处于经济规律运作之外的位置。

物价水平的财政理论

◎ 物价上涨使财政免于崩溃

也有一些经济理论认为，即使没有可靠的担保支持，国债也不会成为"债务违约"。虽然避免陷于财政崩溃，但其隐含的意思是比较悲观的，这就是对宏观变量进行时间序列分析的先驱克里斯托弗·西姆斯（Christopher Sims）等人提出的"物价水平财政理论"（Fiscal Theory of Price Level，以下简称 FTPL）。根据这一理论，用名义国债余额扣除物价水平所得到的实际国债余额，即使按照未来财政盈利的折算现价进行评估会低于国债"可靠担保"的价值，财政也不会崩溃，将代之以物价水平的上涨。因此，实际余额将会降低，使之等同于担保价值，根据该理论，如果财政状况恶化、财政赤字增加，物价水平就会上涨并导致通货膨胀。相反，如果以财政稳定为目标减少财政赤字，物价水平就会下跌并导致通货紧缩。

因为实际国债余额总是有担保价值的支撑，物价会随之调整，所以理论上来讲财政并不会崩溃。但这是否表明一定不会存在财政风险呢？通货膨胀会导致国债实际价值的减少，给持有国债的债权人带来损失，从政府的角度来说这是利用通货膨胀来抵销债务。

第一次听说 FTPL 的人可能会不太容易接受财政决定物价的说法，因为决定物价的应该是货币市场的职能。但仔细思考，FTPL 理论也有其合理之处，因为这一理论的支点仍然是，中央银行发行的现金和政府发行的国债都是政府债务。对作为母公司的政府而言，中央银行就相当于子公司，从合并账目来看，无论由哪一方发行都属于政府债务。因此认为作为子公司的中央银行发行现金会影响物价，作为母公司的政府发行国债却不会影响物价，则是更不符合常理的。

我们通常认为现金和国债是两种不同的资产，同样是政府的债务，人们会要求国债到期之后返还本金并支付利息，但对于现金则不会要求利息或期限。此外，尽管常识告诉我们货币发行量的增加会导致通货膨胀，但人们很少认为国债发行量的增加也会导致通货膨胀。为什么同样是国家的借债，会让人产生截然相反的印象呢？归根结底这与国债发行的规则有关。

埃里克·利珀（Eric Leeper）明确表示，影响人们对现金和国债看法差异的原因在于国债的发行规则。如果政府重视财政管理，将国债余额和国内生产总值比率保持在合理范围内，那么中央银行就不必担心财政融资问题，也不必根据财政的状况发行货币，可以专注于稳定物价，这样就形成了中央银行以稳定物价为目标、政府以财政平衡为目标的"财政分离"框架。有必要确立一种财政规则来保证"中央银行的独立性"，这样，物价就不会随着财政状况的变化而发生变化，人们也能够理解现金与国债是不同的资产。

相较而言，如果政府依赖中央银行进行国债收购，随意扩大财政赤字，那么中央银行就不得不放弃稳定物价的目标，国债实际上被当成了不需要偿还的政府纸币，与现金的边界开始逐渐模糊。当中央银行收购债券变得常态化之后，人们很快就不再区分现金和国债的区别，将其理解为同一种资产。于是，财政赤字的扩大就会导致通货膨胀，这就是FTPL的理论内核，当财政机关和金融机关的角色分工失效后，财政就开始决定物价。

◎ 分离财政和金融的努力：日本银行的设立

在日本经济的历史中也有可以适用于FTPL理论的例子。在1868年明治维新之后，当时还没有日本银行，货币是由政府发行的纸币和被政府批准的国家银行发行的国家银行券。

1868年明治维新后新政府成立，但统一的金融机构并不能在一夜之间形成，新政府虽然发行了可以兑换银圆的纸币"太政官札"，但江户时代各个藩国发行的旧纸币"藩札"也在流通。1871年实行的废藩置县政策不仅是为了确立政治上的中央集权，也是为了确立统一的货币制度，禁止使用"藩札"，必须使用"太政官札"。由于各个藩国的"藩札"面值不一，因此，如何确立藩札对太政官札的兑换比例，是防止货币制度混乱的必要路径。涩泽荣一完成了这项艰巨的工作，也是这位涩泽荣一着手创立了现代的银行制度。

1872年，日本政府颁布了国家银行条例，推动了国家银行的建立，新的银行制度的建立参照了美国的国家银行制度，其目的是为了鼓励私营银行成为银行券发行的承担者。但由于强制要求用黄金兑换国家银行券，开业的银行只有四家，因此，为了增加国家银行的数量，日本政府在1876年修改了国家银行条例，免除了用黄金兑换银行券的义务，允许将秩禄公债作为启动的资本金。秩禄公债是随着身份制度的废除，作为取消武士身份和财政基础等特权的补偿付给对方的国债。

这个法案的修改内容是，如果向政府缴纳秩禄公债，就可以发行同样数额的银行券，实际上是鼓励旧士族开设银行的条款。因此国家银行的数量大幅度增加，达到了153家。能否将以秩禄公债为担保的资产担保证券作为支撑货币价值的"可靠担保"，这其实是一场赌博。

由于国家银行数量的大幅增加，国家银行券也大量进入市场，这加速了从19世纪70年代开始的通货膨胀，为了应对西南战争[①]，明治政府发行了过量的政府货币以筹措军费，这也是导致通货膨胀的原因。此外，发放给旧士族阶层的秩禄公债的利息支出也给政府财政带来了负担。在财政和金融还没有分离的时代，一件很容易预测到的事情是，财政支出的增加就会导致政府纸币发行数量的增加，从而在不久的将来造成通货膨胀。

原本政府内部的意见就存在分歧，伊藤博文认为，商业银行应该按照美国式的国家银行法案提供银行券；而吉田清成认为，应该按照英国的单一发

[①] 西南战争发生于日本明治十年（1877年）2月至9月间，是明治维新期间平定鹿儿岛士族反政府叛乱的一次著名战役。因为鹿儿岛地处日本西南，故称为"西南战争"——编者注

行银行模式提供银行券，二者就此产生了分歧。最初，伊藤博文的主张被采用，国家银行条例得以实施，但分权制度的缺点也是十分明显的，尽管进行了各种努力，仍未能建立起基于国家银行制度的集中结算体系，政府在短期内就转向了中央集权的货币体系。

接下来被采用的是松方正义的政策，1882年，日本国家银行在政府的强力监管下开设，当时的财政大臣松方正义开始推进政府纸币和国家银行券的回收。如果取消政府纸币，政府就不能以战争和财政困难等理由随意发行货币；如果取消国立银行券，各银行就不能根据自己的标准发行银行券。这个政策的意义在于，将负责发行货币的机构集中到一起，从而提高货币信用。这样做虽然确实成功遏制了通货膨胀，但副作用是物价持续下跌，这一时期被称为"松方通缩"。

1885年发行了可以兑换银圆的日本银行券，日本银行券的发行并不意味着日本银行可以马上控制国家全体的货币总量。1885年之后，同时存在着国家银行券、日本银行券、政府纸币这三种货币。在日本银行开设的1882年，国家银行券占全体比率的20%以上，政府纸币占其余的80%以下，到了1885年，日本银行券的占有份额开始单方面增长，用日本银行券回收政府纸币和国家银行券的方法起到了推进货币一体化改革的作用。最终，1898年废除国家银行，将其强制转变为普通银行，废除了其发行银行券的权利。这样，在明治维新的30年后，中央银行拥有了垄断货币发行的权力。

国债泡沫说

◎ FTPL 在"低利率经济学"中不成立

如果物价水平的财政理论适用于日本，那么日本早就应该发生长期利率的高涨和剧烈的通货膨胀，导致财政崩溃。然而，尽管受到经济学家们的严厉警告，日本的财政状况看起来仍然很平稳。

解开谜底的关键在于利率和增长率的大小关系。在 FTPL 成立的情况下，当财政盈利转换为现值时，对未来进行贴现使用的折扣率必须是正值才可以完成定义，而且对政府未来进行贴现使用的折扣率是从国债收益率中扣除经济增长率所得的数值。也就是说，FTPL 是以"利率＞增长率"成立的情况作为前提的，财政盈利是国债价值的"可靠担保"，泡沫经济没有乘虚而入的机会。

如果经济学家相信"利率＞增长率"这种新古典学派经济学的理论，他们自然会提出财政即将崩溃的警告。然而，正如我们之前所考察的那样，长期陷入流动性陷阱的日本经济，更像一个拥有相当数量的剩余资金的泡沫经济体。如果日本已经陷入泡沫经济，那么日本经济的"利率＝增长率"基本上是成立的。按照这个说法，政府的贴现率就会变为零，以未来的财政盈利的折扣现值进行计算，国债的担保价值将变得无穷大，无法再对物价水平进行定义。也就是说在"利率＝成长率"的情况下，FTPL 是不适用的。

◎ **作为合理泡沫的转换债券**

在"利率＝成长率"的情况下，合理泡沫理论是可以适用的。正如第 3 章中考察的那样，如果"利率＝增长率"的前提成立，那么就可以认为转换债券和合理泡沫有着同样的理论基础。为国债价值提供支撑的并不是未来的财政盈利这个"可靠担保"，而是以新发行的转换债券填补现有国债的偿还费用的展望前景，这种展望的连锁机制和合理泡沫的持续本质上是相同的。也就是说，多次改换贷款的国债是一个没有"可靠担保"进行支撑的泡沫，其最终的信用支撑可能是在利率上升时增加税收的征税能力，但这也只是一种展望。

总而言之，在"利率＝增长率"的情况下，基本财政收支只要在每个期限内都能达到平衡，政府就可以继续发行转换债券，也无须努力用将来的财政盈利来填补目前的政府债务从而维持财政稳定。但这不是说可以完全无视财政规律，仍然需要遵循财政平衡的规律，防止财政赤字的扩大。

那么政府能够发行以改换贷款为前提的国债的限度在哪里？金融市场的规范程度对转换债券的发行限额有很大影响。如果公司管理不够规范，信息公开的透明度低，那么通过股票市场募集资金就会受限，企业就会难以提供风险资产，也就是说，不能通过发行股票来募集资金。于是放弃了风险资产的投资者选择以安全资产来满足资金需求。对银行而言，最佳的选择是以存款形式提供安全资产的保障，但如果银行的信息生产能力低下，就无法借出足够的以贷款为保障的存款。由于存款不足而产生的对安全资产的超额需求创造了对国债的需求，一方面金融机构没有能力提供足够的安全资产；另一方面，政府又借助自身的信用大量发行转换债券。也就是说，在政府具有信用的情况下，国债发行余额和金融市场的规模之间存在折中调和关系。

银行缺乏安全资产的供给能力就会推动国债的发行，以日本为例，很容易看出这一点。虽然银行的存款超过了 700 万亿美元，但并不能说这些存款是以银行自身的信用提供的。从 450 万亿美元左右的贷款金额可以看出，以贷款企业的资产作为"可靠担保"所能提供的安全资产最多只有 65%，其余 35% 的资产都由国债和日本银行的超额储备持有，为银行提供信用担保的是政府的信用。

◎ 变化的财政赤字概念

在合理泡沫的理论语境下"利率 = 增长率"成立的条件是，发生利率低于增长率的情况，并通过之后的调整过程达到二者的平衡状态。那么在通常的场合，当利率低于增长率时，人们看待财政稳定的视角会发生什么变化呢？从结果来看，当利率低于增长率时，只要政府能够在每个期限内都能平衡基本财政收支，国债余额就会减少。换言之，即使存在一些财政赤字，国债余额也不会像滚雪球那样不断增加。

这种关系被称为"多马条件"，它是由出生于波兰的俄罗斯经济学家埃弗塞·多马（Evsey Domar）提出的，如果国债收益率低于经济增长率，那么会更易于维持财政的稳定。通常认为，多马条件难以在一个较长的时期内存在，因此，它长期为主流经济学界所忽视。但就像我们在第10章中考察的那样，如果实际利率下降并在很长一段时间内都低于经济增长率，这种情形就不得不被重视了。

因此，对财政赤字的看法也会发生变化。人们通常认为，伴随着国债发行产生的财政赤字会导致利率上升和民间投资受限，将给长期的资本积累和经济增长带来不利影响。此外，为了支付国债增发导致的利息支出费用，需要进一步增加税收，这造成了资源分配的不合理。但是，如果国债收益率低于增长率，第一种成本就是微不足道的，第二种成本可能根本不会产生。伴随着经济增长带来的税收增加超过了实际的利息支出，政府此时反而可以获得发行货币的好处（货币税），也就是"国债发行收益"。然后这些收入会被重新分配给国民，也就是说，如果国债收益率低于名义国内生产总值增长率，那么财政赤字的成本就会明显降低。

如果这种情况持续下去，将会更有利于政府发行国债。在利率低于增长率的情况下，经济很容易陷入停滞并发生通缩，国债的收益率会提高，对投资者来说，政府提供的安全资产的价值也会上升。

◎ 实际情况是合理泡沫的均衡

在完成了大致的理论分析后，让我们来看一下日本2000—2018年的利率和名义国内生产总值增长率的关系。图12-5显示了2000年以来日本十年期国债收益率和名义国内生产总值增长率。

在图12-5中可以看到一个明显的特征。自2013年日本中央银行开始大规模实行量化宽松政策以来，国债收益率与名义国内生产总值增长率之间的关系发生了巨大变化。在2012年以前国债收益率总体上高于名义国内生产总值增长率，两者的差距大致在1.6%，尽管国债收益率也很低，但考虑到通缩的影响，名义国内生产总值增长率几乎为零，在2013年之后，二者的关系发生了逆转。由于日本中央银行长期购买国债，国债收益率几乎为零，同时，通缩结束使名义国内生产总值增长率转为正值，这些都导致了逆转现象的发生。从 2018 年之前的平均值来看，名义国内生产总值增长率已经高于国债收益率 1.5% 左右，也就是说以量化宽松政策为契机，财政环境发生了从"利率＞名义国内生产总值增长率"到"利率＜名义国内生产总值增长率"这一戏剧性的变化。

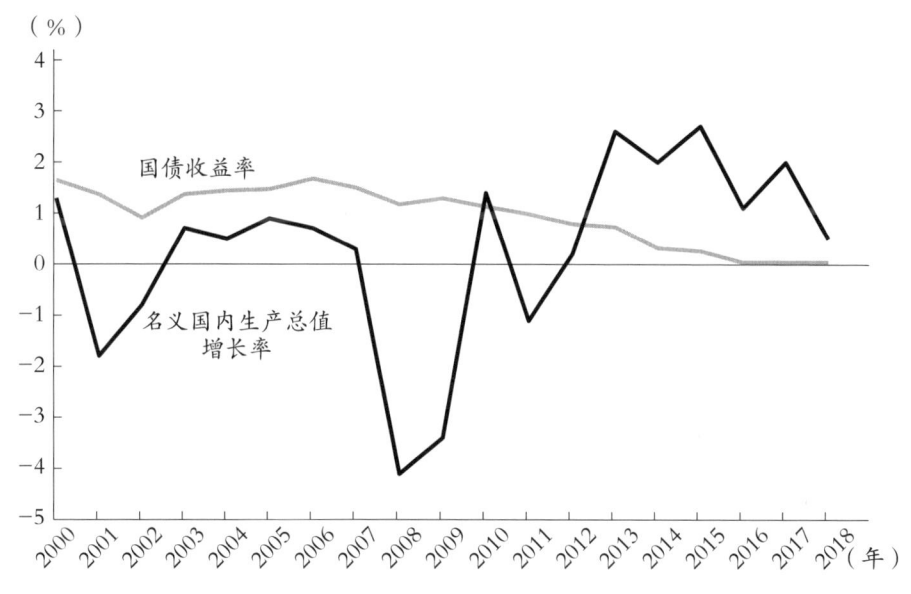

图 12-5　国债收益率和国内生产总值增长率（名义值）

资料来源：财政部国民经济统计（内阁府）。

鉴于过去 30 年来一直处于财政赤字状态，财政改革的计划也屡次未能顺利实行，人们自然会认为，是泡沫在支撑日本国债的价值，也就是对借助改换贷款来支付偿还费用的展望。支撑日本国债的并不是作为"可靠担保"的未来财政盈利，而是对依靠新的转换债券支付现有国债偿还费用的展望，在"利率＜名义国内生产总值增长率"的宏观经济环境中，这一愿景才有可能实现。

那么在"利率＜名义国内生产总值增长率"的情况下就不适用财政规律吗？也并非如此。财政赤字不可能无限地扩大，一旦经济回到"利率＞名义国内生产总值增长率"的情况，财政赤字就会成为负担。需要形成这样的一种社会共识，即使处于"利率＜名义国内生产总值增长率"的状态，一旦国债收益率开始上升，推动财政规律运作的政治进程就必须发挥作用。保罗·马洛领导的研究小组利用55个国家近200年的面板数据推算财政反应函数后发现，财政规律在国债收益率较低时会放缓运作，在收益率上升时则会得到更多的强调。

　　本章采用多种视角考察了国债收益率偏低的现实。本章最主要的观点是，财政理论与泡沫理论有着较高的相关性，利率和名义国内生产总值增长率的关系对财政的稳定有较大影响。在"利率＞名义国内生产总值增长率"的情况下，支撑国债价值的是作为"可靠担保"的未来财政盈利，另外，在"利率＝名义国内生产总值增长率"的情况下，即使不依靠财政盈利，也可以通过国债的多次改换贷款来防止财政的恶化。借助新的转换债券可以支付现有国债的偿还费用，这一展望是对多次改换贷款的国债价值进行支撑的动力，这个展望的连锁机制，在本质上与合理泡沫是同样的东西。但寻求财政规律的平衡也是必要的，不能任由财政赤字长期扩大。

第 13 章

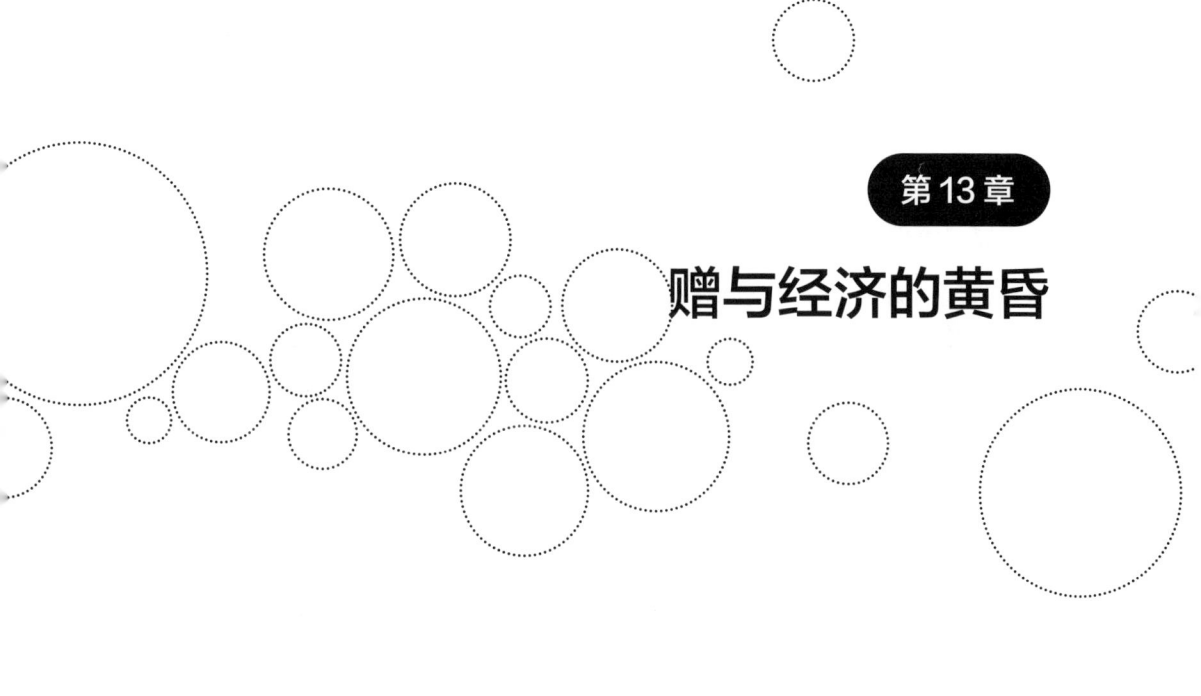

赠与经济的黄昏

受新冠疫情影响，财政支出规模随之扩大，政府债务余额占国内生产总值比重远远高于世界平均水平的260%，日本财政健全化目标的实现遥遥无期。但是，应该也有不少人相信日本的财政状况在未来会有所改善吧。本章将基于"低利率经济学"的视角来分析日本的财政问题，可以预见今后在经济领域，日本国债规模将继续扩大。本章将具体论述下述内容：社会保障资金支出扩大面临的问题及应对措施、新冠疫情冲击下财政支出规模扩大的影响、从高桥财政中汲取的教训、国债规模膨胀带来的赠与的经济学分析。

日本国债的可持续性分析

◎ 债务余额、基础财政收支的变化情况

自20世纪90年代前半期以来，日本国债以远远超过国内生产总值的速度发行，政府债务余额在2006年超过了国内生产总值的170%，在经济合作与发展组织各国中也达到了压倒性的高值。日本政府对于这样的实际情况抱有极大的危机感，便于2006年提出了财政改革计划——"骨太方针"，提出了到2011年度使基础财政收支盈余的目标。但是，2008年雷曼事件发生后，受到世界经济整体不景气的影响，为防止经济恶化，日本政府要求大幅增加财政支出，政府债务余额占国内生产总值比重超过200%。财政重建大规模倒退，2011年发表的《关于中长期经济财政的估算》预测，截至2015年度，基础财政收支赤字幅度将比2010年度减半，到2020年度实现盈余，然而，此后的财政改革却在继续迷失方向。

安倍晋三内阁成立于2012年秋季，他做出了在2020年实现基础财政收支盈

余的承诺，决定于2017年9月解散众议院。但当盈余目标显然已经难以达成时，安倍内阁表示将撤回2020年盈余目标的承诺，并将目标达成年限推迟至2025年。

根据内阁府公布的《关于中长期经济财政的估算》2019年版，2019年秋天消费增税10%，但即使经济再生成功，实际经济增长率超过2%，预计2020年基础财政收支（占国内生产总值比重）仍存在1%的赤字。

图13-1描绘了债务余额和基础财政收支的走势，如实地展现了从1990年至2019年，日本财政收支一直在反复升降的情况。在过去的30年里，债务余额与国内生产总值相比几乎一直在增长，甚至出现了两次基础财政收支赤字急剧扩张的情况。第一次是在发生金融危机的1998年，日本基础财政收支赤字接近10%。进入21世纪后，名为"骨太方针"的财政重建计划实施后，曾一度赤字缩小，但由于2008年发生了雷曼事件，财政重建的努力化为泡影。当时的总理麻生太郎连称此次危机为"百年一遇的危机"，因此营造出了财政赤字将无限制扩大的氛围。赤字再次接近10%。

可以看出，每次金融危机日本都会实施大规模的财政政策，并且恢复至原来的经济情况也需要约10年的时间。利用凯恩斯模型进行教科书式的理解，在失业率高、拥有大量闲置设备的极度不景气的经济状况下，提高财政支出对国内生产总值的影响显著。而且，对于陷入流动性陷阱的经济，财政政策的波及效果更甚，但日本财政政策的归结并不支持该理论的可能性。如果财政政策的效果显著，短期内财政赤字应该会缩小，债务余额也会向减少的方向发展，而现实是，进入2010年，日本政府开始致力于财政重建，虽然增加速度在减缓，但债务余额持续增加。2019年，债务余额占国内生产总值的比重处于230%以上的极高水平。

图13-1中由原点向右上升的直线表示支付的债务规模，其被称为"按直线法的付息情况"（以下简称"付息直线"）。该图展示了国债收益率超过增长率1%的情况。例如，假设增长率为1%，国债收益率为2%。如果债务余额（占国内生产总值比重）为200%，那么除去国内生产总值增长部分，支付的利息将达到占国内生产总值比重的2%。

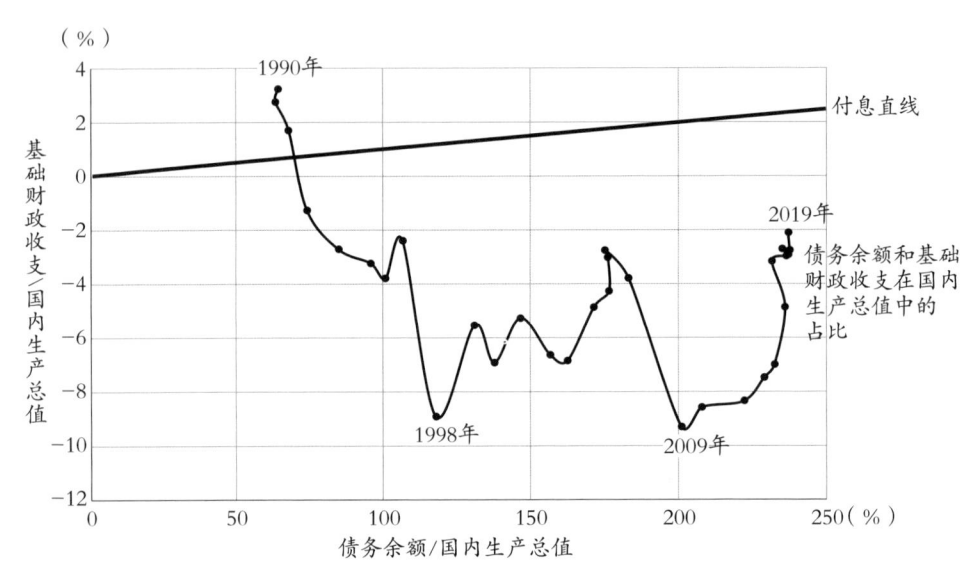

图 13-1　1990—2019 年日本债务余额和基础财政收支在国内生产总值中占比情况（国债收益率 − 增长率 =1% 的情况）

资料来源：经济合作与发展组织。

为实现财政健全化，需用财政盈余来抵偿国债的付息费用。为此，绘制基础财政收支实际值的图须由下穿过"付息直线"。也就是说，为了实现财政健全化，需要曲线和直线相交。如果两线相交，在交点附近，债务余额与国内生产总值的比例将趋于稳定，财政将趋于健全。实际上，这意味着保证财政健全性的"博恩条件"。

如图 13-1 所示，曲线并不能轻易位于"付息直线"的上方。如果实现财政健全化，债务余额达到 250%，那么则需要占国内生产总值比重 2.5% 的盈余。另外，在财政健全性层面讨论政府债务余额时，是应该用总债务来评价债务，还是应该用从债务中扣除资产的净债务来评价债务，这是人们在探讨中出现的分歧。在政府资产流动性大的情况下，由于在紧要关头能够出售资产，所以在理论上以净余额进行讨论是正确的。但是，由于资产的物理特性、市场环境以及政治上的利害关系，在资产流动性小的情况下，用总债务来讨论较为妥当。在新冠疫情的冲击下，追加发行国债的过程中，我们几乎没有听过出售政府资产的说法。也就是说，我们只能理解为政府几乎未持有在紧急情况下可以流动的资产。因此提及政府债务余额时，我们以政府总债务余额进行讨论较为合理。

◎ **根据"低利率经济学"进行推算**

言归正传。此前，我们以国债收益率超过增长率1%的情况为例做了说明，但是不同情况下的消费税率完全不同。在讨论财政健全化时，预测国债收益率与经济增长率之间的差距，是不亚于设定消费税率的本质问题。由北尾早雾领导的研究团队，设想了各类财政、养老金情况，并进行了计算，最终得出结论：国债收益率和经济增长率仅仅1%的差异，就会导致与债务余额（占国内生产总值比重）完全不同的产生路径。

实际上，几乎大部分的学术论文都可以说是忠实于"高利率经济学"的新古典派成长理论，倾向于设置比日本的实际情况稍高的利率，并且得出让日本人失望的正是这一必要的消费税率的结论。考虑到日本的高龄少子化，如果税收的增加全部只用消费税来支付，那么政府需将消费税率提高至40%以上，无论哪种情况都是高于现实国债收益率。细野薰和笔者计算了国债收益率和经济增长率关系的各种可能性，并得出结论：如果两者完全相等，消费税率在20%左右即可维持财政平衡。

如果是忠于主流的新古典学派模型，那么无论如何利率都容易过高。因此，不能总是过于尊重新古典派的教义而忽视现实。如第12章图12-5所示，以日本中央银行开始大规模实施量化宽松政策的2013年为界，国债收益率与增长率的关系发生了较大变化。2012年以前，国债收益率大体超过了增长率，但到了2013年以后，两者关系发生了逆转。如果取截至2018年的平均值，则增长率约超过国债收益率1.5%。换言之，实施大规模的量化宽松政策后，财政的周遭环境发生了戏剧性变化。

让我们来看看当国债收益率和增长率的关系发生变化时，财政健全化的情况会发生怎样的变化。

图 13-2 描绘了国债收益率比增长率低 1% 左右的情况。与图 13-1 有较大的不同之处在于，"付息直线"是由向右下降的直线表示的。基础财政收支的曲线在债务余额为 230% 左右的地方与"付息直线"相交，用最直观的数字来看，表示收入的基础财政收支略高于支付的利息。以增长率折算的利息支付费用为负，财政保持赤字状态。如果今后国债收益率低于增长率 1% 的情况持续下去，则代表零收支的"盈余"也是十分有意义的目标。

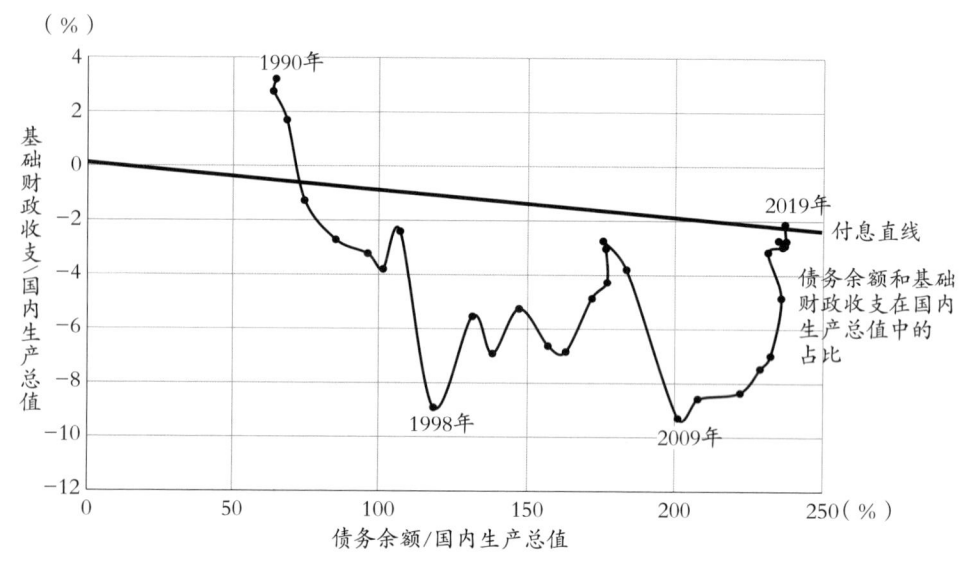

图 13-2 1990—2019 年债务余额和基础财政收支在国内生产总值中占比情况（国债收益率－增长率＜1% 的情况）

资料来源：经济合作与发展组织。

在考虑财政健全性的基础上，如何分析国债收益率和经济增长率的关系成了根本问题。2005—2010 年，在财政状况有所改善的背景下，这不仅是消费税增税带来的影响，而且实施量化宽松政策后，国债收益率低于增长率的事实也不容忽视。那么，考虑到今后的财政状况，可以说，这取决于国债收益率和经济增长率的关系如何变化发展。

关于财政健全性的预测，内阁府一年公布两次。表 13-1 中列出的是 2019 年 1 月 30 日内阁府提交经济财政咨询会议的《关于中长期经济财政的估算》的数据。

表 13-1 关于中长期的经济财政状况的估算

	经济再生案例	基础案例
实际国内生产总值增长率	2.0%	1.1%
通货膨胀指数（CPI）	2.0%	1.1%
国债实际收益率	0.1%	0.5%
政府债务余额／国内生产总值	166.6%	182.6%
基础财政收支／国内生产总值	−0.2%	−1.1%
国债收益率−国内生产总值增长率	−1.9%	−0.6%

资料来源：日本内阁府。

"经济再生案例"充分体现了政府经济政策的意图，到 2025 年，基础财政收支占国内生产总值比重为 –0.2%，几乎实现了财政"盈余"。从为实现财政盈余而利用的数字来看，实际国内生产总值增长率为 2.0%，与过去的实际业绩相比明显提高。另外，政府也将通货膨胀率 2.0% 纳入了日本中央银行提出的通货膨胀目标。但重点并非在此。值得注意的是，从国债收益率中扣除国内生产总值成长率计算出的"调整增长率后的国债收益率"设定为 –1.9%。政府的估算以经济增长率预测未反映实际情况为由，遭受了诸多批判。但实际上，将调整经济增长率后的国债收益率设定得相当低，这对能否实现财政盈余的结果存在较大影响。

"基础案例"则做了一些比较现实的估算。若将实际国内生产总值增长率设定低至 1.1%，通货膨胀率为 1.1%，则无法实现通货膨胀目标。将调整增长率后的国债收益率设定为 –0.6%，从整体来看，是较为可能实现的数字。因此，基础财政收支为 –1.1%（占国内生产总值比重），将无法实现财政盈余的目标。也就是说，若要实现财政盈余，则需要更高的经济增长率和调整为更低的增长率后的国债收益率的组合。确认国债收益率与经济增长率的关系是否与现实数字相对应，是评价政府财政前景的关键。

上述经济预测还有一个值得注意的地方，即日本的政府债务占国内生产总值比重应超过 200%，但设想的 2025 年政府债务占国内生产总值比重均低于 200%。有的读者看到这一数据可能会感到奇怪。实际上，日本内阁府在测量中使用的是"国家、地方的公债等余额"，与"政府债务"不同，两者之间覆盖的债务定义存在差异。根据涵盖所有政府债务的国际货币基金组织定义，政府债务占国内生产总值比重在 2019 年达到 235%。另外，日本内阁府和财务省公布的"公债等余额"中不包含为期不满 1 年的短期国债。不足一年的短期国债的规模约为国内生产总值的 60%，其区别表现在债务比率数字的差异上。使用与国际标准不同的标准，并且没有对其差异进行任何说明，这是丧失"中长期经济财政估算"可信度的一个主要原因。

◎ 2025 年财政盈余所需的消费税率

根据以往的数据，我们来计算一下，为实现 2025 年的财政盈余，在 2019 年需要将消费税率提高至多少。如果使用现实性强的基本案例数据，为了实现财政盈余，基础财政收支占国内生产总值比重不足 1.1%。从过去的模式类推，我们都知道，如果消费税上涨 1%，基础财政收支将改善 0.4%~0.5%。2014 年消费税率从 5% 提高至 8% 时，税收增加了 6.6 万亿日元。另外，当时的国内生产总值为 525 万亿日元，若按照国内生产总值比重每增加 1% 则财政收支增加 0.42% 来计算，为确保收支平衡，需将消费税率上涨 2.6%。如果消费税率从 10% 提高至 13%，便能实现财政盈余。

那么，未来 5 年内是否有可能将消费税上调 3% 呢？预测今后政治状况的有力方法是推算并预测财政反应函数。我们来利用图 12-1 的虚线图所示的日本财政反应函数，尝试预测 2025 年的基础财政收支。如果使用现实性较强的基础案例数据，基础财政收支占国内生产总值比重为 –0.5%。因此，为达成财政盈余，需确保基础财政收支占国内生产总值比重不足 0.5%。根据内阁府的推算，由于 1.1% 的赤字，所以利用财政反应函数的推算，为实现财政盈余应努力改善财政状况。也就是说，该推算的结论是，在今后 5 年内，国民将接受 1.5% 的消费增税。

上述即是新冠疫情扩大之前日本的财政状况。

第 13 章
赠与经济的黄昏

新冠疫情冲击与财政扩张

◎ 2040 年的财政健全状况

2020 年，发生了使财政环境遭受巨大变化的大事件。随着新冠疫情的扩大，不仅剥夺了人们的行动自由，经济活动也随之停顿。受此影响，日本政府召开了三次补正预算的内阁会议并决定，第一次补正预算约为 25.5 万亿日元，第二次补正预算约为 31.9 万亿日元，第三次补正预算约为 21.8 万亿日元，同时财政支出规模扩大约 79.2 万亿日元。因为增加的支出全部由发行国债抵偿，因此，若以 2020 年度的基础收支赤字来衡量财政赤字，占国内生产总值比重约为 13%。

随着约 80 万亿日元的支出扩大，国债发行额达到了约 106 万亿日元。国债发行额大幅超过财政支出扩大规模的理由之一是，由于新冠疫情的影响，预计 2020 年的经济增长率将大幅下降。再加上延期纳税，有必要通过以增加国债发行的方式来填补税收的减少，预计追加的国债发行额约为 20 万亿日元。根据《国民经济计算》，2019 年的名义国内生产总值约为 590 万亿日元，如果增长率为 –6% 左右，那么 2020 年的名义国内生产总值将减少至约 525 万亿日元。如此一来，国际货币基金组织在 2020 年 10 月公布的政府债务余额将达到 1400 万亿日元。加上 12 月内阁会议通过实施第三次补正预算中新的国债发行额约为 22.4 万亿日元，则政府债务余额为 1420 万亿日元。政府债务占国内生产总值比重达到 270%，一想到 2019 年公布的：预计 2020 年政府债务占国内生产总值比重将为 238%，政府便无言以对。

即使基础财政收支赤字暂时达到了占国内生产总值比重的 13%，如果危机能够平息，经济能够提前回归常态，到 2025 年实现基础财政收支盈余的目标也并非不可能。但是，经济复苏较为缓慢，如果本应是紧急应对措施的财政扩张政策长期化，有可能出现进一步推迟实现财政盈余目标达成时间的政治动向。

就我们而言，最关心的问题是，新冠疫情冲击下的财政能否应对持续增加的社会保障费。2040年的社会保障费将达到最高，为使到2040年政府依然能够维持财政健全化，假设支出增加的费用全部用消费增税来支付，我们来尝试计算一下所需要的消费税率。

根据"面向2040年的社会保障的未来预测"（内阁官房、内阁府、财务省、厚生劳动省平成30年5月21日）的社会保障费的预测，2018年约为120万亿日元的社会保障费，于2040年将膨胀至约190万亿日元。社会保障费的发放是以社会保险金和税金作为本金的，从过去的发展来看，其总体的约50%是由税金提供的，并且预计今后也将继续采取该种形式。也就是说，预计上涨的70万亿日元中的一半，即35万亿日元将由税金进行支付。

2021年后，以基础财政收支占国内生产总值比重–2%为原点进行估算。这意味着，我们假设由新冠疫情导致的财政扩张将于2020年结束，第二年以后恢复至常态。

假设2020年的名义国内生产总值为525万亿日元，到2040年为止的20年间的年利率的实际国内生产总值增长率为1%，通货膨胀率为0.5%，那么2040年的名义国内生产总值则为707万亿日元。如此一来，社会保障费财政支出的增加部分占国内生产总值比重变为5.0%。2040年的政府债务占国内生产总值比重在较大程度上取决于未来20年财政赤字的发展，随着实现财政盈余的时间推迟，债务余额也将持续膨胀。在此，虽然条件略为艰难，但在2021年以后，政府将平衡基础财政收支并进行计算，2040年的政府债务占国内生产总值比重将变为270%。此外，这里所列举的前提条件并非与现实一致。尤其是，考虑到经济从新冠疫情中恢复需要一定的时间，2021年难以平衡基础财政收支（本文写于2021年2月），但在2021年以后，即使按照财政赤字将持续数年来进行计算，也应避免事先产生最终结果与此并无较大不同的想法。

◎ 维持财政健全性所需的消费税率

首先，我们来尝试计算国债收益率与增长率相等的情况，即调整增长率后国债收益率为0%的情况，并以此为基准点。需用税金填补初期占国内生

第 13 章
赠与经济的黄昏

产总值 2% 的基础财政收支赤字，并且，需用税金来支付占国内生产总值 5% 的社会保障支出。另外，由于国债的利息支付费恰好被增加的税收所抵偿，所以国债支付的净利息为零，如果是这种情况，那么在计算上可以忽略不计。合计占国内生产总值 7%（=5+2），如果全部通过消费税增税来支付，假设消费税每上升 1%，基础财政收支就会改善 0.4%，那么必要的消费税率则需上涨 17.5%。消费税率最高将高达 27.5%。

其次，效仿主流经济学派，计算国债收益率超过增长率 1% 的情况，即调整增长率后国债收益率为正 1% 的情况。国债支付的净利息为占国内生产总值 270% 中的 1%，即占国内生产总值的比重增加了 2.7%[①]。合计 9.7%（=5%+2%+2.7%），必要的消费税率将上涨为 24%。换言之，为了不拖欠上涨的社会保障费，有必要将消费税从现行的 10% 提高至 34%。消费税率需超过 30% 的结果与大部分的估算相一致，换言之，大多数估算都是将国债收益率大于增长率作为前提。

反之，假设现行的低利率持续到 2040 年，我们试着计算国债收益率低于增长率 1% 的情况，即将调整增长率后的国债收益率设为 –1%。此次相反，将利息净支出设为负值，则占国内生产总值 –2.7%。随着经济增长，税收的增加逐渐超过了现实中的利息支付额，因此，政府可通过发行的国债收益获得货币发行的利益。合计为 4.3%（=5%+2%–2.7%），由此，消费税率仅需提高 11%，最高提至 21%。换言之，消费税率最高可达 20% 以上，只要意见与国民达成统一，这也并非不可能。但是，在 2040 年，现实未必会按照预想的那样发展。表 13-2 中列出了设想的各种情况的数据。

表 13-2　财政健全化与消费税税率

国债收益率 – 增长率	债务 / 国内生产总值 = 200%	债务 / 国内生产总值 = 270%	债务 / 国内生产总值 = 300%
2%	37.5%	40%	42.5%

[①] 为便于计算，将政府资产的收益率设为 0%。

续表

国债收益率-增长率	债务/国内生产总值 = 200%	债务/国内生产总值 = 270%	债务/国内生产总值 = 300%
1%	32.5%	34%	35%
0%	27.5%	27.5%	27.5%
-1%	22.5%	21%	20%

首先最重要的是，维持财政健全性所需的消费税税率将根据利率高于或低于增长率而发生较大变化。即使假设政府债务占国内生产总值的比重变为270%，消费税税率也将存在最高40%至最低21%的变化幅度。从这一数据可以看出，在财政前景的预测中，利率和增长率的选取极为重要。假设政府债务占国内生产总值270%，那么如果利率和增长率的差距增加1%，所需的消费税税率也将上涨6%。换言之，简单地选择利率和增长率来进行计算，在预测上是几乎没有意义的。第二重要的是，对财政健全性而言，意义重大的不是利率和增长率的水平，而是两者之差。也就是说，如果差同为1%，则在增长率1%、利率0%的情况下，与增长率2%、利率1%的情况下，结果并无太大差别。

加之各种意料之外的因素，政府债务占国内生产总值的比重可能产生较大变化。作为参考，表中附有超乎预想的财政改革、政府债务占国内生产总值的比重降至200%的情况，以及与之相反，由于危机和自然灾害频发、财政扩张常态化并升至300%的情况（表13-2）。

◎ **受世界利率影响的日本财政健全化**

国债收益率极低的情况究竟是例外还是正常的呢？正如第9章所论述的，目前对发达国家的经济而言，国债收益率较低是一种普遍现象。随着全球性的过度储蓄、安全资产不足、全球化引起的不确定性因素增强，以及技术进步和金融错配等复合性因素的叠加，导致利率逐渐下降。这些主要因素难以在短期内发生较大变化，预计今后国债收益率低的情况将会持续相当一段时间。日本出现国债收益率低于经济增长率的情况，尽管是从实施量化宽松政策后开始的，但在国际金融市场整合的背景下，日本也应遵循世界经济的运行规则。

换言之，我国的财政健全化在很大程度上受到世界范围内利率变动的影响。只要经济停留在"利率＜增长率"的范围内，国债本息就能够用新的国债来偿还，这也许能够设法维持财政的健全，但假设因为某种理由，在利率大于增长率的情况下，还依然能够维持财政的健全吗？原本，日本政府就并非由于预测到世界范围内利率将呈下降趋势而实施的财政扩张政策。尽管未能按照计划解决财政问题，但得益于全球低利率和量化宽松政策，日本财政仅仅是暂时陷入了停滞状态。这仅仅只是日本运气好而已。

日本看似是经济大国，但当前却已经沦为本国命运被掌握在世界手中的"小国"。正如第 6 章中所述，发展中国家的经济一直受制于世界利率的波动。同样的状况也可能会发生在日本经济中。即使试图通过量化宽松政策将国债收益率控制在低位，但如果全球利息呈上升趋势，国内金融机构也将摆脱日本政府。如果政府缺乏能够控制财政的决策能力，日本财政将一蹶不振。

◎ **制定将社会保障费与消费税挂钩的规则**

首先，应预先制定增税方案，用于支付持续增加的社会保障费。如此一来，便可不受世界经济的影响、确保财政自由度。就结论而言，应当从法律层面予以规定：如果社会保障费占国内生产总值的比重上升 1%，那么消费税税率也将上升 1%。由于社会保障费中约 50% 是由税金支付，所以，如果社会保障费占国内生产总值的比重上升 1%，那么相当于政府的支出将增加 0.5%。另外，如果消费税上涨 1%，那么基础财政收支将改善 0.4%～0.5%，浮动的数字基本相对应。每次加征消费税所耗费的庞大政治能量完全是浪费，只会造成社会损失。将社会保障支出与消费税挂钩，并将其法制化才是明智的做法。

若想维持现行的社会保障制度，就要构建一个不要求人人为我，而是能做到我为人人的社会（即不寻求他人照顾自己的父母，而是自己也照顾他人父母的社会）。反对加征消费税，就是要废除现行的社会保障制度，回归到从前的社会，即自己的父母自己照顾，不照顾他人父母的社会。换言之，在加征消费税的讨论中，应从究竟要构建怎样的老龄化社会、为此要选择何种再分配政策等社会公平的角度来考虑问题，不应让其片面成为短期经济波动的问题。

话虽如此，也不能搁浅每次加征消费税时反复出现的消费低迷问题。实际上，很难从理论上解释消费低迷是由加征消费税造成的。假设，加征消费税后，消费额降低。减少消费意味着储蓄增加。那么，为什么要储蓄呢？是为了将来的消费。也就是说，通过加征消费税来抑制消费的行为，仅仅是将消费的时间推迟了而已。即使推迟消费，在利率几乎为零的日本，储蓄也不会增加，而且一旦上涨的消费税税率在将来即使有进一步上升的可能，消费也不会下降。换言之，抑制当前的消费并无任何益处。因为消费税增加而延迟消费的消费者，对增税反应过于敏感，从而导致消费心理过度萎缩。助长人们不理性行为的原因之一是长期的通货紧缩。与通货膨胀常态化的美国等国不同，习惯通货紧缩的国民可能对消费税增税引起的价格上涨过度敏感。此外，媒体对消费低迷的过度渲染也是重要原因之一。

如果加征消费税导致消费低迷是由于人们的非理性行为，那么该如何应对这一问题呢？人们的决策存在诸多偏好，将决策偏差着眼于人们的行为经济学特性，引导其在政策上的正确方向，该理论被称为"助推"（nudge）。如果是人们的过度反应导致了消费低迷，那么通过解释什么是合理的行为，可以使其恢复理性，从而纠正过度反应带来的自主偏差。

如果规定将加征的消费税所带来的税收全部以养老金的形式归还给老年人，那么虽然每代人之间存在收入变动，但国民整体的可支配收入却没有变动。因此，从宏观层面来看，消费也不会下降。政府应利用助推理论，向国民说明正确的经济机制，促进国民合理应对加征消费税的问题。为提高政策的有效性，向国民解释说明正确的经济知识也是政府的职责所在。

养老金与消费税的问题息息相关。在这里我无法列举养老金和税金的诸多争论，政府将财政制度设计得如此晦涩，最终也只是让我们自己感到痛苦。为什么不能理解那么简单的事情呢？难道是日本人不够聪明吗？

让国民能够理解养老金与消费税的问题是息息相关的，这是人们对政治家、国民、学者以及媒体的要求。对政治家的要求是，应向国民诚实地说明，如果想领取养老金，就应该接受增税；如果不想增税，就只能放弃领取养老金。对媒体的要求，是以养老金和消费税问题的关联性作为前提进行报道。

例如，2007年，英国诺森罗克银行（NorthernRock）遭遇挤兑风波时，针对政府的危机应对政策，英国广播公司使用的头条是"将国民的税金用于救济银行"。报道中强调的不是银行危机的恐慌性描写，而是向国民寻求理解并支持救济银行所需的社会费用。这是我们想看到的报道。

国债发行量应增加多少

◎ 现代货币理论（MMT）是正确的吗

在利率高于增长率的主流经济学中，如果放任财政赤字，国债余额将会像滚雪球一样越发膨胀。为了保持财政的健全性，有必要使基础财政收支扭亏为盈。但是，如果利率低于增长率，即便出现财政赤字，国债余额也不会增加。一定规模的国债余额是可以与财政赤字并存的。

于是便出现了"现代货币理论"（Modern Monetary Theory）。其主张大致如下：无论是经济不景气的时期还是平时，政府都应注意到财政健全性的受约束性。相反，如果经济处于过度储蓄状态，就应该增加财政赤字，以平衡经济供求。如果中央银行通过发行货币来维持财政支出，就无须担心利率会上涨，甚至可以期待经济刺激政策的效果。如果过度实施总需求扩大政策而导致通货膨胀，那么就在那一时刻停止即可。只要是以本国货币为基础的债务，无论发行多少国债都不会陷入不履行债务的境地。而且，其典型案例正是日本。

那么究竟，现代货币理论的观点是正确的，还是主张财政规范必要性的传统经济学是错误的呢？对新古典主义学派的"高利率经济学"持肯定态度的主流经济学派，对这一理论予以抨击。政府债务余额占国内生产总值的比重超过260%，如果主流经济学是正确的，那么日本的财政应该会陷入相当危险的境地。然而，财政环境却较为稳定，经济指标也未发出任何警告。长期利率既未反弹，也未产生剧烈的通货膨胀现象。于是，就有人提出是否原本就可以不在意财政是否平衡。

现代货币理论认为，无论增发多少货币和国债，其价值都不会下降。也就是说，不必担心通货膨胀。货币被用作纳税的支付手段。换言之，货币是用来支付税收的，所以，只要政府征税，货币需求就会产生，不会那么简单地变成通货膨胀。那么，关于国债是怎么考虑的呢？实际上，国债信用的根据以及人们为什么会持有国债，并未记述其原因[①]。无论财政平衡与否，都自然对国债产生需求。相反，新古典主义经济学中设想的政府如果发行货币和国债，除非确保财政的健全性，否则就会以通货膨胀的形式遭受价值下跌。哪个是正确的呢？是否财政健全性与货币和国债的价值真的无关呢？政府的信用是不是脆弱到在财政平衡等方面动摇的程度呢？在国债的大量发行与收益率的上涨、通货膨胀不相挂钩的日本经济中，难道执着于追求财政的健全性是错误的吗？

然而，如果将这种情况应用于"低利率经济学"，那么在新古典主义经济学的框架中也可以解释。即使政府债务余额处于高水平，财政看似健全，但当国债收益率低于经济增长率时，国债和财政赤字的经济成本将会缩小。现代货币理论并未确切地解释这种情况。

一般认为，财政赤字的弊端如下。首先，伴随国债发行的财政赤字会抑制民间投资，抑制长期资本积累和经济增长，而且，为了支付增发国债带来的利息而追加征收的税金，会引起资源分配的失衡。如果认同新古典主义的"高利率经济学"的观点，那么对于经济成长和经济福利而言，财政赤字是不可取的。

但是，只要国债收益率低于增长率，财政赤字就不会强有力地抑制民间投资。其一，成本较少；其二，本来就不会发生这种情况。由于随着加征的

[①] 金井雄一指出，货币和国债都是政府债务，但在现代货币理论中，从信用的观点来看，其处理存在显著差异。

第 13 章
赠与经济的黄昏

税收超过了现实的利息支付额，政府因此可以获得国债发行的利益，即所谓的货币发行的利益。而且，其收入将重新分配给国民。换言之，如果国债收益率低于增长率，那么财政赤字的成本就会显著降低[①]。即使政府债务余额处于高水平，扩大财政赤字也不会立即导致财政平衡的恶化。

那么，在利率低于增长率的经济市场中，国债能无限制地增加吗？如果实际利率低于经济增长率，过度储蓄吸收国债和现金等政府债务，通过财政扩张首先解决需求不足的问题就可以吗？替续债券（refunding bond）与资产泡沫有着相同的理论结构，只要利率低于增长率，即便发行国债、扩大政府支出，也无须将国债和财政赤字的经济成本视为重大问题。支持现代货币理论的学者认为，如果因纠正经济市场的总需求和总供给的不平衡而发生通货膨胀，只要在那一时刻停止财政扩张即可。即使在总需求扩大实现完全雇佣的阶段，当利率低于增长率时，还有可以进一步发行国债的余地吗？答案并非一定是否定的。对国债和现金等政府债务的需求可能会引发通货紧缩，这可能会抵消完全就业的通胀压力。在像日本经济这样对政府债务依赖性较强的经济市场中，即使实现了完全雇佣，也很可能不会如此简单地形成通货膨胀。那么问题出在别处。

◎ 中长期财政赤字归结于经济增长率下降

我们将伴随着国债发行的财政赤字扩大的影响分为短期、中期以及长期的效果。首先考虑的是短期的经济扩张效果。经济扩张效果将以"财政乘数"（fiscal multiplier）的值进行评估，即每增加 1 个单位的财政支出会增加多少单位的国内生产总值。过去 20 年的研究指出，财政乘数一般低于 1。财政乘数低于 1 意味着，政府支出将增加同等规模的国内生产总值，不但不会刺激额外的需求，反而会通过退出政策来降低民间需求。

根据维拉莉尔·拉梅（Valerie Ramey）等人利用自 19 世纪后半期以来的

[①] 奥利维耶·布兰沙尔以美国为例指出，如果国债收益率低于增长率，那么财政赤字的成本可能显著降低。

长期数据所进行的研究显示，美国的财政乘数，若用 2 年的国内生产总值累积效果来评估，则为 0.5~0.7，这是相当低的。他们根据失业率的不同，针对经济不景气期和景气期进行了分析，令人意外的是，数值并无太大的不同。与预想相悖，在失业率较高的经济不景气时期，财政扩张政策的经济效果较好。但是，如果将时间限定在实施零利率政策的 2009 年以后，若评价 2 年的国内生产总值累积效果，其数值会稍高，为 1.4。然而，若是评价 4 年的国内生产总值累积效果，财政乘数还是低于 1。再过 4 年，经济刺激效果便会消失。

如果用同样的方法评估日本的数据，那么在零利率的背景下财政政策仅能够在第一年刺激民间经济，第二年以后，效果就会消失。零利率下的财政政策虽然可以确认是短期效果，但仅仅是起着支撑国内生产总值的效果，并没有通过增加税收达到改善财政平衡的效果。虽然财政扩张了，但为了改善财政平衡，财政乘数一般需要达到 3~4。一些政治家提倡"以经济增长为主，以财政重建为辅"，但按照这个顺序，财政状况一直在恶化。

以中期维度而言，发行国债通过投资变化影响资本积累。由于国债发行是政府部门剥夺了民间部门可利用的资金，所以，一般来说，这会阻碍民间的资本积累。特别是在利率高于增长率的经济中，国债发行会使金融市场的资金供求紧张，导致利率进一步上升，从而抑制投资。在利率低于增长率的经济市场中，挤出效应可能并不严重。这反映了在零利率的背景下财政政策的效果可能会略大。

抑制投资并不一定要通过利率的渠道。工资支付，即对公务员的工资支付是财政支出的主要构成要素之一。工资支付的增加，将推高劳动力市场中的一般工资，减少企业利润。企业利润的减少会抑制投资，进而抑制资本积累。以艾尔波托·艾莱斯纳（Alberto Alesina）为首的研究团队利用经济合作与发展组织 18 个主要成员国的数据进行分析，确认了由工资收入所产生的挤出效应的存在。

接下来将继续阐述两种追加效果。利率低于增长率的经济普遍停滞不前，家庭和企业都苦于资金受限。国债这一安全资产将成为缓解资金约束、减轻消费变动风险的方式。国债被用作紧急消费的缓冲区，无须预备性地增

第 13 章
赠与经济的黄昏

加储蓄。但储蓄的减少会抑制资本积累。另外，正如第 3 章所论述的，也可以考虑"挤出效应"的作用，达到国债促进资本积累的效果。对于面临资金约束的企业而言，国债将成为支撑企业内部留存收益的宝贵资产，为扩大投资做出贡献。扩大资本积累的效果和缩小资本积累的效果，究竟哪种效果更大呢？这并不能一概而论。

从长期来看，我们须认真考虑，如果财政赤字持续下去，将产生政府债务与经济规模相比过大的弊端。如图 13-1 所示，在应对 2008 年发生的雷曼事件时，基础收支赤字占国内生产总值的比重几乎为 10%，恢复到危机之前的水平需要 10 年的岁月。一旦财政形势严峻，财政支出自由度将会受到制约。研究开发、教育、经济数字化等公共投资将被抑制，因为虽然对于长期的经济增长而言，它们是必要的，但在短期内，难以见其成效。

为重建财政，各部门多年来一直在缩减分配给政府统计部门的人才和资金。在最近的统计问题方面暴露出来的是，专门从事统计的人力资本明显不足。人才不足的问题，是即使投入大量资金也难以在短期内解决的问题。而且，有必要考虑在经济危机和自然灾害等紧急情况下扩大支出。如果以雷曼事件、新冠疫情等不定时发生的经济危机，那么有必要在 2030 年左右可能发生危机的预测前提下，从平时开始作为缓冲区保留财政力量。否则，必要的应对措施将无法跟上，可能会使其成为长期经济停滞的原因。受全球气候变暖的影响，自然灾害的增加也是财政支出增加的主要原因。

在综合考虑短期、中期、长期的效果后进行简要总结。财政赤字扩张，在一定程度上能够恢复经济景气，但不如通过加征税收改善财政平衡的效果明显，最终将导致国债余额增加。从中长期来看，国债余额的增加阻碍了资本积累，导致长期增长率下降。如果利率低于增长率的状态持续下去，那么国债余额的增加可能会迅速引发财政危机，并导致财政纪律松弛、准许便捷的财政支出、国债余额高涨。另外，由于面临财政重建的政治压力，与长期经济增长挂钩的财政支出将受限，导致长期增长率下降。最终，如果财政赤字持续下去，那么国债余额将上涨，经济增长速度将放缓。

◎ 令人担忧的机制转换

在民主主义中，政治家往往被效果小的经济对策蒙蔽双眼，不认真考虑财政赤字的长期结果。国债余额过多的弊端很难反映在政治上。如何将可以说是民主主义弱点的国债管理问题纳入政治决策是一个较大的课题。面对我国严峻的财政状况，人们不禁要问，政治家是否有信心支配财政的决策能力？

新冠疫情的冲击也是判断日本政府是否拥有控制财政的决策能力的试金石。在2020年度的补正预算中，随着约80万亿日元的财政支出，国债增发了超过100万亿日元，但这是在理性地看清短期利益和长期成本的基础上得出的数字吗？是从未来严峻的财政状况反过来计算，冷静地计算"国债能增加到什么程度"之后得出的数字吗？

正如山本七平曾经所指出的，日本事物常常不是由逻辑决定，而是由"氛围"决定的。虽然微不足道的问题由氛围决定是没有问题的，但若是对国家而言重要的问题也依然由氛围决定，那么弊端将极为严重。氛围的决定机制导致没有人主张"不要用氛围来决定重要的问题"。最可怕的是，失业人员、停职人员、商店的停业及倒闭、事业的停滞一旦开始增加，难以说出客观财政状况的氛围就会被支配，从而产生财政或积极或消极的氛围。在决定补充预算的过程中，重建财政的话题也时常被提及，但果真如此吗？

值得担忧的是，政府缺乏控制财政的决策能力。如此一来，可能会发生机制转换（regime-switching）。也就是说，物价不再稳定，世界将突变为通货膨胀。

以中央银行购买国债为前提实施的约80万亿日元的大规模财政扩张政策，已经到了财政融资的入口。如果中央银行自动接受新发行的国债，并且国债以转借的方式持续下去，国债将变成不需要偿还的"政府纸币"，与现金并无区别。

能够区分现金和国债的是财政和金融分离的财政规则。如果政府放弃了一直努力维持的财政平衡，那么人们对现金和国债的认识将发生较大变化。于是，支配经济的体制从货币市场决定物价转移到财政决定物价的FTPL状态，国债的收益率暴涨，物价高涨，经济在混乱中衰退。

◎ 从高桥是清财政中吸取的教训

在此，让我们回顾一下过去日本中央银行承担日本国债的历史。1927年日本发生了金融恐慌，两年后世界发生了经济恐慌，日本经济陷入了通货紧缩、经济不景气的困境。1932年，高桥是清[①]通过接受日本银行承销国债开始扩张财政。

如图13-3所示，实施政策的当年，日本经济基调由通货紧缩随即转为通货膨胀。很难判断这一效果是由于体制改革还是经济复苏，抑或由于几乎同一时间实施的摆脱金本位制造成的。无论如何，物价高涨都于1934年平息。这反映在国债占日本银行资产份额的走势中。高桥是清的财政政策并未像世人所说的那样扩张，一旦扩大国债的收购规模后，国债份额将稳定在30%左右。高桥是清实施的财政赤字是有规律的。

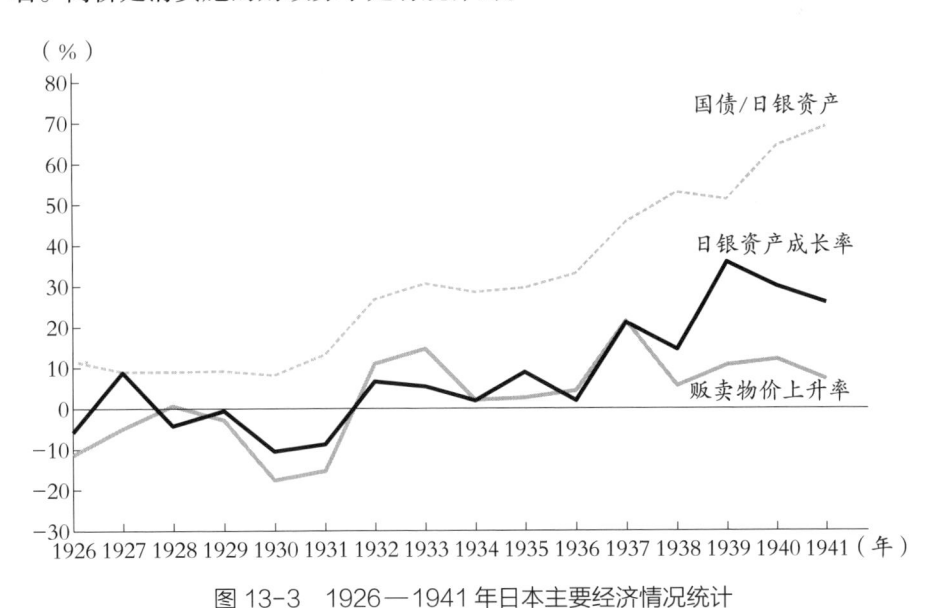

图 13-3　1926—1941 年日本主要经济情况统计

资料来源：《明治以后，日本主要经济统计》（日本银行统计局编）。

[①] 日本政治家，日本第20任首相第7届日本银行总裁。——编者注

从图中可以看出，1937 年以后，高桥是清在"二·二六事件"①中被暗杀，军事预算开始扩张。日本银行资产的增长率大幅上升，国债份额也将上升。到 1937 年，通胀率将超过 20%，此后平均为 10% 左右。另外，我们也需要注意到，以这一时期为界，经济增强了军事色彩，构成批发物价的工业产品价格受到控制这一事实。虽然很多人主张中央银行承担的巨额国债与战争结束后的激烈通货膨胀有关，但人们认识到，也许就在这一瞬间，政府债务增加的财政规则已经消失。

高桥是清的财政政策的经验告诉我们三件事。首先，如果是有体制改革风险的手段，中央银行承担的赤字财政并不会立即引发恶性通货膨胀。其次，当失去封堵体制改革风险的筹码时，中央银行承担的赤字财政就是恶性通货膨胀的原因。最后，像高桥是清这样严重依赖强烈个性的制度设计迟早会走向灭亡。

反复撤退失败的历史

受到此次新冠疫情的影响，很多国家都在不顾一切地大规模扩大财政预算。根据经济合作与发展组织统计，其 37 个成员国的债务余额预计将从 2019 年的 696 000 亿美元增加到 2021 年的 816 000 亿美元，增加 17%。21 世纪第一个十年，以发达国家为中心的实际利率一直低于经济增长率，这对世界经济而言可能是幸运的。在全球过度储蓄的背景下，如果只是紧急避难的短期政策，即使财政支出规模很大，政府也可以以低收益率发行国债。在这种情况下，体制改革的风险较小。

---

① 二·二六事件，又称"帝都不祥事件"或"不祥事件"，是指 1936 年 2 月 26 日发生于日本的一次失败兵变。日本帝国陆军的部分"皇道派"青年军官率领千余名士兵对政府及军方高级成员中的"统制派"与反对者进行刺杀，最终政变遭到扑灭，直接参与者多被处以死刑，间接相关人物亦被调离中央职务，"皇道派"因此在军中影响力削减，而同时增加了日本帝国军队主流派领导人对日本政府的政治影响力。——编者注

正如有关财政乘数的研究所指出的，财政乘数一般低于1，财政扩张的经济刺激效果较小。而这一次，由于人们被剥夺了经济活动的自由，可以预见，财政扩张对刺激民间需求的效果将更加微弱。如此一来，短期的政策有可能长期化。尤其令人担心的是日本。

图13-4将过去10年左右的财政赤字动向与日本以及除了日本以外的经济合作与发展组织的22个主要国家（平均值）进行比较。受雷曼事件的影响，2009年基础财政收支占国内生产总值的比重分别下降了9.3%（日本）、7.3%（经济合作与发展组织22个主要国家平均）。值得注意的不是财政赤字的大小，而是随后财政赤字的缩减过程。从财政赤字减半所需的时间来看，经济合作与发展组织22个主要国家平均需要3年（2012年达成），而日本为6年（2015年达成），虽说在此期间发生了3·11日本大地震，但相比图13-4中经济合作与发展组织22个主要国家需要2倍的时间。首相以"百年一遇地危机"为由大张旗鼓地扩张财政，在危机结束后也一直在扩大。

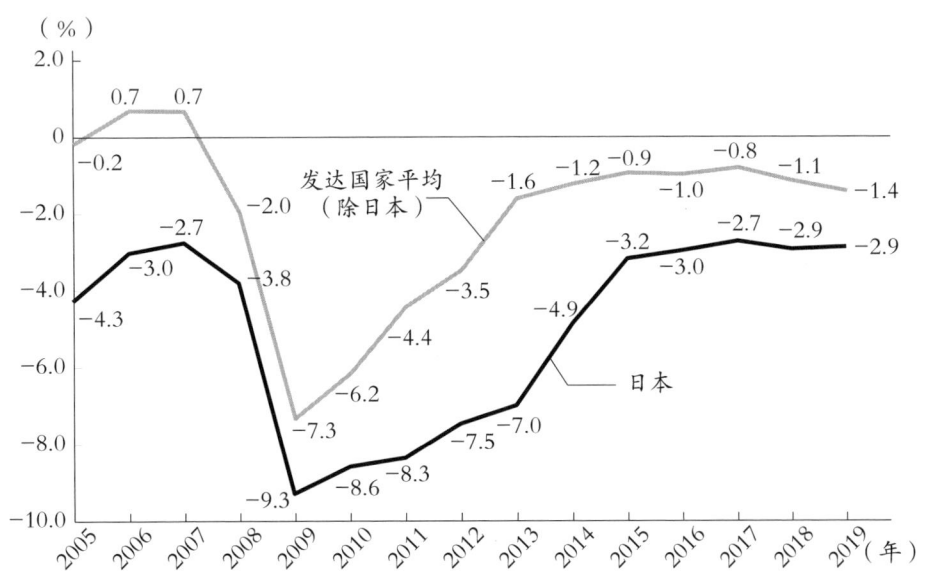

图13-4　2005—2019年经济合作与发展组织22个主要国家及日本的财政赤字走向

资料来源：经济合作与发展组织。

正如政府债务余额占国内生产总值的比重高于260%的事实所反映，政府是否有管理债务的决策能力值得怀疑。在后疫情时代，有多少人认为日本政府能够适当地看清退出的时间，做出回归财政紧缩的判断呢？让我们回顾一下退出失败的历史吧。

◎ 高桥是清财政政策受挫

1895 年，日本从银本位制转移到金本位制。如果中央银行采用金本位制，中央银行的独立性将自动得到保证。因为货币发行规则会被外汇储备，即黄金持有量所约束。虽然凯恩斯批评金本位制是"未开化社会的遗物"，但正是金本位制起到了阻止中央银行免于"财政金融"的作用。不久，人们迎来了理解这一事实所具有的意义的时刻。

由美国大萧条引发的全球经济不景气，也使日本经济遭受重创。1931 年 12 月，日本政府决定再次禁止黄金出口。次年 1932 年，日本银行券的保证发行限度从 1.2 亿日元大幅提高至 10 亿日元，中央银行开始承销国债。这正是高桥是清财政政策的开端。

"保证发行"是指以等额的正币准备发行的银行兑换券，与"准备发行"不同，是以"政府发行的公债证书、大藏省证券等其他可靠证券或商业票据"（日本银行条例第 2 条第 2 项）为保证发行的银行券。"准备发行"原本在金本位制的框架内获得一定程度的认可，但是，由于"保证发行"约 9 倍的上调，政府放弃了将黄金作为日本银行券的"合格担保"的机制，事实也正是因此脱离了金本位制。

但是，这件事发生后，财政规定约束并未立即消失。1932 年至 1935 年发行的国债为 33.8 亿日元，其中日本银行承担 27.7 亿日元，其中约 90% 的 24.9 亿日元在日本银行的拍卖中被出售。支撑了这一稳定的市场吸收力的是三井、三菱、住友等财阀系银行的联合组织。但是，自 1936 年高桥是清在"二·二六事件"中被暗杀以来，联合组织的影响力减弱，辛迪加银行、

第 13 章
赠与经济的黄昏

日本银行、大藏省三方合作维持的金融秩序也再次崩溃。

此后，随着战时色彩的增强，中央银行的独立性逐渐形式化。1941 年，银行券货币的准备发行和保证发行的区分被废止，并采用了"最高发行额限制制度"，在一定条件下允许超额发行，货币的发行将变得宽松。最终在 1942 年的《日本银行法修定案》中对其做了明文规定。

在严格遵守金本位制的时期，银行券往往被认为是停留在黄金准备的范围内。图 13-5 表示了从采用金本位制到第二次世界大战结束期间银行券发行对黄金准备的比率。

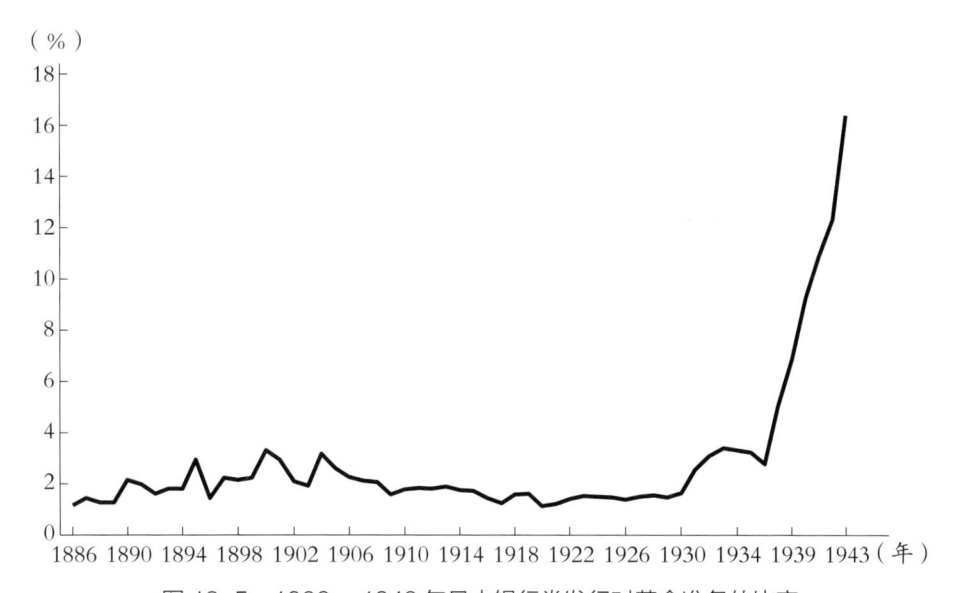

图 13-5　1886—1943 年日本银行券发行对黄金准备的比率

资料来源：《明治以后日本主要经济统计》（日本银行统计局编）。

值得深思的是，银行券、黄金储备比率总是超过 1。但是，在脱离金本位制的 1931 年左右，比率却稳定在 2 倍左右，看来停止保证发行是有效的。高桥是清财政政策开始的 1932 年以后，价格开始上升，在"二·二六事件"中高桥被暗杀的 1937 年以后，受到军事预算扩大的影响，价格爆炸性地上升。1944 年达到 34.2，1945 年达到 106，过高的值无法在图中记载。

◎ 日本银行的财政融资

1937 年以后，日本银行的资产规模也逐渐扩大。表 13-3 正是日本银行不遗余力地向财政金融的道路前进的证据。

表 13-3　日本银行账目・资产　　（单位：百万日元）

年	资产	国债	贷款	我国政府的贷款	国债/资产	贷款/资产
1930	2175	175	777	24	8.0	35.7
1931	1982	259	987	24	13.1	49.8
1932	2112	565	818	47	26.8	38.7
1933	2225	682	879	24	30.7	39.5
1934	2265	647	944	68	28.6	41.7
1935	2466	729	959	118	29.6	38.9
1936	2512	829	930	186	33.0	37.0
1937	3039	1387	629	2	45.6	20.7
1938	3477	1841	509	2	52.9	14.6
1939	4725	2417	1066	2	51.2	22.6
1940	6140	3948	819	2	64.3	13.3
1941	7727	5339	904	1	69.1	11.7
1942	10 292	5841	1828	1	56.8	17.8
1943	14 548	7476	3642	0	51.4	25.0
1944	24 957	9595	9899	956	38.4	39.7
1945	79 145	7156	49 058	11 220	9.0	62.0

资料来源：《明治以后日本主要经济统计》（日本银行统计局编）。

由于中日战争的扩大化，1937 年后日本军费激增，日本银行资产所占的国债份额迅速增加。日本银行承销政府国债，用于持续扩张的军费。如果国债市场能够有效发挥作用，国债收益率应该会反映出国家财政破产的风险而急剧上升，但根据平山贤一的测算，这个时期国债收益率正在下降。这说明随着对国债市场的管理改革不断推进，市场本身正在被冻结。

更值得注意的是，日本银行法明文规定了最高发行额限制制度，1942 年以后，贷款急剧增加。其中很多是面向民间的贷款。松元崇表示，与一般军事产业相反，日本银行事实上已成为无限制的资金供应商。到了战局恶化的1944年，日本银行资产中的贷款份额将超过国债份额。在陷入决战的1945年，情况进一步升级，与上一年度相比，日本银行资产的增长率达到217%，贷款的资产份额达到国债的7倍。

虽然有很多研究者认为，日本中央银行承销国债与战争结束后的超级通货膨胀有关，但也不能否定缺乏"合格担保"的贷款的影响。现实中发生的事情比想象的还要严重。

没有胜算的战争，即使战败的结果已经很明显，也无法判断是否撤退，事态因此一直向最坏的方向发展。无论如何，这都是日本政府不具有统一决策能力的表现。如果问是谁在通过无抵押贷款推进扩军，应该就是以统帅权独立为盾牌控制权力的参谋本部吧。现如今，被描绘成狭隘傲慢、狂热的军国主义者的陆军干部，也是当年在考试中通过层层难关而被选拔出来的，也是以异常优异的成绩毕业于陆军士官学校、陆军大学的"普通"人才。

所谓人才，指的是处理眼前问题的能力极高，但不一定擅长看清事物的本质的人。这种类型的人精于算计，就像拼图一样，能够巧妙地找出可以不撤退的理由。导致推迟撤退的判断，无论谁看都是明显应该撤退的战线，反而被不断扩大。从而使总体决策产生偏差。

关于财政也是同理。在后疫情时代，日本政府能确定退出的时间，并决定回归财政紧缩吗？战争和财政都是如此，如果弄错了撤退的时机，国家将会衰亡。

大量国债发行与泡沫经济

◎ 经济的赠与化

作为本章的结尾，我们试着从泡沫经济的观点重新捕捉大量发行国债的意义。泡沫经济的本质是，在以等价交换为前提的市场经济中加入了只有不等价交换的赠与。虽然是重复的，但是国债和现金等政府债务的交换只是纸片和财产的交换，与以财产和财产的交换为基本的一般市场交易不同。财产是单向流动，这不是交换，而是赠与。如果政府债务膨胀，国债和现金等泡沫资产堆积起来，赠与在经济中所占的份额将会变大，市场经济的份额则会缩小。我们将这种现象命名为"经济的赠与化"。如果经济的赠与化程度逐渐加深，市场经济将会缩小，经济也将停止增长。

在长期停滞边缘徘徊的发达国家中，被泡沫经济侵蚀、经济赠与化程度发展最快的是日本。自泡沫经济崩溃以来，过去30年间，包括国债在内的政府债务余额几乎在持续增长。截至2020年，日本债务余额占国内生产总值的比重超过260%，是发达国家中最高的。而且，这也是日本经济的赠与化以相当快的速度进展的结果。

在此，笔者用简单易懂的形式展示赠与化的发展是如何侵蚀经济机制的。一国的资产可以用固定资本存量和政府债务余额的国债和现金来展示。贷款、银行存款、股票等内部货币由于债权债务被国家总体资产抵销，因此不包括在内。另外，由于国债和现金是国民对政府的债权，是外部货币，所以包含在内。

固定资本存量由企业生产设备和住房存量组成，不包括土地。固定资本库存占整个资产的份额被称为"成长资金份额"。资本存量的形成将带来资金长期增长。另外，购买国债和现金等政府债务，是以政府信用为基础的单方面财产的赠与，不能与资金增长直接挂钩。图13-6是增长资金份额变动的示意图。

1994年，政府债务余额为427万亿日元，固定资本存量为1456万亿日元。以该值为基础计算的增长资金份额为75%。由于国债的大量发行，导致增长资金份额以单一状态持续下跌，2011年价值跌破60%，2018年降至56%。以股票为基础来看，对增长做出贡献的资产仅占整体的50%。

图 13-6　增长资金份额

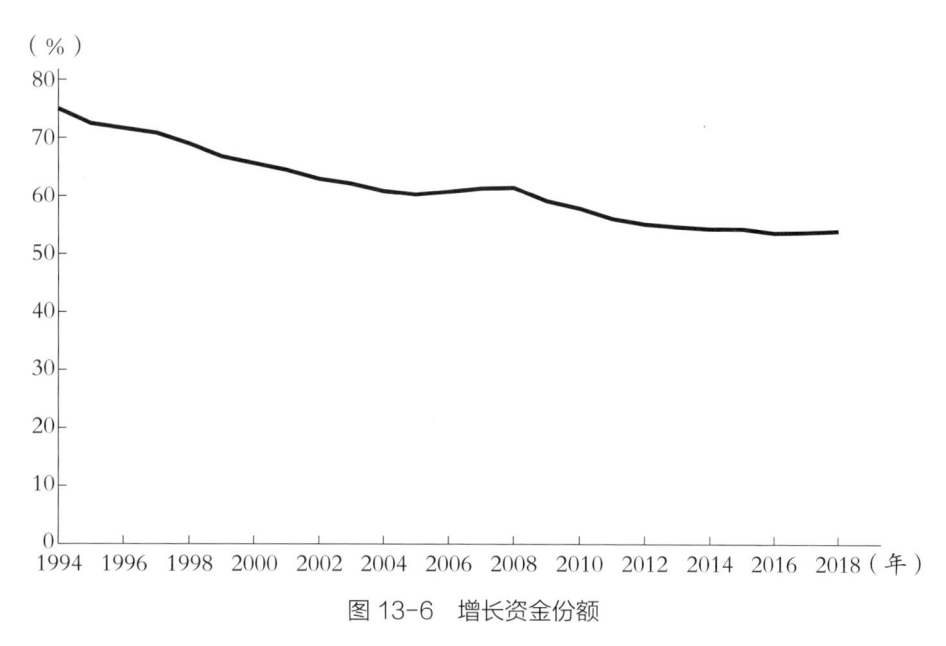

资料来源：笔者基于内阁府的《国民经济核算年报》绘制。

我们可以认为，在存货中发生的事情在流通量中也会发生。如今，在新的储蓄中，用于民间投资的只占50%多，剩下的40%多都花在购买政府债务上，而且其中很多都用于替续债券。所谓替续债券，就是用现在的储蓄偿还过去的政府支出。但即使通过公共投资对经济增长做出了贡献，那也是过去的事情，对将来的经济发展不存在任何贡献。在缺乏海外直接投资、国债大半在国内消化的日本，其所储蓄的一半的资金，就是能够为未来经济增长做出贡献的全部资金。经济赠与化的进程显然会阻碍经济的长期增长。

以等价交换为宗旨的市场经济仅占总体的50%多。打个比方，日本经济的体脂率极高，肌肉只有总体的50%多。这一数字是世界上最低的，但其政府债务余额占国内生产总值的比重却是世界第一。

国债的大量发行本就是推高实际利率的主要原因，但是，国债的增加会推高实际利率，这是"高利率经济学"世界经济的内容。在低利率支配的泡沫经济中，情况则不尽相同。与大量发行国债的事实相反，利率稳定在低位。这是由于实体经济本身存在导致低利率的因素。那么直截了当地说，是

"金融恶化"引发了借贷市场低迷。

此外，引发金融市场质量下降的是"技术与金融错配"。信息通信技术的发展带来了经济的信息技术化、数字化，企业拥有的资本存量正在从建筑物、机械设备等看得见的有形资本向看不见的无形资本转移。金融机构的工作是在确保"合格抵押品"的基础上融通资金。土地和建筑物等具有市场性的有形资本成为抵押担保物件，但是知识产权、研究开发、组织资本等无形资本的市场性较低，难以成为担保物件。于是，无法以无形资本作为担保的银行便无法将资金提供给企业。而无法开发以无形资本为"合格抵押品"的金融技术的银行则被保留下来，如果金融体系一成不变，就会产生技术与金融错配，企业的外部资金依赖度将下降，从而压低利率。

◎ 被忽略的"金融恶化"

纵观全局，可以清晰地看到日本经济长期停滞的身影。以短期经济复苏为目标反复扩张财政，引发了国债的大量发行。尽管如此，收益率却仍稳定在低位。"高利率经济学"忽略了持续发生的"金融恶化"现象。"金融恶化"导致企业对外部资金依存度的下降，降低了杠杆，使投资陷入低迷。尽管其并无此意，但也确实起到了抑制实际利率上升的作用。过剩的储蓄为国债和现金等政府债务提供了资金基础。

如果没有发生"金融恶化"，会怎么样呢？大量发行国债，通过实际利率的上升，抑制投资，会使日本经济更加低迷吗？答案是否定的。政府债券收益率的上升起到了约束政府财政支出的作用，但矛盾的是，它会阻止大量政府债券的发行。企业外部资金依赖度提高，将促进投资，经济可以实现更高的增长。也就是说，人们很自然地认为，"金融恶化"通过降低利率引发了财政放松，并允许大量发行国债。换言之，可以说是持续的"金融恶化"支撑了现金和国债的大量持有，推进了经济的赠与化进程。当前，以等价交换为宗旨的市场经济仅占总体的50%多，剩下的40%多是赠与经济。

鉴于日本经济迅速推进经济赠与化进程，为何失业率处于低位的情况下经济发展却会停滞？为何大量发行的国债收益率低？为何持续的金融宽松政策却无法摆脱流动性陷阱？上述这些通过一句话便可解释，即通过财政扩张和金融宽松的经济刺激措施，只不过是用现金和国债等泡沫资产填补了资产泡沫破灭后留下的空白。

　　日本经济市场是否已经可以说是正常的市场经济，这已经受到质疑。新冠疫情冲击所带来的财政扩张和国债增发，进一步推进了经济的赠与化进程。如果继续实施以扩大短期总需求为目的的财政和货币政策，国债、现金等泡沫资产将不断积累，成长性资本份额的比重将缩小，长期停滞将被推进。从长期增长的角度来看，持续的经济扩张是不可取的。而且，自相矛盾的是，从短期需求刺激措施的角度来看，似乎抑制经济的政策是拯救日本经济的关键，而日本经济已因经济向赠与化经济过渡的进展而受到破坏。经济政策的目的是，必须使日本经济恢复至以市场经济为中心的正常状态。下面，笔者将从保持长期增长的角度总结政策建议。

◎ 长期增长的宏观政策

　　金融政策应明确脱离零利率，并将中长期 10 年期的国债收益率目标定在 1.0% 左右。此次提高利率的目的是使占国内生产总值比重高达 12% 的"衣柜存款"为零，并促进日本国债的海外持有。但是，为明确出口政策以促进经济刺激，需要出台一个整合财政和货币政策的"一揽子"政策。为了促进国债的海外持有，更需要将财政的健全性视为重中之重。

　　新冠疫情结束后，应迅速停止紧急应对的财政扩张，以 2025 年的基础收支盈余财政为目标，将消费税增税到 12%～13%。同时明确消费税增税作为社会保障支出增加的财源的定位，同时应出台相关政策以切断消费增税成为消费不景气造成的恶性循环。为了进一步促进国债的海外持有，需要制定将日元国际化纳入视野的货币战略。日本政府应该强烈推动外国政府持有日本国债作为外汇储备，其目标是与我们有紧密联系的经济圈，即经常收支盈余国家较多的亚洲各国。

国内对国债和现金需求的减少，将带来实际利率的下降，从而刺激投资。考虑到国内民众和企业持有大量国债和现金，其短期效果相当值得期待。正如第 11 章所论述的，如果占国内生产总值比重达到 12% 的"衣柜存款"归零，那么，如果国债的本国持有比率从现在的 95% 降至 80% 左右，则实际利率可下降 1% 左右。这一数字永远无法通过加深负利率来实现。加息带来的经济刺激和增长促进作用预计将在加息的最初几年对经济增长率产生 1%～2% 的影响。

但它的效果也不会永远持续下去。利率长期持续下跌，其本身就是总需求缩小的主要原因。由利息收入减少导致的持有资产低迷，会带来抑制消费和投资的负资产效应。也就是说，在利率低于增长率的情况下，利率的下跌会通过"需求侧"路径压低增长率。处于低位的实际利率与经济高增长率不会永久持续下去。

◎ 与新技术相匹配的金融体系

为了将日本经济转变为拥有与新技术相匹配的金融体系的强劲经济，我们必须阻止金融体系的恶化。降低存款保险制度覆盖面，彻底消除阻碍企业信息披露的因素，鼓励金融科技、金融中介机构的出现，使无形资产成为"合格抵押品"。如果银行的融资方式不能发展为一种金融技术，使无形资产成为"合格的抵押品"，那么它们应该被剥夺过去的保护和特权，并缩减规模。若试图真正阻止经济的赠与化，就必须在减少政府债务的同时，促进民间资本存量的积累，建立与新技术相匹配的金融体系。如果金融继续恶化，虽然可以实现低利率，但须甘心经济处于低增长状态。要想实现经济高增长，金融深化改革势在必行。

在本章中，笔者运用"低利率经济学"探讨了日本维持财政健全性的可能性。维持未来财政健全性所需的消费税税率将根据利率与增长率之间的关系而产生较大变化。如果利率低于经济增长率的时期持续下去，日本的财政状况从数字来看将不会如此悲观。只要能够在短时间内结束由新冠疫情冲击引发的财政扩张，就不会出现对财政健全性造成致命损害的情况。

然而，健全性和财政增长又是另外一回事。通过扩大财政赤字来刺激经济发展的作用很小，不如通过增加税收来改善财政平衡的效果那么大。最终，国债余额将单调增长。只要国内持有大量发行的国债，增长资金就会变少，经济的赠与化进程就会展开，摆脱长期经济停滞更是遥遥无期。

第 14 章

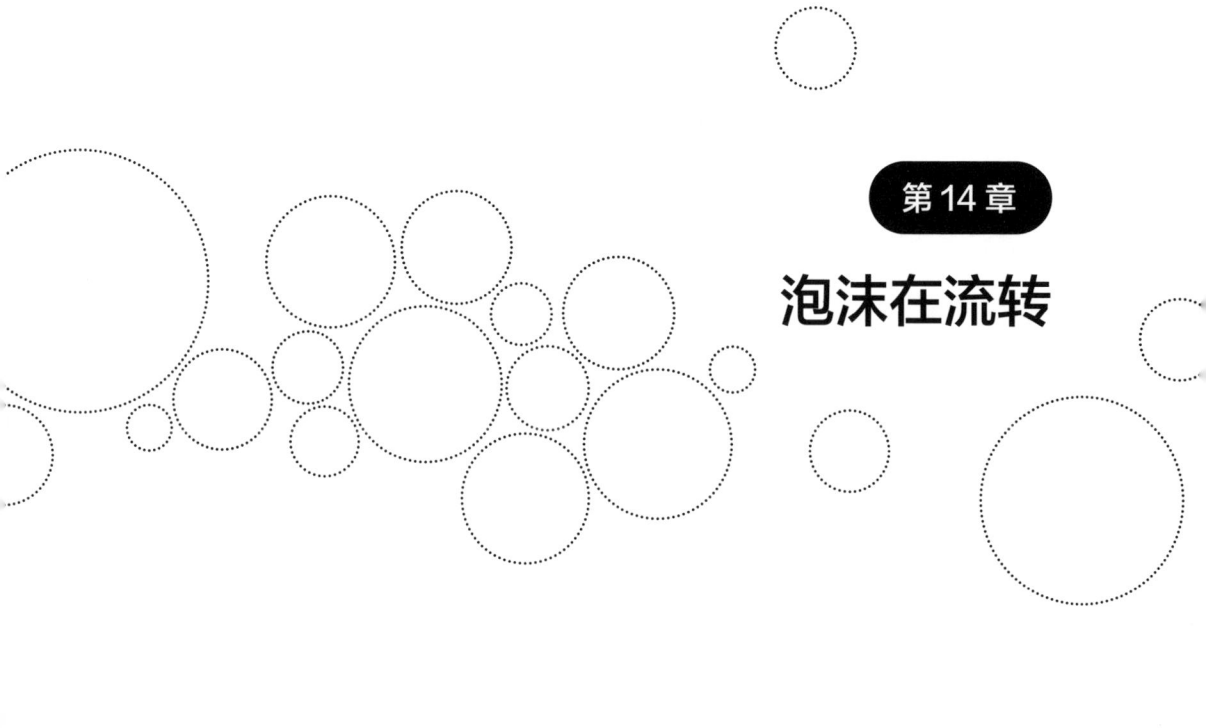

泡沫在流转

低利率时代
重新定义泡沫经济

反复转移的泡沫经济重心

20世纪90年代以后,资产泡沫的重心从日本转移到东亚,随后转移到美国。20世纪80年代,日本在讴歌繁荣的泡沫经济之后,土地价格泡沫破裂。日本企业将生产基地从国内转移到东亚,资金以直接投资的形式流入这些地区。东亚地区实现了被称为亚洲奇迹的高增长,股市和房地产市场蓬勃发展。然而,当亚洲金融危机爆发时,资金开始转向美国。回流到美国的资金引起了股市"莫名其妙的狂热"。纳斯达克综合指数(NASDAQ Composite Index)在2000年年初开始走强,但在次年的2001年左右大幅下跌。当互联网泡沫破裂时,房价指数似乎在弥补一般继续温和上升。当时的美联储主席格林斯潘因其绝妙的货币政策掌控而成功实现了互联网泡沫的软着陆,并替代了房地产泡沫,由此受到称赞。房价飙升之后,次贷危机爆发,结果导致房价暴跌。房地产泡沫的破裂打破了证券化的支柱,引发了全球金融危机。到这里为止是从泡沫开始直到雷曼事件的故事。然而,这个故事还有续集。

2006年,当美国房价泡沫开始破裂时,中国的房价开始以异常的速度飙升。2006年是中美经常账户失衡加剧、全球失衡成为全球关注焦点的时期。然而,随着房地产泡沫的破裂,美国的经常账户赤字占国内生产总值比重缩小。随着泡沫重心的转移,流入美国的资金又回流到中国。

随着当时经济主角的交替,泡沫的重心也在转移。在某个地区掀起的热潮吸引了来自世界各地的资金,并增加了国内资金投入,伴随着过度自信和乐观主义的螺旋上升,导致资产价格飙升。

然而,泡沫不会永远持续下去,总会以某事为契机而发生异变。契机是多种多样的。它有可能是旨在抑制泡沫的货币紧缩政策而导致的利率上升，也可能是其他地区的崛起而改变的国际资金的流动。当意识到债务过剩时，人们的预期随即从乐观转向悲观，资产价格暴跌。由于泡沫破裂而失去去处的资金将流向其他市场，并在那里产生新的泡沫。泡沫在流转。

泡沫总会发生在其他地区。几乎可以肯定的是，这个地区一定不会是一个经济停滞的地区，而是一个经济快速增长的地区。

泡沫具有"联动性"

那么，泡沫破裂的地区之后会怎样呢？如果利率低于增长率，就会出现泡沫。日本的土地价格泡沫和美国的房地产泡沫都是如此。然而，泡沫破裂并不是因为经济恢复常态，利率超过增长率。即使泡沫破裂，利率低于增长率的泡沫经济也依然存在。自雷曼事件以来，主导全球经济的是一个实际利率低于经济增长率的世界。

从理性泡沫理论的预见来看，当实际利率低于经济增长率时，就会出现泡沫。由此产生的泡沫有时是资产泡沫，有时也可能是国债或货币的形式。这意味着日本的土地价格泡沫和通货紧缩是关联的，而美国房地产泡沫与异常低的国债收益率是关联的。这些现象不是作为一个完全独立的事件发生，而是以联动的形式发生的，它们不是偶然的，而是必然的。

泡沫具有"联动性"。泡沫在不同的国家和地区交替流转。泡沫的联动还有另一个不同的方向。在资产泡沫破裂的国家，泡沫在改变形式的同时继续存在。雷曼事件后，发达国家政府试图通过财政扩张和货币宽松政策来摆脱危机。剩下来的是私营部门和政府的巨额债务余额。在重重债务之下，经济不再增长，资金需求的减少使利率降低。尽管名义利率维持在零水平，但投资仍然低迷，经济开始陷入长期停滞。

"金融恶化"带来的"经济赠与化"

从短期来看,经济刺激政策似乎有助于通过创造需求来摆脱危机,但从长期来看,这项政策所做的只是用现金和国债(泡沫资产)来填补资产泡沫破裂形成的空洞。如果政府债务变得巨大,赠与在经济中所占的比重就会增加,市场经济就会萎缩。当然,带有赠与空洞的经济不会增长。在政府债务余额扩大的同时,能够维持低利率的是泡沫经济,这其中所贯彻的经济逻辑与"高利率经济学"不同。这就是所谓的长期停滞的经济形态。

日本是经济赠与化速度最快的国家。在泡沫破裂后的30年里,日本国债几乎一直在增加。截至2020年,政府债务余额占国内生产总值比重超过260%。过去20年的零利率政策产生了对货币的巨大需求,并表现出通货紧缩和奇怪的分配制度。

大量发行国债本质上是实际利率上升的一个因素。然而,利率却稳定在低水平,即使大量发行国债利率也纹丝不动。"高利率经济学"世界的故事是,国债余额的增加提高了实际利率,但在以低利率为主的泡沫经济中,故事则不尽相同。因此,一定有什么原因在允许低利率的存在。

那就是持续降低企业对外部资金依赖的"金融恶化"。金融的恶化使得投资低迷,无须策划就能起到阻止实际利率上升的作用。过度储蓄为国债和现金等政府债务提供了一个托盘。简而言之,可以说,持续的金融恶化支持了大量现金和国债的持有,并推动了经济的赠与化。现在,以等价交换为主要内容的市场经济只占总数的60%左右,其余40%是赠与经济。

人们往往认为,是由于泡沫破裂才会引起金融恶化。事实上,因果关系正相反,因为金融恶化,泡沫才会出现,然后才会破裂。也许正是由于经济在持续增长中失去了某种平衡,以等价交换为前提的市场经济就不太行得通了,过度储蓄似乎是有条理地将赠与拉入经济中。首先是地价和股票价格的泡沫,在泡沫破裂后,是不是就要考虑现金和国债?换言之,资产泡沫的出现本身就是未来经济长期停滞的预兆。如此,我们可以统一解释资产泡沫频繁发生、长期通缩和流动性陷阱、财政扩张和国债收益率低等主流经济学无法解决的问题。

解决金融与技术错配问题至关重要

让我们回到世界经济。日本经济在世界范围内最先出现了泡沫破裂、大量发行国债、通货紧缩和宏观经济的弊病。其金融功能的恶化和经济的赠与化也比世界其他国家出现得早。世界是否会跟随日本金融功能的恶化和经济的赠与化？新冠疫情可能会成为转折点。许多国家为了摆脱经济衰退，正在进行大规模的财政扩张。越来越多的国家将采取零利率政策，将国债的收益率维持在较低水平。当前实际利率低于经济增长率的全球经济形势或许是幸运的。大量发行的国债将吸收全球过剩储蓄。然而，随着全球通货紧缩趋势和低增长的持续，政府债务余额一旦增加，就很难减下去。

21世纪以来，由于金融发展停滞、全球储蓄过剩、不依赖外部资金的信息通信产业的兴起，以及无形资本扩张导致技术和金融不匹配等结构性因素的复合交织，实际利率呈下降趋势。此外，现在促使实际利率下降的因素还增加了一个，即新冠疫情正是一种奈特氏不确定性（Knightian uncertainty），人们在无法逃脱的风险面前畏缩不前，产生对安全资产的需求。结果是否会导致低利率的持续和全球范围内的经济赠与化？

到底是技术进步中断了，还是技术在进步而资金（金融）却不匹配？世界经济是否会陷入金融恶化的旋涡？新兴经济体经济的增长并不是因为金融的深化，而是用增加的储蓄掩饰其不足而已。即使是在发达国家，企业储蓄也在明显增加，企业对外部资金的依赖正在减少。推动全球投资的不是外部资金，而是企业储蓄和内部储备，这一事实使我们预见金融和经济的未来并不乐观。

实际利率的下降将会继续，政府债务将在一段时间内不得不去填坑。如何解决技术与金融错配问题，将成为防止全球经济赠与化和长期停滞的关键。

后　记

根本与枝叶

我在本书中多次提及"日本人并不聪明"。然而，我认为不单单是阐述不聪明就完事了，而是应认真思考一下日本人是怎么个不聪明法，这对日本的未来发展是宝贵的，因此，我想在这里补充一下。

说实话，"日本人学习很好，但并不聪明"。学习很好和聪明是有区别的。我想从这一角度来考虑问题。许多人可能认为，如果学习学得好，在这个过程中会自然而然地变聪明，但这只是一种幻想。我认为，学习学得好意味着知识丰富，逻辑思维能力强，而聪明意味着能够在人生的重要时刻做出正确的判断。人们往往认为知识越多，思维越有逻辑性，就越有可能做出正确的判断，但事实并非如此。谁也不能保证学习者可以有效地使用其脑海中拥有的丰富知识。换言之，这是因为这里存在一种在学习中无法掌握却是变聪明所必需的能力。

只通过学习而无法掌握的能力，就是看清事物本质的能力。仔细想想，学校教育并没有教我们区分根本与枝叶。学校所教的内容都是同等正确的。即使学校会教我们这个很重要，必须记住，但学校却不会教我们这个不太重要，不记住也没关系。

日本的大学入学考试使情况变得更糟。学习好的秀才（高才生）是否真的聪明，倒不一定。所谓秀才，虽然处理眼前问题的能力很高，但不一定善于看清事物的本质。相反地，因为秀才可以解答许多问题，他们往往会忽视对事情轻重的判断。当难题解决后，他们会更重视解决后的愉悦感。比起答案本身，他们更注重解答的过程。

在应试学习的现场，只会理解事物的根本，分数不会增加。如果记不住枝叶，就不能获得高分。于是，越是优秀的考生，就越会去学习可能被出题的枝叶。在这个过程中，一个不区分根本与枝叶的思维模式就养成了。当竞争变得激烈时，考生便开始用细枝末节的知识和理解来争得你死我活，其看清本质的能力不仅没有得到磨炼，反而退化了。于是就产生了大量无法从全局来看待事物的秀才。

在校内会议上，我总是疑惑，为什么参会者总是因为细枝末节的内容而气氛高涨，兴奋不已。事实上，细枝末节的内容很容易讨论。另外，一到重要项目时，讨论就变得不可思议的肤浅。关于重要项目，要么是已经通过事前准备决定好了，要么是大家"聪明"地察言观色，根据氛围做保守发言，就我来看，这些不过是应付局面的借口。回归本质的讨论出乎意料很困难。从思想和意识形态浑然一体的概念中，仅仅将客观化的逻辑分开来继续讨论并不容易。事实上，突破本质的讨论非常难。

错看本质

首先，让我们思考一下如果在设计制度时没有看清事物的本质，会产生怎样的结果。当被问及经济学中最重要的东西是什么时，我会毫不犹豫地回答说，是亚当·斯密所说的"看不见的手"的市场机制。市场的本质是，只依靠看得见的价格，生产者和消费者无须揣度他人，通过个人行为而得到的某种高效稳定的机制。如果不知道市场所特有的优越性质，经济制度的设计是不能成功的。

也许是因为对市场功能本质的理解太肤浅，日本人有时会若无其事地扼杀市场。学习学得好的日本人只是越来越擅长有逻辑地思考问题，并巧妙地制造出不会有效利用市场的机制。虽然有一段时间自吹自擂说自己比市场做得更好，但不会持续太久。画皮迟早会剥落。虽说巧妙，但终究只是无视市场信息集约功能的机制，从长远来看，只会扭曲资源分配，给社会带来巨大的损失。然而，由于制造了太多与市场脱离的机制，设计者不久就搞不清自

后记

己在哪儿了。股票市场就是一个很好的例子。

20世纪80年代，当日本经济强劲发展时，贷款市场的结构性变化一直在进行。如果要好好地控制金融发展的势头，从银行向以市场为中心的制度的转变是必然的，但日本却没有看清市场的本质，与时代背道而驰。

20世纪80年代，证券行业所做的不是建立股票价格反映企业价值的机制，而是通过冻结市场来维持股票价格。最简便的方法就是利用人际网络在企业之间建立一个持股共享结构。如果企业之间相互持有股票，市场流动性就会减少，即使发生剧烈冲击，股票价格也不会暴跌。然而，由于股票价格比企业的内在价值要高，新的加入者受到压制，市场既得不到扩张也不活跃。

日本人重视以密切的人际关系为后盾的商业往来习惯。这种商业往来习惯用来弥补市场的局限性是可以的，但有时会因过于强势而扼杀市场。扣错第一颗纽扣的后遗症很大。时间过去了40年，我们仍然还没有建立一个流动性合理的、充裕的金融市场。

重要东西被破坏的另一个例子是国债市场。正如本书第12章所考察的，日本的国债收益率之所以历史性地走低，是因为政府巧妙地制造了国债风险不能正确反映在价格上的机制。作为当事者的财政部可能是担心收益率会大幅波动才会如此，但他们究竟是否明白，如果稍不注意，这种机制就会扼杀市场。

让市场正常运作、规律发挥作用的应该是下面这样的机制。如果预算赤字增加，民众对政府的信任就会下降，收益率就会上升。于是，增加利息支出的压力将迫使政府重建财政，从而阻止新的国债发行。具有讽刺意味的是，财政部旨在将国债风险降至最低的努力反而增加了日本的财政风险。如果建立一个即使预算赤字增加，收益率也不会上升的机制，政治家们就会满不在乎地推迟财政重建。财政改革的激励不起作用，其结果是日本目前政府债务余额占国内生产总值比重将超过260%的财政膨胀状况。

如果财政部的官员不那么"优秀"，缺乏条理一致的能力，结果可能是市场规律会对国债收益率产生作用，从而避免国债的大量发行和财政膨胀。处理眼前问题的能力较强，但看清事物本质的能力低下，这就是原因所在。

生搬硬套

学习应该是变聪明的手段而不是目的。然而，如果不正确地看清事物的本质，学习就会变成一种目的。于是，应该学习的东西和不该学习的东西之间的区别变得模糊，并且学习者开始生搬硬套教科书上写的东西。

自从针对经济泡沫的政策失败以来，不知为何宏观经济政策也一直不顺利。如果说是因为日本人不聪明，那也就这样了，但即便如此，分析日本人怎么个不聪明法也是有价值的。如果失败的模式有共同点就更好了。

这背后涉及宏观经济学发展史的深层问题。正如历史学世界中有欧洲中心主义的概念一样，在经济学世界中存在着美国中心主义的思维方式。这种倾向在宏观经济学中是显著的。可以毫不夸张地说，宏观经济学是为了解释美国经济现实而创造的。笔者认为，美国经济是世界上最符合市场逻辑的经济，劳动市场和金融市场都非常简单。美国存在着巨大的军产复合体（军事工业综合体），经济与军事存在密切关系。美元实际上是一种主导货币，具有许多特权。如果不抓住这一点而生搬硬套起源于美国的经济学，就会发生悲剧。

日本经济学一直努力以美国经济学为榜样并追赶着美国。然而，当美国式的经济理论应用于日本时，无论如何都会出现不适应之处。日本的金融市场和劳动市场是复杂的，连带着日本特有的历史。由于日本宪法第9条的限制，日本没有军产复合体。日元也不是世界主导货币。理所当然，起源于美国的理论与日本经济也并不契合。然而，日本经济学家对起源于美国的研究却不可思议般地一心扑上去。学习领先的研究是合理的，但问题在后面。它们真的能适用于日本吗？即便人们翘首以待，经济学家们会下什么样的功夫将其适用于日本，但我们却始终没有看到日本式的出色的研究成果。相反，

后 记

或许是发现这些理论不适合日本，他们开始撰写关于美国经济发展的论文。

遗憾的是，那些本该以揭开日本流动性陷阱为开端的有抱负的研究，不知什么时候被偷换成了关于美国货币政策的论文。也许是因为美国对数据和理论模型的适用比日本更好，更容易写论文，所以他们干脆放弃了对日本经济的研究。

如果日本经济学家掌握了看清事物本质的能力，他们很快就会明白，日本民众对他们的期待是揭开日本经济的流动性陷阱。关于美国货币政策的研究应该交给美国人。如果只限于经济学世界还算幸运的，但日本许多研究人员不愿意面对事物的本质。

我曾与一位著名的国际政治学家交谈过。他一直跟我说这些言论禁止发表，但也非常肯定地说，日本人的致命缺点是太过于相信国际框架。他也说到，毕竟是人类创造的东西，日本人却没想过去修改框架以适合自己的国家，由此他感受到了日本人的局限性。

自派遣遣隋使以来，以佛教和律令制度为开端，制度和知识等文明从中国输入日本。到了19世纪，取代中国文化的是从西方国家引进文明。由此，明治维新得以成功。在漫长的历史中，日本人不断引进东西方的文明，因此，他们认为文明都是来自国外。

如果从国外输入的文明符合自己的身量，那是再好不过了。然而，当外来文明不符合自己的身量时，如何处理它是一个很大的课题。说到底我还是以经济学家的立场和角度来看待问题，在我看来，日本人如饥似渴地学习是好的，但却缺少取舍合适与不合适的那份聪明。当然，也有例外。我记得当自己还是个大学生时，一个职业棒球选手在电视上发表了一些富有启发性的评论。"事物除了对错之外，还有第三种形式，那就是从普遍的看法来说可能是对的，但不适合自己（你怎么看待不适合自己的部分）。如果不搞清这一点而生搬硬套，那么，不那么身高体壮的我就崩溃了。所以，我都不听教练说的话。"发表这个评论的人是当时只有20多岁处于鼎盛期的落合博满。在那之后，他获得了三次击球三冠王的惊人成绩。他年轻时似乎就明白了人

377

生的奥义。

遗憾的是，日本的经济学界尚未达到这一境界。日本不能高明地在具有普遍性的经济理论的纵线里巧妙地编织出自己特有的经济结构的横线。在经济学界，要出"和魂洋才"并不容易。

生搬硬套的悲剧，越过研究，通向了现实中的货币政策。正如本书第11章所述，日本中央银行虽然生搬硬套地实施了美国式经济学的政策，不仅没有从流动性陷阱中逃脱，反而扼杀了货币政策。首先，连以证券化为发端的本国金融危机也看不透的经济学家的错误理论，为什么这么容易就被生搬硬套了呢？"失去的30年"的真正原因就在于这种判断的肤浅。

无法撤退的弱点

看清事物本质的能力低下，就会发生悲剧。太平洋战争中，即使战败之势已经很明显，指挥者也没能做出撤退的正确判断，反而拖拖拉拉地扩大战线，导致悲剧收尾。按一般的说法，这是因为以统帅权独立性为盾牌的陆军参谋本部失控而导致的局面，但这并不是全部。当时的日本政府缺乏统一的决策能力，在重要的时刻多次做出愚蠢的判断。让我们回顾一下关于"大和号"战列舰参加冲绳岛战役的讨论。

1945年，美军的优势已成定局，于3月26日登陆冲绳。日本联合舰队司令部在会议中提出投入"大和号"战列舰攻击敌方水上舰队和运输船队的作战策略。然而，很明显的是，冲绳已经处于美军的制空权之下，在没有护卫战斗机的情况下，"大和号"战列舰到达冲绳的可能性极小。然而，"大和号"战列舰的投入是会议全体的意见。正如曾经参加会议的干部所说，"从全体的氛围来看，当时和现在的我们都认为特攻出击（特别攻击）是理所当然的"，情绪氛围主导了讨论，而不是逻辑战术判断。何况参加会议的都是海军干部，如山本五十六和米内光政所代表的这类人，他们擅长对海外事务进行详细和沉稳的思考，与一些军国主义倾向强烈的陆军干部不同。此外，这

后 记

些人都是通过据说比东京大学更难考入的海军兵学校的考试，并且在内部竞争中胜出的秀才集团中的成员。

这种判断的肤浅一直延续到现在。不擅长撤退的历史并不仅限于战争经历。在该撤退时却不撤退的肤浅判断，就这样延续到现代财政领域。

我在本书第 13 章中阐述过，在应对雷曼事件时财政经历过大举行动之后，日本需要很长时间才能清算。比较日本和经济合作与发展组织主要国家将高峰期的预算赤字减半所需的平均时间（日本除外），经济合作与发展组织主要国家（除日本）平均为 3 年（2012 年实现），而日本为 6 年（2015 年实现），尽管在此期间发生了 3 · 11 日本大地震，但日本整整花了 2 倍的时间。危机过去后，大规模的财政仍在拖拖拉拉地持续扩张。

如果说存在看清事物本质的意识，那么 3 年和 6 年的差别应该可以反映和嗅出日本人的致命缺陷。回到政策理论的基础，财政扩张到底不过是危机结束之前应对危机的"短期政策"。然而，由于危机结束后经济恢复缓慢，"短期政策"不知什么时候变成了"长期经济措施"。根据上一年的实际成果编制下一年的预算，以往的财政运营模式被沿袭，一经膨胀的预算赤字无法减少。让我们来思考问题的本质。金融危机已经过去，财政扩张需要停止，政府需要回到区分短期和长期政策的认真讨论。

重要的事情被轻易决定，这样的历史不断被重演。看到这次应对新冠疫情的大规模财政措施，我并未从中感受到日本政府对财政风险的担忧。无论是从执政党自民党政治家的发言，还是在野党的发言，抑或是媒体的发言，都感受不到。大家似乎口径一致地约定不触及财政风险。

面对新冠疫情的冲击，内阁决定在 2020 财年的三次补充预算中出动约 80 万亿日元的财政支出，同时增发超过 100 万亿日元的国债（截至 2020 年 12 月），但约 80 万亿日元的财政规模究竟是不是在冷静看清短期利润和长期成本之后所得出的数字？又是不是倒算未来严峻的财政状况而冷静计算过国债的发行上限之后所得出的数字？在需要区分根本与枝叶的国家大事上，很遗憾，我并未看到日本政府看清本质后所做出的冷静判断。或许是因为即使财政扩张到如此程度，国债收益率仍然稳定在低位，所以日本政府真的相信未来也不会出什么问题？如果是这样，与其说是逻辑判断，不如说是其一厢情愿。这与因为在日俄战争中获胜，所以相信太平洋战争也不可能会输的过往论调没有什么不同。

我十分怀疑日本政府是否有控制财政的决策能力，在新冠疫情过去后，政府能否迅速实施财政紧缩政策？日本现今的政府债务余额占国内生产总值比重将超过260%，无论从全球低利率中获益多少，无休止的财政扩张都是极其危险的。抓住事物的本质来考虑，这次的财政扩张终究不过是危机结束之前应对危机的"短期政策"。危机过去后，财政扩张应迅速撤退。

正如山本七平曾经在《"氛围"的研究》中指出的那样，在日本，事情往往不是由逻辑而是由"氛围"决定的，而且，越是重要的问题越是根据"氛围"决定。就拿"大和号"战列舰参加冲绳岛战役的例子来说，"氛围"决定的答案并不总是正确的。这里就要看将由"氛围"决定的答案朝正确方向修正的决策过程是否起作用了。如果抵抗氛围的力量起作用，那么整个社会就会有能力回到本质上来思考。如果区分根本与枝叶的能力低下，决策就会由"氛围"决定。

无论通过学习获得多少人力资本，不磨炼看清事物本质的能力，就不能造就国家的繁荣。如何克服这一弱点，对日本的未来是一个较大的课题。现在可以肯定的是，只要在目前的考试制度下所选拔的高学历者继续担任社会的领导层，就会产生大量无法从大局来看待事物的秀才，只要这些秀才还是日本的领导人，就会在重要时刻做错判断，不知在哪个点上使国家走向衰落。而这个点是以这次新冠疫情为发端的财政膨胀还是别的什么风险，我们不得而知。

摆钟的故事

最后，我想分享自身是如何学到区分事物根本与枝叶这件事的重要性的。当然,我是在学校教育之外学到的。当时,我对没有"规规矩矩"进行教育的大学[1]感到厌烦,经常回老家福井。也许是因为父亲对吊儿郎当的我看不下去,便大喝道:要不你去永平寺修行修行吧。永平寺很严格,当我反驳说不想去时,父亲找了一座叫作"天龙寺"的永平寺直系寺庙,"这里不像永平寺那么严格,你能承受得住",父亲不由分说地驾车带我去了那里。天龙寺虽然没有永平寺那么严格,但毕竟是禅寺。每天一有时间,就是"让我们来打坐"这样反复的坐禅。每次打坐是45分钟,总之就是腿很疼。这个时候,我得到了和尚师父的"鼓励"。"人们总说盘腿打坐可以到达悟境,但事实绝非如此。有的只有腿疼而已,但是不要担心,我还没听说有人会因为打坐而发生腿骨折的。"我当时真的很辛苦。

放松的那段时间就是与和尚师父对话。和尚师父问:"你大学毕业后想做什么?"我回答说:"我想成为伟大的人。"和尚师父又反问:"你为什么想成为伟大的人?"我回答:"如果我变得伟大,我就可以变得富有。""那样你就幸福了吗?""……(沉默)"我从来没有想过什么是幸福,这个问题我根本无法回答。

这个时候,和尚师父指着挂在柱子上的时钟说:"看看那个时钟。"那是当时罕见的摆钟。"你会看这个时钟的哪里?""当然是左右摆动的钟摆了。""是吧?这就是现在的你。当钟摆向右摆动时,你就向右;当钟摆向左摆动时,你就向左,和那个左摇右摆的钟摆一样。但是你仔细看看,钟摆是不是有一个不动的地方,钟摆根部的正中间不会动。事物就和这个时钟一

---

[1] 早稻田大学没有"规规矩矩"进行教育是有原因的。实际上,不详细死板地进行教导是早稻田大学创始人大隈重信的理念。在大隈年轻时的肥前藩,藩主锅岛闲叟是点缀幕末维新的明星之一。他很早就预料到幕府末期的动乱,为了达成肥前藩的富国强兵,他对藩士师生进行了彻底的教育。但这种彻底的态度过了头,成绩不好的子弟家的家禄(世袭性的俸禄)甚至被减了八成。闲叟对自己的才能有绝对的自信,需要能俯首帖耳工作的官僚。在这种教育下,作为秀才的大隈非常讨厌闲叟的填鸭式教育。由于对青年时期这种痛苦经历的反思,大隈自己创立的早稻田大学重视自由活泼的风气,并认为没有教得太多是好的。现在回头来看,我觉得这样的学风很适合我。

样，会有不停变动的枝叶部分和永远不动的中心。重要的是，你要好好看清它的中心，也就是本质，并紧紧抓住它活下去。怎么样，你明白了吗？如果一直只看钟摆摆动的地方，只会让人头晕眼花，无论到什么时候都看不到事物的本质。相反，如果看清钟摆的中心，就能自然地看到时钟的全貌。"

那年我20岁。从那以后40年里，我养成了经常思考事物的本质与枝叶的习惯。以这种方式持续思考是我的一种修行。然而，要将区分根本与枝叶的思维方式充分运用到研究中需要相当长的时间。事实上，通过完成这本书，我似乎终于掌握了这种思维方式的要领。以利率和经济增长率这一宏观经济学中最难对付的主题为中心，不偏不离地写完整本书，相当不容易。

致　谢

我着手开始写这本书是在2013年。到书稿完成用了将近八年的时间。这本书一开始是以日美经济泡沫比较为主题的，但在全球低利率影响之下，经济进入了一个新的局面，书的内容也发生了变化。完成这本书几经周折，在这个过程中，我得到了许多人的帮助。

我得到了许多同行研究人员的激励和鼓励。特别要感谢的是以下四位研究者。村濑英彰先生教会我如何从泡沫平衡的角度来思考流动性陷阱。对认为泡沫是热潮和狂热的我来说，村濑先生将泡沫平衡定位为衰退和通货紧缩的方法是新颖的。多亏了他，我的泡沫理论守备范围大大扩大，使我可以在一个统一的框架中解释资产泡沫和长期停滞。齐藤诚先生教会我用失衡的概念来看待现代日本经济。当我还是个本科生的时候，我接触到岩井克人先生的《动态不平衡理论》，这是我与经济学的相遇。没有这本书，我就不会成为一名经济学家。多亏了齐藤诚先生，被我长期封印的不平衡论被点燃，没过多久我就意识到泡沫平衡与失衡理论的结合性很高。由此，我才能以"赠与经济的黄昏"这一形式总结这本书。我与在技术进步方面堪称"日本第一人"的宫川努先生交往了将近20年。就在一年前，我才意识到，宫川努目前的研究对象——无形资产——是解释持续低利率的重要部分。没有在酒席上反复听他所说的无形资产的内容，无形资产和低利率在我心里可能永远不会联系在一起。我的妻子幸惠是与我共同研究日本土地问题和财政问题的同志。关于在低利率下得以喘息的日本财政的稳健性，一个人思考是相当困难的任务。我与妻子的共同研究和日常讨论是本书中这一章内容的基础。

本书的内容是以这近十年来我在大学"国际金融论"课上所讲的内容为基础的。虽然我尽可能清楚明了地进行了说明，但内容不是那么容易理解。在不断摸索的同时，里面也有不少后来发展积累而来的内容。我要感谢庆应义塾大学听课的学生。在此还要特别想感谢三个学生。我记得大概是在 2015 年的时候，我给作为研究生的原哲朗君和近藤启太君看我刚刚出版的书，他们不满地说："为什么是两个人写的书？"（那本书是合著的。）然后他们又补充说："老师，我们想看老师自己一个人写的书。"于是我作了回应。在这本书的写作过程中，我一直回味那次交流。能遇到这样"申斥"激励我的学生，也是我来庆应义塾大学的幸事之一。在讲课中，我曾经提出让学生以经济泡沫为主题写短篇小说（而不是报告）的课题。其中有一个学生写出了一篇令人惊叹的有趣故事。他的日语表达能力极其好。这个叫井谷摩辉的学生碰巧是我的研究生，我让他通读了我的整本书，并修改了我的语法错误。如果我写的日语没有那么晦涩难懂，那么这得益于井谷君的修改。

然后我想感谢的是日经 BP 日本经济新闻出版总部的编辑田口恒雄先生。田口先生曾是《狂热、恐慌、崩溃》的编辑，他在 2013 年曾到访我的研究室。他希望我能写一本关于经济泡沫和金融危机的书，我爽快地答应了。起初，我简单地认为三年左右就能完成，但实际花了八年时间才完成。田口恒雄先生的耐心远远超出了我的想象，对此我十分感谢。在"后记"中，我虽然说过通过完成本书，我好像终于掌握了将区分根本与枝叶的思维方式充分运用到研究中的要领，但实际上，在写作时，我时常迷失在"枝叶"里，不止一次进入死胡同。将被枝叶缠住的我拉回"根本"的是田口恒雄先生。如果说整个流程没有出现偏差，完全归功于田口恒雄先生。

要问我想把这本书第一个送给谁看，那就是两年前去世的父亲，樱川繁男。父亲创办了一家纺织公司，以坚决专一的态度积极经营踏上了昭和时代的浪潮。他以土地为抵押，从银行借了能借到的钱，从国外购买了先进的机械设备，使公司得到迅速发展。作为创业经营者的父亲的口头禅是"和别人做一样的事情，你就只会变得普通，要做和别人不一样的事"。也许他说这句话是想让我继承公司，但无论如何，这句话培养了我内在的创造力，并在我的学者职业中充分得到应用。由于广场协议引发的日元急剧升值，父亲经营的公司陷入了僵局。

如果现在能见到父亲，拿到这本书的父亲会和我有这样的对话吧。

"父亲，我终于揭开广场协议的秘密了，我在书里写了，你看看吧。"

"是吗，终于揭开了呀，那个时候日元升值得太厉害了，根本不能好好做生意。不过那已经是35年前的事了，已经结束了。"

然后，平时对我要求很多的父亲还会这样补充道："比起这样的事情，日本的财政眼看就要崩溃了。虽说是国家负债，但负债那么多也不行啊。昌哉，想想办法，做些什么吧。"

参考文献

英语文献

Abel, Andrew B., N. Gregory Mankiw, Lawrence H. Summers, and Richard J. Zeckhauser (1989) Assessing dynamic efficiency: Theory and Evidence, *Review of Economic Studies*, 56(1), 1–20.

Abreu, Dilip, and Markus K. Brunnermeier (2003) Bubbles and Crashes, *Econometrica*, 71(1), 173–204.

Acemoglu, Daron and James A. Robinson (2012) *Why Nations Fail: The Origins of Power, Prosperity and Poverty,* Crown Business.

Acharya, Viral V., and Philipp Schnabl (2010) Do Global Banks Spread Global Imbalances? The Case of Asset-Backed Commercial Paper During the Financial Crisis of 2007–09, IMF Staff Papers.

Alesina, Alberto, Silvia Ardagna, Roberto Perotti, and Fabio Schiantarelli (2002) Fiscal Policy, Profits, and Investment, *American Economic Review*, 92(3), 571–589.

Allen, Franklin, Jun Qian, and Meijun Qian (2005) Law, Finance, and Economic Growth in China, *Journal of Financial Economics*, 77(1), 57–116.

Angeletos, George-Marios, Fabrice Collard, and Harris Dellas (2016) Public Debt as Private Liquidity: Optimal Policy, NBER Working Paper 22794.

Auerbach, Alan J., Maurice, Obstfeld (2005) The Case for Open-Market Purchases in a Liquidity Trap, *American Economic Review*, 95(1), 110–137.

Barro, Robert J. (2006) Rare Disasters and Asset Markets in the Twentieth Century, *Quarterly Journal of Economics*, 121(3), 823–866.

Bernanke, Ben S. (1983) Non-Monetary Effects of the Financial Crisis in the Propagation of the Great Depression, *American Economic Review*, 73(3), 257–276.

Bernanke, Ben S., and Mark Gertler (1989) Agency Costs, Net Worth, and Business

Fluctuations, *American Economic Review*, 79(1), 14–31.

Bernanke, Ben S., and Mark Gertler (1999) Monetary Policy and Asset Price Volatility, *Federal Reserve Bank of Kansas City Economic Review*, 84, 17–52.

Bewley, Truman (1983) A Difficulty with the Optimum Quantity of Money, *Econometrica*, 51(5), 1485–1504.

Blanchard, Olivier (2019) Public Debt and Low Interest Rates, *American Economic Review*, 109(4), 1197–1229.

Bohn, Henning (1998) The behavior of US public debt and deficits, *The Quarterly Journal of Economics*, 113(3), 949–963.

Bordo, Michael, and Olivier Jeanne (2002) Monetary Policy and Asset Prices: Does Benign Neglect Make Sense? *International Finance*, 5(2), 139–164.

Braun, Anton, and Douglas H. Joines (2015) The implications of a graying Japan for government policy, *Journal of Economic Dynamics and Control*, 57, 1–23.

Broner, Fernando, Tatiana Didier, Aitor Erce, and Sergio L. Schmukler (2013) Gross Capital Flows: Dynamics and Crises, *Journal of Monetary Economics*, 60, 113–133.

Brown, James R., Steven M. Fazzari, and Bruce C. Petersen (2009) Financing Innovation and Growth: Cash Flow, External Equity, and the 1990s R&D Boom, *Journal of Finance*, 64(1), 151–185.

Brunnermeier, Markus. K., and Stephan. Nagel (2004) Hedge Funds and the Technology Bubble, *Journal of Finance*, 59(5), 2013–2040.

Brunnermeier, Markus K. (2009) Deciphering the liquidity and credit crunch 2007–2008, *Journal of Economic Perspectives*, 23(1), 77–100.

Brunnermeier, Markus K., and Yann Koby (2016) The "Reversal Rate": A Effective Lower Bound on Monetary Policy.

Brynjolfsson, Erik, and Andrew McAfee (2014) *The Second Machine Age: Work, Progress, and Prosperity in a Time of Brilliant Technologies*, W. W. Norton & Company.

Buiter, Willem H. (1981) Time Preference and International Lending and Borrowing in an Overlapping-Generations Model, *Journal of Political Economy*, 89(4), 769–797.

Caballero, Ricardo J., and Emmanuel Farhi (2014) On the role of safe asset shortages in secular stagnation. In: Coen, T., Baldwin, R., (Eds.). *Secular Stagnation: Facts, Causes, and*

Cures, CEPR Press, 111–122.

Caballero, Ricardo J., Emmanuel Farhi, and Pierre-Olivier Gourinchas (2008) An Equilibrium Model of "Global Imbalances" and Low Interest Rates, *American Economic Review*, 98(1), 358–393.

Caballero, Ricardo J., Hoshi, Takeo, and Anil K. Kashyap (2008) Zombie Lending and Depressed Restructuring in Japan, *American Economic Review*, 98(5), 1943–77.

Calvo, Guillermo A. (1988) Servicing the Public Debt: The Role of Expectations, *American Economic Review*, 78(4), 647–661.

Carroll, Christopher D., Byung-Kun Rhee, and Changyong Rhee (1994) Are There Cultural Effects on Saving? Some Cross-Sectional Evidence, *Quarterly Journal of Economics*, 109(3), 685–699.

Carroll, Christopher. D., and David. N. Weil (1994) Saving and Growth: A reinterpretation, *Carnegie- Rochester Conference Series on Public Policy*, 40, 133–192.

Carroll, Christopher D., Jody Overland, and David N. Weil (2000) Saving and Growth with Habit Formation, *American Economic Review*, 90(3), 341–355.

Case, Karl E., John M. Quigley, and Robert J. Shiller (2011) Wealth effects revisited 1978–2009, Cowles Foundation Paper, 1784.

Cerra, Valerie, and Sweta Chaman Saxena (2008) Growth Dynamics: The Myth of Economic Recovery, *American Economic Review*, 98(1), 439–457.

Chen, M. Keith (2013) The Effect of Language on Economic Behavior: Evidence from Savings Rates, Health Behaviors, and Retirement Assets, *American Economic Review*, 103(4), 1138–1171.

Chua, Amy (2007) *Day of Empire: How Hyperpowers Rise to Global Dominance and Why They Fall*, Doubleday.

De Long, J. Bradford, Andrei Shleifer, Lawrence H. Summers, and Robert J. Waldmann (1990) Positive Feedback Investment Strategies and Destabilizing Rational Speculation, *Journal of Finance*, 45(2). 379–395.

Diamond, Douglas W. (1984) Financial Intermediation and Delegated Verification, *Review of Economic Studies*, 51(3), 393–414.

Diamond, Douglas W., and Philip H. Dybvig (1983) Bank Runs, Deposit Insurance and

Liquidity, *Journal of Political Economy*, 91(3), 401–419.

Diamond, Peter (1965) National Debt in a Neoclassical Growth Model, *American Economic Review*, 55(5), 1026–1050.

Diamond, Peter A. (1982) Aggregate Demand Management in Search Equilibrium, *Journal of Political Economy*, 90(5).

Diaz-Alejandro, Carlos (1985) Good-bye financial repression, hello financial crash, *Journal of Development Economics*, 19(1–2), 1–24.

Diba, Behzad T., and Herschel I. Grossman (1988) Explosive Rational Bubbles in Stock Prices? *American Economic Review*, 78(3), 520–530.

Douglas, Gale, and Martin Hellwig (1985) Incentive-Compatible Debt Contracts: The One-Period Problem, *Review of Economic Studies*, 52(4), 647–663.

Eggertsson, Gauti B., Neil R. Mehrotra, and Jacob A. Robbins (2019) A Model of Secular Stagnation: Theory and Quantitative Evaluation, *American Economic Journal: Macroeconomics*, 11(1), 1–48.

Eichengreen, Barry, Arnaud Mehl, and Livia Chiţu (2018) *How Global Currencies Work Past, Present, and Future*, Princeton University Press.

Evans, George W. (1991) Pitfalls in Testing for Explosive Bubbles in Asset Prices, *American Economic Review*, 81(4), 922–930.

Farhi, Emmanuel, and Jean Tirole (2012) Bubbly liquidity, *Review of Economic Studies*, 79(2), 678–706.

Feldstein, Martin and Charles Yuji Horioka (1980) Domestic Saving and International Capital Flows', *Economic Journal*, 90, 314–329.

Fernald, John G. (2014) Productivity and Potential Output before, during, and after the Great Recession, *NBER Macroeconomics Annual*, 29, 1–51, Chicago Press.

Fisher, Irving (1933) The Debt-Deflation Theory of Great Depressions, *Econometrica*, 1(4), 337–357.

Flood, Robert P., and Peter M. Garber (1980) Market Fundamentals versus Price-Level Bubbles: The First Tests., *Journal of Political Economy,* 88(4), 745–770.

Friedman, Milton (1969) Optimum Quantity of Money, *in Optimum Quantity of Money and Other Assets*, Chicago, Aldine Publishing Co.

Friedman, Milton, and Anna J. Schwartz (1963) *A Monetary History of the United States, 1867–1960*, Princeton University Press.

Fujiki, Hiroshi (2018) Cash Usage Trends in Japan: Evidence Using Aggregate and Household Survey Data, presented in the 20th Macroeconomic Conference.

Fukuta, Yuichi (1996) Rational bubbles and non-risk neutral investors in Japan, *Japan and the World Economy*, 8(4), 459–473.

Gali, Jordi, and Luca Gambetti (2015) The Effects of Monetary Policy on Asset Prices Bubbles: Some Evidence, *American Economic Journal: Macroeconomics*, 7(1), 233–257.

Gertler, Mark, and Kenneth Rogoff (1990) North–South Lending and Endogenous Domestic Capital Market Inefficiencies, *Journal of Monetary Economics*, 26(2), 245–266.

Ghosh, Atish R., Jun I. Kim, Enrique G. Mendoza, Jonathan D. Ostry, and Mahvash S. Qureshi (2013) Fiscal Fatigue, Fiscal Space and Debt Sustainability in Advanced Economies, *Economic Journal*, 123(566), F4–F30.

Glaeser, Edward L., Joseph Gyourko, and Albert Saiz (2008) Housing supply and housing bubbles, *Journal of Urban Economics*, 64(2), 198–217.

Goldsmith, Raymond W. (1969) *Financial Structure and Development*, Yale University Press.

Gordon, Robert J. (2016) *The Rise and Fall of American Growth: The US Standard of Living Since the Civil War*, Princeton University Press.

Gorton, Gary B. (2012) *Misunderstanding Financial Crises*, Oxford University Press.

Gourinchas, Pierre-Olivier, and Hélène Rey (2007) International financial adjustment, *Journal of Political Economy*, 115(4), 665–702.

Gourinchas, Pierre-Olivier, and Maurice Obstfeld (2012) Stories of the Twentieth Century for the Twenty-First, *American Economic Journal of Macroeconomics*, 4(1), 226–265.

Gourinchas, Pierre-Olivier, and Oliver Jeanne (2013) Capital Flows to Developing Countries: The Allocation Puzzle, *The Review of Economic Studies*, 80(4), 1484–1515.

Grauwea, Paul D., and Yuemei Ji (2013) Self-fulfilling crises in the Eurozone: An empirical test, *Journal of International Money and Finance*, 34, 15–36.

Greenspan, Alan (2002) Economic Volatility, Remarks at Federal Reserve Bank of Kansas City symposium, Jackson Hole.

Grossman, Gene M., and Noriyuki Yanagawa (1993) Asset bubbles and endogenous growth, *Journal of Monetary Economics*, 31(1), 3–19.

Grossman, Sanford J., and Joseph E. Stiglitz (1980) On the Impossibility of Informationally Efficient Markets, *American Economic Review*, 70(3), 393–408.

Gruber, Joseph W., and Steven B. Kamin (2012) Fiscal Positions and Government Bond Yields in OECD Countries, *Journal of Money, Credit and Banking*, 44(8), 1563–1587.

Hall, Bronwyn H., and Josh Lerner (2010) The Financing of R&D and Innovation, *Handbook of the Economics of Innovation*, 1, 609–639.

Hamilton, James D., and Marjorie A. Flavin (1986) On the limitation of government borrowing: a framework for empirical testing, *American Economic Review*, 76(4), 808–819.

Hansen, Gary D., and Selahattin İmrohoroğlu (2016) Fiscal reform and government debt in Japan: A neoclassical perspective, *Review of Economic Dynamics*, 21, 201–224.

Harrison, J. Michael, and David M. Kreps (1978) Speculative Investor Behavior in a Stock Market with Heterogeneous Expectations, *Quarterly Journal of Economics*, 92(2), 323–336.

Hayashi, Fumio, and Edward C. Prescott (2002) The 1990s in Japan: A Lost Decade, *Review of Economic Dynamics*, 5(1), 206–235.

Hayashi, Fumio, and Junko Koeda (2019) Existing from quantitative easing, *Quantitative Economics*, 10(3), 1069–1107.

Henning, C. Randall (2017) *Tangled Governance, International Regime Complexity, the Troika, and the Euro Crisis*, Oxford University Press.

Hillebrand, Martin, Tomoo Kikuchi, and Masaya Sakuragawa (2018) Bubbles and Crowding-in of Capital via a Saving Glut, *Macroeconomic Dynamics*, 22(5), 1238–1266.

Hirano, Tomohiro, and Noriyuki Yanagawa (2017) Asset Bubbles, Endogenous Growth, and Financial Frictions, *Review of Economic Studies*, 84(1), 406–443.

Horioka, Charles Yuji (1996) Capital Gains in Japan: Their Magnitude and Impact on Consumption, *Economic Journal*, 106, 560–577.

Hosono, Kaoru, and Miho Takizawa (2017) Intangible Capital and the Choice of External Financing Sources, RIETI Discussion Paper Series, 17-E-080.

Huang, Daisy. J., Leung, Charles K., and Baozhi Qu (2015) Do bank loans and local amenities explain Chinese urban house prices? *China Economic Review*, 34, 19–38.

Ihori, Toshihiro (1978) The Golden Rule and the Role of Government in a Life Cycle Growth Model, *American Economic Review,* 68(3), 389–396.

İmrohoroğlu, Selahattin, Sagiri Kitao, and Tomoaki Yamada (2016) Achieving Fiscal Balance in Japan, *International Economic Review,* 57(1), 117–154.

Inoue, Hitoshi, Kiyotaka Nakajima, and Koji Takahashi, (2019) Credit Allocation and Real Effects of Negative Interest Rates: Micro-Evidence from Japan, presented in the 21st Macroeconomic Conference.

Ito, Takatoshi (2016) A new financial order in Asia: Will a RMB bloc emerge? *Journal of International Money and Finance,* 74, 232–257.

Iwai, Katsuhito (1981) *Disequilibrium dynamics: A theoretical analysis of inflation and unemployment,* Yale University Press.（日本語版）岩井克人（1987）『不均衡動学の理論』、岩波書店。

Jordà, Òscar, Moritz Schularick, and Alan M. Taylor (2015) Leveraged bubbles, *Journal of Monetary Economics*, 76, Supplement, S1–S20.

Kamihigashi, Takashi (2001) Necessity of Transversality Conditions for Infinite Horizon Problems, *Econometrica,* 69, 995–1012.

Kaminsky, Graciela L., and Carmen M. Reinhart (1999) The Twin Crises: The Causes of Banking and Balance-Of-Payments Problems, *American Economic Review,* 89(3), 473–500.

Karabarbounis, Loukas, and Brent Neiman (2012) Declining Labor Shares and the Global Rise of Corporate Saving, NBER Working Paper 18154.

Kawai, Masahiro, and Victor Pontines (2016) Is there really a renminbi bloc in Asia?: A modified Frankel-Wei approach, *Journal of International Money and Finance,* 62, 72–97.

Kindleberger, Charles P. (1978) *Manias, Panics, and Crashes: A History of Financial Crises,* London, Macmillan.

Kindleberger, Charles P. (2000) *Manias, Panics, and Crashes, A History of Financial Crises,* 4th Edition, John Wiley & Sons, Inc. Macmillan.（日本語訳）チャールズ・P・キンドルバーガー（2004）『熱狂、恐慌、崩壊—金融恐慌の歴史』、吉野俊彦・八木甫訳、日本経済新聞出版社。

Kirchler, Michael, Jürgen Huber, and Thomas Stöckl (2012) Thar She Bursts: Reducing Confusion Reduces Bubbles, *American Economic Review,* 102(2), 865–883.

Kiyotaki, Nobuhiro, and John Moore (1997) Credit Cycles, *Journal of Political Economy*, 105(2), 211–248.

Koha, Winston T. H., Roberto S. Mariano, Andrey Pavlov, Sock Yong Phang, Augustine H. H. Tan, and Susan M. Wachter (2005) Bank Lending and Real Estate in Asia: Market Optimism and Asset Bubbles, *Journal of Asian Economics*, 15(6), 1103–1118.

Kroszner, Randall S., and Raghuram G. Rajan (1994) Is the Glass–Steagall Act justified? A study of the U.S. experience with universal banking before 1933, *American Economic Review*, 84(4), 810–832.

Krugman, Paul R. (1998) It's Baaack: Japan's Slump and the Return of the Liquidity Trap, *Brookings Papers on Economic Activity*, 2, 137–205.

Krugman, Paul R. (2013) Secular Stagnation, Coalmines, Bubbles, and Larry Summers, Blog post.

Kunieda, Takuma, and Akihisa Shibata (2016) Asset bubbles, economic growth, and a self-fulfilling financial crisis, *Journal of Monetary Economics*, 82, 70–84.

Lacker, Jeffrey M., and John A. Weinberg (1989) Optimal Contracts under Costly State Falsification, *Journal of Political Economy*, 97(6), 1345–1363.

Laibson, David, and Johanna Mollerstrom (2010) Capital Flows, Consumption Booms and Asset Bubbles: A Behavioural Alternative to the Savings Glut Hypothesis, *The Economic Journal*, 544, 354–374.

Leeper, Eric M. (1991) Equilibria under "active" and "passive" monetary and fiscal policies, *Journal of Monetary Economics*, 27(1), 129–147.

Lei, Vivian, Charles N. Noussair, and Charles R. Plott (2001) Nonspeculative Bubbles in Experimental Asset Markets: Lack of Common Knowledge of Rationality vs. Actual Irrationality, *Econometrica*, 69(4), 831–859.

Lipscy, Phillip Y. (2018) Democracy and Financial Crisis, *International Organization*, 1–32.

López-Salido, David, Jeremy C. Stein, and Egon Zakrajšek (2017) Credit-Market Sentiment and the Business Cycle, *Quarterly Journal of Economics*, 132(3), 1373–1426.

Malmendier, Ulrike, and Stefan Nagel (2011) Depression Babies: Do Macroeconomic Experiences Affect Risk Taking? *Quarterly Journal of Economics*, 126(1), 373–416.

Matsuoka, Hideaki (2019), Debt Intolerance, Threshold of Level and Composition, presented in the 21st Macroeconomic Conference.

Matsuyama, Kiminori (2004) Financial Market Globalization, Symmetric-Breaking and Endogenous Inequality of Nations, *Econometrica*, 72(3), 853-884.

Maurice Obstfeld and Kenneth Rogoff (1996) *Foundations of International Macroeconomics*, MIT Press.

McGrattan, Ellen R., and Edward C. Prescott (2010) Unmeasured Investment and the Puzzling US Boom in the 1990s, *American Economic Journal: Macroeconomics*, 2(4), 88-123.

McKelvey, Richard D., and Thomas R. Palfrey (1992) An Experimental Study of the Centipede Game, *Econometrica*, 60(4), 803-836.

McKinnon, Ronald I. (1973) *Money and Credit in Economic Development*, The Brookings Institution.

Mian, Atif, and Amir Sufi (2009) The Consequences of Mortgage Credit Expansion: Evidence from the U.S. Mortgage Default Crisis, *Quarterly Journal of Economics*, 124(4), 1449-1496.

Mian, Atif, Amir Sufi, and Emil Verner (2017) Household Debt and Business Cycles Worldwide, *Quarterly Journal of Economics*, 132(4), 1755-1817.

Milgrom, Paul, and Nancy Stokey (1982) Information, Trade, and Common Knowledge, *Journal of Economics Theory*, 26(1), 17-27.

Miyagawa, Tsutomu, Yukie Sakuragawa, and Miho Takizawa (2006) Productivity and Business Cycles in Japan: Evidence from Japanese Industry Data, *Japanese Economic Review*, 57(2), 161-186.

Miyamoto, Wataru, Thuy Lan Nguyen, and Dmitriy Sergeyev (2018) Government Spending Multipliers under the Zero Lower Bound: Evidence from Japan, *American Economic Journal: Macroeconomics*, 10(3), 247‐277.

Murase, Hideaki, and Masaya Sakuragawa, Japan's Secular Stagnation and Liquidity Trap, manuscript.

North, Douglass, (1981) *Structure and Change in Economic History*, Norton.（日本語訳）ダグラス・ノース（2013）『経済史の構造と変化』、大野一訳、日経BPクラシ

ックス。

North, Douglass C. (1990) *Institutions, Institutional Change, and Economic Performance*, Cambridge University Press.

Obstfeld, Maurice (2012) Does the Current Account still Matter? *American Economic Review*, 102(3), 1–23.

Oda, Nobuyuki, and Kazuo Ueda (2007) The effects of the Bank of Japan's zero interest rate commitment and quantitative monetary easing on the yield curve: a macro-finance approach, *Japanese Economic Review*, 58(3), 303–328.

Òscar, Jordà, Moritz Schularick, and Alan M. Taylor, (2015) Leveraged bubbles, *Journal of Monetary Economics*, 76, Supplement, S1–S20.

Phillips, Peter C. B., Yangru Wu, and Jun Yu (2011) Explosive Behavior in the 1990s NASDAQ: when did exuberance escalate asset values? *International Economic Review*, 52(1), 201–226.

Rajan, Raghuram G., and Luigi Zingales (1995) What Do We Know about Capital Structure? Some Evidence from International Data, *Journal of Finance*, 50(5), 1421–1460.

Ramey, Valerie A. (2019) Ten Years After the Financial Crisis: What Have We Learned from the Renaissance in Fiscal Research? *Journal of Economic Perspectives*, 33(2), 89–114.

Ramey, Valerie A., and Sarah Zubairy (2018) Government Spending Multipliers in Good Times and in Bad: Evidence from US Historical Data, *Journal of Political Economy*, 126(2), 850–901.

Reinhalt, Carmen M., and Kenneth S. Rogoff (2010) *This Time is Different: Eight Centuries of Financial Folly*, Princeton University Press.（日本語訳）カーメン・ラインハート、ケネス・ロゴフ（2011）『国家は破綻する』、村井章子訳、日経BP社。

Romer, Paul M. (1986) Increasing Returns and Long-Run Growth, *Journal of Political Economy*, 94(5), 1002–1037.

Saito, Makoto. (2021) Deflationary equilibria resulting from persistently unsustainable fiscal policies: A case of Japan's long-run price stability, in *Strong Money Demand in Financing War and Peace: The Cases of Wartime and Contemporary Japan*, Springer.

Sakuragawa, Masaya (2018) Illiquid bubbles. presented at the NCU conference.

Sakuragawa, Masaya (2020) Toward an Asian Century, Can China and Japan Cooperate?

Chinese People's Diplomacy and Developmental Relations with East Asia, edited by Lai To Lee, Routledge.

Sakuragawa, Masaya, and Kaoru Hosono (2010) Fiscal Sustainability of Japan: A Dynamic Stochastic General Equilibrium Approach, *Japanese Economic Review*, 61(4), 517–537.

Sakuragawa, Masaya, and Koichi Hamada (2001) Capital Flight, North–South Lending, and Stages of Economic Development, *International Economic Review*, 42(1), 1–26.

Sakuragawa, Masaya, Satoshi Tobe, and Mengyuan Zhou, (2021) Chinese Housing Market and Bank Credit, *Journal of Asian Economics*, 76, 101361.

Sakuragawa, Masaya, and Yukie Sakuragawa (2009) Land Price, Collateral, and Economic Growth, *The Japanese Economic Review*, 60(4), 473–489.

Sakuragawa, Masaya, and Yukie Sakuragawa (2016) Absence of safe assets and fiscal crisis, *Journal of the Japanese and International Economies*, 40(4), 59–76.

Sakuragawa, Masaya, and Yukie Sakuragawa (2020) Government Fiscal Projection and Debt Sustainability, *Japan and the World Economy*, 54, online.

Samuelson, Paul A. (1958) An Exact Consumption-Loan Model of Interest with and without the Social Contrivance of Money, *Journal of Political Economy*, 66(6), 467–482.

Sargent, Thomas J., and Neil Wallace (1973) The Stability of Models of Money and Growth with Perfect Foresight, *Econometrica*, 41(6), 1043–1048.

Schmitt-Grohé, Stephanie, and Martín Uribe (2017) Liquidity Traps and Jobless Recoveries, *American Economic Journal: Macroeconomics*, 9(1), 165–204.

Schularick, Moritz, and Alan M. Taylor (2012) Credit Booms Gone Bust: Monetary Policy, Leverage Cycles, and Financial Crises, 1870–2008, *American Economic Review*, 102(2), 1029–1061.

Shang-Jin Wei, and Xiaobo Zhang (2011) The Competitive Saving Motive: Evidence from Rising Sex Ratios and Savings Rates in China, *Journal of Political Economy*, 119(3), 511–564.

Shiller, Robert J. (1990) Market Volatility and Investor Behavior, *American Economic Review*, 80(2), 58–62.

Shleifer, Andrei (1986) Implementation Cycles, *Journal of Political Economy*, 94(6), 1163–1190.

Smith, Vernon L. Gerry L. Suchanek and Arlington W. Williams (1988) Bubbles, Crashes, and Endogenous Expectations in Experimental Spot Asset Markets, *Econometrica*, 56(5), 1119–1151.

Song, Zheng, Kjetil Storesletten, and Fabrizio Zilibotti (2011) Growing Like China, *American Economic Review*, 101(1), 196–233.

Summers, Lawrence (2013) Why Stagnation Might Prove to be the New Normal, 16 December *The Financial Times*.

Takeda, Masahiko, and Phillip Turner (1992) The Liberalization of Japan's Financial Marklets: Some Major Themes, *BIS Economic Papers* 34.

Tan, Zhibo, Yang Yao, and Shang-Jin Wei (2015) Financial structure, corporate savings and current account imbalances, *Journal of International Money and Finance*, 54, 142–167.

Taylor, John B. (2007) Housing and Monetary Policy, NBER Working Paper Series 13682. Cambridge, National Bureau of Economic Research.

Thorsten, Beck, Asli Demirguc-Kunt, Ross Eric Levine, Martin Cihak, and Erik H. B. Feyen (2019) *Financial Development and Structure Dataset, updated September 2019.* https://www.worldbank.org/en/publication/gfdr/data/financial-structure-database.

Tirole, Jean (1982) On the Possibility of Speculation under Rational Expectations, *Econometrica*, 50(5), 1163–1182.

Tirole, Jean (1985) Asset Bubbles and Overlapping Generations, *Econometrica*, 53(6), 1499–1528.

Townsend, Robert M. (1979) Optimal contracts and competitive markets with costly state verification, *Journal of Economic Theory*, 21(2), 265–293.

Uribe, Martin (2018) The Neo-Fischer Effect: Econometric Evidence from Empirical and Optimizing Models, Working Paper Series, CJEB.

Wallace, Neil (1981) A Modigliani-Miller Theorem for Open-Market Operations, *American Economic Review*, 71(3), 267–274.

Williamson, Stephen D. (1986) Costly Monitoring, Financial Intermediation, and Equilibrium Credit Rationing, *Journal of Monetary Economics*, 18(2).

Woodford, Michael (1990) Public Debt as Private Liquidity, *American Economic Review*, 80(2), 382–388.

Xing, Yuqing (2018) Chinese Economy and the Sino-Japanese Economic Relations, *China and Japan in the Global Economy*, Routledge, edited by Tomoo Kikuchi and Masaya Sakuragawa.

Zilibotti, Fabrizio (2017) Growing and Slowing Down Like China, *Journal of the European Economic Association*, 15(5), 943–988.

日语文献

網野善彦 (1978)『無縁・公界・楽—日本中世の自由と平和』、平凡社選書。

伊藤正直 (2018)「高橋財政をめぐる論点整理」『金融経済研究』40号、66–70。

岩井克人 (1992)『ヴェニスの商人の資本論』、ちくま学芸文庫。

大竹文雄 (2019)『行動経済学の使い方』、岩波新書。

翁邦雄 (2017)『金利と経済』、ダイヤモンド社。

翁邦雄・白川方明・白塚重典 (2000)「資産価格バブルと金融政策：1980年代後半の日本の経験とその教訓」『金融研究』、日本銀行金融研究所。

金井雄一 (2021)「外生的貨幣供給論に基づく金融政策の失敗と貨幣の内生性」『金融経済研究』(刊行予定)。

金融研究会 (1987)「国際通貨制度と政策運営」『金融研究』6(1) 日本銀行金融研究所。

鯉渕賢・櫻川昌哉・原田喜美枝・星岳雄・細野薫 (2014)「世界金融危機と日本の金融システム」『金融経済研究』36号、1–24。

齊藤誠 (2021)「貨幣財需要としての公債需要：日本のマクロ経済政策の経験を踏まえて」『金融経済研究』(刊行予定)。

櫻川昌哉 (2005)『金融立国試論』、光文社新書。

櫻川昌哉 (2006)「金融監督政策の変遷:1992–2005」『フィナンシャル・レビュー』86号、財務省財務総合政策研究所。

櫻川昌哉 (2017)「バブルの代替と財政の維持可能性」『金融システムの制度設計』福田慎一編、有斐閣。

佐藤政則 (2018)「高橋財政と国債消化力—国債引受シンジケート銀行からの考

察一」『金融経済研究』40 号、94-104。

　塩路悦朗 (2020)『民間の予想形成　制御に限界』経済教室、日本経済新聞、2020 年 3 月 25 日付。

　司馬遼太郎 (1980)『土地と日本人』、中公文庫。

　司馬遼太郎 (1998)『歴史と風土』、文春文庫。

　靍見誠良 (1991)『日本信用機構の確立』、有斐閣。

　中島真志 (2016)『外為決済と CLS 銀行』、東洋経済新報社。

　永野健二 (2019)『バブル』、新潮文庫。

　西村清彦・清水千弘 (2002)「地価情報のゆがみ：取引事例と鑑定価格の誤差」『不動産市場の経済分析』、日本経済新聞社。

　早川英男 (2016)『金融政策の「誤解」』、慶應義塾大学出版会。

　平山賢一 (2018)「昭和初期国債市場のパフォーマンスインデックス算出による検証」『金融経済研究』40 号、54-65。

　福田慎一 (2015)『「失われた 20 年」を超えて』、NTT 出版。

　福田慎一・松林洋一 (2013)「金融危機とグローバル・インバランス」『なぜ金融危機は起きるのか』櫻川昌哉・福田慎一編、東洋経済新報社。

　細野薫 (2010)「不良債権問題はなぜ長期化したのか―自己資本比率規制下の会計操作と不良貸出―」『金融危機のミクロ経済分析』、東京大学出版会。

　松元崇 (2018)「われわれは、高橋是清から何を学ぶのか」『金融経済研究』40 号、80-93。

　宮川努・淺羽茂・細野薫 (2016)『インタンジブルズ・エコノミー』、東京大学出版会。

　宮崎義一 (1992)『複合不況―ポスト・バブルの処方箋を求めて』、中公新書。

　村瀬英彰・安藤浩一 (2014)「日本の長期停滞と蓄積レジームの転換―「弱い企業統治」のマクロ経済学による分析」『日本経済　変革期の金融と企業行動』、堀内昭義・花崎正晴・中村純一編、東京大学出版会。

　森川正之 (2018)『生産性　誤解と真実』、日本経済新聞社。

　山本七平 (2018)『空気の研究』、文春文庫。

　笠信太郎 (1987)『"花見酒"の経済』、朝日新聞社。

译著类文献

クヌート・V・ヴィクセル (1984)『利子と物価』、日本経済評論社（原題: *Interest and Prices: A Study of the Causes Regulating the Value of Money*）

サイモン・ジョンソン、ジェームズ・クワック (2011)『国家対巨大銀行——金融の肥大化による新たな危機』、村井章子訳、ダイヤモンド社。（原題: *13 Bankers: The Wall Street Takeover and the Next Financial Meltdown*）

ジョン・メイナード・ケインズ (1978)『ケインズ全集 第4巻 貨幣改革論』中内恒夫訳、東洋経済新報社

ダグラス・C・ノース (2016)『ダグラス・ノース 制度原論』瀧澤弘和・中林真幸訳、東洋経済新報社。（原題: *Understanding the Process of Economic Change*）

チャールズ・R・ガイスト (2001)『ウォールストリートの歴史』、中山良雄訳、フォレスト出版。（原題: *Wall Street: A History*）

チャールズ・P・キンドルバーガー (2009)『大不況下の世界 1929–1939 改訂増補版』、石崎明彦・木村一朗訳、岩波書店（原題: *The World in Depression, 1929–1939*）

L・ランダル・レイ (2019)『MMT 現代貨幣理論入門』、島倉原・鈴木正徳訳、東洋経済新報社（原題: *Modern Monetary Theory*）

ロバート・F・ブルナー、ショーン・D・カー (2009)『ザ・パニック 1907年金融恐慌の真相』、雨宮寛・今井章子訳、東洋経済新報社（原題: *The panic of 1907*）

ロン・チャーナウ (2005)『モルガン家』、青木榮一訳、日経ビジネス人文庫（原題: *The House of Morgan*）